山本浩司の
automa system

オートマシステム　6

会社法・商法・
商業登記法 I

Wセミナー 専任講師　**山本浩司**

早稲田経営出版
TAC PUBLISHING Group

はしがき

　会社法という仕組みは、人間が考えたものであり、人工的な制度であるがために、一見してわかりにくいものとなっています。

　また、商業登記法は手続法であり、これを、書物を用いて初学者にわかりやすく伝えることは至難の業です。

　そこで、この点の苦労は承知の上で執筆を開始しましたが、予想どおり、いままで私が手がけた書物の中で最も集中力と根気を要する作業となりました。

　その出来栄えの良し悪しは、読者のみなさんの判断におまかせすることになりますが、本書の構成は、司法書士試験の合格に必要十分な理解をやさしい表現でお伝えすることを目的としています。

　理解は、記憶につながります。

　このオートマシステムは、従来の学習書が受験に必要な知識の羅列に終始しているところ、この点を思想としてまとめ上げ、一連の記憶法として提供しているところに最大の特徴があります。

　「読むだけで記憶がはかどる」ということが私のシステムの仕組みです。

　本書においても、そのための方法論は枚挙に暇がないほどの工夫をこらしましたが、一例を挙げれば、手続法の視覚化という手法です。

　この点は、学習者の理解のキーになる部分なのですが、なぜか従来の書物はこの方式を重視していません。

　また、思想というのは文体で伝えるものです。

　私は、学習内容を物語としてみなさんに語っています。

　本書をはじめ、本シリーズにおいては、「ですます調」と「である調」を混合させています。

　この点が、「一冊の本の文体は統一すべし」という常識から判断する編集者諸兄にはどうしても理解できないことのようですが、文体を混合させることも、私の記憶法のテクニックの一種でもあるのです。

　当然のことながら、文章というものは、一連の流れが切れた部分や変化が生じたところが記憶に残りやすいのであり、そうした計算をし、工夫をして書いた学習書がオートマシステムです。

　本書に敷いた記憶法のレールに乗って、ことさらに理解しにくいと言われる会社法・商業登記法の分野を得意科目として、読者のみなさんが短期の合格をはたされますことをお祈り申しあげます。

平成24年4月

山本浩司

第11版はしがき

　このたび、第11版を刊行することとなりました。第11版では全体を見直して、最新の重要な本試験問題を登載し、令和５年施行の商業登記規則の改正に対応しました。

　令和６年２月

山本浩司

【目次】

会社法・商法・商業登記法 I

第 1 章

株式会社総論

　本章では、会社法の中で最も重要な分野である、「株式会社」に関する基本的な理解を形成します。

　司法書士試験における直接的な試験範囲ではありませんが、本章の理解がなければ、会社法を効率的に学習することは不可能といってもよいものです。

　読者のみなさんは、本章の内容を覚えようという努力は一切不要です。

　気軽な読み物として取り扱ってかまいません。

　株式会社とは何者か？

　以下、株式会社についての本来のスジ道をお話していきます。

　この「本来のスジ道」は、規制改革の嵐の中で、大きな変容をとげます。

　が、株式会社の本来の姿として、会社法の理念の中に、いまだに残存するものです。

　まず、本来の姿を知り、それがどのように変容をとげたのか、また、その理由は何か、という思考過程で会社法を考えることが、全体を理解するための理想的な方法論です。

　株式会社は、一般の投資家から出資を募るために考え出された形態です。

　会社という形態をとらず、個人営業しか認められないと仮定すると、以下の２つの不具合が生じるのです。

　１．個人の資力は限られるから事業規模を大きくできない。

　２．事業に失敗した場合に、ご先祖様からの家屋敷を根こそぎ債権者に持っていかれてしまう。

　上記の１については、わかりやすいと思います。

　多数の人から、その余剰資金を集めることができれば、大きな資金となります。

これが「資本」です。

　現時点では、資本という言葉は、出資者から集めた資金の総額のことであると、思ってかまいません。

　株式会社には、「資本」の概念が存在するのです。

　しかし、出資を募るためには、何か出資者にメリットが必要でしょう。

　それが、配当です。

　会社が、株主に配当金を出すわけです。

　会社法上、剰余金の配当手続は、剰余金の分配手続の1つとして位置づけられています。

　ここに、剰余金とあるのは、今のところ、会社の利益のことだと考えてかまいません。

　つまり、配当というのは、会社に利益がなければ出してはいけません。

　そういう意味での財源規制があります。

　これに反する配当を、俗にタコ配当というのです。

　では、なぜ、配当にはこうした規制がかかるのか。

　これが、会社法を理解するための第一歩となります。

　問題の所在はこういうことです。

　第一に、株式会社の所有者は、株主です。（この点は、明確にしておきましょう。）

　であれば、利益があろうがなかろうが、所有者が望むのであれば、株主に会社財産を返金してもよさそうなものです。

　実際に、会社が解散し、清算ということになれば、会社財産は一定の手続（清算手続）を経た後に、株主に返金されます。

　が、会社が事業を行っている間は、さきの財源規制がかかるのはなぜなのでしょうか？

　今は、問題提起だけにとどめますので、みなさんは、今後の本書の記述を読みながら、じっくり考えてみてください。

　この問題を通して、「資本」という概念の本質がわかります。

　次に、2つ目の問題点に入ります。

　なぜ、会社組織を作るのかという点の2つ目です。

　多くの出資者から資金を調達し、大規模事業を行うためのからくりです。

　個人営業の場合、事業に失敗し、債権者に追いかけられる破目になれば、営業主は、先祖伝来の家屋敷を売ってでも、これを弁済しなければなりません。

　路頭に迷う危険性があります。

　これを株式会社に当てはめてみましょう。

　株式会社の所有者は株主です。

　仮に、みなさんが出資をした株式会社が倒産したとしましょう。

3

この場合に、その会社の債権者が、みなさんのところへやってきて、みなさんの家屋敷を取り上げたら困りますよね。

　そういう危険があるのであれば、うっかり株など買えるものではありません。

　であれば、一般大衆から資金を集めることができません。

　誰も、株を買ってくれなくなるからです。

　そこで、会社法は、１つのからくりを準備しています。

　それが、株主の有限責任の原則です。

　すなわち、株主は、**有限責任社員**なのです。

【用語解説】 → 社員

　　社員とは、会社法上、出資者のことを指す。

　　従業員のことではない。

　　株主とは、社員の、株式会社における、あだ名である。

　　他の会社組織においては、単に社員というところ、株式会社についてのみ、株主という、あだ名で呼ぶことになっている。

　責任が有限ということの具体的な意味を考えましょう。

　みなさんが、ある会社に100万円を投資して株主になったとします。

　この場合、会社が倒産すると、株価は事実上ゼロ円になります。

　すなわち、みなさんには、100万円の損害が生じます。

　株式投資をするのであれば、この損害の可能性は覚悟しなければなりません。

　しかし、株式会社の所有者としての責任はそれでおしまいです。

　この点を「有限」と表現します。

　会社の債権者が、みなさんの自宅にやってきて、先祖伝来の家屋敷で支払えと凄むことはありません。

　だから、投資家は、安心して株を買えるのです。

　最悪でも、出資金が返ってこないことだけを想定すればよいのです。

　これが、株主有限責任という制度の意味です。

《参考条文》

会社法104条（株主の責任）
株主の責任は、その有する株式の引受価額を限度とする。

　さて、ここで、さきほどの問題が解けたのではないでしょうか？

　なぜ、利益がなければ配当ができないのかという問題です。

　その理由は、会社債権者の保護にあるのです。

　債権者とは、わかり易く言えば、会社の取引先のことです。

　たとえば、会社に対して、商品を納入したが、その代金の支払いを受けていない業者がいたとしましょう。

　この場合に、会社が、その債権者に弁済をしないで、株主に全財産を配当してしまったらどうなるでしょうか？

　債権者は会社に請求書を書きますが、会社の資産はゼロですから債権回収の見込みがありません。

　では、配当金を差し押さえることができるのか。

　これも、無理です。

　配当金は、すでに、株主の個人資産になっています。

　だから、債権者は、「株主有限責任」の原則を適用されてしまい、これを差し押さえることができません。

　となると、これは、債権者からみれば、取り込み詐欺に等しい結果となります。

参考 　「剰余金」と配当等の「分配可能額」は必ずしも一致しないが、配当可能額は剰余金を元に計算される仕組みになっている。（会社法461条2項）

　そこで、こうした不都合を避けるため、会社法は、配当は剰余金の部分に限りすることができるという規制を設けているのです。

　出資者が、当初払い込んだ金額は、「資本金」として会社の財産という形で残すのです。

　なぜ、残すのでしょうか？

　それは、会社債権者に対する、会社の社会的信用を確保するためなのです。

　これが、「資本金」という概念の本質です。

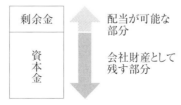

　上図が、基本形です。

　実際のところは、もっと複雑な会計上の処理があります。しかし、細かいことは、

税理士、公認会計士等を目指す場合でなければ、学習の必要はありません。

ただし、一般の受験生にも、準備金という概念は学習の必要があります。
準備金とは、会社法が、会社内に留保すべきことを規定する資本の部の項目です。
すなわち、準備金は、配当してはいけないのです。
イザという時のために準備しておきなさいという部分です。
ですから、準備金も、会社債権者のための会社財産という意味合いがあります。
これを考慮に入れると、次のような図になります。
みなさんは、この図を理解しておいてください。

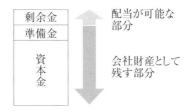

コラム　　会社債権者は取締役等の個人責任を追及できるか

　会社には、経営者等、会社を実際に動かしている人物がいる。
　取締役等の役員である。
　では、債権者は、会社から債権回収ができない場合に、役員個人の責任を追及できるか。
　役員の個人の家屋敷を差し押さえることは可能か？
　これに対しては、受験生は、原則としてはできないと考えてかまわない。
　そういう意味でも、会社債権者保護の要請は強い。
　しかし、一定の例外はある。
　会社法429条１項は、役員が「職務を行うについて」、「悪意又は重大な過失」があった場合には、役員個人が、会社債権者に損害賠償の責任を負うと規定している。この条文の意味するところは、後ほど記述する。

【会社法の思想】株式会社とは

　　１．株式会社は無責任な会社である。

　　　→株主は、債権者に責任を負わない。

　　　→取締役等の役員も、債権者に責任を負わない。

　　２．このため、会社財産の充実を要する。

　　　→これが、配当制限の理由である。

　　　→資本金の額は、その制限の基準となる数額である。

1 株式会社の登場人物

　さて、株式会社の内部機関は、株主とその集まりである株主総会だけではありません。

　本章で説明する、古典的な株式会社の形態においては、会社法は、株主はバカであると考えています。

　このことは、いわゆる公開会社において明らかです。

　たとえば、みなさんが、ある会社の株式を証券市場で買ったとしましょう。仮に、トヨタ自動車にしましょうか。

　この場合、みなさんは、株価が上がるかどうかとか、配当金はいくらかとか、基本的に金のことしか考えていません。

　トヨタ自動車の経営戦略であるとか、世界市場の動向であるとか、従業員の採用基準であるとか、新技術開発の指針であるとか、実際に会社を動かすという意欲も能力もありません。

　このことを、会社法は次の条文で表現しています。

> **会社法295条（株主総会の権限）**
> ２項　（一部省略）取締役会設置会社においては、株主総会は、この法律に規定する事項及び定款で定めた事項に限り、決議をすることができる。

【用語解説】→ 定款

　　株式会社等、社団法人の目的、組織、業務執行等に関する根本規則。

　この条文は、株主総会の権限を、会社法と定款が規定する所定の事項に限定しています。

　その事項は、それなりに重要事項ではあります。

たとえば、株主総会の決議があれば、会社の解散だってできます。

取締役等の役員を解任することもできます。

しかし、所定の事項以外は、取締役会の権能です。

これが、この条文の意味です。

つまり、さきほど申し上げた、トヨタ自動車の経営戦略をどうするか、世界市場の動向をどう判断するか、従業員の採用基準をどう定めるか、新技術開発の指針をどうするかという点（業務執行の決定　会社法362条2項1号）については、取締役会の権限なのです。

株主が口出しをすることができません。

これが、株式会社における「所有と経営の分離」です。

所有者である株主には経営能力がないから、実際に会社を動かすのは、取締役等の会社経営者です。

コラム　会社と取締役の関係

会社と役員の関係は委任の規定に従う。（会社法330条）

取締役についていえば、会社が委任者、取締役が受任者である。

取締役の受任内容は、「しっかり働いて会社の利益を出せよ」ということだ。

会社の所有者は株主だ。

株主には、経営能力がない。だから、経営能力のあるプロを招聘し、しかるべく報酬を支払う。これに対し、取締役は、経営のプロとしての能力を発揮し、株主の信任にこたえ、会社を発展させるというのが、両者の契約内容である。

【用語解説】→　役員

役員とは、取締役・会計参与・監査役の三者をいう。（会社法329条1項）

会計監査人は、役員ではない。

会計参与・監査役・会計監査人の意義については、後に記述する。

次に、取締役会設置会社においては、代表取締役の選定および解職は、取締役会の権能です（株主総会で代表取締役を選定するという定款規定を置くことは可能）。

代表取締役は、会社を代表します。

すなわち、会社が権利義務を取得する際には、基本的に次の形式で契約書を作

成します。

　　○市○町○番地
　　○○株式会社
　　代表取締役 ○○○○　　代表印

　こうして、なされた契約上の権利義務の一切は、会社に直接帰属します。
　これが、代表取締役の代表権です。
　このように古典的な株式会社形態は、株主総会・取締役会・代表取締役の３つの機関を必要とします。
　僕は、これを、３階建ての組織と表現しています。

〈取締役会設置会社〉

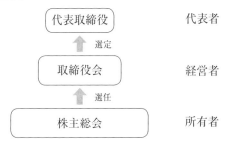

　さて、ここで問題になるのは、「取締役・代表取締役の横暴」という問題です。
　会社法は、基本的に、取締役等の経営者は、潜在的に悪者だと考えています。
　では、どうして、悪者なのか？

　さきほども述べましたが、株主総会は、会社の最高機関ではありますが、実際の権限は制限されますし、また、株主は能力の点が危ういです。
　これに対して、取締役の事実上の権能は強力だし、また利口でもあります。
　であれば、会社経営者が、株主の犠牲において、自己の利益を図ることが考えられます。
　株主からの信頼を裏切る行為をする可能性があるのです。
　たとえば、大衆から集めた出資金を、経営者が私的に流用したら、株主に対する背信行為としか、いいようがありません。

　ライブドアが、ニッポン放送株を買い占めたとき、ニッポン放送は、新株予約権を発行しようとした。

　この事件は、ライブドア側の勝利に終わった。

　裁判所は、なぜ、ライブドアの新株予約権の差止め請求を認めたのか。

　それは、この新株予約権の発行の動機が、ニッポン放送の、現経営陣の保身のためにすぎず、大株主であるライブドアの利益を侵害するものだと判定したからである。

　ニッポン放送の経営陣のもくろみは以下のとおり。

　1．公開会社の新株予約権は取締役会の決議のみで発行でき、当時、株主総会が関与することはなかった（株主総会開催の必要がないから、ホリエモンに断りなくできる）。

　2．だから、現経営陣の味方（フジテレビ）に対して、大量の新株予約権を発行しよう。

　3．そうすれば、将来の予約権行使により、ライブドアを、大株主ではなく、小株主の地位に追い落とせる。

　4．その結果、自分たちが解任されることを防止できる。

　こういう理由で、会社法は、悪者である取締役等の経営陣をいかに監視するかに力を注ぎます。

　古典的な形態としては、監査役という機関を置きます。

　監査役は、取締役の職務の執行を監査します。（会社法381条1項）

　会計監査だけでなく、取締役等の職務の執行の監査権をもちます。

　だから、取締役の行為の「適否」についても監査ができるのです。

　だいたいのイメージでいえば、監査役は、国家における裁判所に当たります。

　株主総会は国会、取締役会が内閣という位置づけになるといってもいいでしょう。

　会社法では、この監査機関の種類がとても多いのです。

　古典的な形態としては、監査役を例に挙げましたが、この他に、監査役会、会計参与、会計監査人、監査委員会（三委員会の1つ）、監査等委員会が、存在します。

　考えただけでも、頭が痛くなるかもしれませんが、これらの機関の相違は、当然のことながら試験範囲内であるといえます。

　そこで、これらについては、みなさんにわかりやすい形で、追って記述をします。

現状では、会社法は、企業の経営の適正を図ることに熱心であり（それは適正とはいえない経営をする株式会社が多いことの裏返しですが……）、そのために、さまざまな機関設計の道を開いたと、一応の認識をしておきましょう。

2 古典的な株式会社の変容

本書では、これまでに、二度ほど「公開会社」という言葉を使いました。
これは、会社法上の、れっきとした法律用語です。
この言葉の理解は、非常に重要です。
まずは、会社法上の定義を見てみましょう。

> **会社法2条（定義）**
> 　5　公開会社　その発行する全部又は一部の株式の内容として譲渡による当該株式の取得について株式会社の承認を要する旨の定款の定めを設けていない株式会社をいう。

解説

　一部の株式にのみ譲渡制限の規定を設ける株式会社も公開会社である。つまり、1株でも譲渡制限のない株式を発行すれば、公開会社である。さらに、譲渡が自由な種類の株式を現実には発行していなくても、その種類の株式の内容に関する定款規定が存在すれば、その会社は公開会社である。

参考問題　株式会社が、その発行する全部の株式ではなく、一部の株式についてのみ、その内容として譲渡による当該株式の取得について当該株式会社の承認を要する旨の定款の定めを設けていない場合であっても、当該株式会社は、会社法上の公開会社である。（商法R5-28-ア）

答え　○

参考　**登記簿の記載例**（H18.4.26民商第1110号依命通知改）
株式の譲渡制限に関する規定を設定、変更又は廃止した場合
取締役会設置会社が株式の譲渡制限に関する規定を設定した場合（会社法第139条1項、第466条）

株式の譲渡制限 に関する規定	当会社の株式を譲渡により取得するには、取締役会の 決議を要する 令和6年10月1日設定　令和6年10月8日登記

〔注〕　株主総会や会社を定款上議決承認機関として定めている場合には、
　　　「当会社の株式を譲渡により取得するには、株主総会の決議を要する」、
　　　「当会社の株式を譲渡により取得するには、当会社の決議を要する」
　　　等と記録する。

　　上記は、発行する株式の全部に譲渡制限に関する規定を設定した例である。

　（前記の会社は、公開会社ではない）

株式の譲渡制限 に関する規定	当会社の第1回優先株式、第3回優先株式及び第5回 優先株式を譲渡するには、取締役会の決議を要する 令和6年10月1日設定　令和6年10月8日登記

　　上記は、発行する株式の一部に譲渡制限に関する規定を設定した例である。

　（上記の会社は、公開会社であると思われる→少なくとも第2回優先株式と第4回優先株式は譲渡自由であると推察できるため。）

＊なお、株式の譲渡制限規定を一切設定していない株式会社の登記簿には、
　「株式の譲渡制限に関する規定」という枠が設けられない。

　すなわち、登記簿には何も記載されない。

＊登記の根拠法令は、会社法911条3項7号である。

　株式の譲渡という言葉は、株式の売買のことを指すと考えてかまいません(贈与、代物弁済等も譲渡ですが、実例が圧倒的に多いのが売買です)。

　すると、公開会社は、株式の譲渡をすることが自由な会社という意味になります。
　譲渡が自由である、これが、株式の「本来の姿」なのです。

　たとえば、みなさんが株を買うときは、通常、金儲けが目的でしょう。
　安く買って高く売る。これが目的です。
　配当目的の投資もありえますが、日本では、あまり一般的ではありません。
　なんといっても、売却益が株の魅力です。

　だから、「売れない株」は、買いたくないはずです。

　これを「投下資本の回収」と表現しますが、みなさんの所有する株式を現金化するには、通常は、それを売却するしか手段がないのです。

　会社に払戻しを要求することは、特殊な例外事例でない限りは不可能です。

　その理由は、本書ではすでに述べていますね。

　そうです。会社債権者への配慮です。

　したがって、「売れない株」を買っても、メリットがありません。

　ですから、株式会社が、一般大衆からの投資を募りたいのであれば、株式の譲渡を自由にしなければなりません。

　「売れない株」を買ってくれる人はいないからです。

会社法127条（株式の譲渡）
　株主は、その有する株式を譲渡することができる。

　このように、株式の譲渡は、本来自由です。

　いわゆる上場会社は、すべて公開会社です。

　投資家は、証券市場で自由に株式の売買ができます。

　株を売るときに、いちいち、会社に断りを入れる必要はありません。

　これが、株式の古典的な姿です。

【商業登記の思想】登記事項

　会社法に原則と例外がある場合、登記を要するのは**「例外」**のほうである。

　たとえば、株式の譲渡はもともと自由であるから、譲渡制限がないことは登記事項ではない。

　譲渡制限の中身が登記事項となるのである。

　さて、少し脱線しますが、「株式」という言葉の意味を、追求してみましょう。

　株式の定義は、「株式会社の社員としての地位」です。

　株券というのは、この地位そのものを表す有価証券です。

　社員としての地位は、合名・合資・合同会社といった、株式会社以外の会社にも存在します。

　では、「株式」の特徴は何でしょうか？

　それは、株式会社の社員たる地位は、細分化され割合としての単位の形式をと

ります。

　なぜ、そうするのでしょうか？

　それは、譲渡をしやすくするための工夫なのです。

　すなわち、1株は、あくまでも1株であって、他の1株と全く相違がありません。

　ちょうど1万円札の価値が、どれも1万円なのと同じように、1株の価値は変わりません。

　だからこそ、証券市場で大量に取引をすることが可能になるのです。

　株式には個性がないのです。

　このことを、「**株主平等の原則**」という言葉で表現することがあります。

　すなわち、所有株式数の多寡は別論ですが、株主の1株ごとの地位は、すべて同一である必要があります。

　これが、証券取引のルールなのです。

　社員権を細分化し割合的単位とした株式という仕組み、この仕組みを発明した人はまさしく天才です。

　天才の発想は、その後、世の中の当たり前のルールとなるため、人々はその天才性を忘れてしまうことがあります。

　それが、本当の天才の仕事であり、株式はまさにその天才の発明品といえます。

　そして、この仕組みを基礎づける最も重要な原理が、株主平等の原則です。

《参考条文》

> **会社法109条（株主の平等）**
> 1項　株式会社は、株主を、その有する株式の内容及び数に応じて、平等に取り扱わなければならない。

コラム　総会屋への利益供与はなぜ禁止されるのか

　新聞紙上で、会社が、総会屋に利益供与をしたことが問題視された記事が載ることがある。

　では、なぜ、総会屋に利益供与をしてはいけないのか。

　総会屋は、会社の株主総会の紛糾を避けるため（シャンシャン総会）に尽力してくれたのだから、会社がそのお礼をして何が悪いのか？

　これは、株主権の正当な行使を封じたということ以外にも理由がある。

　それは、株主平等原則への違反なのだ。

　つまり、総会屋もその会社の株主だ（だからこそ株主総会に出席している）。

　その、株主である総会屋にだけ金を渡すということは、一部の株主にだけ

配当を渡したのと同じことになるのだ。
　すなわち、会社が配当を出すのであれば、同種の株式については、1株ごとに同じ割合の配当を出すべきである。
　この原則に反し、一部の株主だけに利益供与をすることは、一般投資家への背信行為である。
　したがって、特定株主への利益供与は禁止される。

　さて、株式の譲渡が自由であるという原則は、どのように変容したのでしょうか。この部分の理解が、会社法の学習の急所です。
　本章の冒頭で、なぜ、個人営業ではなく、株式会社形態をとるのか、その理由を2つ挙げました。
　要約すれば、以下のとおりです。

　1．一般大衆からの資金調達のため
　2．会社の債務につき、個人として責任を負わないようにするためのリスクヘッジ（株主有限責任）

　実は、わが国において、株式会社の制度は、その総数の99パーセントが、2の項目で挙げた、「株主有限責任の原則」を目的として利用されているのです。
　すなわち、事業が失敗した場合に、最悪でも、会社が倒産するだけにとどめ、株主個人として、先祖伝来の家屋敷を債権者に奪われない仕組みを作ろうというだけが目的であり、1の資金調達の利便性については、当初から無視している会社が大半なのです。

　こういう会社を俗に、「父ちゃん母ちゃん会社」といいます。
　世の中に一番多い会社形態は、だいたいが同族会社です。
　旧商法下での、典型的な株式会社は、父ちゃん、母ちゃん、息子の3人が取締役、父ちゃんが代表取締役、田舎のばあちゃんが形式上の監査役、株主は家族3人が仲良く出資という感じです（旧商法下では、株式会社には、3人以上の取締役と1人以上の監査役、さらに取締役会と代表取締役が必置の機関です。したがって株式会社にかかわる人物は最低4人が必要でした。だから、田舎のおばあちゃんを引っ張ったのです）。

　こういう会社では、一般大衆から資金調達をしようなどとは、微塵も考えていません。

むしろ、そういうことは、したくありません。

　なぜなら、家族の他に株主がいれば口うるさいからです。

　株主には株主総会での発言権がありますから、今までのような気楽な会社運営ができません。

　家族3人が、夕食のついでに株主総会、というわけにはいきません。

　また、今までであれば、実質的な経営者の父ちゃんが、少々の商売上のミスによる損害を出しても、「うちの父ちゃんはしょうがないわねえ」という、お小言ですんだものが、場合によっては、その家族外の株主から、取締役などの責任追及等の訴え（会社法847条　俗にいう株主代表訴訟）を食らうかもしれません。

　この点について少し解説します。

　取締役は会社債権者に対しては、原則として責任を負わないと書きました。

　両者は、法律上、アカの他人なのです。

　債権者の取引相手は、あくまで会社であって、取締役個人ではありません。

　そのため、取締役個人の責任追及は、不可能ではないが、基本的には、むずかしいのです。

　が、取締役の会社に対する責任は別論です。

　両者の間には、委任の関係があります。

　つまり、会社と取締役は、アカの他人ではなく、契約当事者なのです。

　会社法355条は、取締役は、会社のため「忠実にその職務を行わなければならない」と規定します。

　これは、取締役の会社に対する契約上の責任です。

　したがって、取締役が、その義務に違反すれば、たとえば、取締役が任務懈怠により会社に損害を加えれば、会社に対する損害を、個人資産をもって賠償しなければなりません。（会社法423条1項）

　取締役などの責任追及等の訴え（俗にいう株主代表訴訟）は、その手段として株主に与えられた会社法上の権利です。

コラム　株主代表訴訟

　会社法では、発起人等の責任を追及する訴えという。

　本来、会社を代表して、取締役などの責任追及をするのは、会社の代表権限ある者、すなわち代表取締役だ（指名委員会等設置会社は別論）。

> 　ところが、代表取締役と取締役は、普通は仲良しだ。
> 　責任追及が甘くなる。
> 　そこで、一株主が会社を代表し、取締役の責任を追及する道を会社法は開いている。
> 　これが、株主代表訴訟であり、世の経営者の恐れる制度である。
> 　かの大和銀行事件では、アメリカでの不祥事により会社に損害を与えたとして、被告役員11名に対し、大阪地裁が829億円（当時の日本円）の賠償を命じ、経済界を震撼させた。平成12年９月20日のことである。
> 　とてもサラリーマン役員の払える金額ではない（後に和解成立）。

　さて、話を戻します。父ちゃん母ちゃん会社の話です。
　こうした小規模な同族会社は、部外者の株主を嫌います。
　だから、顔を知らない一般大衆から投資を募ることはありません。
　しかし、株式の譲渡が自由であれば、部外者が株主として登場する可能性があります。

　たとえば、息子がバカ息子だったとしましょう。
　この息子が、放蕩のあげくに、ヤクザである債権者から何か金目の物を出せと脅されます。
　息子が、今あるのはこれだけです、と、会社の株券を差し出すとどうなるか。
　株券で、債務を代物弁済したということになるでしょうから、ヤクザが株主になります（脅したという部分、多少、法的に問題がありますが、その立証は困難でしょう）。

　すると、このヤクザが会社荒らしに変身するではありませんか。
　すなわち、ヤクザが、従来は茶の間で平和にやっていた株主総会に乗り込み、何だかんだと、いちゃもんをつけながら、会社に金品を要求します。
　父ちゃん母ちゃん会社は、もともと、会社法の規定などは、よく知りません。
　つねづね、法的には問題アリの、いい加減な会社経営をしています。
　だから、脅しのプロから見ればスキだらけの状態です。
　きっと、痛い目にあうでしょう。

　だから、父ちゃん母ちゃん会社にとっては、株式の譲渡が自由であるという会社法の原則は、迷惑以外の何者でもありません。
　そこで、こうした父ちゃん母ちゃん会社の要請にこたえ、会社法は、「株式の譲

渡につき制限を設ける」ことを可能としました。

これは、古典的な株式会社のモデルへの、非常に大胆な修正といえます。

> **会社法107条（株式の内容についての特別の定め）**
> 1項　株式会社は、その発行する全部の株式の内容として次に掲げる事項を定めることができる。
> 1　譲渡による当該株式の取得について当該株式会社の承認を要すること。

発展　会社法108条1項4号
　ある種類の株式についてのみ譲渡制限の規定を設けることも可能である。

　会社の定款に、この譲渡制限の旨を規定すれば、父ちゃん母ちゃん会社は、会社にとって好ましくない株主を排除することができるようになります。

　息子からヤクザへの譲渡を、会社が承認しなければよいわけです。

　こういうわけで、わが国の株式会社の99パーセントが、株式の譲渡制限の規定を設けた会社（閉鎖会社）であるのです。

参考問題　相続により譲渡制限株式を取得した者は、株式会社に対し、当該譲渡制限株式を取得したことについて承認するか否かを決定することを請求し、その承認を受けない限り、当該株式会社に対し、株主の地位を主張することができない。（商法H30-28-ア）

答え　×　相続による株式の取得は制限されない。相続による承継は、譲渡ではないからである。

参考｜**株式の譲渡の承認機関**
　　株式の譲渡制限の定めを設けた会社において、譲渡の承認をする機関は以下のとおりである。
　　1．取締役会を設置しない会社
　　　→株主総会決議による。
　　2．取締役会設置会社
　　　→取締役会決議による。
　　が、いずれの場合も定款で別段の定めをすることが可能であり、たとえば、取締役会設置会社が、株式譲渡の承認機関を株主総会とすることも可能である。（会社法139条1項）

参考問題 譲渡による株式の取得について取締役会の承認を要する旨の定款の定めを設けている取締役会設置会社において、株主が譲渡制限株式を株式会社の株主でない者に対して譲渡した場合、当該譲渡制限株式の譲渡人以外の株主全員が当該譲渡を承認していたときは、当該譲渡は、取締役会の承認がないときであっても、当該株式会社に対する関係においても有効である。(商法H30-28-イ改)

答え ○ 結果として株主全員の同意があるから有効である。株式の譲渡制限の定めは、会社にとって好ましくない株主を排除するための規定であるところ、会社の利益とはすなわち株主全員の利益のことだからである。

コラム 株式の譲渡制限を設けるときの株主総会の決議要件

株式の譲渡制限の規定は、会社にとって、好ましくない株主を排除するための規定である。

が、株主にとっては、必ずしも有利な規定とはいえない。

なぜなら、この規定が設けられると、株式を自由に売却できなくなるからだ。投下資本の回収がやりにくくなる。

だから、この決議は、株主総会の中でも、とりわけ厳しい決議要件が課せられる。

具体的にいえば、株式の譲渡制限の定めを設定する旨の定款変更決議(種類株式発行会社を除く)は、以下のとおりである。(会社法309条3項)

1. 議決権を行使することのできる株主の半数以上
2. 議決権を行使することのできる株主の議決権の3分の2以上

前半は、株主のアタマ数の半数ということ。

前後半を含めて、出席株主に対する割合ではない。

株主総会欠席者をも含む、議決権ある株主総数に対する割合である。

なお、定款規定をもって、この厳しい決議要件をさらに加重することも可能とされている。

みなさんには、株式の譲渡制限の問題は、会社にとっても株主にとっても、非常に重大な問題であると認識していただきたい。

参考 議決権のない株主とは？

自己株式を持つ会社が典型例である。

A社がA社の株式を保有するケースを自己株式という。

この場合、A社はA社の株主ではある。

┃　しかし、Ａ社がＡ社の株主総会で、議決権を行使することはできない。

【会社法の思想】アタマ数の意味
　１株につき１個の議決権が、会社法の原則である。
　だから、たくさんの株を有する者は、多くの議決権を有し、その株式会社の支配株主ともなりうる。
　「たくさんカネを出した（出資した）人が偉い」。これが、**資本主義の原理で**あり、たいていの株主総会決議は、この原理に基づき、議決権をベースに行う。
　たとえば、その株式会社の議決権の過半数を有する者は、他に多くの泡沫株主がいたとしてもその株式会社の支配株主である。
　しかし、会社法は、たまに、決議にアタマ数の要件を加えることがある。
　これは、資本主義の原理に反する。
　あえてそれを行うのは、よっぽど、**泡沫株主（少数派株主）の保護**を要する場合なのである。
　株式の譲渡制限の定めの設定はその典型例であり、議決権を有する株主のアタマ数の半数以上の賛成がなければ決議が成立することがない。
　つまり、これは、多数派（議決権が多い）の横暴で少数派（議決権が少ない）の株式に譲渡制限を付することを防止する仕組みなのである。
　株式の譲渡制限の定め（株が売りにくくなる）は、それほど重要な決議なのである。

　さて、会社法は、公開会社であるか、株式譲渡制限会社（閉鎖会社）であるかによって、非常に多くの取扱いの差異を設けています。

【用語解説】→ 株式譲渡制限会社（閉鎖会社）
　上記は会社法上の用語ではない。
　会社法では、公開会社を定義し（会社法２条５号）、株式の譲渡制限規定を設けた会社を「公開会社でない会社」と呼んでいる。
　が、本書においては便宜上、上記の「公開会社でない会社」のことを株式譲渡制限会社、非公開会社または閉鎖会社と呼ぶことにする。

　公開会社は、一般投資家の保護という国民的なルールを確保することが要請されるのに対して、譲渡制限会社は、基本的に仲間うちの会社であり、債権者保護の要請はあるものの、それほど厳格な規制を設ける必要もないのです。
　そして、試験においては、この差異について細かい点を出題するパターンが繰り返されています。
　その違いについて、本章では、まず重要な一点のみ、記載しておきましょう。

　本書では、いずれ、すべての違いを網羅しますが、その基本となる重要な違いです。

　会社法においては、閉鎖会社の場合、１人で会社を作ることができます。
次のような会社形態です。

株主　　　甲
取締役　　甲

で、以上終わりです。

〈１人二役〉

　こういう形態の会社には、監査機関そのものが不要です（もちろん、作りたければ作れますが……）。
　なぜなら、悪者である取締役が会社に迷惑をかけるといっても、両者は事実上同一人物ですから、監査の必要性が少ないのです。

　もちろん、もう少し、登場人物を増やしてもかまいません。

株主　　　甲
取締役　　甲乙

　この会社は、２階建ての会社（取締役会がない！）です。
　形式的には、所有と経営の分離がみられます。
　しかし、事実上は、株主＝経営者という形です。
　そういうわけで、２階建ての会社では、株主総会の権限が強いのです。

会社法295条（株主総会の権限）
1項　株主総会は、この法律に規定する事項及び株式会社の組織、運営、管理その他株式会社に関する一切の事項について決議をすることができる。

このように、株主総会は、文字どおり、株式会社の最高機関であり万能機関です。

　この点、取締役会設置会社（３階建ての会社）では、株主はバカだと考えていたのと大きな違いがあります。
　こちらは、最高機関には違いありませんが、万能ではなく、権限が限られていましたね。

　しかし、２階建ての会社では、株主が、事実上は経営者を兼ねています。
　だから、「金を多く出した者が偉い」という、資本主義の原理がそのまま適用になります。
　また、取締役会を設置しない会社では、代表取締役と取締役の地位が分化しません。
　だから、取締役は、当然に会社を代表します。

```
株主　　　甲
取締役　　甲乙
```

　さきほど挙げた上記の会社の例では、甲乙の双方が、単独で会社を代表します。（会社法349条１項本文）

　会社法349条１項本文は、「取締役は、株式会社を代表する」と規定しています。
　この規定は、「会社を代表する取締役」のことを代表取締役というのだという意味に解釈されています。
　そこで、取締役を複数選任した２階建ての会社では、取締役の全員が代表取締役であることが原則になります。

　しかし、会社法349条１項には、ただし書があります。
　「ただし、他に代表取締役その他株式会社を代表する者を定めた場合は、この限りでない」と規定します。
　この場合には、株式会社を代表する取締役として定められなかった取締役には会社の代表権限がないことになります。
　つまり、俗にいう、ヒラ取締役です。
　なお、会社法349条１項ただし書の、「その他株式会社を代表する者」とは、裁判所の仮処分命令により選任された代表取締役の職務代行者、代表取締役が欠けた場合の一時代表取締役の職務を行うべき者および指名委員会等設置会社の代表執行役を意味します。

参考 | **代表取締役の職務代行者と一時代表取締役の職務を行うべき者の違い**

　この両者は、裁判所により選任され、その旨の登記が裁判所書記官から嘱託される。

　そういう意味では同じである。

　しかし、その性質は異なる。

　代表取締役の職務代行者の場合、会社の内部が大モメにモメている。

　たとえば、株主と取締役間に紛争が勃発し、その結果、株主が取締役や代表取締役の職務停止とこれに代わる職務代行者の仮処分申請をしたということになる。

　さて、この事件は仮処分事件である。後の本案で、株主と取締役のいずれが勝つかは不明である。

　したがって、この職務代行者の権限が強すぎてはいけない。

　そこで、会社法352条 1 項は、職務代行者の権限を制限し、仮処分命令に別段の定めがある場合を除き、株式会社の常務に属しない行為をするには、裁判所の許可を得なければならないと規定している。

　これに対して、一時代表取締役の職務を行うべき者(仮代表取締役)は、代表取締役が欠けた場合に選任される。(会社法351条 2 項)

　つまり、会社の中はモメていない。そこで、仮代表取締役については、その権限を制限するという規定が存在しない。

参考 | **登記簿の記載例**（H18.4.26民商第1110号依命通知改）

1　一時取締役の職務を行う者（仮取締役）を選任した場合（会社法第346条 2 項、第937条 1 項 2 号イ）

役員に関する事項	取締役	乙野次郎	令和 6 年10月 1 日就任
			令和 6 年10月 8 日登記
			令和 6 年12月 3 日死亡
			令和 6 年12月10日登記
	仮取締役	丁野八郎	令和 6 年12月14日東京地方裁判所の選任
			令和 6 年12月21日登記

〔注〕　一時会計参与、監査役、代表取締役、委員、執行役または代表執行役の職務を行う者の選任の登記についても、同様である。

2 職務代行者を選任した場合（会社法第352条1項、第917条1号）

役員に関する事項	取締役職務 　　甲野太郎 代行者	令和6年12月3日東京地 方裁判所の取締役乙野次 郎の職務代行者選任
		令和6年12月10日登記

＊登記はいずれも裁判所書記官の嘱託によりなされている。

＊基本的に、商業登記の場合、「裁判所がらみの登記は嘱託」と考えてよい。しかし、ごく一部に例外があるので、受験者はこの例外のみを記憶すべきである。

参考問題

1．仮処分命令により選任された代表取締役の職務を代行する者は、仮処分に別段の定めがある場合を除き、当該株式会社の代表取締役と同一の権利義務を有する。（商法H18-33-ウ）

2．一時監査役の職務を行うべき者の選任による変更の登記は、裁判所書記官の嘱託により行われる。（商業登記法H29-32-ア）

答え　　1．× 会社法352条1項。

2．○　一時監査役の職務を行う者とは、仮監査役のこと。仮監査役の登記も裁判所書記官が嘱託する。

なお、ここで、混乱してほしくないのは、以下の点です。

閉鎖会社が、取締役会を設けることは可能です。

その場合には、3階建ての規範が適用になります。

したがって、事実上の経営権は取締役会にあり、株主総会は力が弱いということになります。

であれば、力が弱い株主を守るために、取締役の横暴を見張る機関が必要です。

したがって、たとえ閉鎖会社であっても、取締役会設置会社は、監査役などの監査機関のいずれかを省略することはできません。

次に、公開会社の場合には、取締役会の設置が必要です。

公開会社には取締役会の設置義務があり、会社組織は必然的に3階建てになります。

　ここで、その理由を考えておきましょう。

　公開会社＝上場会社というわけではありませんが、公開会社は、ほとんどが上場企業といえるでしょう。

　株式市場に上場する場合、いくら業績の良い大きな会社でも、ある事情が存在すると上場しにくいといわれています。

　その事情とは、「ワンマン企業である」という事情です。

　すなわち、創業者の個性があまりに全面に出された企業は上場しにくいのです。

　その理由は、創業者の死亡の場合を考えると、一般投資家が投資しにくいからです。

　すなわち、上場するためには、個人の個性ではなく、組織として動く会社、人が少々入れ替わっても安定した経営のできる企業であることが要請されます。

　このように、株式を公開する以上は、社会一般に対する信頼性・安定性を要するのです。

　公開会社の一般投資家への社会的責任といってもいいでしょう。

　となると、公開会社は、ワンマン企業では務まりません。

　個人のヒラメキによる経営では、後々、一般投資家に損害を与えかねません。

　したがって、取締役会が必置なのです。

　では、本章は、これにて完了とし、次章では、株式会社の機関について、さらに詳しく述べます。

第2章

株式会社の機関設計

　会社法が定める株式会社の機関設計は、非常に多様です。

　なんと、47種類の類型があります。

　その説明の前に、株式会社の登場人物の概略を示します。

　なお、株主総会および取締役（取締役会の構成員としての取締役を含む）は、すべての株式会社の必置機関です（なお、清算株式会社では、株主総会と清算人が必置機関となる）。

　それ以外の機関、つまり、取締役会、会計参与、監査役、監査役会、会計監査人、監査等委員会、指名委員会等は、いずれも、これを置くという定款規定を要し（会社法326条2項）、また、置くということそのものが登記事項となります。

　なお、機関に関する定款規定は、たとえば、「当会社は会計参与を置く」というように明記する必要があり、「当会社は会計参与を置くことができる」というような、置くのか置かないのかはっきりしない規定は無効となります。

◆ポイント◆　**株式会社に必ず存在する機関**
　　以下の2つのみ
　　1．株主総会
　　2．取締役

1．取締役

　基本的には、会社の経営者です。

　商売の戦略を考えるプロといっていいでしょう。

　ただし、2階建ての会社では、株主総会が強い分、多少、精彩を欠きます。

　会社に利益をもたらすことが使命ですが、損害を与えることもありうるという意味で潜在的な悪者となりえます。

登記事項
　・取締役の氏名
　・代表取締役の氏名・住所

参考 **登記簿の記載例**（H18.4.26 民商第1110号依命通知改）

役員に関する事項	取締役　　　甲 野 太 郎	令和6年10月1日就任
		令和6年10月8日登記
	東京都新宿区新宿三丁目1番1号 代表取締役　　　甲 野 太 郎	令和6年10月1日就任
		令和6年10月8日登記

＊上記は、取締役が1人の株式会社の例である。

＊指名委員会等設置会社では、代表取締役の住所および氏名を登記しない。

＊監査等委員会設置会社では、監査等委員である取締役とそれ以外の取締役を区別して登記する。

参考 **住所非表示措置**

　DVやストーカーの被害者等は、住所の開示により被害を受けるおそれがある。

　このため、登記簿に住所が記載されている者（自然人に限る）について、住所を非開示とする措置をとることができるという仕組みが導入されている（商業登記規則31条の2）。

　その申出は、被害者等または登記の申請をすべき者から行う。

　申出書に一定の事項の記載を要し、住所の開示により被害を受けるおそれがあることを証する書面や、被害者等の本人確認証明書などの添付を要する。

　たとえば、代表取締役の就任登記の申請に併せて住所の非表示の申出をすることもできるし、いったん登記簿に記載された後にその住所を非表示とする旨の申出をすることもできる。

　登記記載例は、次のとおりとなる。

役員に関する事項	商業登記規則第31条の2の規定による措置 代表取締役　　　　甲野太郎	令和6年10月1日就任
		令和6年10月8日登記

２．取締役会

これがあれば、3階建ての組織になります。

取締役会設置会社は、取締役会において代表取締役を選定しなければなりません。

それ以外の取締役には代表権がありません。

登記事項

・取締役会設置会社である旨

参考 **登記簿の記載例**（H18.4.26 民商第1110号依命通知改）

取締役会設置会社に関する事項	取締役会設置会社 　　　　　　令和6年10月1日設定　　令和6年10月8日登記

３．監査役

　悪者の取締役を見張る役。ただし、父ちゃん母ちゃん会社では、田舎のおばあちゃんの役目だから、実質、機能していないとの悪口をたたかれることもあります。

　ただし、監査役は、原則として、取締役の職務の執行を監査します（けっこう、強力な権限を誇る）。

　職務執行の当不当についても監査権限があるのです（当然、会計監査の権限を含む）。

　この点が、会計のプロとはいえ、基本的に会計に関する関与しかしない会計参与との違いです。

　取締役と並び会社役員の地位にあります。

　会社との関係は委任関係です。

登記事項
・監査役設置会社である旨
・監査役の監査の範囲を会計に関するものに限定する旨の定款の定めがある株式会社であるときは、その旨
・監査役の氏名

参考 **登記簿の記載例**（H18.4.26 民商第1110号依命通知他改）

役員に関する事項	監査役　丙野八郎	令和6年10月1日就任
		令和6年10月8日登記
	監査役の監査の範囲を会計に関するものに限定する旨の定款の定めがある	令和6年10月1日設定
		令和6年10月8日登記
監査役設置会社に関する事項	監査役設置会社 　　　　　　令和6年10月1日設定　　令和6年10月8日登記	

４．監査役会

　単に監査役が複数いるというものではありません。

より強力な監査機関です。

3人以上の監査役から構成されます。（会社法335条3項）

そういう意味では、監査役会を置くということは、監査役を置くという意味をも含みます。

これが存在する会社は、監査に相当力を入れていると考えてよいです。

田舎のおばあちゃんを3人引っ張ったとは考えられません。

取締役会≧監査役会の関係にあります。

つまり、取締役会設置会社のすべてが、監査役会を設置するものではないが、監査役会のある会社には、すべて取締役会があります。

そういう意味で、取締役会の監督機関といえます。

よりわかりやすく表現しておけば、取締役しかいない2階建ての会社には、監査役会の存在がありえません。

「株主総会が強い分、多少、精彩を欠く」程度の力しかない取締役の監督機関としては、大げさすぎるということです。

登記事項

・監査役会設置会社である旨
・監査役のうち社外監査役であるものについて社外監査役である旨

参考 **登記簿の記載例**（H18.4.26 民商第1110号依命通知）

役員に関する事項	監査役　　　丁 野 六 郎
	監査役　　　　戊 野 七 郎 （社外監査役）
	監査役　　　　戊 野 八 郎 （社外監査役）
監査役設置会社に関する事項	監査役設置会社
監査役会設置会社に関する事項	監査役会設置会社

＊監査役会設置会社は当然に監査役設置会社である。

＊登記の記載例に、監査役の就任年月日等、監査役および監査役会設置の日付の記載がない理由は、会社を設立した時の登記記録例であるため。

＊監査役会設置会社は、監査役の監査の範囲を会計に関するものに限定す

る旨の定款の定めを置くことができない（会社法389条1項）。

5．会計参与

監査役が、田舎のおばあちゃんであって、実質的に機能していないケースが多いことから、会社法に盛り込まれた制度。

巷間、税理士会の法制審議会への強力な働きかけがあったとウワサされています。中小企業の会社経営に、税務のプロを参画させる道を開こうというものです。

会計参与は、取締役と共同して、計算書類等を作成します。（会社法374条1項）

会計参与は、れっきとした役員です。（会社法329条1項）

したがって、登記事項となります（取締役、監査役、代表取締役はもちろん登記事項である）。

その資格は、公認会計士（監査法人）、税理士（税理士法人）に限られます。（会社法333条1項）

会計参与は、次のような特徴のある制度です。

会社が、会計参与を置くかどうかは、全くの任意。

しかし、会計参与は、どんな会社の組織形態であっても採用しうる制度です。

どこにでも、顔を出せます。不死身のアメーバみたいな制度です。

登記事項
・会計参与設置会社である旨
・会計参与の氏名または名称
・計算書類等を備え置く場所

参考 | **登記簿の記載例**（H18.4.26 民商第1110号依命通知）

役員に関する事項	会計参与　　　税理士法人桜会 （書類等備置場所）名古屋市中区三の丸四丁目3番1号
会計参与設置会社に関する事項	会計参与設置会社

＊上記、書類等備置場所は以下の場所であることを要する。

　1．税理士等の事務所所在地であること。

　2．当該会社の本支店と異なる場所であること。

　上記は、いずれも、税理士等が保管する計算書類を株主・債権者が閲覧しやすいようにするための規制である。

　→事務所でなければ、訪問時にいつも開いているとは限らない。

　→会社の本支店と同一場所であれば、別に書類等備置場所を定める意味

がない。

6．会計監査人

　会計参与を会計のプロとすれば、会計監査人はプロ中のプロです。その資格は、公認会計士（監査法人）に限られます。（会社法337条 1 項）

　主として、大企業が採用する監査機関です。

　会社法においても、大会社については、必置機関です。

　それなりの報酬を支払える規模の企業でなければ雇えません。

　会計監査人は、役員ではありません。

　しかし、会社との関係は委任関係です。（会社法330条）

　登記事項でもあります。（会社法911条 3 項19号）

　会計監査人の設置は、大会社以外でも可能です。

　監査をきっちりとして、プロ中のプロの監査を受けようという企業の意向を、国家が禁止する筋合いはありません。

　しかし、会計監査人は、役員そのものではないし、基本的に、監査役・監査役会、監査等委員会、指名委員会等が存在する場合（アマがいる）に、その補助というかサポートとしてプロ中のプロを付けるという位置づけになります。

　したがって、会社にこうした機関がない場合に、補助だけを付けるわけにはいきません。

　具体的にいえば、取締役＋会計監査人だけの会社はありえません。

登記事項
　・会計監査人設置会社である旨
　・会計監査人の氏名または名称

参考　**登記簿の記載例**（H18.4.26 民商第1110号依命通知）

役員に関する事項	監査役　　　　　　丁 野 六 郎
	会計監査人　　監 査 法 人 桜 会
監査役設置会社に関する事項	監査役設置会社
会計監査人設置会社に関する事項	会計監査人設置会社

＊上記記載例に監査役が同居している理由は、会計監査人設置会社は監査

役設置義務があるからである（指名委員会等設置会社および監査等委員会設置会社を除く）。

参考問題　監査法人である会計監査人の就任による変更の登記の申請書には、登記すべき事項として、当該監査法人の名称及び当該監査法人が定めた書類等備置場所を記載しなければならない。（商業登記法H25-33-ウ）

答え　×

コラム　大会社とは？

大会社の定義は、以下のとおり。

1．資本金の額が5億円以上
2．負債が200億円以上

いずれも、最終事業年度の貸借対照表上の数字において、上記2点のうち、どちらかが、上記の基準に達すれば大会社となる。

これらは、規模が大きいので、放漫経営の社会的影響が大きい。

したがって、プロ中のプロである会計監査人を必ず必要とする。

さて、以上に加え、以下の理屈を覚えておいて欲しい。

大会社の定義に、200億円以上の負債とある。

たとえ資本金が1円でも、負債が200億円なら大会社だ。

ということは、この制度は、基本的に債権者保護の要請からできた区分けだ。

したがって、会社の内部において、株式が公開されているかどうかとは無関係だ（閉鎖会社でも債権者は存在するし、その保護の必要性は公開会社と何ら異ならない）。

だから、閉鎖会社であっても、大会社であれば、必ず、会計監査人が必要だ。

なお、中小会社とは、前記基準のどちらにも達しない株式会社を指す。

参考　**中小会社**

中小会社は、会社法上の用語ではない。会社法では、「大会社でない会社」という。

7．指名委員会等

　これは、アメリカ製の組織形態と思えばよいです。

　従来の日本型経営ではなく、全く別物です。

　指名委員会等とは、指名委員会、報酬委員会、監査委員会の3つです。

　詳しいことは後に譲りますが、その急所は、指名委員会等設置会社の制度を採用する会社には、次の機関が存在しないということです。

　1．代表取締役

　2．監査役

　指名委員会等設置会社においては、取締役は存在します。

　しかし、これは、業務を執行する機関ではありません（純粋な経営者とはいいがたい）。

　だから、実際の経営は「執行役」が行います。

　そして、会社の代表権は、代表執行役にあります。

　次に、現時点で重要なのは、指名委員会等設置会社には監査役がいないということです。

　監査役がいない以上、監査役会も存在しません。

　その代わりに、監査委員会（委員会の1つ）が存在します。

　したがって、次の組合せはありえません。

　1．× 　指名委員会等＋監査役

　2．× 　指名委員会等＋監査役会

　次に、指名委員会等設置会社の制度を採用した理由は、もともと、アメリカの企業統治のあり方を学ぼうということです（といいつつ、制度が発足してすぐにアメリカの巨大企業の会計粉飾事件が大きく報道されるというマンガのような事態が発生しました）。

　が、ともあれそういう趣旨なので、厳しい監査をするために、会計監査人が必置です。

　つまり、次の2つは連動します。

　1．○ 　指名委員会等＋会計監査人　切っても切れない関係

　さらに、取締役会を設置しない会社は、指名委員会等を設置できません。

　なぜなら、「株主総会が強い分、多少、精彩を欠く」程度の力しかない取締役の

監督機関としては、大げさすぎるからです（監査委員だけでも３人以上は存在する）。

登記事項
・指名委員会等設置会社である旨
・取締役のうち社外取締役であるものについて、社外取締役である旨
・各委員会の委員の氏名
・執行役の氏名
・代表執行役の氏名および住所

参考 | **登記簿の記載例**（H18.4.26 民商第1110号依命通知）

役員に関する事項	取 締 役	甲 野 太 郎
	取 締 役	乙 田 春 子
	取 締 役	丙 川 三 郎
	取 締 役	丁 山 四 郎
	取 締 役 （社外取締役）	戊 沢 五 郎
	取 締 役 （社外取締役）	己 島 夏 江
	取 締 役 （社外取締役）	庚 塚 七 郎
	会 計 監 査 人	監 査 法 人 桜 会
	指 名 委 員	乙 田 春 子
	指 名 委 員	戊 沢 五 郎
	指 名 委 員	己 島 夏 江
	監 査 委 員	丙 川 三 郎
	監 査 委 員	己 島 夏 江
	監 査 委 員	庚 塚 七 郎
	報 酬 委 員	丁 山 四 郎
	報 酬 委 員	戊 沢 五 郎
	報 酬 委 員	庚 塚 七 郎

	執行役　　　　甲野太郎
	執行役　　　　辛岡八郎
	執行役　　　　壬池九郎
	東京都千代田区霞が関一丁目１番１号 代表執行役　　　甲野太郎
取締役会設置会社に関する事項	取締役会設置会社
会計監査人設置会社に関する事項	会計監査人設置会社
指名委員会等設置会社に関する事項	指名委員会等設置会社

＊上記記載例に、取締役会、会計監査人が同居している理由は、指名委員会等設置会社には取締役会および会計監査人を設置する義務があるからである。

8　監査等委員会

　監査等委員会の「等」は、監督を意味します。

　監査とは取締役などの行為が適法であるかどうかを監査しますが、監督はもう少し意味が広く、その行為の妥当性をも監督します（適法な行為でも監督の対象となる）。

　指名委員会等設置会社の制度（アメリカ型の組織）が日本にまったく定着しなかったため、これに変わるものとして政府が新設した制度です。

　その目的は、社外取締役の制度を日本に定着させることです（それをせよとの外圧があるらしい）。

　監査等委員会設置会社の制度は、指名委員会等設置会社に存在する３つの委員会から指名委員会と報酬委員会を引き算した仕組みと思えばいいでしょう。

　すなわち、監査等委員会設置会社に存在する委員会は、監査等委員会の１つだけです。

　指名委員会等設置会社に似た部分は以下のとおりです。

　1．○　監査等委員会＋会計監査人　切っても切れない関係（この仕組みもア

メリカ型のミニチュアだから)

　また、監査役の代わりが監査等委員なので、監査等委員会設置会社にも監査役はいません。

　２．×　監査等委員会＋監査役
　３．×　監査等委員会＋監査役会

　このほか、取締役会を設置しない株式会社は、監査等委員会を設置できません。これも、取締役会のない会社に監査等委員会はおおげさすぎるからです。

　次に、指名委員会等設置会社と異なる部分は以下のとおりです。

　１．監査等委員会設置会社には代表取締役がいる（その代わり執行役や代表執
　　　行役がいない）。

登記事項
・監査等委員会設置会社である旨
・監査等委員である取締役およびそれ以外の取締役の氏名
・取締役のうち社外取締役であるものについて、社外取締役である旨
・重要な業務執行の決定の取締役への委任についての定款の定めがあるときは、
　その旨

参考　**登記等の記載例（H27.2.6民商第14号依命通知）**

会社法人等番号	0000-00-000000
商　　号	第一電器株式会社
本　　店	東京都中央区京橋一丁目１番１号
公告をする方法	官報に掲載してする
会社成立の年月日	令和６年10月１日
目　　的	１　家庭電器用品の製造及び販売 ２　家具、什器類の製造及び販売 ３　光学機械の販売 ４　前各号に附帯する一切の事業
発行可能株式総数	4000株

発行済株式の総数 並びに種類及び数	発行済株式の総数 　　　1000株		
資本金の額	金5000万円		
株式名簿管理人の 氏名又は名称及び 住所並びに営業所	東京都中央区日本橋通一丁目１番１号 大和信託株式会社本店		
役員に関する事項	取締役　　　　甲　野　太　郎		
	取締役　　　　乙　野　次　郎		
	取締役　　　　丙　野　三　郎 （社外取締役）		
	取締役　　　　丁　野　四　郎		
	取締役・監査等　戊　野　五　郎 委員 （社外取締役）		
	取締役・監査等　己　野　六　郎 委員 （社外取締役）		
	取締役・監査等　庚　野　七　郎 委員		
	東京都大田区東蒲田二丁目３番１号 代表取締役　　　甲　野　太　郎		
	会計監査人　　監　査　法　人　桜　会		
支　　店	1 大阪市北区若松町15番地		
	2 名古屋市中区三の丸四丁目３番１号		
	3 横浜市神奈川区七島町117番地		
	4 東京都西東京市本町四丁目16番24号		

取締役会設置会社に関する事項	取締役会設置会社
監査等委員会設置会社に関する事項	監査等委員会設置会社
重要な業務執行の決定の取締役への委任に関する事項	重要な業務執行の決定の取締役への委任についての定款の定めがある
会計監査人設置会社に関する事項	会計監査人設置会社
登記記録に関する事項	設立 <div align="right">令和6年10月1日登記</div>

- -

参考問題 　設立しようとする会社が監査等委員会設置会社である会社の場合において、監査等委員ではない設立時取締役が社外取締役であるときは、設立の登記の申請書には、登記すべき事項として当該設立時取締役が社外取締役である旨を記載しなければならない。（商業登記法R3-28-ア）

....

答　え 　○　監査等委員会設置会社では、「取締役のうち社外取締役であるものについて、社外取締役である旨」が登記事項だから、設立登記の申請書に登記すべき事項としての記載を要する。

- -

発展1　社外取締役の登記
　一般的には登記事項でないが、以下の場合に限り登記がされる。
　１．特別取締役による議決の定めがあるとき
　２．指名委員会等設置会社の場合
　３．監査等委員会設置会社の場合

発展2　社外監査役の登記
　一般的には登記事項ではないが、以下の場合に限り登記がされる。
　１．監査役会設置会社の場合

- -

参考問題 　監査役会設置会社が監査役会を置く旨の定款の定めを廃止した場合に

は、当該定めの廃止の登記を申請すると同時に、社外監査役である旨の登記がされている監査役について社外監査役である旨の登記の抹消を申請しなければならない。（商業登記法R2-29-ウ）

答え ○　社外監査役は、監査役会設置会社でのみ登記事項となるため、本問のいう通りの取り扱いとなる。

| 確認事項 | 社外性を証する書面

　社外取締役や社外監査役の登記を申請する場合、その社外性を証する書面の添付は求められていない。また、逆に、社外取締役や社外監査役が社外性を失ったことによる変更登記の申請時も、同様に、そのことを証する書面の添付は求められていない。

　以上は、いずれも、単に事実状態の問題であり、「取締役Aは、過去、うちの会社の使用人になったことがなく、業務執行取締役でもなく、子会社の執行役でもなく・・・」などという証明文書はナンセンスなのである。

さて、では、株式会社の、47種類の機関設計のパターンを紹介しましょう。
基本的に、公開会社か閉鎖会社かの区分けが縦糸です。
そして、大会社か中小会社かが横糸です。

【用語解説】→ 機関とは？

　機関とは、組織における「椅子」のことだ。
　たとえば、東京都知事も東京都の機関である。
　選挙ごとにその椅子に座る人物は変わる。しかし、「椅子」は常にある。
　株式会社における機関設計とは、その「椅子」をどういうように設けるのかという話しである。
　たとえば、監査役は「椅子」だから機関だ。
　しかし、監査役の監査の範囲を会計に関するものに限定する旨の定款の定めは椅子ではないから機関ではない。が、この定めがあるとないでは、機関設計のルールが異なることになる。
　以上が、「機関」という用語の正しい理解である。

〈公開会社でない会社の場合〉

1．大会社

	取締役 または 取締役会	監査役 または 監査役会	委員会	会計 監査人 必置	会計参与	
①			✕	○○ 監査 法人	( )	会計参与 有または無 2通り
②			✕	○○ 監査 法人	( )	〃
③			✕	○○ 監査 法人	( )	〃
④		✕	指名 報酬 監査 離れることができない	○○ 監査 法人	( )	〃
⑤		✕	監査等 	○○ 監査 法人	( )	〃

各パターンにおいて会計参与を設置するかどうかは任意。　　　以上

合計10通り

2. 中小会社

	取締役 または 取締役会	監査役 または 監査役会	委員会	会計 監査人	会計参与	
①		監査役が いないと ➡		会計監査人 もいない		会計参与 有または無 2通り
②			✕	監査 法人		会計参与 有または無 会計監査人 有または無 4通り
③			✕	監査 法人		〃
④			✕	監査 法人		〃
⑤		✕	指名 報酬 監査 離れることができない	監査 法人		会計参与 有または無 2通り
⑥		✕	監査等	監査 法人		〃
⑦		監査役が いないと ➡		会計監査人 もいない		会計参与 有 1通り

①〜⑥のパターンにおいて会計参与を設置するかどうかは
任意。

⑦のパターンは会計参与が必置。

②〜④のパターンにおいて会計監査人を設置するかどうか
は任意。

以上
合計19通り

41

〈公開会社の場合〉

1．大会社

	取締役会 必置	監査役会	委員会	会計監査人 必置	会計参与	
		どちらかが必要				
①			✕	監査法人	(☺)	会計参与 有または無 2通り
②		✕	指名 報酬 監査 離れることができない	監査法人	(☺)	〃
③		✕	監査等	監査法人	(☺)	〃

①②③のパターンにおいて会計参与を設置するかどうかは任意。

以上
合計6通り

2．中小会社

	取締役会 必置	監査役または 監査役会	委員会	会計 監査人	会計参与	
①			✕	(監査法人)	(☺)	会計参与 有または無 会計監査人 有または無 4通り
②			✕	(監査法人)	(☺)	〃
③		✕	指名 報酬 監査 離れることができない	監査法人	(☺)	会計参与 有または無 2通り
④		✕	監査等	監査法人	(☺)	〃

①～④のパターンにおいて会計参与を設置するかどうかは任意。
①②のパターンにおいて会計監査人を設置するかどうかは任意。

以上
合計12通り

総計47通り

ここまでに記述した基本ルールを整理しておきましょう。

① 公開会社は常に取締役会設置会社

　理由　ワンマン企業は投資家にとって危険。

　派生原理　公開会社が会計参与だけを設置することはできない。なぜなら、一般投資家のために取締役の業務執行の当不当を監査する機関が必要だから。

② 取締役会設置会社は、監査機関の設置を要する。

　監査機関とは、監査役・監査役会・会計参与・監査委員会・監査等委員会のいずれかのこと。

　理由　株主総会の力が弱い。株主を保護する必要がある。

　（会計監査人制度だけを採用することは、⑥に抵触する。）

③ 取締役会≧監査役会の関係。

　理由　「株主総会が強い分、多少、精彩を欠く」程度の力しかない取締役の監督機関としては、大げさすぎる。

④ 会計参与　不死身のアメーバ。どこにでも顔を出せる。

⑤ 会計監査人　大会社に必置。中小会社は任意。

　理由　大会社は債権者保護のためプロ中のプロを雇う義務がある。

⑥ 会計監査人　監査役・監査役会・監査等委員会・指名委員会等のいずれかが存在していなければ設置できない。

　理由　アマがいない会社は、プロ中のプロの出番ではない。

⑦ 指名委員会等設置会社・監査等委員会設置会社には、監査役がいない。したがって、監査役会もない。

　理由　監査委員会・監査等委員会がその職務を行う。

⑧ 指名委員会等設置会社・監査等委員会設置会社には必ず会計監査人がいる。

　理由　アメリカの企業統治を見習おう。

⑨ 取締役会を設置しない会社は指名委員会等設置会社・監査等委員会設置会社の制度を採用できない。

　理由　「株主総会が強い分、多少、精彩を欠く」程度の力しかない取締役の監督機関としては、監査委員会・監査等委員会の設置は大げさすぎる。

参考問題

1．大会社でない指名委員会等設置会社は、会計監査人を置かないことができる。（商法H28-30-イ）

2．会社法上の公開会社でない大会社は、取締役会を置かなければならない。（商法H28-30-ウ）

3．会社法上の公開会社であり、かつ、大会社である会計参与設置会社は、監査役会を置かなければならない。(商法H28-30-エ)

4．取締役会及び監査役を置く旨の定款の定めがある会社法上の公開会社であって大会社ではない会社が、新たに会計監査人設置会社の定めの設定による変更の登記をする場合には、併せて監査役会設置会社の定めの設定による変更の登記の申請をしなければならない。(商業登記法R4-30-ア)

5．会社法上の公開会社であって大会社である会社は、会計参与設置会社の定めの設定による変更の登記の申請をすることができない。(商業登記法R4-30-イ)

6．取締役会及び監査役を置く旨の定款の定めがある大会社ではない会社において、監査役設置会社の定めの廃止の登記とともに監査等委員会設置会社の定めの設定による変更の登記を申請する場合には、併せて会計監査人設置会社の定めの設定による変更の登記の申請をしなければならない。(商業登記法R4-30-エ)

答え 1．✕
2．✕ 公開会社でなければ取締役会の設置は必要的ではない。
3．✕ 監査等委員会または指名委員会等を置くこともできる。
4．✕ 大会社ではない公開会社に、監査役会設置義務はない。
5．✕ 会計参与は不死身のアメーバ。
6．○ アメリカ型会社には会計監査人が必須。

《参考条文》

> **会社法327条（取締役会等の設置義務等）**
> 1項　次に掲げる株式会社は、取締役会を置かなければならない。
> 一　公開会社
> 二　監査役会設置会社
> 三　監査等委員会設置会社
> 四　指名委員会等設置会社
> 2項　取締役会設置会社（監査等委員会設置会社及び指名委員会等設置会社を除く。）は、監査役を置かなければならない。ただし、公開会社でない会計参与設置会社については、この限りでない。
> 3項　会計監査人設置会社（監査等委員会設置会社及び指名委員会等設置会社を除く。）は、監査役を置かなければならない。
> 4項　監査等委員会設置会社及び指名委員会等設置会社は、監査役を置いてはならない。
> 5項　監査等委員会設置会社及び指名委員会等設置会社は、会計監査人を置かなければならない。

6項　指名委員会等設置会社は、監査等委員会を置いてはならない。

会社法328条（大会社における監査役会等の設置義務）

1項　大会社（公開会社でないもの、監査等委員会設置会社及び指名委員会等設置会社を除く。）は、監査役会及び会計監査人を置かなければならない。

2項　公開会社でない大会社は、会計監査人を置かなければならない。

第３章

株主総会

株主総会は、株式会社の所有者の総会です。

株式会社にとっての重要事項は、株主総会が決定します。

株式会社の最高機関であるといえます。

定時株主総会は、毎事業年度の終了後、一定の時期に招集をしなければなりません。（会社法296条１項）

臨時株主総会は、いつでも招集することができます。（会社法296条２項）

まず、株主総会の権限について復習しましょう。

会社法295条（株主総会の権限）

１項　株主総会は、この法律に規定する事項及び株式会社の組織、運営、管理その他株式会社に関する一切の事項について決議をすることができる。

２項　前項の規定にかかわらず、取締役会設置会社においては、株主総会は、この法律に規定する事項及び定款で定めた事項に限り、決議をすることができる。

会社法は、取締役会を設置せず、株主総会を万能の機関とする１項の規定を原則としつつ、取締役会を設置した場合に、株主総会の権限を制限します。

したがって、取締役会を設置するということは、株主総会の権限を取締役会に委譲することを意味します。

取締役会を設置しないということは、株主が直接会社の方針を決めるということであり、これは、閉鎖会社に限られます。

同族会社がほとんどと考えていいでしょう。

この場合には、形式上、２階建てという形で分離されているとはいえども、実質は株主＝経営者です。

経営者は、常に会社の方針を考えていることが当然です。

また、経営上の決定事項は、迅速であることを要するでしょう。

でなければ、商機を逸するからです。

したがって、１項の株主総会は、手続を簡易化し、迅速に議事を決定することが必要です。

また、株主といえども、実質は経営者に近いですから、その能力があるはずです。

そこで、株主総会の招集手続は、次のように簡略化されます。

１．株主総会の招集を決定するのは、原則として取締役。（会社法298条１項）

２．招集通知は、会日の１週間前に発すること。ただし、定款によりその期間
　　の短縮が可能。（定款規定があれば、前日に出すのでもオーケー。会社法299
　　条１項）

３．招集通知は、原則、口頭でいい（書面作成の必要がない）。

　　＊　例外アリ。会社法298条１項３号・４号の定め（書面またはインターネッ
　　　　トによる投票ができる旨の定め）があるとき。（会社法299条２項１号）

　　　　これらの議決権の行使方法に関する取り決めがある場合は、書面または
　　　電磁的方法による通知を要する。

　　　　なお、この場合は、招集期間も２週間に延長される。

　　　　手紙の往復に時間がかかるからだと思えばよい。

　　＊　株主総会参考書類等について電子提供措置をとる場合にも、株式会社は、
　　　　株主総会の日の２週間前に招集通知（書面又は電磁的記録）を発しなけれ
　　　ばならない。（会社法325条の４第１項）

　　　　→この場合、非公開会社にも、公開会社の規範が適用されることとなっ
　　　　ている。

〈取締役会があるとできない方法〉

あした株主総会
やるぞー
みんな集まれ

取締役
父ちゃん

○○会社定款
第○条
株主総会の招
集通知は会日の
前日までに発す
る

母ちゃん

田舎の
ばあちゃん

となり町の
息子

参考 ┃ **株主総会招集時の決定事項**（会社法298条１項）

　　１．株主総会の日時および場所

　　２．株主総会の目的である事項があるときは、当該事項

3．株主総会に出席しない株主が書面によって議決権を行使することができることとするときは、その旨
4．株主総会に出席しない株主が電磁的方法（インターネットによるという意味）によって議決権を行使することができることとするときは、その旨
5．その他、法務省令で定める事項
　　会社法施行規則63条に記載があるので簡単に紹介しよう。
　1．以下の定時総会の日時を決定した理由（ただし、次の場合に限る）
　　①　前事業年度にかかる定時総会の日と著しく離れた日である場合(つまり、例年の定時総会期日とかけ離れた日である場合)。
　　②　公開会社について、同一日に定時総会を開く他の公開会社が著しく多い場合。
　　＊②については、その日時を決定したことにつき特に理由がある場合における、その理由に限り決定を要する。
　2．株主総会の開催地が、過去に開催した場所と著しく離れた場所であるときに、その場所を決定した理由（開催地を故意に辺鄙な場所に設定すれば、株主の発言権を奪うことになるため、正当な理由を要求するものである。なお、株主全員の同意がある場合、または、その場所で開催するという定款規定がある場合には、理由の決定を要しない）
他にも、細かい規定があるが、本書では省略する。

◀ポイント▶　株主総会の目的である事項

　株主総会招集時の決定事項に「株主総会の目的である事項があるときは、当該事項」とある。

　これは、必ずしも、株主総会の目的である事項を定めることは要せず、単に、いつどこで株主総会をやりますとのみ決定してもかまわないことを意味している。

重要　書面による通知を要しない場合、株主総会の「目的である事項」を定めたときでも、その通知を要しない。単に、いつどこで総会をするかを通知すればよい。

　取締役会を設置しない会社では、株主が＝経営者という立場に近い。
　だから、会社の方針決定には、常に気を配っているはずである。
　株主に目的事項をわざわざ通知しなくても、柔軟な総会運営が可能であろうと考えられる。
　自由に議論し、自由に決議をすればよい。
　事前に決めた「目的である事項」に縛られるのでは窮屈であろう。

◀ポイント▶ 取締役会を設置しない会社の特例

・株主総会の目的である事項の通知が不要

→ただし、会社法298条１項３号・４号の定めがあるときおよび株主総会参考書類等について電子提供措置をとるときを除く。

コラム 参考書類・議決権行使書面の交付

前記の298条１項３号・４号の定めがあるときは、議決権行使についての参考書類の交付が必要である。（会社法301条１項、302条１項）

単に、書面での議決ができるといっても、決議案件の内容が詳しくわからなければ、株主は賛否の判断のやりようがないだろう。

だから、事前に、「こういう案件です。」という、詳しい案内と、議決権行使のための書面等（賛否を会社へ送るための返送用ハガキなどのこと）を、会社は株主にお届けする必要がある。だから、298条１項３号・４号の定めがあるときは、常に、２週間の間を置き、書面等で通知するのである。

> 議決権行使書面
>
> 株式会社○○御中
>
> 私は、年月日、貴社の株主総会において、次のとおり議決権を行使します。
>
> 議決権行使株式数　何株
>
> 　　　第１号議案　　賛　否
> 　　　第２号議案　　賛　否
> 　　　第３号議案　　賛　否
>
> 年月日　住所　株主　山本太郎　㊞

上記は、ハガキの裏面である。

会社から、このハガキと参考書類が送られてくる。

そこで、「賛　否」いずれかに○をつけて期日までに返送すれば、株主は、自宅にいながら議決権を行使できる。

参考問題　１．株主が、書面による議決権行使の期限までに書面によって株主総会における議決権を行使した場合であっても、自ら当該株主総会に出席して議決

権を行使したときは、書面による議決権の行使は、その効力を失う。（商法H31-30-エ）

2．会社法上の公開会社でない株式会社において、株主総会に出席しない株主が書面によって議決権を行使することができる旨を定めたときは、取締役は、株主総会の日の2週間前までに、株主に対して招集の通知を発しなければならない。（商法R4-30-イ）

....

答 え　　1．〇　　2．〇

❖❖

これに対して、取締役会設置会社の場合はどうでしょうか。

わざわざ、取締役会を設置したのは、株主は、金は出すが、細かいことに口は出さない趣旨とも考えられます。

所有と経営の分離が明確化します。

また、株主は、日常、会社の今後の方針など考えていないかもしれません。

能力の面でも不安があります。

であれば、株主総会の招集手続は、より厳格に行う必要があるでしょう。

そこで、会社法は、次のように規定します。

1．株主総会の招集を決定するのは、原則として取締役会。（会社法298条4項）

2．招集通知は、会日の2週間前に発すること。（公開会社の場合）

3．招集通知は、書面または電子メールによること。

2週間前に書面を発する（封筒で送る）ことが、原則です。

これは、普段、会社の方針について考えていない株主に、考慮期間を提供するための規定です。

〈公開会社の場合〉

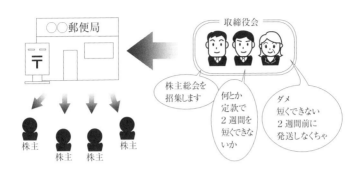

　なお、取締役会設置会社でも、公開会社でない会社は、招集期間が１週間に短縮されます。

　仲間うちの会社だからです。

　なお、この期間を定款をもって短縮することができるという規定は存在しません。

＊なお、非公開の取締役会設置会社でも、次の場合には、招集期間が２週間となる。

1　会社法298条１項３号・４号の定め（書面またはインターネットによる投票ができる旨の定め）があるとき（会社法299条１項カッコ書）

2　株主総会参考書類等について電子提供措置をとる場合（会社法325条の４第１項）

重要　取締役会設置会社においては、通知の中に株主総会の「目的である事項」として記載した事項以外の事項については、原則として、決議をすることができない。（会社法309条５項本文）

　このため、事前に「株主総会の目的である事項」を定め、これを書面で通知しておかないと、何も決議できない株主総会になりかねない。

　株主は、会社の方針について日常考える立場にはない（能力の面で不安がある）。だから、総会の目的事項を事前に通知し、考慮時間を与える必要が生じるのである。

　能力の面で不安がある株主に、抜き打ちで議決を迫ることはできないのだ。

　なお、主に、手続き上の問題について、「株主総会の目的である事項」以外の決議ができる場合もあるが、それは特殊な例外との位置づけとなる（会社法309条５項ただし書を参照）。

電磁的方法（たとえば電子メール）で招集通知を発する場合には、個々の株主の承諾を要する。国民のすべてがインターネット環境にあるわけではないからである。株主に対し、会社からの通知が欲しければパソコンを買えとはいえない。

この個別の承諾を要することがネックとなり、世の上場会社は、高い郵便代金を支払って、招集通知をせっせと郵送することが通例となっている。

令和6年6月10日

株主各位

何市何町何番地何
山本商事株式会社

代表取締役　山本太郎

第○回定時株主総会招集のご通知

拝啓　ますますご清栄のこととお喜び申し上げます。

さて、当会社第○回定時株主総会を下記のとおり開催いたしますのでご案内申し上げます。

なお、当日、ご出席いただけない場合、別紙の参考書類をご高覧の上、同封の議決権行使書面に賛否のご指示と押印をいただき折り返しご送付くださいますようお願い申し上げます。　　　　　　　　　　　　　　　　　　　　　敬具

記

1．日時　令和6年6月28日　午後2時
2．場所　何市何町何番地　○○ホテル2階
3．目的事項
　　報告事項　第○期事業報告の内容報告の件
　　決議事項
　　第1号議案　令和6年3月31日現在の貸借対照表、第○期損益計算書、株主
　　　　　　　資本等変動計算書、個別注記表承認の件
　　第2号議案　定款一部変更の件
　　第3号議案　取締役6名選任の件
　　第4号議案　監査役1名選任の件
　　第5号議案　補欠監査役1名選任の件

以上

以上述べたように、株主総会の招集通知そのものを電子メールで行うことは困難を伴います。

　しかし、株式会社は、次の資料（以下、株主総会参考書類等という）の内容について、電子提供措置をとる旨の定款の定めを置くことができます。（会社法325条の２第１項）

1　株主総会参考書類
2　議決権行使書面
3　取締役会設置会社が定時株主総会において株主に提供すべき計算書類及び事業報告
4　会計監査人設置会社（取締役会設置会社）が定時株主総会において株主に提供すべき連結計算書類

参考 ┃ **定款の定め方**

　　定款には、電子提供措置をとる旨を定めれば足りる（情報開示をすべきウェブページアドレスまで定款で定めることは要しないということ。）。

　　株主総会参考書類等の一部についてのみ電子提供措置をとることはできない。

　　また、電子提供措置をとる旨は、登記事項でもある。（会社法911条３項12の２号）

登記記録例

電子提供措置に関する規定	当会社は株主総会の招集に際し、株主総会参考書類等の内容である情報について、電子提供措置をとるものとする。	令和６年10月１日設定
		令和６年10月８日登記

＊ウェブページのアドレスは登記事項とはならないことに注意。アドレスは株主総会ごとに招集通知に記載するのである。

　上場会社においては、この電子提供措置をとる旨の定款の定めを置くことが義務となります。

　つまり、上記は、主に、上場会社をターゲットとした制度であり、株主総会の招集通知には、株主総会参考書類等について電子提供措置をとったこと（およびウェブページアドレス）を記載しておき、その分量が膨大となる株主総会参考書類等（従来は分厚い紙の印刷物であった）については、これをペーパーレス化することがその制度の目的となっています。

　そして、上場会社は、株主総会のたびごとに、この電子提供措置をとることとなります。株主は、ウェブページ上で株式会社が開示した資料を閲覧することとなります。

ただし、非公開会社でも（たとえ、役員が取締役一人の会社でも）株主総会参考書類等について電子提供措置をとる旨の定款の定めを置くことができます。

　この場合には、次のいずれかのケースに限り、株主総会の開催に際して電子提供措置がとられます。（会社法325条の3第1項、299条第2項）

1　会社法298条1項3号・4号の定め（書面またはインターネットによる投票ができる旨の定め）があるとき

2　取締役会設置会社であるとき

　さて、株式会社が、電子提供措置をとる場合について、さらに補足説明を加えておきます。

1　株主総会招集通知

　株主総会の日の2週間前までに株主への通知が発せられます（この通知は書面または電磁的記録による。口頭での通知は不可。会社法325条の4第1項）。

2　電子提供措置の内容

　株主総会参考書類等のみでなく、株主総会の招集通知の記載事項、株主提案に係る議案の内容など一定の事項がウェブ上で開示されます。（会社法325条の3第1項各号）

3　電子提供措置をとるべき時期

　電子提供措置開始日から株主総会の日後3か月を経過する日までの間。（会社法325条の3第1項）

　→電子提供措置開始日とは、次のうちいずれか早い日のことである。

　　1　株主総会の日の3週間前の日

　　2　株主総会の招集通知を発した日

　　したがって、おそくとも、株主総会の日の3週間前の日には開示しなければならないこととなる。分厚いペーパーの印刷や郵送の手間がない分、従来よりも早く株主に情報開示できるはずだというのがその理由である。

　　なお、電子提供措置をとるべき時期の末日（株主総会の日後3か月を経過する日まで）の方は、株主総会の決議取消しの訴えの提訴期間に対応している。

　このほか、電子提供措置をとる旨の定款の定めを置く株式会社においても、株主総会参考書類等について、例外的に、株主に書面の交付を行うことができる場合があります。

以下、この点を整理します。

1　議決権行使書面

取締役は、議決権行使書面（ペーパー）を株主に交付することができ、この場合、ウェブ上で議決権行使書面を開示することを要しません。（会社法325条の３第２項）

議決権行使書面には、各株主の氏名等や行使できる議決権の数が記載事項となっており、これをウェブ開示するには、各株主の個別のページとそのアドレスが必要になるためです。

そのあたりの技術対応がまだの株式会社では、従来通り、ペーパーで議決権行使書面を郵送してもかまいません。

2　書面交付請求

株主（電磁的方法による招集通知の発出を承諾していない者）は、書面交付請求をすることができます。

インターネット利用が苦手な株主の存在を想定した制度です。

交付請求できる書面は、電子提供措置をとるものとして、株式会社がウェブ上で開示した情報のすべて（電子提供措置事項）です。（会社法325条の５第１項）

→ただし、電子提供措置をとるべき事項のうち、法務省令で定めるものの全部又は一部（株主資本等変動計算書、個別注記表、連結計算書類等）について、交付書面に記載しない旨の定款の定めを置くことができる。

コラム　書面交付が面倒な株式会社の味方の方向の規定

一部のインターネット利用が苦手な株主（Ｘ）のための書面の交付は面倒だということだろうか。株式会社は、株主Ｘによる書面交付請求から１年が経過した場合に、次の手を使って書面の交付を打ち切ることができる。

1　株式会社は、Ｘに打ち切りの通知ができる（異議申述期間は最低でも１か月。この間にＸからの異議がないと、書面交付は打ち切りとなる）。

2　１の通知に対してＸからの異議があると、株式会社は継続して書面交付を要するが、そこから１年の経過で、再度の打ち切り通知ができる。

最後に、会社法300条は、招集手続の省略について規定します。

その要件は、総株主の同意です。

もともと、招集通知は、株主に考慮期間を提供するための制度です。

だから、株主全員が、考慮期間を不要と考えるのであれば、招集通知は存在意義がありません。

　株主の数が多ければ、不可能でしょうが、家庭の茶の間が株主総会の場所というケースでは、簡単に同意が得られることと思います。

　もちろん、この仕組みは、取締役会設置会社・公開会社でも使うことができます。

　なお、株主総会の招集において、書面（または電磁的方法）による議決権行使をすることができる旨が定められたときは、総株主の同意による招集手続の省略ができません。（会社法300条ただし書）

　参考書類や議決権行使書面の送付（またはインターネットでの開示）といった一定の手続を経なければ、書面（または電磁的方法）による議決権行使ができないからです。

参考問題　株主総会は、株主の全員の同意がある場合には、株主総会に出席しない株主が書面によって議決権を行使することができる旨が定められているときであっても、招集の手続を経ることなく開催することができる。（商法R4-30-ア）

....

答　え　×

■ **コラム**　招集地 ■

　株主総会の招集地について、会社法には規定がない。

　したがって、富士山の山頂ということも可能だ。

　しかし、招集地を定款で定めることもできる。

　そして、実務上は、これを定めることが一般的であろう。

　というのは、株主による招集の可能性があるからだ。

　会社法297条は、次の要件で、株主による株主総会招集権を認める。

　以下は、おおまかな流れである。

公開会社の場合

1. ６か月前から総株主の議決権の100分の３以上の議決権を有する株主が招集請求。

2. 会社が招集しなければ、裁判所の許可を得て招集（100分の３という数字、６か月前という期間は、定款でこれを下回る数字を定めることができる。→株主が権利を行使しやすい方向）。

非公開会社の場合

1. 総株主の議決権の100分の３以上の議決権を有する株主が招集請求。
2. 会社が招集しなければ、裁判所の許可を得て招集（100分の３という数字は、定款でこれを下回る数字を定めることができる。→株主が権利を行使しやすい方向）。

さて、公開会社にのみ、「６か月前から」の一文が入る理由は何だろうか？これは、会社荒らしを防止する趣旨であると考えられる。

通常、公開会社であれば、いつでも誰でも証券市場で株式を買えるだろう。

であれば、何か会社に嫌がらせをするために、株を取得する不心得者がいてもおかしくない。

だから、「会社に何か不祥事があった」→「よし、今すぐ株主になって嫌がらせをしてカネを巻き上げよう」という流れを断たねばならない。

それが、６か月という期間の趣旨である。

同様の趣旨の規定は、役員の責任追及の訴え、俗にいう株主代表訴訟にも存在する。

この場合も、提訴権があるのは、公開会社であれば、６か月前からの株主（１株でよし）。非公開会社は、単に株主だ。

ちょっと、話が脱線してしまった。本論に戻ろう。

前記のとおり、株主が、株主総会を招集する可能性がある。

その場合、仮に、その株主が山登りを得意とすれば、本当に、富士山の山頂を招集地にするかもしれない。

だから、そういうことがないように、会社はあらかじめ招集地を定款に規定することが一般的になるであろうということだ。

《注》　なお、株主の利便性を損なう恣意的な招集地の決定がされることのないよう、株主総会の招集通知の記載事項のあり方について適切な措置を講ずべしという附帯決議が会社法成立時に行われている。

これを受けて、会社法施行規則では、株主総会の招集の決定において、招集地が過去に開催した株主総会のいずれの場所とも著しく離れた場所であるときは、原則として、その場所を決定した理由を定めなければならないとしている。（会社法施行規則63条２号）

参考問題　会社法上の公開会社でない株式会社において、総株主の議決権の100分の３以上の議決権を有する株主は、取締役に対し、株主総会の目的である事項であって当該株主が議決権を行使することができるもの及び招集の理由を示して、株

主総会の招集を請求することができる。（商法R5-30-ア）

....

答え　○　会社法297条

❖❖

参考問題　東京に本店のある株式会社の株主総会が大阪で開催された場合には、定款に株主総会の開催地に関する特段の定めがない限り、その株主総会において選任された取締役の就任による変更の登記を申請することはできない。（商業登記法H16-32-ア）

....

答え　×　会社法には株主総会の招集地に関する規定がない。

❖❖

> ### ▶ コラム ◀　株主総会の招集時期
>
> 　株主総会の招集時期については、会社法296条に規定されている。
> 　定時株主総会　毎事業年度の終了後一定の時期に招集しなければならない。
> 　臨時株主総会　必要がある場合には、いつでも招集をすることができる。
> 　なお、定時株主総会とは、計算書類（貸借対照表、損益計算書等）の承認または報告が行われる株主総会のことを意味する。
> 　定時株主総会の開催時期は、毎事業年度の終了後一定の時期と規定されているが、「何か月以内」というカタチの規制は存在しない。
> 　しかし、あまりに長い期間、招集を放置すれば取締役に任務懈怠責任が生じる。

❖❖

参考問題　種類株主総会は、毎事業年度の終了後一定の時期に招集しなければならない。（商法R5-29-ウ）

....

答え　×　そういう規定はない。種類株主総会において、計算書類の計算書類の承認または報告をする必要がないからである。

❖❖

　次に、**議題提案権**について考えましょう。

　こちらは、株主総会の招集があったことを前提に、株主が一定の事項を株主総会の目的とする請求の問題です。（会社法303条）

　たとえば、株主が「取締役何名選任の件」を株主総会の目的とせよと請求する

わけです。

１．取締役会を設置しない会社

１株の株主が提案できる。

株主総会が強力で、したがって株主の権能も強いからです。

２．取締役会設置会社

総株主の議決権の100分の１

または、

300個以上の議決権を保有する株主

上記の株主に限り、提案権がある。

取締役会が強力な会社だから、ある程度の発言力ある株主に提案権が限られるのです。

（なお、公開会社では、「６か月前から」の要件が加わります。）

＊定款で、100分の１、300個、６か月前から、の数字を下げることができる。→
株主の権利行使を容易にする方向

参考問題 会社法上の公開会社において、総株主の議決権の100分の１以上の議決権又は300個以上の議決権を６か月前から引き続き有する株主は、株主総会の日の８週間前までに、取締役に対し、当該株主が議決権を行使することができる一定の事項を株主総会の目的とすることを請求することができる。（商法R5-30-イ）

答え ○ 議題提案権。会社法303条

なお、上記の株主は、株主総会の目的である事項につき、その株主が提出しようとする議案の要領（選任したい取締役とは誰かということ）を株主に通知することを請求することもできます。（会社法305条）

また、株主は、株主総会において、議案を提出することができます。（会社法304条）

こちらは、株主総会の議場で株主総会の目的である事項（議題）について、株主がその修正動議（議案）を提出することができるという意味です。

たとえば、「取締役選任の件」が株主総会の目的であるときに、取締役が提案した候補者が甲と乙であるところ、株主が、「いや、丙を取締役に選任すべきだ」という議案を提案するのです。**議案提出権**には、持株数および期間の制限はありま

せん。

　もともと、およそ会議というのは、会議の参加者から広く意見を聞いたうえで、より良い結論を出すためにやるのだから、株主総会の会議のメンバーである株主に提案権があるのは当たり前の話です。しかし、あまりに支持のないマイナーな提案を毎度のようにされては迷惑ということもあるので、同一の議案が、総株主の議決権の10分の１以上の賛成を得られずに否決されている場合には、それから３年を経過しなければ、株主は、議案の提出ができません（定款で10分の１の数値を下回る割合を定めることができる→株主の権利行使を容易にする方向）。

　また、その議案が法令または定款に違反するときも、株主がこれを提出することができません。

《注》　取締役や取締役会の提案については、３年経過という規制はない。これは、
　　　あくまでも、株主権の濫用を防止しようというのが、その制度趣旨である。

◖ポイント◗　議題提案権と議案提出権
　議題提案権とは、たとえば、「取締役の選任の件」を株主総会の目的とせよと請求すること（会社法303条）。
　　→議案の要領（取締役にはＡが適任だ）の通知請求権（会社法305条）とセットになっている。
　議案提出権とは、「取締役の選任の件」を審議中の議場で、会社側提案が「取締役にはＡをお願いします」というときに、株主が「いや、Ｂの方が適任だ」という提案をすること（修正動議）を意味する（会社法304条）。

　◤ コ ラ ム ◢　議決権とは？
　　通常、株というものは、議決権を伴う。
　　みなさんが、株を買ったら、その会社の株主総会で議決権を行使できることが当たり前の話といえる。

> しかし、会社法では、議決権を制限された株式、さらに、議決権の全くない種類の株式の発行をすることが可能だ。
> 公開会社においては、議決権制限株式の発行数は、発行済株式の総数の2分の1までという規制がある。(会社法115条)
> しかし、譲渡制限会社には、この規制がない。
> まさに、なんでもアリという感じの規制緩和策だ。
> 会社法は、いわゆる種類株式について広汎な規制緩和をしている。
> 議決権のない株式、取締役の選任決議ができない株式、合併に付き拒否権ある株式、剰余金の配当に付き優先する株式などなど……。
> この点、株主平等原則は、同一の種類の株式については平等に取り扱うということを意味するのであり、異なる種類の株式の株主には不平等があってもよい。(会社法109条1項)

【学習のポイント】 セットで学ぶ

実務は、どのように動くか、これをイメージすると学習がはかどる。

たとえば、ある株主が、株主総会の招集請求をしたとしよう(会社法297条)。

何か目的があるはずだ(例 憎っくき取締役甲の解任)。だから、当然、議題提案権、「取締役解任の件」(会社法303条)、さらに議案の通知請求権、「甲を解任しよう」(会社法305条)に話が発展するはずだ。

つまり、この3つは「セット」なのである。

会社法305条は、株主が、取締役に対して、その提出しようとする議案の要領を株主に通知することを請求することができると規定しています(株主総会の日の8週間前までにすることを要する。定款で、これを下回る期間を定めることもできる)。

通常、この請求があったときは、会社提案とは別に、その株主提案の内容が株主総会の招集通知に記載されます。

→このことが、その株主が、自己の提案に賛成の委任状争奪するための戦いに参加するための前提条件になる。

参考 | **請求をすることができる株主**

この請求をすることができる株主は、議題提案権を有する株主に一致する。

1　取締役会を設置しない会社

　1株の株主が請求できる。

2　取締役会設置会社
　　総株主の議決権の100分の１
　　または
　　300個以上の議決権を保有する株主
　　（公開会社ではいずれも６か月前から、定款でそれぞれの数字を下回
　　る規定を置くことができる）

参考問題　会社法上の公開会社において、総株主の議決権の100分の１以上の議決権及び300個以上の議決権のいずれも有しない株主は、株主総会の日の８週間前までに、取締役に対し、株主総会の目的である事項であって当該株主が議決権を行使することができるものにつき当該株主が提出しようとする議案のうち10を超えないものの要領を株主に通知することを請求することができる。（商法R5-30-エ）

答え　×　「いずれも有しない株主は」の一文が誤り。「いずれかを６か月前から引き続き有する」ことを要する。議案の要領の株主への通知請求権。会社法305条

　会社法には、株主の議案の要領の通知請求権を制限する規定も存在します。
　議案の提出とその要領の通知請求権が一部の株主により濫用され、ひじょうに多くの議案の提出により、株主総会の進行が妨げられる事態が生じることがあったためです。いってみれば迷惑株主が存在するわけです。

　株主の多い企業（通常は取締役会設置会社）において、議決権300個を有する株主というのはそこそこの数がいることが多いため、株主が、株主総会の目的となる議題を提案（会社法303条）したうえで、その要領を株主に通知することを請求する（会社法305条）ことは、そう珍しいことではありません。そして、そのために、株主総会のための招集通知や参考書類の作成といった事務作業が膨大となり、株主総会の進行に支障をきたすこともあります。つまり、株式会社の側から見て、迷惑株主の出現率もそれなりにあるのです。

　このため、会社法は、取締役会設置会社の株主が、取締役にその要領を株主に通知することを請求できる議案の数の上限を10としました。（会社法305条４項）
　→取締役会を設置しない株式会社の株主については、上記の制限がないことに注意しよう。かかる株式会社においては、株主が、実質的に、経営者のカオを有するためである。

なお、10という数の数え方は次のルールに従います。

1　役員等（取締役、会計参与、監査役、会計監査人）の選任に関する議案

　　２人以上選任する内容でも、１と数える。

2　役員等の解任に関する議案

　　２人以上解任する内容でも、１と数える。

3　会計監査人を再任しないことに関する議案

　　２人以上再任しないという内容でも、１と数える。

4　定款の変更に関する２以上の議案

　　その２以上の議案について異なる議決がされたとすれば、その議決の内容が相互に矛盾する可能性がある場合には、これらを１の議案とみなす。

　株主がその要領を通知すべき10以上の議案の提出をしたときは、取締役がその中から10を定めることができますが、株主が、その議案に優先順位を定めたときは、取締役はその順位に従って定めなければなりません。（会社法305条５項）

参考問題　　以下、公開会社でない取締役会設置会社についての出題である。

１．会社法所定の要件を満たす株主が取締役に対して株主総会の招集を請求した場合において、その請求があった日から８週間以内の日を株主総会の日とする株主総会の招集の通知が発せられないときは、当該株主は、裁判所の許可を得て、株主総会を招集することができる。（商法H25-30-ア）

２．定款で定めることにより、取締役が株主総会の日の３日前までに株主に対して株主総会の招集の通知を発しなければならないこととすることができる。（商法H25-30-イ）

３．株主総会の招集の通知は、口頭ですることができる。（商法H25-30-ウ）

４．取締役は、株主総会に出席しない株主が書面によって議決権を行使することができる旨を定めた場合においては、株主総会の招集の通知（電磁的方法による通知を除く。）に際して、株主に対し、株主総会参考書類及び議決権行使書面を交付しなければならない。（商法H25-30-エ）

....

答 え　　１．○　ちょっと細かい出題であった（会社法297条４項２号）。なお、所定の要件とは、総株主の議決権の100分の３以上を有することである。（会社法297条１項）

２．×　原則として１週間前までに発しなければならず、定款でこれと異なる別段の定めをすることはできない。「明日やるぞぉ」と言えるのは、その旨の定款の定めがある取締役会非設置会社に限る（会社法299条１項）。

３．×　電話でオッケーも取締役会非設置会社だけのハナシ。

4．○　書面による議決権の行使を認めるときは、会社の種類を問わず、本問の書面の交付を要する。（会社法301条1項、298条1項3号）

以下、議決権の行使方法に関する論点をまとめます。

出題はあったとしても、条文どおりまでです。

1 議決権の代理行使（会社法310条）

代理人により議決権を行使することは可能です。

が、以下の点にご注意ください。

1．代理権を証する書面を会社に提出すべきこと(電磁的記録によることも可能)。

　あるはずの代理権がなかったということになると、株主総会の決議取消しの問題（後記）を生じます。

　代理権の存否は、総会決議の有効性について、非常に重要な要素です。

　したがって、書面による証明を要するのです。

2．代理権の授与は、株主総会ごとにすべきこと。

　代理権の授与は、**個別の総会ごと**に具体的になします。

　「今後一切の株主総会におけるすべての議決権行使の件」なる委任事項は認められません。

判例 （最判昭43.11.1）

「株主総会で議決権を行使できる代理人を会社の株主に限る」とする株式会社の定款の規定は有効。

この判例は、代理人の資格をその会社の株主に限定することができるということを言っています。

代理人による議決権の行使そのものを禁じる旨の定款の定めは無効ですので比較して学習しておきましょう。

参考問題　　株主総会において議決権を行使する株主の代理人の資格を当該株式会社の株主に制限する旨の定款の定めは無効である。（商法H31-30-ウ）

答え　×

━━ **コラム** ━━ 代理権を証する書面の備置義務 ━━

　会社は、この書面を、株主総会の日から３か月間本店に備え置き、株主の閲覧に供しなければならない。（会社法310条６項）

　なぜ、決議から３か月か？

　これは、株主総会決議取消訴訟の出訴期間に対応する。

　すなわち、代理権の不存在を理由とする株主からの決議取消しの訴え提起のための参考資料として備置するのである。

　（たとえば、委任状が偽造された場合等を考えよう。）

　株主が、委任状の閲覧・謄写の請求をするときは、その請求理由を明らかにしなければなりません。（会社法310条７項後段）

　その理由いかんによっては、株式会社は、閲覧・謄写の請求を拒むことができます。

　株式会社が閲覧・謄写の請求を拒むことができるケースとして、会社法310条８項において、４つの事例が列挙されています（やや細かい規定）。

　→たとえば、「その請求を行う株主がその権利の確保又は行使に関する調査以外の目的で請求を行ったこと」が拒絶理由にあたる。

　　　　　　　　　　　　　　　　委任状

代理人　何市何町何番地
　　　　田中太郎

私は、上記の者を代理人と定め、次の権限を委任します。
１．令和６年６月28日開催の山本商事株式会社の第○会定時株主総会の出席及び
　　議決権行使の件

　　　　　　　　　　　　　　　　　　　　　　　　　　　　　　　　　　以上
令和６年６月20日
　　　　　　　　　　　株主　何市何町何番地
　　　　　　　　　　　　　　山田一郎　㊞

【学習のポイント】学習を楽しくするコツ

　委任状の備置きというのは実は重大な問題だ。

　たとえば、過日の大塚家具のように、会社が真っ二つに割れたとしよう。

このとき、何がおきるか。

委任状の争奪戦なのである。中間派をいかに取り込むか、双方が必死で争奪戦を始める。

そこで、行き過ぎがおきることがある。委任状の提出が待ちきれず、偽造しちゃうのだ。

そういう可能性があるから、この備置きの制度がある。

このように、実例を想定して学ぶと、会社法は**すこぶる面白い**。

2 議決権の不統一行使（会社法313条）

議決権の不統一行使とは、たとえば、2議決権のうち、1票は賛成票、1票は反対票とすることです。

不統一行使自体は可能ですが、会社は不統一行使を拒むことができます。

しかし、その理由が他人のために株式を有することであるときは（具体的には、1株は自分の株、他の1株は他人のために所有しているケース）、会社は不統一行使を拒めません。

なお、取締役会設置会社においては、株主総会の日の3日前までに議決権の不統一行使をする旨および理由を会社に通知する必要があります。

◀ポイント▶ 思想を練ること

みなさんは、なぜ、取締役会を設置しない会社では、3日前までの事前の通知を要しないかわかるかな？

なに、カンタンなことだ。取締役会を設置しない会社の株主総会では、株主総会の目的である事項を定めないこともあり、仮に定めても招集通知にその目的を載せることも要しない。

要するに、株主総会の目的が何だかわからない株主が事前の通知をできるわけがない。

こういうアタマの働きが、会社法を理解するコツである。

参考問題 他人のために株式を有する者でない株主は、その有する議決権を統一しないで行使することができない。（商法H31-30-オ）

答え × 行使することができないとの断定はできない。会社が拒まなければ議決権の不統一行使をすることができる。

③ 書面による議決権行使

すでに述べたように、株主総会の招集において、書面による議決権行使を認めるかどうかは任意です。

認めてもよし、認めなくともよしです。

しかし、株主の数が1000人以上（株主総会において決議をすることができる事項の全部につき議決権を行使することができない株主を除く）である場合には、書面による議決権行使を認めなければなりません。（会社法298条２項本文）

その基準は、あくまでも「株主の数」です。

→取締役会設置会社では、上記の「株主総会において決議することができる事項」は「株主総会の目的である事項」と読み替えて適用される。（同条３項）

❖❖❖

参考問題

1．監査役会設置会社である甲株式会社において、100個の議決権を有する甲社の株主が監査役の選任に関する議案につき、そのうち60個を賛成に、40個を反対に行使しようとする場合、当該株主は、株主総会の日の３日前までに、甲社に対してその有する議決権を統一しないで行使する旨及びその理由を通知しなければならない。（商法H21-29-ア改）
2．株主総会において議決権を行使することができる株主の数が1000人以上である株式会社においては、株主総会を招集する場合には、当該株主総会に出席しない株主が電磁的方法によって議決権を行使することができる旨を定めなければならない。（商法H31-30-イ）

答え

1．○　設問の会社は、監査役会設置会社であるから、取締役会を設置する会社である。このため、会社法313条２項の適用を受ける。
2．×　正しくは、「書面によって議決権を行使することができる旨を定めなければならない」である（会社法298条２項、同条１項３号）。

❖❖❖

④ 株主総会の運営と議決

株主総会において、株主から特定の事項について説明を求められた場合には、会社側はこれに対する説明義務を負います。

具体的には、以下の者に説明義務があります。（会社法314条本文）

1．取締役
2．会計参与
3．監査役
4．執行役（指名委員会等設置会社の業務執行機関のこと）

　ただし、会議の目的以外のことや、株主の共同の利益を著しく害する場合その他正当な理由があるケースは、説明義務がありません。（同条ただし書）

　説明義務を免れる具体的なケースについては、会社法施行規則71条に規定があります。簡単に紹介しましょう。
1．株主が説明を求めた事項について、説明をするために調査が必要な場合。
　　即答が不可能な質問内容だからです。ただし、事前に株主が質問内容を通知したケース（この場合は、総会までに調査の時間がある）や、説明をするための調査が著しく容易な場合には、説明義務を免れることはできません。
2．説明をすることにより、会社やその他の者（質問者を除く）の権利を侵害することとなる場合。
3．株主が、実質的に同一の事項について繰り返して説明を求める場合（同じことを蒸し返すのは、会社に対する嫌がらせであろう）。
4．その他、説明をすることができない正当な理由があるとき。

コラム　**取締役の一括回答の可否**

　役員等の説明義務は、会社法の規定の文言上、株主から総会で説明を求められた場合に初めて発生すると解釈できる。
　そこで、株主からの事前の質問状に、一括して回答するという形式（説明会方式）による説明が、はたして会社法上の説明義務の履行にあたるのかどうかという問題が生じる。
　この点につき、最判昭61.9.25は、一括説明という方式が、直ちに違法とはいえないという結論をだしている。

　株主総会の決議要件は以下のとおりです。（会社法309条）
1．普通決議　議決権を行使することのできる株主の議決権の過半数を有する株主が出席し、その過半数で議決。
　　たとえば、株主10人、議決権総数100個の会社であれば、2人出席しその議決権が51個、さらに26個以上の議決権ある1人が賛成すれば可決。
　　（51個の議決権ある株主1人が出席し賛成しても可決。）

2．特別決議　当該株主総会において議決権を行使することのできる株主の議決
権の過半数を有する株主が出席し、その3分の2以上で決議。

　　たとえば、株主10人、議決権総数100個の会社であれば、2人出席しその議決
権が51個、さらに34個以上の議決権ある1人が賛成すれば可決。

　　（51個の議決権ある株主1人が出席し賛成しても可決。）

　　会社にとって重要な決議の場合の議決要件です。

　　たとえば、定款変更、株式の併合、資本金の額の減少、解散等。

3．特殊決議 I　当該株主総会において議決権を行使することができる株主の半
数以上でかつ当該株主の議決権の3分の2以上。

　　株式の譲渡制限の規定を設定する場合その他これと同視される決議の場合。

　　たとえば、議決権を行使することができる株主が10人でその有する議決権数
100個の会社であれば、5人以上の賛成かつ議決権を行使することができる株主
の議決権数のうち67個以上の賛成があれば可決。

4．特殊決議 II　総株主の半数以上でかつ総株主の議決権の4分の3以上。

　　会社法109条2項の規定についての定款変更決議（規定を廃止するケースを除
く）の場合、非常に厳しい議決要件が課されます。

＊公開会社以外の会社は、以下の3点につき株主ごとに違う取扱いができます。

　　これらは、同種の株式内での取扱いの相違であり、株主平等原則に真っ向か
ら反します。

　　この場合の議決は、特殊決議 II によります。

　　ところでその3点とは…

　　　1．剰余金の配当　いわゆる配当金です。

　　　2．残余財産の分配　会社が解散した場合の払戻金のこと。

　　　3．株主総会の議決権　定款規定により持ち株数にかかわりなく1人1票
　　　　にするとか……。

　　なお、上記のうち1および2に掲げる権利の全部を与えない旨の定款の定めは、
その効力を有しません。（会社法105条2項）

　　この条文は、剰余金の配当、残余財産の分配の双方の権利を与えない定款規
定を不可としています。

　　→たとえば、剰余金の配当のみについて権利の全部を与えない旨の定款の定
　　めをすることは可能である。

重要　　**定款規定による議決要件の変容**

　　定款に規定があれば、上記の議決要件を以下のように変化させることができる。

　　1．普通決議　出席株主の議決権の過半数で可決。

　　　適法な招集手続があったとの前提でいえば、株主10人、議決権総数100

個の会社で、１人（この議決権１個）の株主のみの出席で総会成立、その１人が賛成すれば全会一致で可決。

　　なお、定足数の要件を加重することもできる。
２．特別決議　定足数を、当該株主総会において議決権を行使することができる株主の議決権の３分の１に緩和できる。

　　当該株主総会において議決権を行使することができる株主の議決権の３分の１以上が出席しその３分の２以上で議決。

　　なお、議決権の３分の１以上の要件を満たせば、任意の定足数を定めることができる。
３．特殊決議ⅠⅡ　定款規定により、決議要件を加重できる。

　　たとえば、株主の頭数の過半数で、議決権の５分の４以上で可決という具合。

　　前記１は、決議要件および定足数は定款により緩和も加重もできるのに対し、３においては、決議要件を厳しくすることしかできない。

　　２の特別決議については、定款の規定で定足数を当該株主総会において議決権を行使することができる株主の議決権の３分の１以上の割合とすることができる。そして、決議要件を出席株主の議決権の３分の２を上回る割合とすることができる（加重）。

【学習の指針】株主総会の決議要件

　　株主総会の決議要件の調べ方は、次のとおりである。

　　会社法は、特別決議の全部を309条２項に列挙する。特殊決議の全部は309条３項・４項に列挙する。したがって、そこに登場しない決議は、会社法309条１項の普通決議でかまわないこととなる（会社法341条決議は別論）。

発展　特別決議の場合

　　一定の数以上の株主の賛成を要する旨の定款規定を設けることもできる。株主のアタマ数を要件とするわけである。

　　なお、普通決議についても、アタマ数を要件とする定款規定を設けることは可能である。

参考問題　株式会社は、定款の変更を目的とする株主総会の決議について、総株主の議決権の３分の１以上を有する株主が出席し、出席した当該株主の議決権の過半数をもって行うことができる旨を定款で定めることができる。（商法R5-28-ウ）

答え ✕ 「出席した株主の議決権の過半数」の部分が誤り。定款の変更には、特別決議を要する。特別決議の要件を最大限に緩和してもこの部分は「出席した株主の議決権の３分の２以上」でなければならない。

コラム　株主総会の決議の省略

今までに説明した、株主の書面による議決権の行使の制度では、株主総会自体は開催され、単に、不出席株主のハガキによる投票が可能であるという話であった。

が、一定の要件を満たせば、株主総会そのものを開催せず、書面だけによる決議で株主総会の決議アリとみなす制度がある。（会社法319条１項）

その要件とは、ズバリ、株主総会の目的である事項について取締役または株主が提案をし、議決権を行使することができる株主全員が同意書面（または電磁的記録）を提出することである。

発展　みなし株主総会決議と議事録

会社法319条のみなし株主総会がなされたときも、株式会社は株主総会議事録を作成しなければならない。（会社法施行規則72条４項）

参考問題　株主から提案された取締役の解任につき、全株主が当該提案の内容及びこれに同意する旨を記載した書面をもって同意したにとどまり、現実に株主総会を開催していない場合には、当該取締役の解任による変更の登記を申請することはできない。（商業登記法H16-32-オ）

答え ✕　会社法319条１項の規定を受けて商業登記法に以下の条文が存在する。

商業登記法46条（添付書面の通則）
3項　登記すべき事項につき会社法第319条第１項（同法第325条において準用する場合を含む。）又は第370条（同法第490条第５項において準用する場合を含む。）の規定により株主総会若しくは種類株主総会、取締役会又は清算人会の決議があつたものとみなされる場合には、申請書に、前項の議事録に代えて、当該場合に該当することを証する書面を添付しなければならない。

→株主総会のほか、種類株主総会、取締役会、清算人会において同様の仕組み

が存在する。

→みなし株主総会においても、株主総会議事録の作成を要する。このため、商業登記法46条3項の「当該場合に該当することを証する書面」は、株主総会議事録で足りることとなる。

株式会社は、株主総会議事録を作成しなければなりません。（会社法318条1項）議事録の備置期間は以下のとおりです。
1．本店において10年（原本）
2．支店において5年（写し）
株主と、会社債権者は、会社の営業時間内であれば、いつでも閲覧、謄写できます。
＊この点については、取締役会議事録との相違が重要。後述する。

なお、株主総会議事録の記載事項や記載方法については以下の規定に従います。
1．株主総会の議事録は、書面または電磁的記録をもって作成します。
2．議事録の記載内容は以下のとおりです（一部省略　詳細は会社法施行規則72条に規定があります。←詳しいことは受験生には不要）。
　①　株主総会開催の日時・場所
　②　株主総会の議事の経過の要領およびその結果
　③　株主総会に出席した取締役、執行役、会計参与、監査役または会計監査人の氏名または名称
　④　株主総会の議長が存するときは、議長の氏名
　⑤　議事録の作成に係る職務を行った取締役の氏名
　⑥　その他、監査役、会計参与、会計監査人が、株主総会で述べた意見

発展

株主総会議事録に、出席取締役等の署名・押印を義務付ける規定は存在しない。
**　しかし、株主総会で代表取締役を選定するケースにおいては、商業登記規則において、株主総会議事録へ議事録作成者などが押印することが必要とされる。**

参考問題　株式会社の目的の変更の登記の申請書に添付する株主総会の議事録は、議長及び出席取締役が署名及び押印したものでなければならない。（商業登記法S58-33-4）

答え ×

5 株主総会等の決議取消しの訴え

会社法上、種々の訴えが規定されています。

これらは、会社の組織に関する訴えと総称されています。（会社法834条）

株主総会等の決議取消しの訴えは、その中でも重要なものです。（会社法831条）

提訴権者　株主等
　　　その内容　　株主・取締役・清算人
　　　　　　　　　監査役設置会社では、株主・取締役・清算人・監査役
　　　　　　　　　監査等委員会設置会社では、株主・取締役（監査等委員である
　　　　　　　　　取締役またはそれ以外の取締役）・清算人
　　　　　　　　　指名委員会等設置会社では、株主・取締役・清算人・執行役
　　　　　　　　　（決議取消しにより株主・取締役等となる者を含む）
提訴期間　株主総会等の決議の日から３か月以内
提訴原因　１．株主総会等の招集の手続または決議の方法が法令もしくは定款
　　　　　　　に違反し、または著しく不公正なとき。
　　　　　２．株主総会等の決議の内容が定款に違反するとき。
　　　　　３．株主総会等の決議について特別の利害関係を有する者が議決権
　　　　　　　を行使したことによって、著しく不当な決議がされたとき。

＊株主総会等とは、株主総会・種類株主総会・創立総会または種類創立総会の
　こと。（会社法830条１項）

会社の組織に関する訴えについては、整理の必要が生じます。

基本として、決議取消しの訴えを明確にしましょう。

まず、提訴原因１は、手続の問題です。これが、定款または法令違反の場合です。

「法令違反の場合」を含むことに着目してください。

たとえば、書面でするべき招集通知が、ある株主に対して発送されなかった場
合などが考えられます。

次に、提訴原因２です。

こちらは、決議の「内容」を問題にします。

しかも**「定款違反」**の場合のみです。

では、決議内容が法令違反の場合にはどうなるのか。

この場合は、株主総会等の決議無効確認の訴え（会社法830条2項）の対象となります。

すなわち、決議内容が法令違反の場合には、もともと決議は無効なのです。

これに対して、決議が定款違反の場合には、多少、罪が軽いのです。

だから、「決議は一応有効」→しかし、「決議取消しの対象」になるというルートをたどります。

┫ コ ラ ム ┣ 決議無効確認の訴え・決議不存在確認の訴え

この訴訟類型は、無いものを無いという確認を求めるものである。

したがって、提訴期間の定めナシ。提訴権者の定めナシである。

つまり、いつでも誰でも訴えを提起できる（受験生が覚える必要がナイ）。

そういう意味で、試験問題にしにくい訴訟類型である。

提訴原因3についても明確に学習しましょう。

まず、株主総会等の決議について特別の利害関係を有する者であっても議決権を行使できるという点をご確認ください。

後述しますが、取締役会においては、特別の利害関係のある取締役は、そもそも決議に参加できません。

たとえば、会社の財産を取締役個人が買い受けるようなケースです。

取締役は、会社の委任を受け、会社に利益をもたらす義務がある者です。

だから、会社の犠牲において個人の利益を図るなどは、ご法度でありますから、決議に参加できません。

しかし、株主総会においては、この点の考え方が違います。

すなわち、株主総会は資本主義の原理の賜物であり、金をたくさん出した者が偉いという仕組みから成り立ちます。

株主が、自己の利益を図ることは、何ら、会社に対する背信行為ではありません。

もともと、自己の利益のために出資したのです。

だから、特別の利害関係を有する者であっても議決権を行使できるのです。

ただし、その結果された決議の内容が**「著しく不当」**である場合のみ、決議取消しの提訴原因になりうるのです。

この言葉には、**少々不当な決議であっても取消しはできない**という含みがあり

ます。

それが、**資本主義の原理**だからです。

また、決議が、著しく不当でも、提訴期間内（けっこう短い、決議から３か月以内）に決議取消しの訴えが提起されなければ、完全に有効な決議ともなります。

判例 ▌

1．株主（招集通知を受けた人）は、他の株主への招集通知もれを理由に、株主総会決議取消しの訴えを提起できる。（最判昭42.9.28）

2．役員が選任された株主総会決議取消しの訴えの係属中に、その決議により選任された役員がすべて任期満了によって退任し、その後に新たな役員が選任されたときは、特別の事情のない限り、決議取消しの訴えは、訴えの利益を欠くこととなる。（最判昭45.4.2）

3．定時株主総会における計算書類等の承認決議を取り消す訴えの提起後、後続期の計算書類が適法に承認された場合でも、決議取消しの訴えの利益は失われない。（最判昭58.6.7　計算書類の承認決議が取り消されれば、決議は遡って無効であり、それを前提とする後続期の承認決議も不確定である。よって、なお訴えの利益アリ。）

4．取締役選任株主総会決議が不存在の場合、その決議を前提とする取締役会が関与したその後の取締役選任の株主総会決議は、法律上不存在である。（最判平2.4.17　本事例は、決議取消しの話ではない。株主総会を全く開催していないのに、取締役選任の登記をしてしまった事例であり、「決議不存在」の問題である。）

5．株主総会決議無効確認の訴えを提起し、訴訟係属中に、その決議から３か月の日時が経過した場合、その後に、決議取消しの訴えを主張することができる。（最判昭54.11.16　決議の無効原因として主張された原因が、取消し事由に該当するのであれば、決議取消しの訴えの出訴期間を遵守したことになる。）

> **コラム**　自己株式・相互保有株式の議決権
>
> 自己株式・相互保有株式については、取締役の株主総会への不当な影響力の行使を排除する趣旨から、議決権が認められていない。
>
> 自己株式とは、Ａ社が保有するＡ社の株式である。
>
> Ａ社の意思決定は取締役が行う。だから、会社を犠牲に取締役の保身のために議決権が行使される可能性は排除しなければならない。
>
> 相互保有株式とは、Ｂ社が持つＡ社の株だ。
>
> この場合、通常であれば、Ｂ社はＡ社の株主総会で決議に参加できる。

しかし、Ｂ社が実質上、Ａ社の影響下にあれば別論だ。

　この場合、Ａ社の経営者が、Ｂ社への影響力を通して株主総会に影響力を行使できることとなり不当だ。

　そこで、会社法308条１項本文カッコ書は、Ａ社がＢ社の総株主の議決権の４分の１以上を有するなどの事由により、その経営について実質的に影響力を及ぼすことが可能な関係にあれば、Ｂ社はその所有するＡ社株について議決権を行使できないと定める。

〈不当な影響力の排除〉

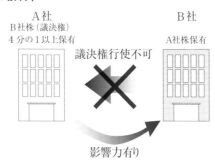

　相互保有株式というのは、Ａ社、Ｂ社がともに、相手方の議決権の４分の１以上の株を取得するなどして、お互いがお互いの議決権を行使できない状態をいう。

〈相互保有株式〉

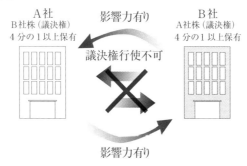

　次に、会社法831条２項は、株主総会等の招集の手続または決議の方法が法令もしくは定款に違反した場合であっても、裁判所はその違反の事実が重大でなく、かつ、決議に影響を及ぼさないものであれば、決議取消しの請求を棄却できると

定めます。

　この規定は、たいへん例外的な規定です。
　すなわち、原告の主張する事実の存在を認めたうえで、請求を棄却するというのです。
　これは、普通は、ありえない事態なのです。

《注》　会社法では、この条文だけが裁量棄却を定めている。

　具体的に考えてみましょう。
　たとえば、みなさんが貸金返還訴訟をして、返還の約束の存在・金銭の授受・弁済期の到来の主張も認められ、相手方に有効な抗弁がなければ、勝訴するに決まっています。
　この場合に、裁判所が、裁量棄却（裁判所の裁量によりみなさんの負け）ということはありえません。
　しかし、会社法831条２項は、株主総会に手続違反はあった、が、決議取消しの訴えは棄却できるというのです。

　これは、判決の社会的影響と会社の利益を考慮した規定です。
　たとえば、非常に多くの株主がいる会社で、たった１人の株主（議決権の数もごく少ない）に対しての招集通知が、手違いにより発送されなかったとしましょう。
　これは、株主総会の招集手続の法令違反に違いありません。
　ですから、会社法831条２項が存在しなければ、裁判所は、そういう事実認定がされた以上は、決議を取り消すという判決を書かなければなりません。
　しかし、それではミスの軽微さに比較して、社会的な影響が大きすぎるのです。

　したがって、会社法は、１. 違反事実が重大でない（１通の通知を出し忘れただけ）、２. 決議に影響がない（大株主に出し忘れたわけではない）という、２点がそろえば、決議取消しの訴えを棄却できるとしました。

　この点に関連して、もう少し述べていきましょう。
　会社の組織に関する訴えに係る請求認容判決には、対世効があります。

> **会社法838条（認容判決の効力が及ぶ者の範囲）**
> 会社の組織に関する訴えに係る請求を認容する確定判決は、第三者に対してもその効力を有する。

訴訟法の知識のない方には、この条文がどれほど異様なものであるかは理解しがたいかもしれません。

　通常、判決というものは原告と被告の間の法律関係を処理するだけです。

　通常の民事訴訟に、第三者に対しての効力などありえません。

　たとえば、甲乙間の訴訟の結果、いきなり、みなさん（第三者）のもとに、「みなさんは金100万円を支払え」という判決が送られてきたらビックリするでしょう。

　第三者に対しての効力とは、そういう意味なのです。

　ところが、会社の組織に関する訴えに係る**請求の認容判決**には、対世効があります。

　第三者にも効力が及ぶのです。

　たとえば、会社のある決議が取り消されるということになれば、それは、世の中の誰に対する関係でも取り消されたと考えるほかはないでしょう。

　甲に対する関係では取り消されたが、乙との関係では有効というような、ややこしい話は、実体法上、ありえないからです。

　したがって、会社の組織に関する訴訟の請求認容判決は、社会的な影響が大きいのです。

【用語解説】→　会社の組織に関する訴え
　　会社の組織に関する訴えとは、会社法834条が列挙する無効、不存在確認、取消し及び解散の訴えのことである（全部で21個）。何が列挙されるかを、今後の学習で時々みておくとよいだろう（ただし、覚えようとしなくてもよい）。
　　これは、無効、取消しなどの会社法における特則であり、ここに列挙された21個の場合を除く会社の行為に対しては、民法に基づいて無効、取消しの主張ができる。

　また、会社の組織に関する訴えには、もう１つの特質があります。

　それは、弁論等の必要的併合の要請です。

> **会社法837条（弁論等の必要的併合）**
> 同一の請求を目的とする会社の組織に関する訴えに係る訴訟が数個同時に係属するときは、その弁論及び裁判は、併合してしなければならない。

　併合するとは、複数の事件の口頭弁論、判決を同じ時、同じ場所で行うということです。

　これも、会社の組織に関する訴えにおいては、甲に対する関係では取り消され

たが、乙との関係では有効というような、ややこしい話が、ありえないことの帰結です。

　関係者全員がまとめて訴訟を行う必要が生じるのです。

　通常の民事訴訟では、たとえば、原告が、主債務者と保証人の2人を共同被告として訴訟を提起した場合、裁判所は、通常は、事件を併合します。

　が、それは単に審理の便宜のためであり、事件を分離することもできます。

　たとえば、主債務者は、さっさと自白し、保証債務の成立のみが争点であれば、主債務者への判決を先に書いて、のちに保証事件をゆっくり審理すればよいのです。

　これに対し、会社の組織に関する訴えにおいては、弁論および裁判を併合して「しなければならない。」という点が特殊です。

コラム　総会検査役

　株式会社または総株主の議決権の100分の1以上の議決権を有する（公開会社では6か月前から引き続き有する）株主が、株主総会に先立ち、裁判所に総会検査役の選任を申し立てるという制度がある。（会社法306条）

　これは、株主間に対立があり、問題となる決議案件について、後々、株主総会の決議取消し等の問題が生じかねないときに、株主総会の招集や決議方法といった手続の適法性を検査するための検査役を、あらかじめ選任してもらおうという制度である。

　→検査役から手続は適法というお墨付きをもらうことにより、対立する両派が納得する結果となるだろうという読み筋である。

　→詳細は会社法306条参照。

　→これは、けっこう実務で用いられる仕組みである。いかにも揉めそうな株主総会をするときに、株主ではなく、株式会社が、総会検査役の申立てを行うケースが多い。転ばぬ先の杖という意味合いがある。

参考問題

1. 株主総会の決議について特別の利害関係を有する者が議決権を行使した場合には、株主は、株主総会の決議の方法が著しく不公正であることを理由として、訴えをもって株主総会の決議の取消しを請求することができる。（商法H18-34-エ）
2. 自己株式の処分の無効の訴えは形成訴訟であるから、その請求を認容する確定判決は第三者に対してもその効力を有するが、株主総会の決議の無効の確認の訴えは確認訴訟であるから、その請求を認容する確定判決は第三者に対してその効

力を有しない。(商法H18-34-オ)

3．株主は、株主総会の決議の取消しの訴えを提起した場合において、当該株主総会の決議の日から3か月が経過したときは、新たな取消事由を追加主張することはできない。(商法H22-34-イ)

4．株主は、他の株主に対する株主総会の招集手続の瑕疵_{かし}を理由として、株主総会の決議の取消しの訴えを提起することはできない。(商法H22-34-オ)

5．会社法上の公開会社でない株式会社において、総株主の議決権の100分の1以上の議決権を有する株主は、これを6か月前から引き続き有する場合に限り、株主総会に係る招集の手続及び決議の方法を調査させるため、当該株主総会に先立ち、裁判所に対し、検査役の選任の申立てをすることができる。(商法R5-30-オ)

6．会社法上の公開会社でない取締役会設置会社の株主総会に関する次のアからオまでの記述のうち、正しいものの組合せは、後記1から5までのうちどれか。(商法H20-32)

ア　総株主の議決権の100分の3以上の議決権を有する株主は、当該議決権を6か月前から引き続き有するものに限り、取締役に対し、株主総会の招集を請求することができる。

イ　株主総会に出席しない株主が書面又は電磁的方法によって議決権を行使することができることとする旨を定めたときを除き、取締役は、定款に別段の定めがない場合にあっては株主総会の日の1週間前までに、1週間を下回る期間を定款で定めた場合にあってはその期間前までに、それぞれ株主に対して株主総会の招集通知を発しなければならない。

ウ　株主が議決権を統一しないで行使する場合においては、当該株主は、株主総会の日の3日前までに、会社に対してその有する議決権を統一しないで行使する旨及びその理由を通知しなければならない。

エ　株主は、総株主の議決権の100分の1以上の議決権又は300個以上の議決権を有しない場合であっても、取締役に対し、株主総会の日の8週間前までに、株主総会の目的である事項につき当該株主が提出しようとする議案の要領を株主に通知することを請求することができる。

オ　株主総会に出席しない株主が書面によって議決権を行使することができることとする旨を取締役会の決議により取締役が定めた場合において、書面により株主総会の招集通知を発するときは、その株主の数にかかわらず、その通知に際し、株主に株主総会参考書類及び議決権行使書面を交付しなければならない。

1　アイ　　2　アエ　　3　イオ　　4　ウエ　　5　ウオ

．．．

答え

1．×　理由が違う。「著しく不当な決議がされたこと」がこの場合の提訴理由である。

2．×　いずれも第三者効あり。会社法838条は会社の組織に関する訴え(会社法834条)全般について、その請求認容の確定判決の第三者効を規定している。

３．○　決議の日から３か月が経過したときは、新たな取消原因の主張をすることができない（最判昭51.12.24）。３か月経過後に決議取消しの訴えを提起した場合と同視されるからである。

４．×　会社法831条１項１号。最判昭42.9.28。

５．×　非公開会社についての出題なので、「これを６か月前から引き続き有する場合に限り」の部分が蛇足となっている。（会社法306条）

６．**5**

　ア　×　公開会社でない会社だから「６か月前から」の規制は不要である。（会社法297条２項）

　イ　×　定款で短縮することはできない。（会社法299条１項カッコ書）

　ウ　○　会社法313条２項。

　エ　×　株主総会の目的である事項について、株主が提出しようとする議案の要領を株主に通知することの請求の問題である（会社法305条１項・２項参照）。

　オ　○　会社法301条１項。

第4章

株主総会以外の機関

　株式会社には、1人または2人以上の取締役を置かなければなりません。（会社法326条1項）

　したがって、取締役のいない株式会社は存在しません（清算株式会社を除く）。

　株式会社において、どの会社にも必ず存在すると言い切れる機関は、株主総会と取締役のみです。

　その他の機関を置くためには、その旨の定款規定を要します。（会社法326条2項）

　その他の機関とは、取締役会、会計参与、監査役、監査役会、会計監査人、指名委員会等・監査等委員会のことです。

　役員（取締役、会計参与、監査役）および会計監査人は、株主総会の決議で選任します。（会社法329条1項）

　以上は、すべて、登記事項。さらに、株主による責任追及の訴え（株主代表訴訟）の対象となります。

　また、役員の選任決議では、役員が欠けた場合または会社法もしくは定款で定めた役員の員数を欠くこととなった場合の、補欠役員を選任することができます。（会社法329条3項）

　欠員に備えて、あらかじめ選任しておくというものであり、会社法が新たに制度化したものです。

　なお、329条3項は、役員のみを対象とし、会計監査人への適用がありません（1項―選任の要件「株主総会で選任する。」―は適用がある）。

　これは、会計監査人は、通常は監査法人という組織体であり「欠ける」ということが考えにくい点、また、監査に関するプロ中のプロであれば代替性の効く職務であり、この点において、どの監査法人でなければならないという個性に乏しいためと考えられます。

　この点、会計参与（役員）は、通常は、中小企業への関与であり、そこには、会社との人的なつながりが深いであろうことと好対照をなします。

参考　　補欠役員の選任決議の効力は、決議後、最初の定時株主総会の開始の時までである。（会社法施行規則96条3項）

　定時総会は、会社法上、毎事業年度の終了後一定の時期の開催が義務付けられるから、補欠役員を準備したいのであれば、定時総会のついでに、

補欠を選任しろという意味だろう。

つまり、補欠役員は、次期定時総会までのスペアであるということになる。

実務上は、補欠役員を選任したい会社では、毎年の定時総会で、補欠を選任するような取扱いもある。

なお、上記の補欠役員の選任に係る決議の効力を有する期間を、株主総会決議（種類株主総会決議で選任するケースは種類株主総会の決議）をもって短縮することができる。

また、決議が効力を有する期間について定款で別段の定めをすることができる。この場合は、その期間の伸長、短縮のいずれもできることになる。

補欠役員を選任する場合、同一の会社役員について 2 人以上の会社役員の補欠を選任することもでき、その場合には、複数の候補者の優先順位も定める。

また、 1 人の候補者を複数の会社役員の補欠とすることも可能である。（会社法施行規則96条 2 項 4 号）

参考 **補欠役員の定め方の例**

普通の定め方は「X を取締役の補欠とする」であろう。

この場合には、取締役の誰が欠けたケースにおいても、定款または法令で定める取締役の員数を割り込んだ場合に補欠の X が取締役になる。

なお、X の就任承諾はいつでもよいが、補欠として選任されたときに就任承諾をすることが普通であろうか。

このほか、以下のような定め方も可能である。

1. 補欠取締役を X および Y とする。

   第一順位　　X

   第二順位　　Y

2. X を「社外取締役」または「社外監査役」の補欠とする。

3. 取締役 X の補欠を Y とする。

なお、監査等委員会設置会社では、「X を取締役の補欠とする」という定めでは足りず、それが、監査等委員である取締役の補欠か、それ以外の取締役の補欠かということを明らかにすべきこととなる。（会社法329条 3 項カッコ書）

【学習のポイント】定義を大切に

法律とは言葉を学ぶことであり、法律家はことの他に言葉を大切にする。

「役員」とは何か。これも必ず、定義がある。

役員とは、取締役、会計参与、監査役を意味する（会社法329条 1 項）。

そして、会社法339条1項は、「役員と会計監査人」についての規定、会社法341条は「役員」についてだけの規定である。

　こういうところをキッチリ学ぶと会社法の全体像が見えてくる。

　なお、「役員」が別の意味で使われることもある。

① 役員および会計監査人の責任

> **会社法330条（株式会社と役員等との関係）**
> 株式会社と役員及び会計監査人との関係は、委任に関する規定に従う。

　この規定により、役員および会計監査人には、会社に対し委任契約上の、善良な管理者としての注意義務が発生します。

　そこで、この義務違反に対して、会社に対する責任が生じます。

　会社法423条1項は、取締役・会計参与・監査役・執行役・会計監査人が、その「任務を怠った場合」に、株式会社に対して損害賠償責任を負うと規定しています（株主代表訴訟の対象になることは既述のとおりです）。

　「任務を怠った場合」という文言は、これらの責任は、役員等の「過失責任」であることを示しています。

　すなわち、任務を怠らなかったのであれば、会社に損害が生じても、役員等は損害賠償をすることを要しません。

　さらに、会社法424条は、この責任は、総株主の同意がなければ、免除することができないと規定しています。

　実は、この規定は非常に厳しい規定です。

　というのは、かつて記述した大和銀行事件のような巨大企業の場合、役員等の任務懈怠行為の責任を免除することに「総株主が同意」することなどありえないからです。

　また、一定の場合には、旧株主や最終完全親会社等の株主が役員等の責任を追及することができるケースもあります。（旧株主が株主代表訴訟を、最終完全親会社等の株主が多重代表訴訟を提起できる。平成26年改正会社法）

　この場合には、「総株主の同意」のほか、次の者の同意をも要するので、今では役員等の責任を免除するためのハードルはいっそう高くなっています。（会社法847条の2第9項、847条の3第10項）

1．適格旧株主の全員（適格旧株主とは、旧株主のうち株主代表訴訟の提訴権
　を有する者のこと）
2．特定責任を免除するときは、最終完全親会社等の株主の全員（最終完全親会社
　等の定義は、会社法847条の３第２項・第１項カッコ書にある）

こうした責任の重さに震え上がった経営者団体から、役員等の責任を軽減する
規定を旧商法に盛り込んで欲しいという要請がされました。
　その結果として制定された制度が、会社法に引き継がれています。

━━ コラム ━━ 特定責任とは何か？ ━━━━━━━━━━━━━━━━━

　特定責任とは、多重代表訴訟におけるデカイ子会社の役員等の責任のこと
である。
　甲社が乙社の最終完全親会社等である場合、責任の原因事実が生じたとき
において、甲社（およびその完全子会社）が有する乙社の株式の帳簿価額が、
甲社の総資産額の５分の１を超えるとき、乙社はデカイ子会社であり、その
役員等の責任のうち一定のものの免除には、甲社の株主の全員の同意を要する。
　→上記の赤字部分の出題可能性が高い。

ア　株主総会決議（特別決議）による一部免除（会社法425条、309条２項８号）
　要件　役員等（取締役、会計参与、監査役、執行役または会計監査人）が職
　　　　務執行につき善意で重過失がないとき。
　一部免除をしたときの責任の下限
　　　　在職中に株式会社から職務執行の対価として受けた金額の１年当たりの
　　　相当額に次の年数をかけた額。
　　　1．代表取締役・代表執行役　６年分
　　　2．代表取締役以外の取締役（業務執行取締役等であるものに限る。）・
　　　　代表執行役以外の執行役　４年分
　　　3．上記以外の取締役・会計参与・監査役・会計監査人　２年分

なお、特定責任を免除するには、最終完全親会社等の株主総会の決議（特別決議）
をも要する。

**イ　取締役の過半数の同意（取締役会設置会社では取締役会決議）による役員
等の責任の一部免除**　→取締役の過半数とある以上、取締役は２人以上であ
ることを要する。（会社法426条　取締役が１人の株式会社では使用不可能）

要件　１．役員等（取締役、会計参与、監査役、執行役または会計監査人）
　　　　　が職務執行につき善意で重過失がないとき。
　　　２．**監査役設置会社、指名委員会等設置会社**または、**監査等委員会設
　　　　　置会社**。
　　　３．（責任免除が）特に必要な事情があるとき。
　　　４．取締役の過半数の同意（取締役会設置会社では取締役会決議）に
　　　　　よる免除ができる旨の**定款規定**を要する。
一部免除をしたときの責任の下限
　　　在職中に株式会社から職務執行の対価として受けた金額の１年当たりの
　　相当額に次の年数をかけた額。
　　　１．代表取締役・代表執行役　６年分
　　　２．業務を執行する取締役・執行役　４年分
　　　３．業務を執行しない取締役・会計参与・監査役・会計監査人　２年分

【用語解説】→ 業務の執行とは
　　業務の執行とは、カネを稼ぐために自ら汗を流すこと（株式会社の機関車役）
だと思えばよい。業務を執行しない取締役は、取締役の職務は行っても（例
取締役会の招集）、その業務は行わない。しかし、取締役として、株式会社の業
務の執行の決定には係わるのである。ここに、業務の執行の決定とは、会社の
方針を立てることをいう。
　　非常に大雑把にいえば、業務執行取締役とは、世間でいう専務取締役や常務
取締役のことであり、業務を執行しない取締役は取締役ではあっても、自ら檄
を飛ばす担当部署を持たない取締役のことである。
　　業務を執行しない取締役、監査役、会計参与、会計監査人はいずれも株式会
社の機関ではあるが機関車役ではない。会社法は、これらの業務を執行しない
者を１つのグループとして、その責任の一部免除の下限を報酬などの２年分と
している。

◀ポイント▶　業務の執行とその決定
　　１．**業務の執行**　　　　　業務執行取締役が行う。
　　２．**業務の執行の決定**　　取締役が行う（取締役の過半数の一致または取締役
　　　　　　　　　　　　　　　会決議）。
　　３．**監査役、会計参与、会計監査人は業務を執行せず、業務の執行の決定も
　　　行わない**。

前記の制度は、業務を執行している取締役の場合でいえば、およそのところ、

損害賠償額は年間報酬の4年分で勘弁してやるということを可能にする制度です。
　この制度を適用できれば、大和銀行事件のように1人何十億という損害賠償は免れることができます。

　注意点は、以下のとおりです。
1．これらの制度は、一部免除をしたときの責任の下限を決めただけの話です。責任を完全に免除するには原則どおり総株主の同意など必要です。
2．アの制度はすべての株式会社に適用ありです。イの場合は、制度の導入についての定款変更決議（株主総会の特別決議）が必要です。
3．イの制度は、一度、上記の定款変更があれば、以後は、取締役の過半数の同意（取締役会設置会社においては取締役会の決議）のみで、役員等の責任免除ができます。
　　ちなみに、なぜ、監査役設置会社、指名委員会等設置会社または監査等委員会設置会社でなければ、この制度を導入できないかというと、取締役（監査委員または監査等委員である者を除く）・執行役の責任免除について取締役の同意を得る場合および当該責任免除の議案を取締役会に上程する場合、各監査役、各監査委員、各監査等委員の同意が必要だからです。
4．とはいえ、イの制度では、株主の関与なく、取締役の過半数の同意または取締役会の決議のみで役員等の責任の一部免除が決まってしまいます。
　　そこで、会社法は、この場合に、株主からの差止めを認めます。
　　その要件は、総株主（責任免除の当該役員の持ち株数を除く）の議決権の100分の3以上の異議があれば、株式会社はイの制度による役員等の責任免除ができません。
　　→特定責任を免除するときは、最終完全親会社等の総株主（責任免除の当該役員の持ち株数を除く）の議決権の100分の3以上異議があるときも、イの制度による責任の一部免除ができない。
　　→いずれも、100分の3を下回る定款規定可（株主の権利行使を容易にする方向）。
5．この場合であっても、アの制度の利用は可能です。総株主（責任免除の当該役員の持ち株数を除く）の議決権の100分の3以上の異議があった場合でも、株主総会での特別決議による責任一部免除の可能性はあります。

【ポイント】
　会社法426条1項の定款の定め（イの定め）は登記事項です。
　この定款の定めは、「監査役設置会社」（「指名委員会等設置会社」、「監査等委員会設置会社」）においてしか設置することができない点に注意しましょう。

なお、会社法425条の内容（アの定め）は登記事項ではありません。

こちらのほうは、定款規定がなくても、当然にすべての株式会社に適用される条文だから登記の必要がないのは当然のことといえます。

参考問題　発起人が会社の設立についてその任務を怠ったことにより会社に対して負う損害賠償責任は、当該発起人が職務を行うにつき善意で、かつ、重大な過失がない場合でも、株主総会の特別決議によって免除することはできない。（商法H25-27-オ）

....

答え　○　会社法425条は会社成立後の役員等に関する規定であり、発起人（会社の設立事務を行う者）にはその適用がない。

参考｜**登記簿の記載例**（H18.4.26民商第1110号依命通知改）
役員等の会社に対する責任の免除に関する登記
会社に対する責任の免除の規定を設定した場合

取締役等の会社に対する責任の免除に関する規定	当会社は、会社法第426条の規定により、取締役会の決議をもって、同法第423条の行為に関する取締役（取締役であった者を含む。）の責任を法令の限度において免除することができる。 　当会社は、会社法第426条の規定により、取締役会の決議をもって、同法第423条の行為に関する監査役（監査役であった者を含む。）の責任を法令の限度において免除することができる。 　令和6年10月1日設定　令和6年10月8日登記

コラム　業務を執行しない取締役等の責任限定契約

　前記の制度によっても、役員等にとって、大和銀行事件の悪夢を完全に払拭できるわけではない。なぜなら、アにおいては、株主総会の特別決議が成立しなければ、また、イにおいても総株主（責任免除の当該役員の持ち株数を除く）の議決権の100分の3以上の株主が反対すれば、たとえ取締役会等の同意をとりつけても、全責任を免れない可能性が生じる。

　これでは恐ろしくて、株式会社の役員にはなりたくないということもあろう。

そこで、会社法は、さらに役員にとって親切な制度を作った。

非業務執行取締役等の責任限定契約の制度である。（会社法427条）

非業務執行取締役等とは、以下の者の総称である。いずれも機関車役ではない。

1．業務を執行しない取締役
2．会計参与
3．監査役
4．会計監査人

この仕組みは、次の場合に使うことができる。

1．非業務執行取締役等がその職務を行うにつき善意で重過失がないときに責任の一部を免除するという契約内容であること。
2．責任限定契約ができる旨の定款規定がある。

この場合に、非業務執行取締役等の責任を、さきの年間報酬相当額の２年分か、定款で定めた額のいずれか高い金額に限定する契約を結ぶことができる。

これは、会社と非業務執行取締役等との契約だから、お互いに拘束力がある。

したがって、非業務執行取締役等が任務懈怠の責任を問われたとしても、さきの要件を満たせば（重過失がなければ）、大和銀行事件のように全責任を問われることは、金輪際ありえないことになる。

この制度を導入することにより、会社は、非業務執行取締役等の招聘をしやすくなるというわけだ。

参考 ┃ 登記簿の記載例

非業務執行取締役等の会社に対する責任の制限の登記
会社に対する責任の制限の規定を設定した場合

非業務執行取締役等の会社に対する責任の制限に関する規定	当会社は、会社法第427条の規定により、取締役（業務執行役等であるものを除く。）及び監査役との間に、同法第423条の行為による賠償責任を限定する契約を締結することができる。ただし、当該契約に基づく賠償責任の限度額は、何万円以上であらかじめ定めた金額又は法令が規定する額のいずれか高い額とする。 令和6年10月1日設定　令和6年10月8日登記

非業務執行取締役等の責任限定契約に関する定め（会社法427条１項の定め）に

ついては、以下の点に注意しましょう。
1. 登記事項です。
2. 「監査役」「指名委員会等」「監査等委員会」を設置しない会社においてもこの定款の規定をすることができます。

発展 役員等の第三者への責任

上記の記述は、役員等の会社への責任の問題であった。

では、役員等に第三者（主に会社債権者）への責任はあるか。

原則は「ない」ということまでは、すでにお話した。

第三者への責任は会社が負う。

が、それでは、困ったことになる事例がある。

たとえば、多額の買掛金のある会社が倒産したらどうなるか。

会社に対する債権は、破産債権で紙くず同然だ。

株主の責任は追及できない（株主有限責任）。

が、取締役は豪邸に住んでいる。

この場合に、何とか、この豪邸を差し押さえられないか。

会社法429条1項はその可能性を肯定する。

役員等（取締役、会計参与、監査役、執行役または会計監査人）がその職務を行うについて、悪意または重大な過失があったときは、これによって第三者に生じた損害を賠償する責任を負う、と規定しているのだ。

さて、ここで問題が生じる。

民法709条は、故意または過失を不法行為成立の要件としている。

であれば、この会社法の規定は、役員等の民事上の責任を軽減する会社法の特則なのか？

会社法は、軽過失の場合には、役員等は責任がないといっているではないか。

この点については、以下のように考えるのが通説だ。

会社法の規定は、民法上の責任とは別に、役員等の責任を重くした規定である。

もともと、民事上の不法行為責任は、損害発生に対しての直接の責任であって間接責任を含まない。

この原理からいえば、役員等が、直接の自己の行為によって第三者に損害を与えたのであれば別論だが、会社の職務に熱心でなく、単に任務をさぼっていたというだけでは、損害発生への直接の責任はないから民事上の責任は生じない。

が、会社法は、こうした間接責任についても、故意または重過失を要件として、第三者による責任追及を認めたものである。

つまり、会社法429条1項の役員等の責任は、不法行為とは別に法定された特別の責任である。

会社法429条1項の責任と民法の不法行為責任は両立する

② 役員の権利義務承継

　会社法346条1項は、役員が欠けた場合（会社法または定款が定める定員を割り込む場合を含む）には、任期満了または辞任により退任した役員は、新たに選任された役員が就任するまで、なお役員としての権利義務を有すると規定しています。

◀ポイント▶　会計監査人には、権利義務承継の規定は存在しない。

　会社には、手も足もアタマもないので、役員がいなければ機能しません。
　そこで、退任した役員に、その権利義務を承継させる（退任前と同様に会社を運営する権利と義務がある）としたものです。

　また、この場合、つまり役員が欠けた場合（会社法または定款が定める定員を割り込む場合を含む）には、利害関係人の申立てで、裁判所は、一時役員の職務を行うべき者を選任することができます。（会社法346条2項）

　注意すべきは、退任する役員が権利義務の承継をするのは、退任の事由が「辞任」「任期満了」の場合のみであることです。これらは円満退社の場合なのです。
　もし、退任事由が「解任」「死亡」「資格喪失」であれば、権利義務の承継はできません。
　「解任」であれば、会社との関係は真っ暗ですし、「死亡」「資格喪失」の場合には、権利義務を承継できるわけがありません。
　なお、権利義務承継は俗語です。便利なのでよく使うのですが、正確には「退任した役員が、なお役員としての権利義務を有する」と表現します。

参考問題
1．退任した取締役がなお取締役としての権利義務を有する場合には、その者は、その地位を辞することができない。
2．退任した取締役がなお取締役としての権利義務を有する場合には、株主総会は

その者を解任することができない。
3．株主は、退任後もなお役員としての権利義務を有する者については、その者が職務の執行に関し不正の行為をした場合であっても解任の訴えを提起することはできない。（商法H22-34-ウ）
4．任期満了による退任後もなお監査役としての権利義務を有する者が存在する場合には、一時監査役の職務を行うべき者が選任されたとしても、当該選任による変更の登記をすることはできない。（商業登記法H29-32-オ）

答　え

1．○　会社法の規定により取締役の権利義務を承継しているのだから、一身上の都合での辞任は不可能であろう。
2．○　この場合、株主総会は他の取締役を選任すべきである。そうすれば、解任したい者が承継していた取締役の権利義務が終了する。
3．○　取締役の権利義務を有する者を解任することができないので、解任の訴えをすることもできない。（最判平20.2.26）
4．×　監査役の権利義務を有する者は監査役ではない。そして、監査役が欠けた場合に、裁判所は一時監査役の職務を行うべき者（仮監査役）を選任することができる。

1 取締役

① 取締役の資格（会社法331条）

取締役となることができない者は以下のとおりです。
1．法人
2．会社法・一般社団法人および一般財団法人に関する法律・金融商品取引法(その一部)・民事再生法（その一部）・外国倒産処理手続の承認援助に関する法律（その一部）・会社更生法（その一部）・破産法（その一部）の罪を犯し、刑に処せられ、その執行を終わり、またはその執行を受けることがなくなった日から2年を経過しない者
3．上記以外の罪により禁錮（拘禁刑）以上の刑に処せられ、その執行を終わるまでまたはその執行を受けることがなくなるまでの者（刑の執行猶予期間中の者を除く）

コラム　刑法改正

　懲役と禁錮は、拘禁刑にその名を変える。これを定めた改正刑法は、令和7年6月1日に施行される。

〔注意点〕

1．未成年者を取締役にすることができる。

アメリカあたりでは、12歳くらいの大社長がいるが日本でも可。

2．会社法等への違反による処罰の場合には、資格喪失の要件がキツイ。

執行猶予中もダメ。罰金刑を含む。

→会社法等の罪でない場合（例 傷害罪）、執行猶予がつけば、欠格事由にあたらない。罰金も不問に付される。

3．旧商法にあった「破産手続の開始の決定を受け復権しない者」が、会社法では削除された。破産者を取締役に選任できる。

中小企業の経営者は、銀行から個人保証を強いられるから、会社と一緒に破産ということがある。

そうした場合の、再起を図りやすくするための規制緩和である。

4．成年被後見人、被保佐人が取締役となることができる。

成年被後見人、被保佐人は取締役となることができ、これらの者がした取締役の資格に基づく行為は、行為能力の制限によっては取り消すことができない。（会社法331条の2第4項）

参考問題 成年被後見人及び被保佐人は、取締役となることができない。（商法R4-31-ウ）

答え ✕

成年被後見人、被保佐人の就任承諾の方法は次のとおりです。（会社法331条の2）

1　成年被後見人の就任承諾

成年後見人が、成年被後見人の同意を得たうえで、成年被後見人に代わって就任を承諾する。

→後見監督人がいるときは、その同意も要する。

2　被保佐人の就任承諾

保佐人の同意を得て、自らその就任を承諾する。

→保佐人について、就任の承諾に係る代理権付与の審判がされているときは、保佐人が、被保佐人の同意を得たうえで、被保佐人に代わって就任を承諾する。

参考問題 　成年被後見人を取締役として選任した場合は、取締役の就任による変更の登記の申請書には、当該成年被後見人の同意書を添付することを要しない。（商業登記法R5-31-ウ）

………………………………………………………………………………………………

答え　✕　成年被後見人の同意書の添付を要する。その同意を得て、成年後見人が成年被後見人に代わって就任を承諾するためである。

　株式会社は、取締役が株主でなければならない旨を定款で定めることができません。（会社法331条2項本文）

　しかし、公開会社でない株式会社は、かかる定款規定を設けることができます。（同項ただし書）

　本文の趣旨は、株式会社は、経営のプロを招聘するのだから、その人選は自由に行うべきだということです。

　「株主に限る」などという制限は、会社の発展のさまたげになりかねません。

　しかし、こうした制限は、一般投資家に対して会社が責任を果たすためのものであると考えられます。

　いやしくも、株式を公開するのであれば、一般投資家への信頼にこたえるため最善の経営上の努力をすべきです。

　（公開会社がすべて上場企業というわけではありません。が、上場するのであれば株式の公開が必要です。この場合、一般投資家の信頼にこたえることのできる会社であるのかどうか、厳しい審査基準があるのは当然のことです。）

　しかし、譲渡制限会社においては、一般投資家の存在がありえません。

　で、あれば、取締役の資格を株主に限ってもかまいません。

　万一、そのことにより、会社の経営に悪影響があっても、他人に迷惑はかけません。

　また、譲渡制限会社は、もともと、同族会社ですから、経営者も仲間内でという要請も高いといえます。

　仲間で団結することが1つの経営方針ともいえるからです。

参考問題 　会社法上の公開会社でない株式会社においては、取締役が株主でなければならない旨を定款に定めることができる。（商法R4-31-ア）

………………………………………………………………………………………………

答 え ○

〈譲渡制限会社の場合〉

取締役会設置会社においては、取締役は 3 人以上であることを要します。

これは、古典的な株式会社形態の名残です。

監査役会も 3 人以上の監査役、清算人会も 3 人以上の清算人、指名委員会等設置会社の各委員会も監査等委員会設置会社の監査等委員会も 3 人以上の委員で構成されますから、併せて覚えておくとよいでしょう。

「会」と名が付くためには、最低 3 人は必要という趣旨でしょう。

コラム　**監査等委員会または指名委員会等を置く会社の取締役**

指名委員会等設置会社の取締役は、その会社の支配人その他の使用人を兼ねることができない。（会社法331条 4 項）

その理由を考えてみよう。

指名委員会等設置会社の取締役は、他の組織の取締役とは毛色が違う。

取締役会は、その権限を大幅に執行役に委任することができ、取締役は各委員会のメンバーになるなどして、会社経営を株主の立場（アメリカは株主が強い）から「見張る役目」なのだ。

たとえば、監査委員会のメンバーは取締役で構成されるわけだ。

だから、取締役がその会社の従業員を兼ねることは問題がある。

つまり、従業員が会社を見張ることはできないだろう。

従業員は、もともと、雇用契約によって、会社の指示に従う立場にあるからだ。

また、監査等委員会設置会社の監査等委員である取締役もその会社または子会社の支配人その他の使用人を兼ねることができない。(会社法331条３項)
　これも監査等委員は取締役ではあるが、その会社のお目付け役だからである。
　これに対して、従来型の（アメリカかぶれではない）会社は、取締役は原則としては業務執行の決定機関だ。
　見張り役ではない。
　だから、取締役がイコール使用人でも差し支えはない。
　以上を整理すると次のようになる。

１．指名委員会等設置会社の取締役	支配人を兼任できない
２．監査等委員会設置会社の監査等委員である取締役	支配人を兼任できない
３．上記以外の取締役（代表取締役を除く）	支配人を兼任できる

【用語解説】 → 支配人
　支配人とは、会社に代わってその事業に関する一切の裁判上または裁判外の行為をする権限を有する商業使用人である。
　裁判上の代理権までもつ非常に権限の強い人物だが、あくまで使用人である。この点が、会社と委任関係にある役員との違いである。

＊＊

参考問題　取締役の資格に関する次のアからオまでの記述のうち、正しいものの組合せは、後記１から５までのうちどれか。（商法 H22-29）
　ア　破産手続開始の決定を受けた者は、復権を得ない限り、取締役となることができない。
　イ　会社法上の公開会社でない株式会社において、取締役が株主でなければならない旨を定款で定めている場合には、株主でない者は、取締役となることができない。
　ウ　未成年者は、取締役に就任することについて法定代理人の同意を得た場合であっても、取締役となることができない。
　エ　持分会社は、当該持分会社の社員から取締役として職務を行うべき者を選任し、株式会社にその者の氏名及び住所を通知した場合であっても、当該株式会社の取締役となることができない。
　オ　会社法上の特別背任罪を犯し懲役に処せられた者は、取締役に就任しようとする日の３年前にその刑の執行を終えた場合であっても、取締役となることが

　　　できない。
　　　1　アウ　　**2**　アエ　　**3**　イエ　　**4**　イオ　　**5**　ウオ

．．．

答え　**3**
　　ア　✕　破産者は取締役の欠格事由ではない。
　　イ　○　会社法331条２項ただし書。
　　ウ　✕　未成年者は取締役の欠格事由ではない。
　　エ　○　法人は、取締役の欠格事由。（会社法331条１項１号）
　　オ　✕　刑の執行を終えてから２年が経過したからオッケー。（会社法331条１項３号）

❖❖

② 取締役の選任および解任

　　取締役の選任および解任については、他の役員および会計監査人と共通な点と、取締役に特有な点が存在します。
　　まず、ものの順序として、共通点を挙げていきましょう。

　　１．株主総会で選任する（普通決議）。
　　２．株主総会で解任する（普通決議）。

　　この決議は、普通決議ですから、議決権を行使することができる株主の議決権の過半数を有する株主が出席し、その議決権の過半数で可決です。
　　しかし、選任・解任のいずれの決議においても、次の特則があります（以下は役員についての規定です。会計監査人については適用がありません。会社法341条）。
　　１．定款で定足数を議決権を行使することができる株主の議決権の３分の１以上とする定めをすることができる（一般の普通決議は、定款規定で、定足数の排除まで可能であった）。
　　２．定款で決議要件を出席株主の議決権の過半数以上に加重できる。たとえば、議決権の３分の２以上の賛成とする規定など（一般の普通決議では、単に定款で別段の定めをすることができるとしている）。
　　→会社法341条の決議について、アタマ数要件を導入することはできない。

　　以上は、役員の選任・解任に共通のルールです。
　　（ただし監査役および監査等委員である取締役につき重大な例外アリ。後述する。）
　　会社法は、これらの決議は、一般の普通決議より重要な決議と考えているのです。
　　したがって、上記の特則は、いずれも、一般の普通決議に比べて、決議の成立要件を厳しくする方向での定款規定を容認するわけです。

　役員の解任後にどうなるか

　会社法339条2項は、株主総会決議により解任された役員および会計監査人は、その解任につき正当な理由がある場合を除き、株式会社に対し、解任によって生じた損害の賠償を請求することができると規定する。

　解任は、委任契約の会社側からの一方的な破棄だからである。

　具体的な損害の内容は、任期終了までの報酬相当額などが予想される。

　役員の解任は、通常、ケンカ別れを意味する。この場合、会社側は、「正当な理由」があれば、びた一文、支払うことを要しない。そこで、周到に、その理由を積み重ねた上で、ここぞと解任の挙に出ることが多い。

　そういう事情を知ることも会社法を楽しく学ぶコツである。

コラム　相互解除の自由

　会社法339条1項は「役員及び会計監査人は、いつでも、株主総会の決議によって解任することができる」と規定する。上記の「いつでも」という部分は、民法における委任契約の相互解除の自由の考え方（民法651条1項）の会社法における表れとみればよい。

【会社法の思想】役員の選任・解任

　会社法341条の決議を、**特別の普通決議**ということがある。これは、会社法309条1項の普通の普通決議に対比する言葉である。

　両者の違いは、定款による決議要件の幅にある。

　普通の普通決議には、定款による決議要件の変更に限定がない。アタマ数要件の導入も可能だ。

　しかし、特別の普通決議は、アタマ数要件の導入ができない。ここが**急所**である。

　役員の選任・解任権は、すなわち会社の支配権を意味する。

　自らの息のかかった役員を選任できれば、それが支配株主だ。

　そして、会社法は、この会社の支配権に係る決議は、必ず、資本主義の原理、多くの出資をし、多くの議決権を有する者が勝つようにしているのである。

　これは、**会社法の基本思想**のひとつである。

さて、ここで解任の問題につき1つオマケを書きます。

会計監査人は、株主総会での解任が可能なばかりではありません。

監査役が会計監査人を解任できます。（会社法340条）

　おそらく、会社法が役員の定義に会計監査人を含まない理由はこれでしょう。
役員同士であれば、同レベルですから、片方が他方を解任はできないはずです。
解任ができる以上、監査役は、会計監査人の上位に存在します。
　なお、解任の要件は、監査役が複数いれば全員の同意。監査役会が設置されて
いるときも監査役全員の同意です。（会社法340条２項・４項）
　指名委員会等設置会社では、監査委員全員。（会社法340条６項）
　また、監査等委員会設置会社では、監査等委員の全員。（会社法340条５項）
とにかく全員ということが重要です。
　ついでですが、解任事由は、以下のいずれかです。
　１．（会計監査人の）職務上の義務に違反し、または職務を怠ったとき。
　２．会計監査人としてふさわしくない非行があったとき。
　３．心身の故障のため、職務の執行に支障があり、またはこれに堪えられない
　　　とき。

参考　**記憶の補強**

　　株式会社の機関設計の項において、「会計監査人は監査役・監査役会・
監査等委員会・指名委員会等のいずれかが存在していなければ設置できな
い」という点を学んでもらった（P43参照）。
　　その時点では、「アマがいない会社は、プロ中のプロの出番ではない」
という理由を付した。
　　が、本当の理由は、上記に述べたことにあるのだろう。
　　会計監査人は、監査役・監査役会・監査委員会・監査等委員会の監督下
にあるのである。
　　さきの、機関設計のときの知識と、今、学んだばかりの知識を連動させ
ておこう。
　　そういう努力が、効率的な記憶法というものである。

発展　**監査役と会計監査人**

　会計監査人には会計監査権しかない。
　これに対し、監査役には広い範囲の取締役等に対する業務監査権がある。
　**そこで、この両者をセットにして監査を行うという点も、会計監査人設置会
社が監査役を設置しなければならない（指名委員会等設置会社および監査等委
員会設置会社を除く）ことの理由として挙げられている。**

コラム　役員の解任の訴え

　株主から役員の解任の訴えを提起することができる。（会社法854条）
　段取りは次のとおり。
　1．役員の職務執行に関し不正の行為または法令もしくは定款に違反する
　　重大な事実がある。
　2．にもかかわらず、役員の解任決議が否決された。
　3．総会日から30日以内に裁判所に解任請求。
　この訴えの提訴権者は次の株主に限られる。
　1．総株主の議決権（その役員解任について議決権がない株式と解任請求
　　を受けた役員の持ち株数を除く）の100分の3以上を6か月前から保有。
　2．発行済株式の総数（会社の自己株式と解任請求を受けた役員の持ち株
　　数を除く）の100分の3以上を6か月前から保有。
　上記1は、議決権の数を基準に、2は発行された株式数を基準にしている。
　なお、公開会社ではない会社では、6か月の要件は排除される。
　＊定款で、100分の3の数字を下げることができる。
　　→株主の権利行使を容易にする方向

参考問題

　1．取締役を選任する株主総会の決議の定足数は、通常の普通決議とは異なり、定
　　款の定めによっても、議決権を行使することができる株主の議決権の3分の1を
　　下回ることとすることはできない。（商法H19-31-ア）
　2．監査役会設置会社においては、会計監査人が職務上の義務に違反したときは、
　　監査役の過半数をもって行う監査役会の決議により、その会計監査人を解任する
　　ことができる。（商法H19-31-オ）
　3．監査役会が会計監査人を解任した場合にする会計監査人の解任による変更の登
　　記の申請書には、監査役の全員の同意があったことを証する書面を添付しなけれ
　　ばならない。（商業登記法H25-33-エ）
　4．甲社の取締役Aが法令に違反する行為をしたときは、会社法所定の要件を満た
　　す株主は、Aを解任する旨の議案が株主総会において否決された場合でなくても、
　　裁判所の許可を得て、訴えをもってAの解任を請求することができる。（商法
　　H25-31-イ改）

答え

　1．○　会社法341条。
　2．×　会社法340条4項。監査役の全員の同意が必要である。
　3．○　会社法340条2項・4項、商業登記法54条4項・2項。

4．✕　会社法854条。

❖❖❖

取締役の選任および解任に特有の問題点

　取締役は、株式会社の業務執行の決定機関です。

　そこで、その選解任には、特有の問題が生じます。

　昨今、企業間のM＆Aが盛んですが、他の会社の経営権を把握するということは、株主総会の議決権の過半数にあたる株式を取得するという意味です。

　そのココロは、これによって、取締役の選任・解任権を得ることができるということです。

　会社の意思決定を具体的に行うのは、経営者である取締役です。

　だから、自らの息のかかった取締役を送り込めれば、株主は会社の経営を掌握できます。

　このように、取締役の選任および解任は、株主相互間の会社の経営権争いに直結します。

　この点について、会社法は、少数派株主の保護ということを考えます。

　すなわち、会社の取締役が、多数派株主の息のかかった者のみということになると、少数派株主の意思が会社経営に全く反映されません。

　→なお、少数派株主における少数とは、議決権において少数という意味である。
　　アタマ数は多くても議決権が少なければ少数派である。

　そこで、会社法は、累積投票なる制度を設けます。（会社法342条）

　この制度は、取締役を2人以上選任する場合の制度です。

　とりあえず、株主総会において、取締役3名選任の議案があったとしましょう。

　取締役の選任についての議決権のある株主から累積投票の請求があった場合、1株（または一単元）当たり3個の議決権が与えられます。

　これにより、少数派株主が、1人の取締役候補に3票ずつを集中して投票すれば、少数派の息のかかった取締役が選任されやすくなるというわけです。

　→なお、監査等委員会設置会社では、株主は、監査等委員である取締役の選任またはそれ以外の取締役の選任（この2つはベツモノ）のそれぞれについて別々に累積投票の請求をすることとなる。

このように、累積投票の制度は、株主間の利害の対立を予定する制度です。

　次に、取締役の解任の特則が２つあります。
　第１に累積投票により選任された取締役を解任する場合には、株主総会の特別決議を要します。（会社法342条６項、309条２項７号　←重要）
　累積投票は、もともと、議決権が過半数に達しない、少数派株主のための制度ですから、多数派が普通決議でこれを解任できるのであれば、制度趣旨からしておかしな話になるというのがその理由です。

　累積投票については、以下の点にご注意ください。
　１．累積投票は、会社の経営権争いを前提とした制度です。
　　　そこで、監査役・会計参与・会計監査人の選任とは無関係です。
　２．株式会社設立時の創立総会においても取締役選任についての累積投票の制度が存在します（会社法89条。種類株式が何でもアリになっていることへの配慮であろう。設立当初から株主間の利害の対立がありうる）。
　３．定款をもって、累積投票制度の排除が可能です。
　　　世の中に存在する株式会社定款のヒナ型には、必ずといっていいほど、累積投票の排除規定が存在します。
　　　面倒くさい規定なので、実務上行われることは非常に稀といっていい制度です。

　以下は、累積投票排除の定款の規定の一例です。

第何条　当会社の株主は、累積投票による取締役の選任を請求することができない。

　第２に、監査等委員である取締役の解任の決議は、その選任が累積投票によるものでなかったとしても、特別決議で行います（会社法309条２項７号）。
　監査等委員会設置会社の監査等委員である取締役はお目付け役なので、その地位の保証が厚いのです。
　指名委員会等設置会社の監査委員である取締役の解任は普通決議で足りることと比較しておきましょう。
　→監査委員は、監査等委員よりその任期が短いので、会社法が解任の特則までは準備していないのだと考えておけばいいだろう。

❖❖❖

参考問題

1. 会計参与については、累積投票による選任の制度は存しない。(商法H24-31-ウ)
2. 株式会社において、監査役1名を選任する旨の議案が記載された招集通知によって招集された株主総会において、選任員数が修正され、監査役2名が選任された場合には、定款に監査役の員数に関する定めがないときであっても、当該監査役2名の就任による変更の登記を申請することはできない。(商業登記法H15-32-エ改)

....

答え 1. ○ 会計参与の選任は株式会社の経営権争いと直接の関係がない。

2. ✕ たしかに、取締役会設置会社においては、株主総会の目的である事項として招集通知に記載されていない事項については、原則として決議をすることができない。しかし、選任する監査役の員数は招集通知への記載を要せず、また、議案として記載された員数を修正することも可能であるとされている。

これは、監査役の選任においては、株主が累積投票によることを請求できないため、選任する員数を通知しなくても株主の利益を害することはないと考えられるためである。

→取締役の選任においては、その員数に応じて、株主が累積投票の請求をするしないの問題が発生するから、員数は重大問題なのである。

❖❖❖

発展 取締役と業務執行

① 取締役会を設置しない株式会社(会社法348条1項)
→取締役は定款に別段の定めがなければ業務を執行する。

② 取締役会設置会社(会社法363条1項)
→取締役会の決議により、業務を執行する取締役として選定された者が業務を執行する(この場合、選定されなかった取締役は、取締役会への参加により業務執行の「決定」に関与する。が、自ら業務執行を行うことは権限外となる)。
→代表取締役は当然に業務を執行する。
→監査委員と監査等委員は業務執行取締役を兼ねることができない。(会社法400条4項、331条3項)

◀ポイント▶ 出題方式

会社法の出題は、まず、冒頭に、「問題文に明記されている場合を除き、定款に法令と異なる別段の定めがないものとして、解答してください」という注が入ることが通例である。この前提に立てば、「取締役会を設置しない株式会社の

取締役は、つねにその株式会社の業務を執行する」との出題の解答は「○」ということになる。

《参考条文》

> **会社法415条（指名委員会等設置会社の取締役の権限）**
> 指名委員会等設置会社の取締役は、この法律又はこの法律に基づく命令に別段の定めがある場合を除き、指名委員会等設置会社の業務を執行することができない。

参考問題 定款に法令の規定と異なる別段の定めがないときは、取締役会設置会社以外の株式会社においては、取締役の過半数の同意により一部の取締役について株式会社の業務を執行しないものとすることはできない。（商法H18-33-イ）

答え ○ 会社法348条1項。

③ 取締役の任期

　取締役の任期は、選任後2年以内に終了する事業年度のうち最終のものに関する定時株主総会の終結の時までです。（会社法332条1項本文）

　ただし、定款または株主総会の決議により、その任期を短縮できます。（会社法332条1項ただし書）

> **コラム** 取締役の任期の短縮
>
> 　取締役の任期の短縮の方法は自由である。
> 　たとえば、株主総会の決議において取締役AおよびBを選任するときに、Aの任期を6か月、Bの任期を1年などとして取締役ごとに別々の任期を定めることもできる。

　以上は、公開会社については、そのままズバリ当てはまります。

　基本的に任期が短いのです。

　これは、取締役と取締役会（公開会社では必置）を株主総会の監督下に置くという趣旨です。

❖❖

参考問題　1．株式会社（監査等委員会設置会社及び指名委員会等設置会社を除く）の株主総会においてA取締役の任期を6か月、B取締役の任期を1年として選任された取締役の就任による変更登記の申請は、定款に取締役の任期に関する別段の定めがない限り、することができる。（商業登記法H15-32-ウ改）

2．会社法上の公開会社ではない監査役設置会社においては、個々の取締役ごとに異なる任期を定めることはできない。（商法R2-29-エ）

....

答え　1．○　取締役の任期は、株主総会の決議で「短縮することができる」。その短縮の方法に限定はない。

2．×　定款又は株主総会決議による取締役の任期の短縮の方法に、制限はない。

❖❖

しかし、公開会社以外の会社では、こうした規制はあまり存在意義がありません。

基本的に父ちゃん母ちゃん会社ですから、会社設立以来30年間役員の顔ぶれが変わらないこともそれほど珍しい話ではありません。

2年に一度の登記申請を強いるのは気の毒というわけで、これらの譲渡制限会社では、定款規定により、上記の任期を選任後「10年」以内に終了する事業年度のうち最終のものに関する定時株主総会の終結の時まで伸長することができます。

（ただし、定款規定が何もなければ、公開会社以外の会社においても、会社法332条1項（原則2年）が適用されます。）

参考先例 📖（昭36.8.8-1909）

役員の任期の満了に係る定時株主総会が終結に至らずに延期または続行となった場合、役員の任期は、その総会の終結の時まで伸長される。

→延期会、続行会の終了の時が、定時株主総会終結の時となる。

┌───
│ **コラム**　定時株主総会の終結の時とは？
├───
│ 1．株主総会が延期または続行された時
│ 　役員等の任期は、延会または継続会の終結の時まで延長される。
│ 　→役員等は、延会、継続会の終結時まで責任をもって務めよというイミ。
│ 2．定時株主総会が開催されなかった場合
│ 　定時株主総会をすべきであった期間の満了時までが役員等の任期の終結時になる。
└───

定款に、事業年度（例　4月1日から3月31日を一期とする）と定時株主総会の開催時期（例　事業年度の終了から3か月以内に定時株主総会を開催する）が記載されている。

→この場合、6月30日に役員等の任期が満了する。

→会社法には定時株主総会の開催をいつまでにやれという規定はない。実務上、「事業年度の終了の翌日から3か月以内」という定款規定が多いのは、基準日の関係である。（会社法124条参照）

参考問題

1. 会社法上の公開会社ではない監査役設置会社においては、定款によらず、株主総会の決議によって、取締役の任期を選任後10年以内に終了する事業年度のうち最終のものに関する定時株主総会の終結の時までとすることができる。（商法R2-29-ウ）

2. 定款に取締役の任期に関する定めがない会社において、定款所定の期間内に開催された定時株主総会がその日に終結せず、翌日に継続されて終結したときは、定時株主総会の第1日目に役員選任の決議をしていても、任期満了により退任する取締役の変更の登記に申請すべき退任の日は定時総会の終結した日である。（商業登記法H6-28-5）

3. 定款に定時株主総会の開催時期につき毎事業年度末日の翌日から3月以内に招集する旨及び取締役の任期につき別段の定めがない会社において、事業年度末日の翌日から3月以内に定時株主総会が開催されなかった場合、取締役の変更の登記の申請書に記載すべき取締役の退任の日は、定時株主総会の開催されるべき期間の最終日である。（商業登記法H2-32-3）

答え　1．×　定款の定めによってすることを要する。

2．○　もちろん、選任された新役員の任期については、定時株主総会の第1日目（選任時）から起算する。

3．○　この場合、申請書に、取締役の退任を証する書面（商業登記法54条4項）として、「定款」の添付を要するのでご注意を。

参考　**最初の取締役の任期**

会社法には会社設立時の取締役の任期に関する特別の規定はない。

したがって、最初の取締役にも会社法332条が適用されることになる。

この場合の任期は、会社成立の日（設立登記の日）から起算する。

> ## コラム　指名委員会等設置会社・監査等委員会設置会社の取締役の任期
>
> 　すでに何度も述べたが、上記のように委員会を置く会社は、アメリカ型の企業統治スタイルである。
>
> 　その基本は、株主が強いということだ（みなさんもアメリカでは、業績の上がらない経営者はスグに解任されることを知っているだろう）。
>
> 　だから、取締役の任期は短い。2年でなく1年だ（会社法332条6項・3項は、1項の「2年」とあるのを「1年」と読み替えると規定している）。
>
> 　さらに、この点は、公開会社ではない指名委員会等設置会社および監査等委員会設置会社においても同様だ。
>
> 　指名委員会等設置会社および監査等委員会設置会社を導入するということは、アメリカ型を導入するという企業の意思表示だからだ。
>
> 　なお、監査等委員会設置会社の監査等委員である取締役の任期は2年である。お目付け役なのでちょっと任期を長くしているのである。（会社法332条3項カッコ書）
>
> 　以下にこの点を整理しておく（なお、記述中「何年」とあるのは、「選任後何年以内に終了する事業年度のうち最終のものに関する定時株主総会の終結の時まで」の意味である）。
>
> 　1．指名委員会等設置会社の取締役
> 　　　1年
> 　　　→監査委員など各委員会のメンバーとなる取締役の任期も1年であることに注意しよう。
> 　2．監査等委員会設置会社の取締役（監査等委員である取締役を除く）
> 　　　1年
> 　3．監査等委員会設置会社の監査等委員である取締役
> 　　　2年
>
> 　以上であり、非公開会社でも上記の三者の任期を伸長することができない（会社法332条2項カッコ書）。任期を短く区切るのがアメリカ型（株主の発言権が強い）の考え方なのである。

　会社法においては、役員等の任期の起算時期を「選任時」としました。
　このため、株主総会による選任後、しばらくしてから被選任者が就任承諾をし

た場合にも、任期は「選任時」から起算されます。

　これに対して、登記簿には、従来どおり「役員等の就任年月日」(選任→就任承
諾の双方がそろった日)が登記されます。
　したがって、登記簿の記載からは、役員等の任期がいつまであるかが、判然と
しないことになります。

　また、会社法329条3項の補欠役員の任期についても同様です。
　役員が欠けた場合等のスペアとしての補欠を選任するケースにおいても、これ
らの補欠役員の任期は「選任時」から起算されます。
　役員が欠け、現実に、補欠役員が役員となった日から任期が起算されるわけで
はありません。

④ 取締役の任期の中途終了

　会社のスタイルが変わるときに、中途終了がありえます。(会社法332条7項)
　1．日本型会社→委員会を置く会社　指名委員会等または監査等委員会を置く
　　　定款変更決議の効力発生により取締役の任期が満了する。
　2．委員会を置く会社→日本型会社　指名委員会等または監査等委員会を置く
　　　定款の定めを廃止する決議の効力発生により取締役の任期が満了する。
　3．発行する株式の全部につき株式の譲渡制限規定を廃止する定款変更の効力
　　　発生により取締役の任期が満了する(指名委員会等設置会社および監査等委
　　　員会設置会社がするものを除く)。

　1および2は、日本型とアメリカ型では、取締役の職責が違うことから、いっ
たん従来の取締役を退任させる趣旨です。

　3については、全部の株式に譲渡制限を設定している会社(つまり公開会社で
ない会社)が、その定款の定めを廃止すると、公開会社になるためいったん役員
の任期を満了させ公開会社用の役員に切り替えようという趣旨と考えられます。

❉❉

参考問題　監査等委員会を置く旨の定款の定めを廃止する定款の変更をした場合
には、取締役の任期は、当該定款の変更の効力が生じた時に満了する。(商法R4-
31-エ)

....

答え ○

・❖・

⑤ 取締役の代表権

会社法は、取締役会を設置しない会社を原則として規定しています。

取締役は会社を代表します。（代表取締役その他会社を代表する者を定めた場合を除く　会社法349条１項）

取締役が２人以上いる場合には、各自が会社を代表します。（会社法349条２項）

すなわち、この場合には、会社を代表する取締役が２人以上存在し、各自が単独で会社を代表することになります。

会社からみれば、代表者が２人以上いる会社です。

取締役が２人以上いる場合、株式会社の業務は、原則として取締役の過半数の一致で決定します。（会社法348条２項）

株式会社は、取締役が２人以上いる場合には、以下の３つの方法により代表取締役を選定することができます。（会社法349条３項）

この決議は、代表取締役以外の取締役の代表権限を制限するという実質があります（特に下記１および２はそういう性質です）。

１．定款の定め
２．株主総会決議
３．定款規定に基づき、取締役の互選で代表取締役を選定

上記の１は、定款に「第何条　当会社の代表取締役は何某とする」というような規定を置くことです。

２は、株主総会で、「当会社の代表取締役は何某とする」という決議をすることを意味します。

定款変更は、株主総会で行いますから（会社法466条）、この２つの選定方式は、いずれも、実質的に、株主総会で代表取締役を定めることになります（直接選定方式）。

３の定款規定とは、たとえば「当会社に取締役が２人以上いる場合には、取締役の互選により代表取締役を選定する」という規定がその一例です。

３の定款規定のある会社は、取締役会を設置する完全な形の３階建ての株式会社とはいえないものの、代表取締役の選定については、それに近い形になります（間

接選定方式）。

取締役会を設置する旨の定款規定のある株式会社では、組織が3階建てになります。

この場合には、株主総会が取締役を選任し、取締役会が代表取締役を選定します。

取締役会は、取締役の中から、代表取締役を選定しなければなりません。（会社法362条3項）

さて、取締役会設置会社においても、それ以外の会社においても、代表取締役を選定することにより、他の取締役は代表権を行使できません。（会社法349条1項ただし書）

代表取締役については、以下の規定が会社法に存在します。

1．代表取締役その他の代表者が職務を行うについて第三者に損害を加えれば会社が損害賠償責任を負います。（会社法350条）
2．代表取締役は株式会社の業務に関する一切の裁判上または裁判外の行為をする権限を有します。（会社法349条4項）
3．代表権の制限は、善意の第三者に対抗できません。（会社法349条5項）
4．代表取締役以外の取締役に、社長・副社長その他株式会社を代表する権限を有するものと認められる名称を付した場合、株式会社は、その取締役がした行為について、善意の第三者に対してその責任を負います。（会社法354条　表見代表取締役）

上記の規定は、会社と取引をした第三者の保護を主な趣旨としています。

およそ、代表取締役のなした職務上の行為については、会社が責任を負います。

代表取締役の権限を内部的に制限することは可能ですが、これは登記事項ではなく、善意の第三者に対抗できません。（会社法349条5項）

　たとえば、ある商品の購入をするか否かは取締役全員の一致で決めよう、と会社内部で取り決めても、代表者が勝手に購入の契約をしてしまえば、会社は善意の第三者にはその内規を対抗できませんから、代金を支払わねばなりません。

判例 ▌（最判昭40.9.22）

　取締役会の決議を要する旨の定款規定があるにもかかわらず、決議をせずに代表取締役が行った取引行為は有効である。ただし、相手方が、決議を経ていないことを知りまたは知ることができた場合に限り無効である。

　また、会社が代表者とまぎらわしい名称を取締役に付した場合にも、善意の第三者に責任を負います。
　会社側は、「会社の登記簿を見ればその取締役に代表権がないのは明らかではないか」と主張して責任を免れることはできません。

参考問題　取締役会を設置しない株式会社において、当該株式会社の定款で定めた取締役の員数が1人であるときは、取締役は、仮処分命令により職務を代行する者が選任されない限り、代表取締役となる。（商法H18-33-ア）

答え　○　他に会社を代表する取締役がいない。

⑥ 取締役の忠実義務

　会社法355条は、取締役は株式会社のために忠実にその職務を行わなければならないと規定しています。
　この忠実義務は、委任契約上の、善管注意義務を明確にしたものであり、それとは別の高度の義務を課したものではないとされています。
　民事上の義務の明確化にとどまり、別の性質の義務を定めたわけではないということです。

（注意点）

　取締役の忠実義務は、役員等の中では、取締役に独自の条文です。
　監査役・会計参与・会計監査人には、会社への忠実義務はありません。
　彼らは監査機関です。
　だから、会社にとって耳の痛いことをいうことが職務です。
　会社の業務執行機関に不正があれば、これを正すのが役割です。
　だから、会社の方針に忠実であっては、この職務が果たせません。

が、取締役の忠実義務を定めた会社法355条は、執行役・清算人に準用されます。（会社法419条2項、482条4項）

執行役は、指名委員会等設置会社の業務執行を、清算人は清算事務をそれぞれ行います。

だから、会社に忠実にやってもらわないと困るのです。

忠実義務　有　取締役・執行役・清算人
　　　　　無　監査役・会計参与・会計監査人

補足　監督機関という言葉の意味

監査役は、取締役の職務の執行を監査する。監査役の権限は会計監査権限を含む。

会計監査人は、株式会社の計算書類等を監査する（業務監査権限はない）。

これらは、明確な監査機関である。

これに対して、会計参与は、取締役と共同して計算書類等を作成する。

自ら計算書類等を作成するという意味では、監査を受ける立場だが、取締役の計算書類の作成に不備がないかプロの目から関与をするという意味で、監督機関としての性質があるといってもよいだろう。

参考問題　監査等委員会設置会社の監査等委員である取締役は、忠実義務を負わない。

答え　✕　そういう規定はない。

⑦ 競業および利益相反取引の制限

どちらも、会社の業務執行の決定機関が会社に損害を及ぼすことを防止するために会社法が規定する制限条項です。（会社法356条）

競業とは、取締役が自己または第三者のために株式会社の事業の部類に属する取引をすることをいいます。

自己のためとは、個人で取引をすることです。

第三者のためとは、通常は、別会社（これが第三者）を立ち上げて取引をすることです。

　たとえば、会社が化粧品の販売会社（A社）であるとしましょう。
　その会社の取締役が、ある化粧品が今後の売り上げを伸ばすであろうという情報をつかみます。

　この場合に、A社の事業として化粧品を販売するのであれば、何ら問題はありません。会社への忠実義務に反するところはありません。
　しかし、「会社の業績を上げても大して報酬は増えないだろう。よし、ここは一番、この商品で一儲けをしよう」と、自分の個人事業として化粧品の販売事業を始めた場合には、会社への背信行為になりかねません。
　これを競業といいます。

　また、A社の不動産を取締役が購入するという場合はどうでしょうか。
　この場合に、売買価格をその取締役が決めるのは問題がありそうです。
　なぜなら、会社の犠牲において、安価な値段を決めかねないからです。
　このケースが、利益相反取引の典型例です。
　A社にとって損なら、取締役個人に得、A社にとって得なら、取締役個人に損という関係になり、利害が対立します。

　そこで、会社法は、取締役が競業取引、会社との利益相反取引を行う場合には、その取引についての重要な事実を開示して、株主総会の承認（普通決議）を経なければならないと規定しています。（会社法356条1項）
　ただし、取締役会設置会社においては、この承認は取締役会が行います。（会社法365条1項）

コラム ┃ **競業取引、利益相反取引の事後報告**

　取締役会設置会社では、競業取引、利益相反取引をした取締役は、取引後、遅滞なく、当該取引についての重要な事実を取締役会に報告しなければならない。（会社法365条2項）
　→取締役会への報告義務だから、取締役会設置会社に特有の制度である。
　→取締役会を設置しない株式会社の取締役には事後報告義務がない。

---

⑧ 業務の執行の社外取締役への委任

　株式会社と取締役との利益相反取引を、業務執行取締役が行うことは、いかに株主総会（取締役会設置会社にあっては、取締役会）の承認があったとしても、

好ましいこととはいえません。

　その行為に係る業務の執行は、株式会社に中立性を有する社外取締役が行うことの方がむしろ好ましいといえます。

　しかし、この株式会社と取締役との利益相反取引に係る業務の執行を社外取締役が行うことにより、その社外性が喪失するのではないかとの懸念が生じると、社外取締役が株式会社と取締役の利益相反取引に係る業務の執行をすることについて躊躇が生じてしまいます。

　そこで、会社法は、このことにより、社外取締役が社外性を喪失しないための手続の方法を明記することとし、次の規定を置いています。（会社法348条の２）

1　対象となる状況
　①　株式会社と取締役との利益が相反する状況にあるとき
　②　その他取締役がその株式会社の業務を執行することにより株主の利益を損なうおそれがあるとき
　→指名委員会等設置会社では、上記の取締役を執行役と読み替える。
2　業務執行の社外取締役への委託
　　株式会社は、その都度、取締役の決定（取締役会設置会社にあっては、取締役会の決議）によって、その株式会社の業務を執行することを社外取締役に委託することができる。
　→「その都度」とあるので、包括的な委託は不可。
3　社外性を喪失しないことの明記
　　上記の手続により委託された業務の執行によっては、その社外取締役は社外性を喪失しない。
　→ただし、社外取締役が業務執行取締役（指名委員会等設置会社にあっては、執行役）の指揮命令により、その委託された業務を執行したときは、社外性を失うこととなる。

参考問題
　1．取締役会を設置しない株式会社において、当該株式会社の取締役が自己のために当該株式会社の事業の部類に属する取引をしようとするときは、株主総会においてその承認を受けなければならない。（商法H18-33-オ改）
　2．取締役会設置会社であるＡ株式会社（以下「Ａ社」という。）とその代表取締役Ｘとの利益相反取引に関する次のアからオまでの記述のうち、判例の趣旨に照

らし正しいものの組合せは、後記1から5までのうちどれか。（商法H24-30）

ア　XがA社の取締役会の承認を受けることなく自己のためにA社と取引をした場合であっても、Xは、A社に対し、取締役会の承認の欠缺を理由として当該取引の無効を主張することができない。

イ　XがA社の取締役会の承認を受けることなくA社を代表して債権者Bに対する自己の債務の引受けをした場合には、A社は、取締役会の承認の欠缺についてBが悪意であるかどうかを問わず、Bに対し、当該債務の引受けの無効を主張することができる。

ウ　Xが自己のためにA社と取引をしようとする場合には、XがA社の発行済株式の全部を有するときであっても、Xは、A社の取締役会の承認を受けなければならない。

エ　XがA社に対して無利息かつ無担保で金銭の貸付けをしようとする場合には、Xは、A社の取締役会の承認を受けることを要しない。

オ　XがA社を代表して自らが代表取締役を務めるC株式会社の債務を保証しようとするときは、Xは、A社の取締役会の承認を受けることを要しない。

1 アエ　　**2** アオ　　**3** イウ　　**4** イエ　　**5** ウオ

答え　1．○

2．1　本問は、主に判例をもとに出題されているが、なんとか対応できる問題であろうと思う。

ア　○　利益相反取引の制限の制度は会社の利益を図ることが目的であり、取締役がこの規定を盾にして取引の無効を主張するのは筋違いである。（最判昭48.12.11）

イ　×　Bが悪意でなければ、A社は無効主張ができない（最判昭43.12.25）。自社の内部での手続の瑕疵（もともと、XはA社の人間であり、したがってA社側に落ち度がある）を善意の第三者に主張することは適当でなかろう。

ウ　×　本問のような代表取締役がイコール株主全員であるケースは、取締役会の承認は不要とされている（最判昭45.8.20）。会社の所有者はXだから、会社（所有者X）と代表取締役（X）の間に、実質的に利益が相反する関係がナイのである。

エ　○　無利息かつ無担保の貸付けは無償行為であり（事実上は、贈与のようなものだが、贈与だと税金がかかるから貸したカタチにしただけのハナシ）、A社にとって一方的に有利な行為である。したがって、利益相反取引とはいえない。（最判昭38.12.6）

オ　×　A社には保証人としての責任だけが生じる。C社（代表取締役X）に有利でA社（代表取締役X）に不利だから利益相反取引である。（最判昭45.4.23）

【注意点】

　競業取引および利益相反取引の制限規定は、監査役・会計参与・会計監査人に適用がありません。

　その理由は次のとおりです。

　１．競業について

　　　彼らは監査機関だ。もともと会社の業務を行っていない。だから、競業はしたくてもできない。

　２．利益相反取引について

　　　彼らは監査機関だ。もともと会社の意思決定機関ではない。だから、利益相反の問題を生じない。

　これに対し、執行役には、競業取引および利益相反取引の制限規定が、そのまま準用されます。

　執行役は、指名委員会等設置会社の業務執行機関だからです。（会社法418条2号）

　では、清算人についてはどうか。

　双方について準用ありです。（会社法482条4項）

　その理由は次のとおりです。

　１．競業について

　　　清算会社は、事業を目的としない。が、残務処理として化粧品の売却をすることもありうる。だから、競業の可能性がある。

　２．利益相反取引について

　　　清算人は清算会社の意思決定機関である。だから、利益相反の問題を生じる。

発展

　会社法356条1項は、利益相反取引につき2つのパターンを分けて規定している。

　この違いは、後に、重要な意味をもつことになる。

　１．会社法356条1項2号　取締役と会社の直接の取引

　　　「取締役が自己又は第三者のために株式会社と取引をしようとするとき。」

　　　会社　⟷　取締役

　２．会社法356条1項3号　取締役と会社の間接の取引

　　　「株式会社が取締役の債務を保証することその他取締役以外の者との間において株式会社と当該取締役との利益が相反する取引をしようとするとき。」

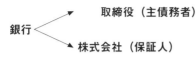

銀行 → 取締役（主債務者）
銀行 → 株式会社（保証人）

　上記の間接取引の形は、取締役が債務を弁済しない場合に、会社が保証人としての責任を問われるという点で、会社に将来の損害が生じうる。

コラム　支配人の場合

　支配人は、会社の許可を受けなければ、次に掲げる行為をしてはならない。（会社法12条）
　１．自ら営業を行うこと。
　２．自己または第三者のために会社の事業の部類に属する取引をすること。
　３．他の会社または商人の使用人となること。
　４．他の会社の取締役、執行役または業務を執行する社員となること。
　注目点は、１、３、４の各号である。
　化粧品屋の支配人が、マンジュウを売ることまでも禁じている。
　その理由は、支配人は使用人だから、化粧品会社の業務に専念する義務があるというべきで、他の業務を行うこと自体が禁止されている。
　サラリーマンが会社の就業規則で、休日のアルバイトを禁止されることがあるだろう。それと同じ理屈だ。
　他に、支配人について、注意すべき条文は以下のとおり。
　１．支配人の代理権に加えた制限は、善意の第三者に対抗することができない。（会社法11条3項）
　２．支配人は会社に代わってその事業に関する一切の裁判上または裁判外の行為をする権限を有する。（会社法11条１項）
　３．会社の本店または支店の事業の主任者であることを示す名称を付した使用人は、当該本店または支店の事業に関し、一切の裁判外の行為をする権限を有するものとみなす。ただし、相手方が悪意であったときは、この限りでない。（会社法13条　表見支配人）

参考問題
　１．商人がその営業所の使用人に営業所長の肩書を付与した場合には、当該商人は、当該使用人が当該営業所の営業の主任者であって代理権があると信じたことにつき過失がない第三者に対し、当該使用人が当該第三者との間で締結した当該営業所の営業に関する契約の無効を主張することができない。（商法H28-35-オ）

2. 商人の営業所の営業の主任者であることを示す名称を付した使用人は、相手方が悪意であった場合を除き、当該営業所の営業に関し、一切の裁判上及び裁判外の行為をする権限を有するものとみなされる。（商法R4-35-エ）

3. 支配人は、当該株式会社の許可を受けなければ、他の異業種の会社の取締役となることはできないが、代表取締役は、当該株式会社の許可を受けなくても、他の異業種の会社の取締役となることができる。（商法H18-31-エ）

4. 支配人は、当該支配人を選任した商人の許可を受けなければ、他の商人又は会社の使用人となることができない。（商法R4-35-イ）

5. 未成年者であっても、支配人又は代表取締役になることができる。（商法H18-31-ア）

6. 支配人は、商人に代わってその営業に関する裁判外の行為をする権限は有するが、裁判上の行為をする権限は有しない。（商法H28-35-イ）

7. 支配人についても、代表取締役についても、裁判上又は裁判外の行為をする権限に制限を加えたときは、その旨の登記をすれば、当該制限を善意の第三者に対抗することができる。（商法H18-31-イ）

8. 支配人の行為が支配人が代理権を有する商人の営業に関する行為に当たるかどうかは、当該支配人の行為の性質・種類等を勘案し、客観的・抽象的に観察して決すべきである。（商法H24-35-ア）

9. 物品の販売を目的とする店舗の使用人は、その店舗に在る物品の販売に関する一切の裁判上又は裁判外の行為をする権限を有する。（商法H24-35-エ）

10. 物品の販売を目的とする店舗の使用人は、相手方が悪意であった場合を除き、その店舗に関する一切の裁判上及び裁判外の行為をする権限を有するものとみなされる。（商法R4-35-オ）

答え 1. ○ その使用人（営業所長）は、表見支配人にあたる。

2. × 裁判上の権限アリとはみなされない。

3. ○ 支配人について会社法12条1項4号。

4. ○ 支配人には専念義務がある。

5. ○ 支配人は代理人であるから未成年者でもよい（民法102条本文）。また、未成年者は取締役の欠格事由ではない。

6. × いずれの権限も有する。

7. × 会社法で、共同代表、共同代理の登記ができなくなった結果、支配人についても、代表取締役についても、権限の制限の登記はできない。

8. ○ そういうことを言っている判例がある。（最判昭54.5.1）

9. × 支配人ではない、ただの「使用人（アルバイトだって使用人だ）」が裁判上の行為をする権限（訴訟代理権）を有するわけがない。なお、物品の販売をする権限（要するに、商品を売るコト）は認められる（商法26条本文）。そうじゃなきゃ、客が困るだろう。

10. × 前問の焼き直し。商法26条。

※━━※

〖注意点〗

支配人は、会社の代理人です。

したがって、民法の代理の条文が適用されます。

たとえば、代理権の消滅事由です。

> **民法111条（代理権の消滅事由）**
> １項　代理権は、次に掲げる事由によって消滅する。
> 　２　代理人（支配人）の死亡又は代理人が破産手続開始の決定若しくは後見開始の審判を受けたこと。
> 　→本人死亡の場合は、商法506条により、支配人の代理権は消滅しない。

保佐開始の審判を受けたことは、支配人の代理権の消滅事由ではないことにご注意ください。

また、取締役の退任事由ともなりません。

これに対し、支配人が後見開始の審判を受けたことにより支配人の代理権は消滅します。

また、取締役が後見開始の審判を受けたときには株式会社との委任契約が終了するため（民法653条３号）、その取締役は退任します。

⑨ 取締役の会社に対する責任（補足）

役員等の会社に対する責任については、すでに述べました(本書P84以下参照)。

ここでは、業務執行機関としての、取締役（および執行役）に特有の問題を挙げます。

会社法423条２項は、１項（役員等が任務を怠った場合の会社に対する損害賠償責任）の規定に続き、取締役・執行役についての規定を置きました。

取締役・執行役が、株主総会（取締役会設置会社では取締役会）の承認を受けずに競業をした場合には、取締役・執行役または第三者が得た利益の額を会社の損害額と推定します。

解説　この規定は、損害賠償の額の立証責任は被害者（会社側）にあるので、その立証を容易ならしめる規定である。

つまり、競業がなければ、会社にどれだけの利益が生じたかを証明しなければ、会社の損害（イコール逸失利益）を立証できない。

しかし、この立証は困難なので、端的に「取締役の利益＝会社の損害」と推定するものである。

また、この規定は、株式会社の承認を受けずにした競業がその適用範囲であることにも注意しよう。

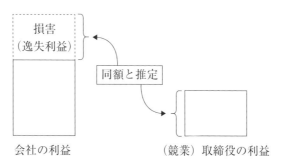

参考問題

1. 支配人が商人の許可を受けずに自己又は第三者のためにその商人の営業の部類に属する取引をしたときは、当該取引によって自己又は第三者が得た利益の額は、商人に生じた損害の額と推定される。（商法H24-35-ウ）

2. 支配人が当該支配人を選任した商人の許可を受けずに自己のためにその商人の営業の部類に属する取引をしたときは、当該取引によって支配人が得た利益の額は、その商人に生じた損害の額と推定される。（商法R4-35-ウ）

3. 支配人が商人の許可を受けないで自ら営業を行ったときは、当該営業によって自己が得た利益の額は、商人に生じた損害の額と推定される。（商法H28-35-ウ）

答え　　1．○　支配人の競業の場合についても取締役や執行役のときと同様の規定が存在する（商法23条2項）。化粧品屋の支配人が化粧品で儲けたら、その儲けが商人の損失の額（その分、売り上げが減った）と推定される。

2．○　前問の焼き直し。

3．×　ひっかけ問題。化粧品屋の支配人が、まんじゅうを売ったときにまでかかる推定が働くわけがない。

次に、会社法423条3項は、利益相反取引によって取締役・執行役が会社に損害を与えた場合には、次の取締役・執行役に任務懈怠があったものと推定します。

1. 自己または第三者のために利益相反取引をした取締役・執行役

2. 利益相反取引をすることを決めた取締役・執行役

３．その取引について取締役会の承認決議に賛成した取締役（取締役会設置会社の場合）

参考 | **会社法369条５項**
取締役会の決議に参加した取締役であって取締役会議事録に異議をとどめないものは、その決議に賛成したものと推定する。

解説 会社法423条３項は、株主総会・取締役会等の承認を得た利益相反取引にも適用があることに注意しよう。

この規定により、任務を怠ったことが推定されるので、これらの取締役等は、自ら、任務懈怠がなかったことの立証をしなければ、責任を免れることができない。

推定の結果、挙証責任の転換がされる。

ただし、上記の証明をすることができれば責任を免れることができるため、責任の性質が過失責任であることに違いはない。

発展 取締役会議事録への署名（または記名押印）の義務
取締役会議事録には、出席した取締役・監査役の署名（または記名押印）を要する。これは、上記に述べたような責任関係を明らかにするための措置でもあると言われている。

→株主総会議事録には、何人（なんぴと）の署名（または記名押印）も要しないことと比較しよう。

重要
役員等の会社に対する責任は、会社法により、原則として、過失責任となった。
しかし、ここに重大な例外がある。
会社法428条の存在である。
その要旨は以下のとおり。

１．利益相反取引のうちの直接取引を、自己のためにした（第三者のためにした場合を含まない。また、単に、取引を承認しただけの者も含んでいない）取締役・執行役の任務懈怠による責任は、任務を怠ったことが当該取締役または執行役の責めに帰することのできない事由によるものであることをもって免れることができない。つまり、無過失責任である。

２．この場合、一部責任免除は認められない（報酬の４年分で勘弁してやるという規定が使えない）。
したがって、責任免除には、株主全員の同意という手しか使いようがない。

以上、明確にされたい。

※なお、任務を怠っていないことを証明することにより、上記の取締役、執行役が責任を免れる可能性はある。当たり前の話しながら、任務を怠っていない者に任務懈怠責任は生じない。

発展　取締役の責任（その他）

　会社法には、任務を怠ったことによる取締役等の責任とは性質の異なる、特別の責任の規定がある。

　簡単に紹介しよう。

　１．株主などの権利行使に関する利益供与に関する責任

　　総会屋への利益供与の問題である。（会社法120条）

　　株式会社は、何人に対しても、株主の権利行使に関し、財産上の利益供与をしてはならない。

　　特定の株主に無償で財産上の利益を供与すれば、それは、株主の権利行使に関しなされたものと推定される（有償で利益供与をした場合に、株式会社またはその子会社が受けた対価が、当該財産上の利益に比して著しく少ないときも同様の推定がなされる）。

　　違法な利益供与がされた場合、これに関与した取締役・執行役は、会社に対し、連帯してその額を支払う義務を負う。

　２．剰余金の配当等に関する取締役の責任（会社法462条）

　　タコ配当をした責任である。

　　この場合、その分配可能額を超過する剰余金の配当に関与した取締役・執行役は、会社に対し連帯してその配当額を支払う義務を負う。

　　→正しくは、交付した金銭等の帳簿価額について支払義務を負う。会社法では、金銭以外の現物配当が可能なので、そういう規定の仕方をしている。（会社法462条１項参照）

この両者については、以下の点に注意のこと。

　１．双方が、原則として、過失責任である。

　　（挙証責任は転換される。取締役等は、その職務を行うについて注意を怠らなかったことを立証しなければ責任を免れない。）

重要　ただし例外がある。

　　株主の権利行使に関し、利益供与をした取締役（指名委員会等設置会社では執行役を含む）は、無過失責任を負う。

　　つまり、利益供与の張本人は、その職務を行うについて注意を怠らなかったことを証明しても責任を免れない。（会社法120条４項）

　２．双方ともに、責任の一部免除が不可能である。

　　（４年で勘弁してやるという規定が使えない。任務を怠ったことによる責任とは別の特別責任だからである。）

　３．前者の責任（利益供与のケース）は、総株主の同意で免除できる。（会社法120条５項）

　　が、分配可能額を超えた配当がされた場合に、分配可能額を超えて配当された部分については、総株主の同意があっても免除できない。（会社法462条３項）

　　（分配可能額を超えて配当された部分は、会社債権者のために会社に取り戻す必要がある。株主が免除できるという性質のものではない。）

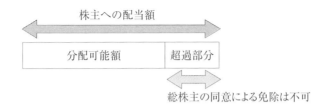

　参考 ┃ **利益供与・タコ配当の返還義務**
　　・利益供与を受けた者
　　・タコ配当を受けた者
　　　上記、双方とも、会社に対して返還義務がある。

　参考問題　１．株式会社が、剰余金の配当により、株主に対し分配可能額を超える額の金銭を交付した場合には、当該剰余金の配当に関する職務を行った業務執行取締役は、当該株式会社に対し、当該金銭の額から分配可能額を控除した額の金銭を支払う義務を負う。（商法H23-32-エ）

２．株式会社が分配可能額を超えて剰余金の配当をした場合において当該剰余金の配当に関する職務を行った業務執行者が当該株式会社に対して負う金銭支払義務は、総株主の同意があるときは、その全額を免除することができる。（商法H31-32-イ）

　答え　１．×　業務執行取締役は、交付した金銭の額の支払義務を負う。交付した金銭の額から分配可能額を引き算した額ではない。（会社法462条１項６号、461条１項８号、462条３項参照）

2．×　分配可能額を超えた部分は、総株主の同意があっても免除できない。

⧆⧆

⑩ 補償契約と保険契約

　役員等（取締役、会計参与、監査役、執行役、会計監査人）に生じる株主代表訴訟などのリスクを軽減するために、会社法は、さらに役員等に優しい規定を整備しています。

1　補償契約

　こちらは、役員等が負うべき以下の費用等の全部または一部を、株式会社が補償することを約する（要するに肩代わり）という仕組みです。
　①　その役員等が、その職務の執行に関し、法令の規定に違反したことが疑われ、又は責任の追及に係る請求を受けたことに対処するために支出する費用
　　→一例として、役員等が株主代表訴訟を食らったときの防御のための弁護士費用のこと。
　②　その役員等が、その職務の執行に関し、第三者に生じた損害を賠償する責任を負う場合における次に掲げる損失
　　⑴　その損害を役員等が賠償することにより生ずる損失
　　⑵　その損害の賠償に関する紛争について当事者間に和解が成立したときは、その役員等が当該和解に基づく金銭を支払うことにより生ずる損失
　　→こちらは、第三者への責任。損害賠償による損失そのものの補償を意味する。

　株式会社が、以上の補償契約の内容を決定するには、株主総会（取締役会設置会社にあっては、取締役会）の決議を要します。（会社法430条の２第１項）
　　→この決議を経ると、補償契約の締結に民法108条の適用がない。すなわち、自己契約や双方代理が無権代理とならない。（会社法430条の２第７項）
　　→たとえば、株式会社甲の代表取締役甲が、甲との補償契約を締結できるわけである。

　また、取締役会設置会社においては、以上の補償契約に基づく補償をした取締役と補償を受けた取締役は、その補償についての重要な事項を取締役会に報告しなければなりません。（会社法430条の２第４項）
　　→執行役に準用あり。

　以下、ポイントを述べておきましょう。
　①の役員等の職務の執行や法令違反による責任は、役員等の株式会社への責任

を意味します。したがって、その賠償責任を、株式会社が肩代わりすることはできません。

　→当然のことながら、株式会社への賠償を株式会社がすることはできない。

　株式会社が補償できるのは、役員等に生じる**費用**（代表例が、弁護士費用。大規模な株主代表訴訟では、弁護士は億単位の報酬を要求することもある）です。

　②の役員等の損失は、第三者への損害賠償責任に起因するものです。したがって、株式会社は、その損害額そのものを補償（肩代わり）することができます。

　なお、以上の規定は、少々、役員等にやや甘い感じのする規定ともいえます。

　そこで、次の場合には、以上の契約に基づく補償をすることができないこととなっています。

　1　①の費用（例えば、弁護士費用のこと）について

　　通常要する費用を超える額の補償ができない。

　2　②の損失（第三者への責任）について

　　株式会社が損害を賠償したとすれば、役員等が株式会社に対して任務懈怠責任を負う場合には、その責任に係る部分の補償ができない。

　　　→役員等の株式会社への責任を株式会社が補償できないから。

　3　②の損失（第三者への責任）について

　　役員等がその職務を行うにつき悪意又は重大な過失があった場合には、その損失の全部について補償できない。

　　　→悪意又は重大な過失による損害賠償責任の肩代わりが認められない。

2　保険契約

　こちらは、保険の話です。

　具体的には、役員等の損害賠償責任を填補するための保険です。

　もともと、こうした保険、株主代表訴訟や、第三者への賠償リスクを補うための保険が市販されています。

　こちらは、そういう保険ですから、その契約の内容に従って、役員等の株式会社への賠償責任をその対象とすることもできます。

　もちろん、この保険を、役員等が自分で契約することは自由ですし、世の中でもよく行われているところです。

　要するに、自動車の運転で交通事故を起こしたときに備えて任意保険に入るのが、運転者の自由であるのと同じことです。

ところが、ここから先の話は、この保険を、株式会社が締結し、その被保険者（保険金の受取人）を役員等とすることができるかということです。

　要するに、役員等の賠償責任（株式会社へのそれをも含む）を填補するための保険料を、株式会社が肩代わりできるかという話です。

　会社法は、この契約が可能であることを明記しました。（会社法430条の3第1項）条文の表現がややこしいので、以下、用語の説明をしてから解説をします。

① 保険契約
　　株式会社が、保険者との間で締結する保険契約のうち役員等がその職務の執行に関し責任を負うこと又はその責任の追及に係る請求を受けることによって生ずることのある損害を保険者が填補することを約するものであって、役員等を被保険者とするもの。
　　→保険者とは保険会社を、被保険者とは保険金の受取人を意味する。
② 適正保険契約
　　その保険契約を締結することにより被保険者である役員等の職務の執行の適正性が著しく損なわれるおそれがないものとして法務省令で定めるもの。
③ 役員等賠償責任保険契約
　　保険契約から、適正保険契約を除いたもの。
→なお、上記のうち会社法の用いる用語は③「役員等賠償責任保険契約」のみであり①「保険契約」と②「適正保険契約」の2つは、筆者が命名した。
→数式で表すと、
　①「保険契約」＝③「役員等賠償責任保険契約」＋②「適正保険契約」
　の関係にある。

　では、以下、解説です。

　まず、株式会社が、「役員等賠償責任保険契約」の内容を決定するには、株主総会（取締役会設置会社にあっては、取締役会）の決議によらなければなりません。（会社法430条の3第1項）
　→「適正保険契約」の内容の決定については、上記の決議を要しない。

　以上が、「保険契約」の内容の決定に関する話です。
　次に、具体的に、株式会社が保険者と「保険契約」を締結する際の話をします。

まず、「保険契約」の締結は、株式会社と役員等の利益相反取引に関する規定の適用を受けません（会社法356条1項、365条2項、423条3項の適用がない）。

次に、「保険契約」の締結には、民法108条の適用がありません。

ただし、その内容の決定について株主総会（取締役会設置会社にあっては、取締役会）の決議を経ていない「役員等賠償責任保険契約」の締結については、民法108条の適用があります。（会社法430条の3第3項）

⑪ 会社と取締役間の訴訟における会社の代表者

株式会社と取締役の間で、訴訟が提起された場合に、誰が株式会社を代表するのかという問題が生じます。

通常は、裁判上、株式会社を代表するのは代表取締役です。（会社法349条4項）

しかし、取締役同士は、普通は仲が良いでしょう。

馴れ合い訴訟の危険性が大きいです。

そこで、会社と取締役間の訴訟においては、次の者が会社を代表して訴訟を追行することができます。

1．株主総会が訴えについて会社を代表する者を定めることができる。（会社法353条）
2．取締役会設置会社では、株主総会で定められた者がいない場合には、取締役会が定めることができる。（会社法364条）
3．監査役設置会社では、会社法349条4項および上記1、2の規定にかかわらず、監査役が会社を代表する。（会社法386条1項1号）
   ただし、会社法389条1項の定款の定めのある株式会社の監査役はこの限りではない（監査役の項にて後述する）。
4．監査役を設置しない会社において、上記1、2の定めがなければ代表取締役が訴えについて会社を代表する。

＊なお、指名委員会等設置会社における会社と取締役または執行役との間の訴えについては、会社法408条1項に規定があります。
   ① 原則として監査委員会が選定する監査委員が会社を代表する。
   ② が、訴訟当事者が監査委員であれば、取締役会が定める者が指名委員会等設置会社を代表する（ただし、株主総会が定めた者がいればその者が代表する）。

→指名委員会等設置会社において監査委員は、取締役から選定される。したがって、会社と取締役(監査委員)との間の訴訟ということがありうる。この場合に、①の方式を採用することはできないということである。

＊また、監査等委員会設置会社の仕組みも指名委員会等設置会社と同じです。(会社法399条の7第1項)

　①　原則として監査等委員会が選定する監査等委員が会社を代表する。

　②　が、訴訟当事者が監査等委員であれば、取締役会が定める者が監査等委員会設置会社を代表する（ただし、株主総会が定めた者がいればその者が代表する）。

参考問題

1．取締役会を設置しない株式会社において、当該株式会社が取締役に対して訴えを提起する場合には、株主総会において当該株式会社を代表する者を定めなければならない。(商法H18-33-エ改)

2．監査役設置会社が会計監査人であった者に対し訴えを提起する場合には、その訴えについては、監査役がその監査役設置会社を代表する。(商法H30-31-オ)

....

答え　1．×　監査役設置会社では監査役が会社を代表する。また、監査役を設置しない会社においても、株主総会で会社を代表する者を定めなければならないわけではない。この場合には、代表取締役がその訴えについて会社を代表することとなる。(会社法349条4項)

2．×　代表取締役が代表する。監査役設置会社の監査役が会社を代表するのは、株式会社と取締役間の訴えにおいてだけの話しである。

---

⑫ 株主による取締役の行為の差止め請求

　株主（1株でよい）は、取締役が法令・定款違反の行為をなし、または、かかる行為をするおそれがあり、会社に**著しい損害**が生ずるおそれがあるときに、その取締役にその行為をやめるよう請求することができます（会社法360条1項）。

→なお、監査役設置会社、指名委員会等設置会社または監査等委員会設置会社(公開会社はこのうちのいずれかである）では、この規定の「著しい損害」を「回復することができない損害」と読み替えて適用する。(同条3項。**頻出**)

→公開会社にあっては、6か月前から株式を有する株主に限り、上記の差止め請求をすることができる。

　何か、取締役と株主との間に重大な対立が生じた場面の規定です。

株主からみて、取締役が許しがたい行為をしているのです。

ただし、単に、その行為をやめるよう請求しても、取締役が行為を止める保証はありません。

そこで、通常のケースでは、裁判所に対して、取締役の行為差止めの仮処分を申請します。

さらに、その取締役に代わり、取締役の職務代行者を選任する仮処分申請も可能です。（民事保全法56条）

この場合の、職務代行者の権限は以下のとおり制限されます。

すなわち、会社の常務に属しない行為をする場合には、仮処分命令に別段の定めがある場合を除き、裁判所の許可が必要です。（会社法352条1項）

これは、会社内が紛争中の状態なので、事件の決着がつくまでは、原則として、会社が常日頃行う行為のみを職務代行者に許すという趣旨です。

参考問題

1．代表取締役の職務代行者が招集した臨時株主総会の決議に基づく取締役の選任による変更の登記を申請する場合には、申請書に、職務代行者の臨時株主総会の招集権限についての裁判所の許可書又は仮処分命令に別段の定めがされていることを証する書面を添付しなければならない。（商業登記法H15-32-イ）

2．代表取締役の職務代行者の登記がなされている株式会社においてする本店移転の登記は、代表取締役の職務代行者が株式会社を代表して申請することができる。（商業登記法H1-32-2）

3．代表取締役の職務代行者は、登記の申請書に押印すべき印鑑を登記所に提出することができる。（商業登記法H10-31-オ）

答え 1．○ 「臨時」株主総会の招集は、会社の常務に属しない行為であろう。この場合、職務代行者の無許可の行為等は「無効」である（会社法352条2項）とされているため、商業登記規則61条1項を根拠に、裁判所の許可書の添付等を要する。（昭34.11.6-2448）

2．○ 登記申請行為は、会社の常務に属する（すでに変更が生じた結果を登記簿にのせているだけ）。

3．○ 登記申請ができるのだから印鑑の提出はできるに決まっている。
→印鑑の提出に関しては後述する。

コラム　会社法360条3項の意味

　会社法360条3項は、監査役設置会社・指名委員会等設置会社・監査等委員会設置会社においては、同条1項の差止めの要件を「著しい損害」ではなく「回復することができない損害」に読み替える旨を規定する。

　「回復することができない損害」は「著しい損害」を上回るひどい損害を意味する。

　したがって、監査役設置会社・指名委員会等設置会社・監査等委員会設置会社においては、株主が差止め請求をすることができる範囲が狭くなる。

　これは、監査役設置会社・指名委員会等設置会社・監査等委員会設置会社では、監査役・監査委員・監査等委員が「著しい損害」を生ずるおそれがある場合の差止め請求権をもつからである。

　つまり、監査役等のほうが、株主より権限が強いのである。

回復することが
できない損害のおそれ

取締役 ◀────── 株主（監査役設置会社、
　　　　差止め請求　　　　監査等委員会設置会社・
　　　　　　　　　　　　　指名委員会等設置会社）

著しい損害のおそれ

取締役 ◀────── 株主（上記以外の株式会社）
　　　　差止め請求

【会社法の思想】株主の監査権

　取締役の職務の監査権を有する者（監査役（会計監査限定監査役を除く）、監査等委員、監査委員）がいない場合、会社法は、株主に監査権を認める。

　これも会社法の基本思想のひとつである。

　そこで、次の区分けとなるのである。

1．監査役等がいるとき

株主の権限は一歩後退する

・著しい損害が生ずるおそれがあるにすぎないとき→監査役等が差止め請求

をする
・回復することができない損害が生ずるおそれがあるとき→株主も差止め請
　求できる
２．監査役等がいないとき
株主が、監査役等の代わりを務める
・著しい損害が生ずるおそれがあるとき→株主が差止め請求できる

参考問題　甲社（公開会社）の取締役Ａが法令に違反する行為をし、これによっ
て、著しい損害が生じるおそれが甲社に発生したときは、会社法所定の要件を満た
す株主は、Ａに対し、その行為をやめることを請求することができる。（商法H25-
31-ア改）

答え　×　公開会社は、必ず、監査役等を置く。このため、甲社に回復するこ
　とができない損害が生じるおそれが甲社に発生したときでなければ、株主はその
　行為をやめることを請求することができない。

発展　会社法385条１項は、監査役による取締役の行為の差止め請求を規定する。
　　その要件は、上記のとおり、「取締役が法令・定款違反の行為をなし、または、
　かかる行為をするおそれがあり、会社に著しい損害が生ずるおそれがあるとき」
　である。

　　ところで、会社法385条には２項がある。そこには何と書いてあるのか？
　　「裁判所が仮処分をもって取締役の行為をやめるよう命じるときは、担保を立
　てさせないものとする。」とあるのだ。
　　これは、重要な規定である。
　　仮処分というのは、緊急の場合に時間をかけずに出る処分だ。
　　つまり、取締役の行為を放置すれば、会社に甚大な損害が出るから、一刻も
　早くこれをとめる手段である。
　　よって、十分な審理を尽くせるとはいえない。
　　だから、将来、慎重審理の結果、差止めをされた取締役側の主張が正当だと
　いう結論がでる可能性がある。
　　そのため、その損害を担保するため、保証のための供託をさせる（俗にいえ
　ばカネを積むということ）のが通常なのだ。

もし、これが、株主による差止め請求であれば、通常は、担保を立てさせることになろう。
　しかし、監査役が取締役の行為を差し止める場合には、担保は不要だ。
　いうまでもなく、これは、監査役の権限強化のための規定である。
　同様の規定は、指名委員会等設置会社の監査委員・監査等委員会設置会社の監査等委員にも存在する。（会社法407条２項、399条の６第２項）

⑬　取締役の報酬

　取締役の報酬、賞与その他の職務執行としての対価として株式会社から受ける財産上の利益は、定款に定めがなければ、株主総会でこれを決めます。（会社法361条１項）
　　→監査等委員会設置会社では、監査等委員である取締役とそれ以外の取締役の報酬を区別して定めなければならない（会社法361条２項）。

　この場合、額を確定させてもよいし、算定方法のみ（利益の○％とか）を決めてもよいが、報酬を取締役会で決めることは不可能です。
　これは、取締役の報酬を株主総会の監督下に置き、取締役のいわゆるお手盛りを防ぐ趣旨です。

　以下、定款または株主総会決議により決定すべき事項を具体的に明示します。
　　①　報酬等のうち額が確定しているものについては、その額
　　②　報酬等のうち額が確定していないものについては、その具体的な算定方法
　　③　報酬等のうち金銭でないものについては、その具体的な内容

　上記に加えて、その株式会社の募集株式等（募集株式及び募集新株予約権）を報酬等とすることができます。（会社法361条１項３号４号）
　　→株式や新株予約権そのもの（現物）を報酬とするという意味。

　この場合、報酬として与える募集株式等の数の上限を、定款または株主総会決議で定めます。

　この他、その株式会社の募集株式等と引換えにする払込みに充てるための金銭を報酬等とすることもできます。

　この場合も、取締役が引き受ける募集株式等の数の上限を、定款または株主総会決議で定めます。

→なお、指名委員会等設置会社についても条文が存在する。
→すなわち、指名委員会等設置会社にあっては、報酬委員会が、上記の２つの
　ケースの募集株式等の数(上限ではなく、具体的な数そのもの)を執行役等(執
　行役、取締役、会計参与) の各人について個々別々に定めるのである。(会社
　法409条３項)

　会社法において、定款または株主総会決議により決定すべき取締役の報酬等とは、
その総額を意味します。

　つまり、会社法には、一般論としては、取締役が複数いる場合の、個人別の報
酬等をどうするかについての規定がありません（指名委員会等設置会社の報酬委
員会による決定を除く）。

　しかし、この点を明確化するため、会社法は、次の二つの類型の株式会社にお
いては、取締役会が、取締役（監査等委員である取締役を除く）の個人別の報酬
等の内容についての決定に関する方針を決定しなければならないこととしています。
（会社法361条７項本文）
　この規定は、取締役の報酬の決定過程に社外取締役を関与させることを目的と
しているため、以下の２つの類型の株式会社には、必ず、社外取締役がいるはず
であることをご確認ください。
①　監査役会設置会社（公開会社であり、かつ、大会社）であって、その発行
　　する株式について有価証券報告書を内閣総理大臣に提出しなければならない
　　もの
②　監査等委員会設置会社

　　　①の株式会社が社外取締役を置かなければならない理由は、後述する（会
　　社法327条の２）。
　　→当然のことながら、指名委員会等設置会社が除外されている。
　　→これまた、当然のことながら、取締役の個人別の報酬等の内容が定款又は
　　　株主総会の決議により定められているときは、上記の取締役会による決定
　　　を要しない（会社法361条７項ただし書）。

参考問題　株主総会の決議によって取締役の報酬額が具体的に定められた場合で
あっても、その後の株主総会において当該取締役について定められた報酬を無報酬
と変更する旨の決議がされたときは、当該取締役は、無報酬とすることに同意して

いなくても、報酬の請求権を失う。(商法R4-31-オ)

答え ✕ 会社と取締役の間に、いったん報酬額に係る契約が成立しているため、会社から一方的にこれを変更することはできない（最判平4.12.18）。契約は守られなければならないのである。

2 取締役会

取締役会は、すべての取締役で組織されます。(会社法362条1項)

取締役会は、取締役の中から代表取締役を選定しなければなりません。(会社法362条3項)

したがって、会社の組織は、必ず、3階建てになります。

なお、取締役会設置会社においても、取締役のすべてを代表取締役とすること（各自代表）は可能ですが、この場合には、取締役の全員を代表取締役に選定する手続を要します。

なお、取締役会設置会社においても、定款の規定に基づいて株主総会において代表取締役を選定することができます。

→この場合、代表取締役の就任による変更登記の申請書には、選定を証する書面として、定款と株主総会議事録および株主リストを添付する。

参考問題 会社法上の公開会社でない取締役会設置会社においては、取締役会の決議によるほか株主総会の決議によっても代表取締役を選定することができる旨の定款の定めは、有効である。(商法R5-28-イ)

答え ◯ なお、本問は、非公開会社について出題している。その理由は、非公開会社についてのみ本問の定款の定めを有効と解する最高裁判例が存在するためである。

会社法295条2項は、株主総会は、会社法および定款で定めた事項に限り決議をすることができると規定していますが、「定款で定めた事項」には制限がないため、取締役会設置会社が「当会社は株主総会の決議によって代表取締役を選定することができる」旨の規定を置くこともできます。

しかし、「取締役会は、取締役の中から代表取締役を選定しなければならない」

という会社法362条3項の趣旨から、定款規定をもってしても取締役会による代表取締役の選定権限を奪うことはできないと解されています。

> **コラム　取締役会の決定権限（会社法362条4項）**
>
> 　取締役会は、次の事項その他重要な業務執行の決定を取締役に委任することができない（つまり、取締役会において決定することを要する）。
> 　1．重要な財産の処分および譲受け
> 　2．多額の借財
> 　3．支配人その他の重要な使用人の選任および解任
> 　4．支店その他の重要な組織の設置、変更および廃止
> 　この他に、内部および子会社からなる企業集団の統制システムの構築に関する決定も取締役会の決定事項である。
> 　大会社である取締役会設置会社では、取締役会は内部および子会社からなる企業集団の統制システムの構築に関する決定をしなければならない。

【用語解説】→ 取締役会設置会社の業務執行取締役（会社法363条）
　1．代表取締役
　2．取締役会で取締役会設置会社の業務を執行する取締役として選定されたもの
　上記1および2の取締役は3か月に1回以上、自己の職務の執行の状況を取締役会に報告しなければならない（すなわち、3か月に一度は取締役会の開催が義務づけられる。もっとも、通常の取締役会設置会社は月一度の定例会を開催している）。

参考　報告案件

　通常の報告案件は、取締役が他の取締役（監査役設置会社では監査役を含む）に個別に報告事項を通知すれば取締役会への報告を省略できる（会社法372条1項）。

　しかし、上記の、業務執行取締役がする3か月に1回以上の報告は、現実に、取締役会でしなければならない（会社法372条2項）。

　そして、これが、3か月に一度は取締役会の開催が義務付けられることの理由となるのである。

参考　株主総会の場合

　株主総会においても同様の仕組みがある。

すなわち、取締役が株主の全員に対して株主総会に報告すべき事項を通知した場合、株主の全員が書面（または電磁的記録）により、その事項の株主総会への報告を要しないことについて同意の意思表示をしたときは、その事項の株主総会への報告があったものとみなされる。（会社法320条）

参考問題　　1．監査役設置会社の代表取締役は、3か月に1回以上、自己の職務の執行の状況を取締役会に報告しなければならず、当該報告については、取締役及び監査役の全員に対して取締役会に報告すべき事項を通知することによって省略することができない。（商法H29-30-ア改）
2．代表取締役は、取締役の全員に対して自己の職務の執行の状況を報告すれば、これを取締役会に報告することを要しない。（商法R4-30-オ）
3．取締役が株主の全員に対して株主総会に報告すべき事項を通知した場合において、当該事項を株主総会に報告することを要しないことにつき株主の全員が書面又は電磁的記録により同意の意思表示をしたときは、当該事項の株主総会への報告があったものとみなされる。（商法R4-30-ウ）

答　え　　1．○　　2．×　　3．○

① 取締役会の招集手続（会社法366条）

取締役会の招集は、各取締役が行います。

ただし、招集する取締役を定款または取締役会で定めた場合は、その者が招集します。

が、この場合も、他の取締役の招集権限が完全に奪われることはありません。

他の取締役が、招集権者である取締役に招集の請求をした場合、請求から5日以内に、請求から2週間以内の日を取締役会の日とする招集通知が発せられない場合には、請求をした取締役は自ら取締役会を招集することができます。

【学習の指針】「5日だ2週間だ」の意味するところ

実務では、定款で、招集権者を代表取締役と定めることが多くあります。

これは、取締役会を、代表取締役の号令一下おこなう意味合いを持たせる規定なのです。

取締役会は、会社の利益を出すための機関車役なので、号令一下に一致団結のようなカタチも認められます。

この場合でも、他の取締役の招集権がなくなるわけではないが、それには、「5

日だ２週間だ」の面倒な手続きを要します。

　なお、この**「５日だ２週間だ」のパターン**は、今後もたくさん出てきます。その都度、また「５日だ２週間だ」が出てきたと思っていればよいです。

参考問題　取締役会の招集権者を代表取締役に限定するには、定款の定めによらなければならない。（商法H31-31-ア）

答え　×　取締役会で招集権者を定めることもできる（会社法366条１項ただし書）。

---

② 取締役会の招集通知に関する注意点

　１．書面により通知せよという規定はない。
　２．通知において、会議の目的である事項を示す必要もない。

この点が、取締役会設置会社の株主総会においては、
　１．原則として書面で、
　２．会議の目的である事項を明示した、
通知を発する必要があったこととの違いです。

　取締役会は、経営者の会議ですから、参加者は当然に、常日頃から会社の経営に腐心しているはずです。
　だから、取締役会の中で、いかなる議題が提出されようとも、即座にその審議をする能力があるはずなのです。
　したがって、「何時どこで取締役会をする」という通知だけでよいのです。口頭でもかまいません。

コラム　**代理人による議決権行使**

　株主総会では、代理人による議決権行使が認められた。これは、株主の便宜のための制度である。
　が、取締役会には、代理人の議決権行使の規定が存在しない。
　取締役は、会社から経営のプロとして招聘され「アンタに頼む」ということで委任を受けている。
　だから、別人にとってかわることはできない。

取締役会の招集通知は、会日の1週間前に発することを要します。（会社法368条1項）

　（定款により短縮が可能。実務上は、3日前または5日前の規定が多い。）

　監査役設置会社においては、この通知は、監査役にも発します。

　監査役は、取締役の職務の執行を監査する権限があるため、取締役会への出席義務があります。（会社法383条1項）

　取締役の行為の当否を判断するためです。

【学習の指針】　比較学習

　「原則、1週間前」「定款で短縮できる」「口頭でよい」「目的事項の通知を要しない」

　以上、取締役会を設置しない株式会社の株主総会の招集手続と逐一同じである。

　会社法は、取締役会と、非取締役会設置会社の株主総会をいずれも**経営者会議**と位置付けるから、取り扱いが全く同じとなっているのである。

　一度、会社法368条1項と299条1項を見比べてみるとよい。こうした比較学習が、真の実力を生み出す。

コラム　監査役と取締役会

　監査役は、取締役会に出席し、必要があると認めるときは、意見を述べなければならない。（会社法383条1項）

　しかし、取締役会の議決権はない。

　ただし、取締役（監査役設置会社にあっては、取締役および監査役）の全員の同意があれば、招集手続を省略できます。（会社法368条2項）

　この点は、株主総会にも同趣旨の規定があります。（会社法300条本文）

コラム　書面による取締役会決議（会社法370条）

　次の場合に、書面（または電磁的記録）のみによる意思表示で取締役会の決議があったものとみなすことができる。

　　1．取締役が取締役会の決議の目的である事項について提案をする。

　　2．取締役全員の書面等による同意の意思表示がある。

　　3．この場合、取締役会の決議ありとみなす旨の定款規定がある。

　　4．監査役設置会社においては、監査役が異議を述べなかったこと。

《注》　株主総会にも同様の（議決権ある株主全員による）書面等による決議の規定がある。（会社法319条）

> ただし、こちらは、その旨の定款規定を要するという規定が存在しない。なぜ、取締役会の書面決議にのみ、定款規定を要するのか？
>
> これは、取締役は、会社に対し果たすべき委任契約上の義務が存在するから、実際の会議を開催する労を省いてはいけないということを原則としたのである。

発展 みなし取締役会決議と議事録

　会社法370条のみなし取締役会決議がなされたときも、株式会社は取締役会議事録を作成しなければならない。（会社法施行規則101条４項）

　なお、この場合、出席した取締役、監査役がいないから、その議事録には署名（または記名押印）を要しない。

　ただし、みなし取締役会議事録が、代表取締役の選定に係るものである場合、一定の者の押印を要することとなる。これについては、後述する。

参考問題 　1．監査役設置会社の取締役が取締役会の決議の目的である事項について提案をした場合において、当該提案につき取締役及び監査役の全員が書面により同意の意思表示をしたときは、決議の省略に係る定款の定めがないときであっても、当該提案を可決する旨の決議があったものとみなされる。（商法H31-31-オ）
2．取締役が取締役会の決議の目的である事項について提案をした場合において、当該提案につき取締役の全員が書面により同意の意思表示をしたときは当該提案を可決する旨の取締役会の決議があったものとみなす旨の定款の定めがある取締役会設置会社において、支店設置について取締役会の決議があったものとみなされる場合における当該支店設置の登記の申請書には、定款を添付しなければならない。（商業登記法H20-33-エ）
3．定款に「取締役が取締役会の決議の目的である事項について提案をした場合において、当該提案につき取締役の全員が書面により同意の意思表示をしたときは、当該提案を可決する旨の取締役会の決議があったものとみなす。」旨の定めがある取締役会設置会社において、当該定款の定めにより代表取締役を選定する取締役会の決議があったものとみなされたときは、当該代表取締役の就任による変更の登記の申請書には、当該提案についての取締役全員の同意書を添付しなければならない。（商業登記法R2-29-オ）

答え 　1．×　その旨の定款の定めがなければ、書面による取締役会決議をすることができない。
2．○　定款の規定がなければ、取締役会決議に瑕疵があることになるため、登記手続上、このケースは定款の添付を要する。（商業登記規則61条１項）

３．×　取締役会議事録を添付する。みなし取締役会決議を行った際にも議事録の作成が義務付けられている。（会社法施行規則101条４項）

《参考条文》

> **商業登記規則61条（添付書面）**
> １項　定款の定め又は裁判所の許可がなければ登記すべき事項につき無効又は取消しの原因が存することとなる申請については、申請書に、定款又は裁判所の許可書を添付しなければならない。

【商業登記の思想】積極証明

　　商業登記は、添付書面に積極証明を求める。

　　これが、商業登記法の基本思想である。

　　積極証明とは、パズルの一つ。

　　登記事項を生じさせるための**パズルの部品**である。

　　たとえば、定款に定めがなければ、みなし取締役会決議はすることができない。

　　だから、定款＋みなし取締役会議事録が登記の申請の添付書面となる。

　　これに対して、消極証明はいらない。

　　消極証明とは、定款に余計なことが書いていないことの証明である。

　　たとえば、取締役が３人いる株式会社が、４人目の就任登記を申請したとしよう。

　　仮に、その会社の定款に「当会社は、取締役を３人置く」との定めがあれば、４人目の就任は定款違反であり、その選任をした株主総会の決議には取消原因が生じる（決議内容の定款違反は、株主総会決議取消しの訴えの原因である）。

　　しかし、その余計なことが書いていないことの証明として、定款を添付せよとの規定は商業登記法に存在しない。

　　このように、積極証明を求め、消極証明を求めないことが、商業登記法の基本思想である。

　　なお、その例外の規定、商業登記法が、消極証明を求める事案が**少しだけある**のだが、それは**後の学習のお楽しみ**としよう。

③　取締役会の決議（会社法369条）

　　取締役会の決議は、

　１．議決に加わることができる取締役の過半数の出席

　２．その過半数の議決

で、行います。この２つの要件は、いずれも、定款規定をもって加重できます（軽減はできません←重要）。

参考問題　取締役会の決議の目的である事項について、決議に参加した取締役による賛否が同数となった後、当該取締役による過半数の賛成により議長一任の決議が成立したときは、議長は、決裁権を行使して、賛否が同数となった当該事項についての取締役会の決議を成立させることができる。（商法H31-31-ウ）

答え　○　議長一任について過半数の一致があるので、取締役会の決議要件を軽減したことにならない。

参考｜**似て非なる場合**

　取締役会の決議について「可否同数の場合には、議長の決するところによる」旨の定めの有効性については、その規定の趣旨に応じて、次のように解される。

1．議長が重ねて議決権を行使する場合　無効
　　例）取締役ＡＢＣＤ　議長Ａ
　　　　賛成　ＡＢ　反対　ＣＤのときに議長Ａの賛成で可決することはできない
　　　　理由　取締役会の決議要件を軽減したことになるから

2．議長が重ねて議決権を行使しない場合　有効
　　例）取締役ＡＢＣＤＥ　議長Ａ
　　　　賛成　ＢＣ　反対　ＤＥのときに議長Ａの賛成で可決することはできる
　　　　理由　取締役会の決議要件を軽減したことにならないから

コラム　**特別の利害関係を有する取締役**

　取締役会の決議においては、特別の利害関係を有する取締役は、もともと、議決権を行使できない。

　この場合には、定足数から外す。

　たとえば、ＡＢＣ3名の取締役のいる会社で、Ａと会社との利益相反取引の承認決議をする場合には、取締役はＢＣ2名しか存在しないと考える。

　よって、その過半数（2名）が定足数で、その過半数（2名）の賛成があれば可決である。

なお、株主総会では、特別の利害関係のある株主も議決権を行使できたことを思いだしていただきたい。

　この場合に、もし、著しく不当な決議がされた場合には、決議取消しの訴えの問題になった。

　株主総会は、カネのある者が偉いという資本主義の原理を原則とするが、取締役会の原理は、いかに会社に対する義務を果たすかということであるはずだ。

　だから、取締役会においては、特別の利害関係を有する取締役は議決権の行使ができない。

判例 ‖（最判昭44.3.28）

　代表取締役を解職する取締役会決議において、その解職の対象となる取締役は特別利害関係人に該当する（なお、代表取締役の選定決議においては、選定される取締役に議決権を認めるのが実務慣行である）。

参考先例 ‖（昭60.3.15-1603）

　特別の利害関係を有しない取締役1名のみによって、取締役会の決議をすることができる。

発展　商業登記の問題

以下の決議が有効に成立しているかどうかを考えよう。

取締役ABCDの4名が登記されている取締役会設置会社において。

取締役会議事録
出席取締役BC

第1号議案　代表取締役A解職の件
代表取締役Aを解職する
全員一致により承認

第2号議案　支店設置の件
支店　何県何市何町何番地
全員一致により承認

　上記のうち第1号議案が可決である。特別利害関係人であるAは議決権を行使できないから、取締役の員数は3名と考えればよい。うち過半数（2名）が出席し、過半数（全員一致）で可決となる。

　第2号議案は否決である。特別利害関係人は存在しないから、取締役の員数は4名であり（第1号議案はAの代表取締役としての地位を解職しただけであり、

依然としてＡは取締役である）、うち過半数（３名）の出席がないから決議は成立しない。

参考問題 取締役会の決議による代表取締役の解職は、当該代表取締役に対し、当該決議を告知することによって、その効力を生ずる。（商法H31-31-エ）
....

答 え × 告知を待たず、決議の成立により解職の効力が生じる（最判昭41.12.20）。

④ 取締役会議事録

取締役会議事録は、会社の本店に、10年間の保存を要します。（会社法371条１項）

株主総会議事録は、本店10年・支店５年です。（会社法318条２項・３項）

取締役会議事録を書面で作成したときには、出席した**取締役および監査役**が署名または記名押印します。（会社法369条３項）

参考問題 会計参与は、計算書類の承認をする取締役会に出席しなければならず、取締役会の議事録が書面をもって作成されているときは、出席した会計参与は、これに署名し、又は記名押印しなければならない。（商法H29-30-エ）
....

答 え × 会計参与には、署名または記名押印の義務がない。

取締役会議事録は、公開をするには危険が伴う書面です。

なぜなら、この議事録には、企業の機密が書かれている可能性が高いからです。

たとえば、どこどこに支店を開設するなどという情報は、ライバル会社には知られたくないに違いありません。

だから、監査役設置会社、指名委員会等設置会社・監査等委員会設置会社においては、原則として非公開です。（会社法371条３項・４項）

（株主や債権者が取締役会議事録の閲覧・謄写の請求をする場合には、**裁判所の許可**を要します。←重要）

しかし、取締役会設置会社にも、監査役・監査等委員会・指名委員会等が存在しない場合があります（会社法327条２項ただし書　公開会社でない会計参与設置

会社)。

　この場合には、株式会社の内部に、取締役の行為の当不当を監査する機関が存在しません（会計参与は文字どおり会計に参与するだけの機関）。

　この場合、**株主に監査権**を認めるのが、会社法の基本思想の一つです。

　そこで、監査役設置会社・指名委員会等設置会社・監査等委員会設置会社以外の会社では、株主は、その権利を行使するため必要があるときは、株式会社の営業時間内であればいつでも取締役会議事録の閲覧・謄写ができます。（会社法371条2項）

　しかし、この場合でも、会社債権者が役員または執行役の責任を追及するために取締役会議事録の閲覧・謄写の請求をするには、裁判所の許可が必要です。（会社法371条4項）

　株主総会議事録については、株主・会社債権者ともに、会社の「営業時間内はいつでも」閲覧・謄写の請求が可能であったことと比較しておきましょう。（会社法318条4項）

　株主総会においては、会社の基本方針が決定されますが、機密書類とまではいえないものであり、株式会社形態をとる以上は、ある程度の公開は、社会的に必要な行為といえます。

❖❖❖

参考問題　監査役会設置会社の債権者が当該監査役会設置会社の取締役会の議事録の閲覧又は謄写の請求をするには、裁判所の許可を得ることを要しない。（商法R5-31-ウ）

⋯⋯

答　え　×　監査役会設置会社は、当然に監査役設置会社でもあるため。

❖❖❖

コラム　特別取締役による議決の定め

取締役会設置会社は、取締役会決議のうち、

　１．重要な財産の処分および譲受け

　２．多額の借財

について、特別取締役により取締役会の決議をすることができる。（会社法373条）

　これは、取締役会の構成メンバーが多数存在する会社で、上記の２項目について機動的な対応をするために設けられた規定である。

　取締役の多い会社では、取締役会を開催するのも手間なので（札幌支社長も鹿児島支社長も呼ぶ必要があるだろう）、こうした簡易な方式が認められる。

　特別取締役は３人以上で、取締役会があらかじめ選定する。

　特別取締役による取締役会の決議をする旨を定めるための要件は以下のとおり。（会社法373条１項１号・２号）

　１．取締役の数が６人以上

　２．取締役の１人以上が社外取締役

　なお、特別取締役による取締役会には、書面による決議（会社法370条）が、認められない。

　もともと、すぐに会議を開催できるようなメンバーで構成されているはずだからである。

　なお、指名委員会等設置会社は特別取締役による議決の定めをすることができない。

　指名委員会等設置会社は、取締役会の権限（かなり広範なもの）を大幅に執行役に委任できる仕組みなので、特別取締役を選定する意味がないのである。

　また、監査等委員会設置会社でも特別取締役による議決の定めをすることができない場合がある。（会社法373条１項カッコ書）

　監査等委員会設置会社でも、取締役会の権限（かなり広範なもの）を取締役に委任できる場合があり、そのときは特別取締役による議決の定めをすることができない。

登記簿の記載例（H18.4.26民商第1110号依命通知改）

特別取締役による議決の定めに関する登記

新たに特別取締役による議決の定めを設けた場合（会社法373条）

役員に関する事項	取締役　　　　甲野太郎	
	取締役　　　　乙野次郎	
	取締役　　　　丙野五郎	
	<u>取締役　　　　戊野七郎</u>	
	取締役　　　戊野七郎 （社外取締役）	令和6年10月8日社外取締役の登記
	取締役　　　　戊野八郎	
	取締役　　　　戊野九郎	
	特別取締役　　甲野太郎	令和6年10月1日就任 令和6年10月8日登記
	特別取締役　　戊野七郎	令和6年10月1日就任 令和6年10月8日登記
	特別取締役　　戊野八郎	令和6年10月1日就任 令和6年10月8日登記
	東京都千代田区霞が関一丁目1番1号 代表取締役　　甲野太郎	
	監査役　　　　丁野六郎	
特別取締役に関する事項	特別取締役による議決の定めがある 　　　　令和6年10月1日設定　令和6年10月8日登記	

＊戊野七郎の社外取締役の登記は、特別取締役の議決の定めの設定をする
　際に社外取締役の登記を同時に行うことが必要であるため、申請により
　なされたものである。

＊取締役、代表取締役、監査役の就任等年月日の記載がないのは、彼らが
　会社設立時からの役員であることを示している。

参考問題 株式会社は、株主総会の決議により特別取締役による議決の定めを設けることができる。

答 え × 特別取締役による取締役会は、取締役会の一種である。したがって、その議決の定めは原則として、取締役会決議により設ける。（会社法373条1項）

[発展課題]

取締役会設置会社における、株主総会と取締役会の関係について、ここで補足をしておきましょう。

実は、上記の参考問題は、読みようによっては、○にもとれる出題なのです。

では、この問題を考えるために、本書においては、おなじみの会社法295条2項の規定を以下に挙げます。

> **会社法295条（株主総会の権限）**
> 2項 前項の規定にかかわらず、取締役会設置会社においては、株主総会は、この法律に規定する事項及び定款で定めた事項に限り、決議をすることができる。

この条文は、取締役会設置会社においては、株主がバカだから取締役会が強いということの根拠条文として紹介しました。

しかし、この条文中の「定款で定めた事項」には限定がありません。

したがって、原則としてあらゆる事項について、株主総会の決議事項とする定款規定を設定することができます。

この場合には、取締役会と株主総会の権限は競合し、会社法が取締役会の権限としているある事項を、どちらの機関で決議をすることもできるということになります。

以上が、一般論です。

そこで、この理を、参考問題に当てはめれば、「特別取締役を置く」ことの決定を株主総会の決議事項とする定款規定があるとすれば、この問題は○と読めます。

また、「特別取締役による議決の定めを設ける」ということを定款自体で決定することも可能です。

3 監 査 役

① 監査役の資格等

取締役との比較で覚えましょう。

会社法331条1項・2項は、そのまま準用されます（P92参照）。

未成年者でもオッケーとか、公開会社では、監査役を株主に限定する定款規定が不可という部分です。

次に、監査役は、株式会社もしくはその子会社の取締役、支配人その他の使用人、子会社の会計参与・執行役を兼ねることができません。（会社法335条2項）

《注》 同一会社内で、監査役が会計参与となることができないことは、会社法333条3項が規定している。

監査役は見張り役ですから、見張られる側の取締役や支配人や従業員を兼ねることはできません。

また、監査権限の強化のために、子会社の取締役・支配人・執行役等を兼ねることができません。

なぜなら、子会社の立場は弱いから、子会社の経営者が親会社の監査をすることができるわけがないのです。

これに対して、親会社の取締役等が、子会社の監査役を兼務することは禁じられていません。

立場の強いものは、弱いものの監査ができます。

〈監査役の資格〉

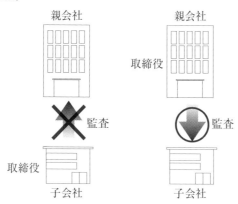

【用語解説】→ 子会社

　会社がその総株主の議決権の過半数を有する株式会社その他の当該会社がその経営を支配している法人として法務省令で定めるものをいう。(会社法２条３号)

参考問題　支配人も、代表取締役も、当該株式会社の子会社の監査役を兼ねることができない。（商法H18-31-オ）

答え　×　会社法335条２項参照。

参考｜親子会社について

　会社法施行規則３条において、親子会社の判断基準が詳細に述べられている。

　その基準は、一般に、実質基準といわれており、ある会社が、他の会社の「財務及び事業の方針を決定している場合」に、ある会社を親会社、他の会社を子会社と呼ぶことになっている。

　実質基準とした意図は、議決権の過半数の支配という枠にとらわれずに、広く親子会社の関係を認めるためである。

　以下に注意点を述べる。

１．① 　子会社が、他の会社等の財務および事業の方針を決定している場合には、その会社（孫会社）も、親会社との親子関係を生じる。

　　　　つまり、A社→（支配）→B社→（支配）→C社の関係では、B社は当然にA社の子会社である。が、C社もA社の子会社と定義されることになる。

　　　　３つの親子関係が生じる「ＡＢ」「ＢＣ」「ＡＣ」

② 　B社が、単独ではC社の親会社とはいえないケースであっても、A社とB社が親子関係にあり、ＡＢ両社が共同すればC社の財務および事業の方針を決定することができる場合には、C社は、A

社の子会社である。

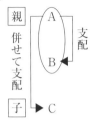

２つの親子関係が生じる「ＡＢ」「ＡＣ」

  ２．親子関係は、株式会社間においてのみ発生するわけではない。株式
   会社、他の会社(外国会社を含む)、組合(外国における組合を含む)、
   その他これらに準ずる事業体の間で、親子関係が発生する。

② 監査役の権限

 監査役は、取締役の職務の執行を監査します。(会社法381条１項)

 会計参与設置会社においては、会計参与の職務執行をも監査します（だから監査役は会計参与の欠格事由とされている）。

 監査役は、いつでも、取締役、会計参与および支配人その他の使用人に対して、事業の報告を求め、業務および財産状況の調査をすることができます。(会社法381条２項)

 監査役は、その職務を行うため必要があるときは、監査役設置会社の子会社に対して事業の報告を求め、業務および財産状況の調査をすることができます。(会社法381条３項)

発展　**業務と職務**

 会社法は、この２つの言葉の意味を分けて使っている。

 業務とは、会社の目的である事業活動への関与をいう。

 主に利益を出すための活動である。

 これに対し、職務とは、株式会社の事務を行うこと全般を意味する。

 つまり、「職務」のほうが「業務」より意味が広い。

 会社法381条が、監査役は、取締役の職務の執行を監査すると規定する意味は、たとえば業務を執行しない社外取締役の職務についても、監査役の監査の下に置かれるという意味である。

　監査役は、次に挙げる場合には、取締役（取締役会設置会社では取締役会）に報告をしなければなりません。（会社法382条）

　1．取締役が不正の行為をし、もしくはするおそれがあると認めるとき。
　2．法令または定款に違反する事実、もしくは著しく不当な事実があると認めるとき。

　さて、上記のように、監査役には取締役会への報告義務が発生する場合があります。
　では、取締役会が開催されない場合にはどうするのでしょうか？
　取締役会の招集権者は取締役です。
　取締役が招集したくないのであれば、招集できません。

　そこで、会社法383条2項は、さきの事実を取締役会に報告する必要があるときには、監査役が取締役に対して、取締役会の招集請求ができると規定しています。
　この場合、取締役が、請求から5日以内に、請求から2週間以内の日を取締役会の日とする招集通知を発しない場合、請求をした監査役は自ら取締役会を招集することができます。（会社法383条3項）
　→ここに「5日だ2週間だ」が出てきた！

> **コラム**　監査役設置会社、指名委員会等設置会社・
> 　　　　　　監査等委員会設置会社以外の場合
>
> 　この場合には、取締役の職務の執行を監査する機関が存在しない。
> 　そこで、会社法は、いざというときの監査機関を個々の株主としている。
> 　会社法367条は、監査役設置会社、監査等委員会設置会社および指名委員会等設置会社を除く取締役会設置会社の株主は、「取締役が、会社の目的の範囲外の行為その他、法令もしくは定款に違反する行為をし、またはするおそれがあるとき」には、取締役会の招集請求ができると規定している。
> 　その後の流れは、監査役による請求の場合と同様である。
> 　この請求をした株主は、開催された取締役会に出席し意見を述べることができる。
> 　→ここにも「5日だ2週間だ」が出てくる（会社法367条3項をご覧ください）。

‥‥‥‥‥‥‥‥‥‥‥‥‥‥‥‥‥‥‥‥‥‥‥‥‥‥‥‥‥‥‥‥‥‥‥‥‥‥‥

参考問題

1. 監査役設置会社の監査役は、会計参与設置会社にあっては、取締役及び会計参与の職務の執行を監査する。（商法H30-31-ア改）
2. 甲社（取締役会設置会社）の取締役Aが法令に違反する行為をした場合、監査役は、必要があると認めるときは、取締役に対して取締役会の招集を請求することなく、取締役会を招集することができる。（商法H25-31-エ改）
3. 監査役、監査等委員会及び指名委員会等を置かない株式会社の取締役が、その株式会社に著しい損害が生ずるおそれがあることを発見したときは、直ちに、これを株主に報告しなければならない。（商法H25-31-ウ改）
4. 監査役は、取締役が不正の行為をするおそれがあると認めるときは、直ちに、取締役会を招集することができる。（商法H29-30-オ）
5. 監査役設置会社においては、株主は、取締役が法令又は定款に違反する行為をするおそれがあると認めるときは、取締役会の招集を請求することができる。（商法R4-30-エ）

‥‥‥‥‥‥‥‥‥‥‥‥‥‥‥‥‥‥‥‥‥‥‥‥‥‥‥‥‥‥‥‥‥‥‥‥‥‥‥

答え　　1．○　　2．×

3．○　甲社には、取締役の職務執行の監査をする機関がない。このため、株主に監査権が認められる（会社法の基本思想）。そこで、報告先が株主となるのである（会社法357条1項）。
4．×　「5日だ2週間だ」の手続を要する。
5．×

‥‥‥‥‥‥‥‥‥‥‥‥‥‥‥‥‥‥‥‥‥‥‥‥‥‥‥‥‥‥‥‥‥‥‥‥‥‥‥

③ 監査役の報酬

監査役の報酬の額が定款で決まっていない場合は、株主総会の決議で定めます。（会社法387条1項）

監査役が2人以上の場合に、定款または株主総会の定めに、報酬総額だけが決められている場合には、個々の報酬は、監査役の協議で決めます。（会社法387条2項）

以上、いずれも、取締役および取締役会の関与が認められていないことにご注意ください。

監査役は、見張り役ですから、取締役および取締役会に対して独立の地位が必要です。

「あんまりうるさいことを言うと、報酬を減らすよ」などと、取締役に言われる

ような立場では、監査ができません。

　なお、監査等委員会設置会社の監査等委員も会社のお目付け役なので、その報酬について**監査役と同様の規定**があります。
　１．定款に別段の定めがなければ、株主総会で監査等委員以外の取締役とは区別してその報酬を定める。（会社法361条２項）
　２．上記において、個々の報酬の定めがないときはこれを監査等委員の協議で定める。（同条３項）
　以上、監査役の報酬と監査等委員である取締役の報酬の決め方は、同じものと考えてよろしいです。
　なお、指名委員会等設置会社の監査委員の報酬は、報酬委員会が個別に定めます。（会社法404条３項・２項１号カッコ書）

④ 費用等の請求

　監査役が、その職務の執行につき、会社に次の請求をした場合、会社は、その請求が監査役の職務執行に必要ではないことの証明をしなければ、これを拒むことができません。（会社法388条）

　１．費用の前払いの請求
　２．支出した費用と支出の日以後の利息の償還請求
　３．負担した債務の債権者に対する弁済の請求

　民法上の委任契約においても、受任者に費用の前払い請求等は認められています。
　が、会社法は、会社が請求を拒むには、その請求が、「監査役の職務執行に必要ではないことの証明」までをも要求することで、監査役の監査をしやすくしています。
　監査役の権限強化のための規定です。

◀**ポイント**▶
　会社法388条と同じ趣旨の条文は、会計参与においても規定されている。（会社法380条）
　しかし、会計監査人には、こうした規定が存在しない。
　したがって、会計監査人には、民法の委任契約上の費用前払い請求権（民法649条）しか認められない。
　このため、会計監査人が会社に費用の前払いの請求をするためには、その費用が必要であることの証明を会計監査人の側ですることを要する。

⑤ 定款の定めによる監査役の権限の変更

　以下は、重要な規定ですので、ご注意ください。

　会社法389条１項は、公開会社ではない株式会社であって、監査役会・会計監査人を設置しない場合には、監査役の権限を会計に関する監査に限定するという定款規定を設けることができると規定しています。

　この定めは、登記事項です。（会社法911条３項17号イ）
　「監査役の監査の範囲を会計に関するものに限定する旨の定款の定めがある株式会社であるときは、その旨」を登記しなければなりません。

　実は、本書では、今までの記載で、監査役設置会社という言葉は使用しましたがその定義にはふれていませんでした。
　ここで、その定義を見てみましょう。

会社法２条（定義）

　9　監査役設置会社　監査役を置く株式会社（その監査役の監査の範囲を会計に関するものに限定する旨の定款の定めがあるものを除く。）又はこの法律の規定により監査役を置かなければならない株式会社をいう。

　この定義から、会社法389条１項の定款規定のある監査役を置く会社を、会社法は「監査役設置会社と呼ぶつもりはない」ことがわかります。
　実は、本書での用語の使い方も、この定義によっていたのです。
　（初めからこの点を説明するとみなさんのアタマが混乱するので……）

　なお、会社法２条９号後段の「この法律の規定により監査役を置かなければならない株式会社」とは、会社法の規定により、会計監査権限に限定されない監査役を設置する義務が生じているが、まだ、「監査役を置く」旨の定款変更をしていない会社という意味です。

　たとえば、近い例で、ついさきごろ説明をした、監査役設置会社・監査等委員会設置会社および指名委員会等設置会社以外の株主は、取締役会の招集請求ができるという会社法367条の規定について説明しましょう。

　この条文は、たとえ監査役がいる会社であっても、その監査役の権限が定款により会計監査に限定される場合には、その会社は監査役設置会社ではなく、株主が取締役会の招集請求ができるという意味なのです。

　監査役がいても、会社法389条１項の定款規定があれば、その監査役は、取締役の職務執行全般の監査ができません。

　取締役の行為全般については、その当否の監査権がないのです。

　取締役の行為が定款に違反しようが法令に背反しようが、監査役は会計以外の問題には関知しません。

　だから、株主が、取締役の行為の当否を監査するということになります。

　これが、株主に取締役会の招集請求を認めた会社法367条の規定の、真の意味です。

　こういうわけで、会計監査に職務を限定された監査役は、取締役の職務執行の監査権がありません。

　そこで、大幅に、その権限を奪われます。

　会計監査以外のことはできません。

　たとえば、次のような義務または権限がありません。

１．取締役会への出席
２．取締役の行為の差止め
３．各種の会社の組織に関する訴えの提訴権
４．取締役と会社との間の訴えにおける会社の代表権限
５．会社の取締役・会計参与・支配人その他の使用人に事業の報告を求めること（会社法389条１項の定款規定のある株式会社の監査役は、会計に関する報告しか受けられない。事業の報告は権限外）
などなど。

　ところで、すでに述べましたが、監査役の監査の範囲を会計に関するものに限定する旨の定款の定めがある会社を、会社法は監査役設置会社と呼びません。

　しかし、この定款の定めがある会社も監査役設置会社として登記しなければなりません。（会社法911条３項17号カッコ書参照）

　その上で、監査役の監査の範囲を会計に関するものに限定する旨の定款の定めを登記せよというのが会社法の定めです。

　この二度手間は、どうみても立法ミスですね。

❖❖❖

参考問題
１．監査役の監査の範囲を会計に関するものに限定する旨の定款の定めがある株式

会社の監査役に対しては取締役会の招集の通知を発することを要しない。（商法H31-31-イ）

2．甲社の取締役Aが法令に違反する行為をし、これによって、著しい損害が生ずるおそれが甲社に発生した場合、監査役（その監査の範囲を会計に関するものに限定する旨の定款の定めがある）は、Aに対し、その行為をやめることを請求することができない。（商法H25-31-オ改）

3．取締役が2名以上ある取締役会設置会社でない会社は、監査役の監査の範囲を会計に関するものに限定する旨の定款の定めの登記がされている場合であっても、会社法第423条第1項に規定する取締役の損害賠償責任について、当該責任を負う取締役を除く取締役の過半数の同意により会社法所定の要件の下その責任の一部を免除することができる旨の定款の定めの設定による変更の登記の申請をすることができる。（商業登記法R4-30-ウ）

4．代表取締役が法令又は定款に違反する行為をした場合に関する次のアからオまでの記述のうち、監査役を置く取締役会設置会社で、かつ、監査役の監査の範囲を会計に関するものに限定する旨の定款の定めがある会社に当てはまるものの組合せは、後記1から5までのうちどれか。（商法H20-33）

ア　各株主は、取締役会を招集する権限を有する取締役に対し、代表取締役の解職を目的として、取締役会の招集を請求することができる。

イ　株主が会社のために代表取締役に対してその責任を追及する訴えを提起するには、当該株主は、訴え提起の6か月前から引き続き株式を有している者でなければならない。

ウ　株主が代表取締役に対し当該行為をやめることを請求するには、代表取締役の行為によって会社に著しい損害が生ずるおそれがあるだけでは足りず、会社に回復することができない損害が生ずるおそれがあるときでなければならない。

エ　代表取締役の行為により会社に著しい損害が生ずるおそれがあるときは、これを発見した取締役は、直ちに、その事実を株主に報告しなければならない。

オ　代表取締役の行為により会社に著しい損害が生ずるおそれがあるときは、監査役は、代表取締役に対し、当該行為をやめることを請求することができる。

1　アウ　　2　アエ　　3　イエ　　4　イオ　　5　ウオ

答え　1．○　出席義務のない者への通知は不要。　　2．○

3．×　設問の会社は監査役設置会社ではないため、取締役の過半数の同意により責任の一部免除をすることができる旨の定款の定めを置くことができない。（会社法426条）

4．2　設問の会社は、監査役設置会社ではないことを念頭に解答すればよい。

ア　当てはまる　監査役設置会社ではない会社の株主には、一定の場合に取締役会の招集権がある。（会社法367条1項・2項）

イ　当てはまらない　設問の会社は公開会社ではないから「6か月前から」の要

件は不要（公開会社は監査役の監査の範囲を会計に関するものに限定する旨の
定款の定めを置くことができない）。
ウ　当てはまらない　会社法360条1項。
エ　当てはまる　監査役設置会社でない会社においては、株主が監査権限をもっ
ている(指名委員会等設置会社および監査等委員会設置会社を除く)。このため、
取締役は株主に報告をすべきである。（会社法357条1項）
オ　当てはまらない　設問の監査役には、取締役の職務執行についての監査権限
がないため、差止請求をすることができない。

❖❖❖

以下において、会社法389条1項の定款の定めの有無と監査役の権限について整
理しましょう。

1．業務監査権のある監査役
　①　いつでも業務および財産の状況を調査できる。
　②　業務に関する報告を受けることができる。
2．会計監査権のみの監査役
　①　職務を行うため必要があるとき、業務および財産の状況を調査できる（職
　　務とは会計監査のこと）。
　②　会計に関する報告を受けることができる。

発展　会計監査権限のみの監査役が取締役会に出席した場合
　**監査の範囲を会計に関するものに限定された監査役は、取締役会への出席義
務はない。**
　**しかし、仮に出席をした場合に、監査役に取締役会議事録への署名等を行う
義務が生じるかということが問題になるが、この点の義務は発生すると考えら
れている。（取締役会議事録の署名または記名押印については、会社法369条3
項参照）**

⑥ 監査役の任期
　監査役の任期は、選任後4年以内に終了する事業年度のうち最終のものに関す
る定時株主総会の終結の時までです。（会社法336条1項）

　ただし、公開会社ではない株式会社では、定款をもって、選任後10年以内に終
了する事業年度のうち最終のものに関する定時株主総会の終結の時まで伸長でき
ます。（会社法336条2項）

第1項の規定は、定款によって、任期の満了前に退任した監査役の補欠として選任された監査役の任期を退任した監査役の任期の満了する時までとすることを妨げません。（会社法336条3項）

　この場合、つまり、前任者が欠け、後任の監査役を選任する場合に、定款の定めにより、後任者の任期を退任した者の任期が満了する時までとするためには、株主総会において、前任者の補欠であることを明示して選任することを要します。

　　→この明示がないときは、定款の補欠規定の適用はなく、後任の監査役の任期は、その者の選任の時から起算する。

　なお、退任した監査役が甲一人であり、その後に選任された監査役が乙と丙である場合、甲の補欠となることができるのは、乙または丙の一方に限られます。

　つまり、甲の補欠として明示できるのは、乙または丙の一方に限られ、その双方を補欠とすることはできません。

| 参考問題 |　任期の満了前に退任した監査役の補欠として選任された監査役の任期を退任した監査役の任期の満了する時までとする旨の定款の定めがない場合であっても、株主総会の決議によって、その補欠の監査役の任期を退任した監査役の任期の満了する時まで短縮することができる。（商法H29-31-ア改）

| 答え |　×　監査役の補欠規定は、必ず、定款で定めることを要する。

| 発展 |　監査役が1人の場合
　　会社法336条3項の規定は、監査役が1人のみの株式会社において、その者が欠けた場合に選任された監査役の任期についても適用がある。

　取締役の任期との比較でいえば、次の点で、監査役のほうがその任期の保障が手厚いといえます。これは、見張り役の地位を保障することにより監査権を強化するための相違です。
　1．取締役の任期は原則2年。監査役は4年。
　2．取締役の任期は2年よりも短縮できる（極端にいえば1週間でもよい）。が、監査役の4年は短縮できない（その例外は、336条3項の補欠規定のみ）。
　3．取締役には上記の補欠規定にあたるものがない。これは、取締役には補欠規定が不可能という意味ではない。もともと、どういう規定を置いて任期を短縮しても自由なのだ。

　なお、以下の定款変更により監査役の任期は満了します。（会社法336条4項）

1. 監査役を置くという定款規定の廃止
2. 指名委員会等または監査等委員会を置くという定款規定の変更（この2つの会社には監査役がいない。その代わり監査委員会・監査等委員会がある。）
3. 監査役の監査の範囲を会計に関するものに限定する旨の定款の定めの廃止（業務監査権アリの監査役を選任し直す必要が生じる。従来の監査役は、会社から会計監査の委任しか受けていない。）
4. 発行する株式の全部につき株式の譲渡制限規定を廃止する定款変更の効力発生（公開会社でない株式会社が、公開会社となった場合。）

監査役には、その**解任**について重大な特則があります。

通常、役員の解任は、株主総会の普通決議で行われるところ、監査役の解任案については、特別決議を要します。（会社法343条4項、309条2項7号）

これも、監査役の地位の安泰を図り、監査権限の強化を目的とする規定です。

〈監査役解任〉

監査役

特別決議！

株主総会

コラム **監査役の選任**

　会社法は、取締役をあまり信用していない。

　だから、取締役が、監査役の選任に関する議案を株主総会に提出するには、監査役（監査役が2人以上ある場合にあっては、その過半数。監査役会設置会社では監査役会）の同意を要するとしている。（会社法343条1項）

　取締役が、自分にとって都合のいい監査役の選任案を提出することを阻止する趣旨である。

　（監査役の解任案に監査役の同意が不要なのは当然であろう。たとえば、監査役が一人の会社で、その解任にその者の同意がいるのであれば、解任の議案を株主総会に提出することが不可能となってしまいかねない。）

※なお、会計参与の選解任の議案の提出については監査役の同意は不要とされている。

❖❖

参考問題

1．累積投票によって選任された取締役の解任及び監査役の解任を株主総会の決議によって行う場合には、いずれも特別決議によって行う。（商法H19-31-イ）

2．取締役は、監査役がある場合において、監査役の選任に関する議案を株主総会に提出するには、監査役の意見を聴かなければならないが、その同意を得る必要はない。（商法H19-31-ウ）

3．取締役は、監査役会設置会社以外の監査役設置会社において、監査役の選任に関する議案を株主総会に提出するには、監査役が二人以上ある場合にあっては、その全員の同意を得なければならない。（商法H30-31-イ）

4．監査役会設置会社である甲株式会社の取締役は、監査役の解任を株主総会の目的とする場合には、監査役会の同意を得なければならない。（商法H21-29-イ）

5．監査役会設置会社においては、取締役は、会計参与の選任に関する議案を株主総会に提出するには、監査役会の同意を得なければならない。（商法H24-31-オ）

6．監査役が設置されている株式会社に関する次のアからオまでの記述のうち、誤っているものの組合せは、後記1から5までのうちどれか。（商法H18-35）

ア　会社法上の公開会社でない株式会社は、大会社であっても、定款によって、その監査役の監査の範囲を会計に関するものに限定することができる。

イ　監査役の監査の範囲が会計に関するものに限定されている監査役の任期は、定款によって、選任後10年以内に終了する事業年度のうち最終のものに関する定時株主総会の終結の時まで伸長することができる。

ウ　監査役の監査の範囲が会計に関するものに限定されている場合における取締役会設置会社の株主は、取締役が当該会社の目的の範囲外の行為その他法令若しくは定款に違反する行為をし、又はこれらの行為をするおそれがあると認めるときは、取締役会の招集を請求することができる。

エ　株主による取締役の行為の差止請求権の行使については、監査役の監査の範囲が会計に関するものに限定されているか否かによって、その要件が異なることはない。

オ　監査役の監査の範囲が会計に関するものに限定されている場合における取締役会設置会社においては、取締役に対する任務懈怠に基づく損害賠償請求権について、取締役会決議により、その一部を免除することはできない。

1　アウ　　**2**　アエ　　**3**　イエ　　**4**　イオ　　**5**　ウオ

答　え

1．○　会社法309条２項７号。ついでに言うと、監査等委員である取締役の解任も特別決議で行う。
2．×　会社法343条１項。　　3．×　過半数の同意で足りる。（会社法343条１項）
4．×　監査役の解任議案に監査役または監査役会の同意は不要。
5．×　会計参与の選解任について監査役（または監査役会）の同意を要するという規定はない。
6．2
　　ア　×　大会社は会計監査人必置であり、したがって、監査役の監査の範囲を会計に関するものに限定する定款規定はご法度である。（会社法389条１項カッコ書）
　　イ　○　監査役の監査の範囲を会計に関するものに限定することは公開会社では不可能であるから、設問の会社は公開会社ではない。したがって、この肢は正しいと言い切れる。
　　ウ　○　監査の範囲が会計限定の監査役には取締役会への出席義務もなく、したがって取締役会の招集権限もない。そこで、株主に取締役会の招集請求がみとめられている。（会社法367条１項）
　　エ　×　監査役の監査の範囲が会計限定の株式会社の株主には、「会社に著しい損害が生じるおそれがある場合」、監査役設置会社の株主には、「会社に回復することができない損害が生じるおそれがある場合」がある場合に取締役の行為の差止めが認められる。（会社法360条１項・３項）
　　オ　○　会社法426条の取締役会による責任免除に関する定款規定は、監査役設置会社（取締役が２人以上ある場合に限る）、監査等委員会設置会社および指名委員会等設置会社のみが置くことができる。

4 監査役会

　監査役会および次節の会計参与、次々節の会計監査人については、急所だけを押さえて、細かい点にはかかわらないのが正解です。
　出題可能性は、取締役・監査役より格段に低いと考えられます。

　監査役会は３人以上の監査役で構成されます。（会社法335条３項）
　そのうち半数以上は社外監査役でなければなりません。

【用語解説】→　社外監査役
　　その就任の前10年間その株式会社またはその子会社の取締役、会計参与もし

くは執行役または支配人その他の使用人であったことがないなど、**一定の要件を満たす監査役のことをいう。（会社法２条16号　めんどうな規定がある）**

　世の中では、その会社の取締役が引退後監査役になるケースがある。

　が、それは、社外監査役とはいえない。

　会社法の改正により、親会社の取締役、監査役なども社外監査役になることができなくなったことにも注意しておこう。（同号ハ）

　たとえば、親会社の取締役や監査役が子会社の監査役となることはできるが、その者は、子会社の社外監査役ではない。

　単に、監査役が３人いるというだけではなく、監査役会を置くという定款規定を要します。（会社法326条２項　この点、取締役会・会計参与・監査役・会計監査人・指名委員会等・監査等委員会と異なりません。）

　大会社（公開会社）においては、監査役会が必置機関です（監査等委員会設置会社及び指名委員会等設置会社を除く）。

　監査役会については、取締役会と共通点が多いといえます。

　その点は、会社法391条から395条を各自でご覧いただくとして、相違点として重要な点を挙げておきましょう。

　１．監査役会の招集権は各監査役にある（ここまでは取締役会と同じ）。

　　　が、定款または監査役会で招集権者を決めることができるという規定がない。

　　　これは、監査役会では、各自の独立性が強いことを意味する。

　　　取締役会は経営者会議だから、ボスがいてその号令一下で一致団結も悪くはないが、監査は、そういうわけにはいかない。

　２．決議は監査役の過半数で行う。（会社法393条１項）

　　　取締役会は、「過半数の出席でその過半数」で議決である。

　３．監査役会議事録の、株主、会社債権者による閲覧・謄写には裁判所の許可が必要である。（会社法394条２項・３項）

　　　監査役会議事録も機密資料であるということ。また、監査役会設置会社の株主に当然には監査権が認められない。

　　　取締役会議事録は、監査役設置会社・監査等委員会設置会社・指名委員会等設置会社でない株式会社では、株主による、その権利を行使するために必要があるときの閲覧等が、「営業時間内はいつでも」可能であった。

　　　が、この規定が、監査役会設置会社に適用がないのは理の当然である。

　　　したがって、取締役会議事録についての規定と事実上の相違はない。

　　　備置期間は、本店で10年。

　　　この点も取締役会議事録と同様である。

4．監査役会議事録への署名（または記名押印）

監査役会議事録を書面で作成したときは、出席した監査役が署名（または記名押印）しなければなりません。（会社法393条2項）

（ポイント） 監査役会の基本スタンス

監査役会設置会社は、必然的に監査役設置会社である。

すなわち、各監査役は、監査役としての権限を100％有している。

だから、監査役相互に上下関係があってはいけないし、それぞれ独自の能力を持った3名以上の監査役が、それぞれ自由に監査をすることをもって監査の実が上がることになる。

各監査役が自由に動くイメージを持つと監査役会設置会社の姿が見えてくる。

発展 社外監査役と常勤の監査役

監査役会は、監査役の中から常勤の監査役を選定しなければならない。（会社法390条3項）

また、監査役会設置会社の監査役は、3人以上で、そのうち半数以上は、社外監査役でなければならない。（会社法335条3項）

常勤の監査役の資格は定められていないため、社外監査役でない者が常勤の監査役となることが可能である。

さて、会社法は、大会社であり、かつ、公開会社である監査役会設置会社であって有価証券報告書の提出義務のあるもの（上場会社を標的にしている）は、社外取締役を置かなければならない旨を定めています。

このため、監査役会を置く上場会社は、社外監査役の他に社外取締役を置くこととなりますが、このうち、登記事項となるのは、社外監査役の方だけです。

→監査役会設置会社において、社外取締役は登記事項ではない。

参考問題

1．監査役会を招集する監査役を定款又は監査役会で定めたときは、その監査役以外の監査役は、監査役会を招集することができない。（商法H30-31-エ）
2．監査役会設置会社の株主が当該監査役会設置会社の監査役会の議事録の閲覧又は謄写の請求をするには、裁判所の許可を得ることを要しない。（商法R5-31-オ）
3．取締役会と監査役会の異同に関する次のアからオまでの記述のうち、誤っているものの組合せは、後記1から5までのうちどれか。（商法H22-30）

ア　取締役会は、3か月に1回以上開催しなければならないが、監査役会は、3か月に1回以上開催することを要しない。

イ　取締役会については、定款で書面決議による決議の省略を可能とすることができるが、監査役会については、定款で書面決議による決議の省略を可能とすることはできない。

ウ　取締役会は、取締役の全員の同意があれば、招集の手続を経ることなく開催することができるが、監査役会は、監査役の全員の同意があっても、招集の手続を経ることなく開催することができない。

エ　取締役会における議決の要件は、定款で定めることにより加重することができるが、監査役会における議決の要件は、定款で定めることにより加重することができない。

オ　取締役会においては、その決議に参加した取締役であって議事録に異議をとどめないものは、その決議に賛成したものと推定されるが、監査役会においては、その決議に参加した監査役であって議事録に異議をとどめないものは、その決議に賛成したものとは推定されない。

1　アエ　　2　アオ　　3　イウ　　4　イエ　　5　ウオ

....

答え　1．× 　監査役会の招集権は各監査役が有する。（会社法391条）

2．×　許可を要する。

3．5

ア　○　取締役会については会社法363条2項が存在するから、3か月に1回以上の開催が要請される。監査役会にはこれに類する規定がない。

イ　○　そのとおり。取締役会に関して会社法370条の定めがあるが、監査役会にはそういう仕組みはない。これは、取締役の員数は多くなることがあるが、監査役の員数はそれほど多くはないことが通常であるためである。

ウ　×　いずれも、招集手続の省略の仕組みがある。（会社法368条2項、392条2項）

エ　○　そのとおり。取締役会につき会社法369条1項、監査役会につき会社法393条1項。

オ　×　いずれも、かかる推定規定がある。（会社法369条5項、393条4項）

❀❀❀

5 会計参与

　会計参与は、公認会計士、監査法人、税理士、税理士法人のいずれかであることを要します。（会社法333条1項）

　次の者は、会計参与になることができません。（会社法333条3項）

1．株式会社またはその子会社の取締役、監査役、執行役、支配人その他の使用人。
2．業務の停止処分を受け、その停止の期間を経過しない者。
3．税理士法43条により同法2条2項の税理士業務を行うことができない者。

会計参与の任期は、基本的には取締役の任期と同様です。（会社法334条、332条）
→なお、監査等委員会設置会社では、監査等委員でない取締役の任期と同様となる。
が、これに加えて「会計参与を置く」という定款規定の廃止によっても任期が満了します。

【学習の指針】条文をみよう
　会計参与の任期の定めは、取締役のそれ(監査等委員である取締役を除く)が、**全部**、準用されている。一度、条文（会社法334条1項）を確認しよう。その作業が終われば、この点の学習はきれいさっぱり終了する。

　会計参与の基本的な職務は、取締役と共同し、計算書類、附属明細書等の作成をすることです。
→指名委員会等設置会社では、執行役と共同して作成する。
（定時株主総会に提出するため、事業年度の終了の時において会社はこういう状態ですという計算書類等を作成すること。）
　こうして作成された計算書類は、監査役、会計監査人の監査の対象となります。

【用語解説】→ 計算書類
　貸借対照表、損益計算書その他法務省令で定める会社の財産および損益の状態を示すための必要かつ適当な書類。(会社法435条2項、会社計算規則59条1項)

　なお、会計参与は、計算書類、附属明細書、会計参与報告を備え置く場所を定めなければなりません。（会社法378条1項）
　備置する場所は、公認会計士、監査法人、税理士、税理士法人の事務所であることを要します（会社法施行規則103条2項）。また、その会社の本支店の所在地であってはなりません。（会社法施行規則103条3項）
　また、株主と債権者は、会計参与設置会社の営業時間内はいつでも、計算書類等の閲覧謄写請求等をすることができます。（会社法378条2項）
　このため、会計参与が、計算書類等を備え置く場所が登記事項となっています。（会社法911条3項16号）

会計参与は、取締役の職務執行に関する不正の行為等を発見したときには、**株主**にこれを報告しなければなりません。（会社法375条1項　監査役設置会社では、監査役に、監査役会設置会社では監査役会に、監査等委員会設置会社では監査等委員会に、指名委員会等設置会社では「執行役または取締役」の不正行為等を監査委員会に報告します。）

《注》　報告先は取締役会ではない。
　　　　したがって会計参与には、取締役会の招集権限がない。
　　　　取締役会設置会社で、取締役会に報告の必要がある場合には、株主または監査役、監査等委員、監査委員がこれを行うのであろう。

　会計参与は、取締役会が計算書類を承認する場合には、取締役会への出席義務があります。
　したがって、この場合の取締役会の開催に限り、会計参与に招集通知を発する必要があります。（会社法376条1項・2項）
　また、その後の株主総会で、計算書類の作成に関し、取締役と意見を異にする場合、会計参与は株主総会で意見を述べることができます。（会社法377条1項）

```
コ ラ ム   株主総会における意見陳述権

　会計参与は、株主総会において、会計参与の選任もしくは解任又は辞任について意見を述べることができる。（会社法345条1項）
　また、会計参与を辞任した者も、辞任後最初に招集される株主総会に出席して辞任した旨及びその理由を述べることができる。（会社法345条2項）
→会計参与は税理士がほとんどであろうが、税理士を変えるというのは何か特別の事情があることが多い。このため、会計参与に意見陳述権を付与したものであろう。
```

　なお、会計参与の報酬および費用等の請求については、監査役の場合とほぼ同様の規定があります。各自で簡単に確認しておきましょう。（会社法379条、380条）

参考問題
　1．株式会社の取締役は、その親会社の会計参与となることができる。（商法H24-31-イ）

２．監査役会設置会社である甲株式会社が会計参与設置会社である場合において、代表取締役の解職に関する取締役会をその招集通知を発することなく開催するときは、取締役、監査役及び会計参与の全員の同意がなければならない。(商法H21-29-ウ改)

３．会計参与は、株主総会において、会計参与の解任について意見を述べることができる。(商法R3-30-ア)

４．指名委員会等設置会社の会計参与は、執行役と共同して、計算書類及びその附属明細書、臨時計算書類並びに連結計算書類を作成する。(商法R3-30-イ)

５．監査役が二人以上ある監査役設置会社の取締役は、会計参与の報酬等に関する定款の定め又は株主総会の決議がない場合であっても、監査役の過半数の同意を得て、会計参与の報酬等を定めることができる。(商法R3-30-ウ)

６．会計参与は、法定の期間、当該会計参与が定めた場所に各事業年度に係る計算書類及びその附属明細書並びに会計参与報告を備え置かなければならない。(商法R3-30-オ)

答え 　１．× 　会社法333条３項１号。

２．× 　取締役会の議案は代表取締役の解職であるから、会計参与には当該取締役会への出席義務がない。したがって、取締役会の招集手続の省略をするための会計参与の同意は不要である。(会社法376条３項・１項)

３．○ 　会社法345条１項

４．○ 　会社法374条６項、１項

５．× 　会計参与は役員である。役員報酬は、定款又は株主総会で決する。

６．○ 　このため書類等備置場所が登記事項となる。

6 会計監査人

　会計監査人は、大会社には必置、監査等委員会設置会社および指名委員会等設置会社でも必置の機関です。(会社法327条５項、会社法328条１項・２項)

　会計監査人は、公認会計士または監査法人でなければなりません。(会社法337条１項)

　会計監査人の任期は、選任後１年以内に終了する事業年度のうち最終のものに関する定時株主総会の終結の時までです。(会社法338条１項)

　会社と監査法人の契約期間は短いということになります。

◀ポイント▶ 会計監査人の任期

　会計監査人の任期について、定款をもって伸長または短縮できるという規定

は存在しない。

ただし、会計監査人には、特徴的な規定があります。

それは、その任期が満了する定時株主総会で別段の決議がされなければ、株主総会で再任したものとみなすという規定です。(会社法338条2項)

会社法は、どういう規模の会社でも、会計監査人を置くことができるとしていますが、実際には、大企業が、これまた大手の監査法人と契約をする事例が多いでしょう。

この場合、特に何かの問題が生じたのでなければ、再任でかまわないという趣旨の規定です。

会計監査人は、株式会社の計算書類およびその附属明細書、臨時計算書類と連結計算書類を監査します。(会社法396条1項前段)

会計監査人が、監査役、監査委員(または監査等委員)全員の同意で解任されることがありえる点については、すでに述べました(P99参照)。

監査役は、会計監査人の上位にあります。

1．会計監査人が、取締役の不正行為を発見した場合の報告先は監査役。(会社法397条1項)
　　→監査役会設置会社では監査役会。指名委員会等設置会社では監査委員会。監査等委員会設置会社では監査等委員会。

2．監査役は、その職務を行うため必要があるときは、会計監査人に監査に関する報告を求めることができる。(会社法397条2項)
　　→指名委員会等設置会社では監査委員会が選定した監査委員。監査等委員会設置会社では、監査等委員会が選定した監査等委員。

3．取締役が会計監査人の報酬を決定するには、監査役の同意を要する。(会社法399条1項)
　　→監査役が複数いればその過半数の同意。監査役会設置会社では監査役会。指名委員会等設置会社では監査委員会。監査等委員会設置会社では監査等委員会。
　　→会計監査人の報酬は取締役が決するのであり、株主総会の決議事項ではないことにも注目しよう。

さらに、監査役設置会社では、株主総会に提出する会計監査人の選任および解任ならびに会計監査人を再任しないことに関する議案の内容は、監査役が(監査役が2人以上いるときはその過半数をもって)決定します。(会社法344条1項・

2項）

→会社法改正により、取締役会がその決定権限を奪われたことに注目しよう！

→なお、監査役会設置会社では監査役会、指名委員会等設置会社では監査委員会、監査等委員会設置会社では監査等委員会がそれぞれ決定する。（会社法344条3項、404条2項2号、399条の2第3項2号）

次に、会計監査人の報酬の決定への監査役の関与は同意権にとどまります。

こちらの決定（いくら支払うか）は、経営判断（損得勘定）を要するので、その権限は取締役（取締役会設置会社では取締役会）にあり、監査役はこれに対する同意権を有するにとどまります。

→監査役が2人以上いるときはその過半数の同意を要する。

→監査役会設置会社では監査役会、指名委員会等設置会社では監査委員会、監査等委員会設置会社では監査等委員会の同意を要する。

【会社法の基本思想】任期の中途終了

会計監査人の任期は、日本型の会社がアメリカ型になっても、その逆でも、非公開会社が公開会社となっても満了しない。

会計監査人の任期はもともと**1年サイクル**で短い。だから、これを**さらに細切れにすることを会社法は好まない**のである。

非公開の監査等委員会設置会社（（取）取締役、会計参与の任期が1年サイクル）、または指名委員会等設置会社（取締役、会計参与の任期が1年サイクル）が、公開会社となっても、取締役や会計参与の任期が満了しないのも同様の思想の帰結である。

以上、会社法332条7項3号カッコ書をよくよく確認してほしい。

なお、アメリカ型の会社が日本型に変身するときは、取締役や会計参与の任期が満了する（会社法332条7項2号）。

これは、1年サイクルを細切れにする例外的な場合である。アメリカ型と日本型はそれほど組織が異なるのだと思えばよい。

参考問題

1. 会計監査人の選任決議において、会計監査人の任期を、法定の任期より伸長し、又は短縮することはできない。（商法H19-31-エ）
2. 監査役会設置会社である甲株式会社の監査役会が会計監査人を職務を怠ったことを理由として解任する場合には、監査役の過半数の同意によって行わなければならない。（商法H21-29-エ改）

3．監査役会設置会社において、会計監査人が職務上の義務に違反し、又は職務を怠ったときは、監査役会によるその会計監査人の解任は、監査役の全員の同意によって行わなければならない。（商法H30-31-ウ）

4．監査役会設置会社の会計監査人に関する次のアからオまでの記述のうち、正しいものの組合せは、後記1から5までのうち、どれか。（商法R2-30）

ア　監査役会設置会社においては、株主総会に提出する会計監査人の選任及び解任並びに会計監査人を再任しないことに関する議案の内容は、監査役会が決定する。

イ　監査役会設置会社の会計監査人は、その職務を行うに当たっては、その会社の使用人を使用することができる。

ウ　監査役会設置会社においては、会計監査人は、その職務を行うに際して取締役の職務の執行に関し不正の行為又は法令若しくは定款に違反する重大な事実があることを発見したときは、遅滞なく、これを監査役会に報告しなければならない。

エ　株式会社の計算書類及びその附属明細書が法令又は定款に適合するかどうかについて、会計監査人が監査役会と意見を異にするものでない場合には、会計監査人と意見を異にする監査役の意見が監査役会の監査報告に付記されているときであっても、会計監査人は、定時株主総会に出席して意見を述べることはできない。

オ　監査役会設置会社においては、会計監査人の報酬は、監査役会が決定する。

1　アイ　　**2**　アウ　　**3**　イエ　　**4**　ウオ　　**5**　エオ

答え　1．○
2．×　監査役全員の同意が必要となる。（会社法340条4項・2項）
3．○　こちらが正しい。
4．**2**

ア　○　会社法344条3項、1項
イ　×　使用人は、株式会社の不適切行為を隠蔽する可能性があるので、その使用が認められていない（会社法396条5項2号）。このほか、取締役、監査役、会計参与、執行役、支配人の使用が、子会社のそれを含めて禁じられている。
ウ　○　会社法397条3項、1項
エ　×　「監査役会又は監査役」と意見を異にするときに、意見を述べることができる。（会社法398条3項、1項）
オ　×　取締役会が決定する。監査役会の権限は、その取締役会の決定への同意権にとどまる。（会社法399条2項、1項）

7 指名委員会等および執行役

　指名委員会等設置会社は、今までに述べた会社とは、多少、毛色が違います。
　基本的に株主が強いこと。
　監査役、代表取締役という機関の存在しない会社であること。
　取締役会は、その権限を大幅に執行役に委任することが通常であること。
　など、大筋のことは、すでにおわかりかと思います。
　この分野は、真剣に学習し始めると、かなりの分量と細かい規定があります。が、
試験対策としては、いかに要領よくまとめるかが、腕の見せ所です。

　また、同じくアメリカ型組織の監査等委員会設置会社は、指名委員会等設置会
社のミニチュア版（３つの委員会から指名委員会と報酬委員会を引き算したもの）
と考えるとわかりやすいのです。

　基本的に、監査等委員会は、３つある指名委員会等設置会社の委員会（とくに
監査委員会）と似たようなものであり、４つめの委員会として学習をすることが
手っ取り早いです。

　また、監査等委員も、監査委員と似たようなものですから、なるべく本節でま
とめて記述をすることとします。

① 委員会の構成
　1．指名委員会
　2．監査委員会
　3．報酬委員会

　指名委員会等設置会社には必ず上記３種の委員会が存在します。
　各委員会の定員は３人以上です。（会社法400条１項）
　いずれの委員会の構成員も取締役です。その選定は取締役会で行います。（会社
法400条２項）
　各委員会の委員の過半数は社外取締役でなければなりません。（会社法400条３項）

　以上、監査等委員である取締役は株主総会が選任するという点を除いて、監査
等委員会も同様です。（会社法331条６項、399条の２第１項）

◆【ポイント】　委員の選定等
　　指名委員・監査委員・報酬委員　→取締役会が取締役の中から選定
　　監査等委員である取締役　　　　→株主総会が選任

　また、監査委員は、日本型企業の監査役に該当します。したがって、指名委員会等設置会社もしくはその子会社の執行役もしくは業務執行取締役または指名委員会等設置会社の子会社の会計参与（会計参与が法人であるときは、その職務を行うべき社員）もしくは支配人その他の使用人を兼ねることができません。（会社法400条4項）

　以上、細かな違いはあっても、実質的にはまったく同じ内容の規制が監査等委員にも存在します。（会社法331条3項）
　　→細かな違いとは、監査委員にはその会社の支配人や使用人との兼任を禁じる規定がないこと（理由　指名委員会等設置会社では、もととも取締役とこれらの者の兼任が禁止である）と監査等委員である取締役にはその会社の執行役を兼ねることができないという規定がないこと（理由　監査等委員会設置会社には執行役がいない）だけである。

【用語解説】　→　社外取締役
　　その株式会社またはその子会社の業務執行取締役等（業務執行取締役、執行役、支配人その他の使用人）でなく、かつ、その就任の前10年間、その株式会社またはその子会社の業務執行取締役等でなかった者など、一定の要件を満たす取締役のことをいう。（会社法2条15号　めんどうな規定がある）
　　なお、親会社の取締役が子会社の取締役を兼任したときは、その者は、子会社の社外取締役とはなれないことに注意をしておこう。（同号ハ）

参考問題　指名委員会の委員の過半数は、執行役を兼ねることができない。（商法H23-31-ア改）

答え　○　指名委員会の委員の過半数は社外取締役でなければならない（会社法400条3項）。執行役は社外取締役ではない（会社法2条15号イ）。だから正しいといえる。この問題は、たった2つの基本条文の組合せで答えが出るのだが、予想外に正解率が低かった。こういう事態を「応用力の不足」という。

　各委員会の委員の兼職を禁じる規定は存在しません。
　また、執行役と取締役の兼職も可能です。（会社法402条６項）
　したがって、最低４名の人物で、各委員会および執行役を組織できます。
　たとえば、ＡＢＣＤ４名のうちＡＢ２名が社外取締役であるとした場合、次のような組織が考えられます。

1. 取締役	ＡＢＣ	2. 取締役	ＡＢＣＤ
指名委員会	ＡＢＣ	指名委員会	ＡＢＣ
監査委員会	ＡＢＣ	監査委員会	ＡＢＣ（Ｄは不可）
報酬委員会	ＡＢＣ	報酬委員会	ＡＢＤ
執行役	Ｄ	執行役	Ｄ

② 各機関の関係

　各委員会および執行役との関係において、取締役会は最上位にあります。
　1. 各委員会の委員の選定・解職をする。（会社法400条２項、401条１項）
　2. 執行役の選任・解任をする。（会社法402条２項、403条１項）
　3. 代表執行役の選定・解職をする。（会社法420条１項・２項）
　　→監査等委員会設置会社には、執行役はいない。また、監査等委員である取締役を選任および解任するのは株主総会であって取締役会ではない。

③ 執行役について

　指名委員会等設置会社には、最低１人の執行役が必要です。
　執行役は、会社の業務を執行し、また、代表執行役が会社を代表します。
　彼らは、基本的には、監督機関である取締役会、各委員会の監視下に置かれます。

参考　指名委員会等設置会社の取締役は、（別段の定めがある場合を除き）指名委員会等設置会社の業務を執行することができない。（会社法415条　要旨）

　執行役については、日本型の会社の取締役との比較で理解すればよいでしょう。いずれも、会社の業務執行機関です。

Ⅰ　日本型の会社の取締役と同じ点

　1. 資格（未成年者でもオッケーその他。会社法402条４項が、331条１項を準用。）
　　＊ただし、執行役に独自の退任事由あり。指名委員会等を置くという旨の定

款規定の廃止により任期満了により退任する。（会社法402条8項）
2．執行役を株主に限るという定款規定は公開会社において不可。（会社法402
　条5項）
3．忠実義務がある。（会社法419条2項）
4．競業・利益相反取引が原則禁止される。なお、これらの取引についての承
　認を求める機関は「取締役会」である。（会社法419条2項）
5．表見代表執行役の規定がある。（会社法421条）
6．株主による執行役の行為差止めの規定がある。（会社法422条1項・2項）
　　なお、指名委員会等設置会社には監査委員会がある。したがって株主の差
　止めの要件は、「会社に回復することのできない損害が生じるおそれあるとき」
　である。
　　6か月前から（公開会社のみ）株式を保有する株主により請求ができると
　いうことも、取締役の行為差止めのケースと異ならない。

Ⅱ　日本型の会社の取締役と異なる点

執行役はその任期が短いです。

取締役会による監督（ひいては株主による監督）を、強化するためと考えられ
ます。

選任後1年以内に終了する事業年度のうち最終のものに関する定時株主総会の
終結後最初に招集される**取締役会の終結の時**までです。（会社法402条7項）

ただし、定款によりその任期を短縮することができます。

④　執行役による取締役会の招集の請求

執行役には、3か月に1回以上、自己の職務の執行状況を取締役会に報告する
義務が課されています。（会社法417条4項）

→代理人（他の執行役に限る）による報告をすることができる。

そのため、執行役は、取締役会の招集請求ができます。

この場合、請求があった日から5日以内に、請求があった日から2週間以内の
日を取締役会の日とする取締役会の招集通知が発せられないときは、当該執行役
が自ら取締役会の招集をすることができます。（会社法417条2項）

→おなじみの**「5日だ2週間だ」**の仕組みである。

⑤　代表執行役

取締役会は執行役の中から、代表執行役を選定しなければなりません。（会社法
420条1項前段）

　この場合において、執行役が１名のときは、その者が、代表執行役に選定されたものとされます。（会社法420条１項後段）

◀️ポイント▶️　**執行役の選任等**
　　執行役　　　→取締役会が選任
　　代表執行役　→取締役会が選定

【用語解説】→　選任と選定
　　誰かを選ぶとき、その分母が決まっていないとき、会社法はこれを選任という。欠格事由にあたる者は別論だが、世界中の誰を取締役にしようが法律上の制限がないから、取締役は「選任」である。
　　その分母が決まっているときは、「選定」である。代表取締役は、取締役の中から選ばなければならないから、これを選定するのである。
　　例）執行役→選任、監査等委員会設置会社の監査等委員である取締役→選任、指名委員会等設置会社の委員→選定

❀❀

　参考問題
　１．指名委員会等設置会社においては、定款に役員の互選に関する特段の定めがある場合には、執行役の互選により選定された代表執行役の就任による変更登記を申請することができる。（商業登記法H16-32-エ）
　２．執行役が二人以上ある場合の代表執行役の選定は、執行役の過半数をもって行う。（商法H23-31-エ）
. . . .

　答　え　　　１．×　代表執行役は取締役会が選定する。（会社法420条１項前段）
　　　　　　２．×　会社法420条１項。

❀❀

参考┃**指名委員会等設置会社の取締役の任期規定**
　　　選任後１年以内に終了する事業年度のうち最終のものに関する定時株主総会の終結の時まで。ただし、定款または株主総会の決議で短縮できる。（会社法332条６項）

⑥ 指名委員会

　指名委員会は、株主総会に提出する取締役および会計参与（会計参与設置会社の場合）の選任と解任に関する議案の内容を決定します。（会社法404条１項）

参考問題　執行役の選任は、指名委員会の決定によって行う。（商法H23-31-イ）

- -

答え　×　執行役は、取締役会が選任する。（会社法402条2項）

⑦ 報酬委員会

　報酬委員会は、執行役等（執行役・取締役・会計参与）の個人別の報酬内容を決定します。（会社法404条3項）

　執行役がその会社の支配人その他の使用人を兼ねている場合には、（執行役としての報酬だけでなく）支配人または使用人としての報酬をも決定します。

　なお、報酬委員会の決定は最終決定です。

　株主総会に提案する議案を決めるわけではありません。

　急所は、「個人別の」という部分です。

　取締役の報酬について、従前の日本企業では、取締役全員の報酬の枠だけ（たとえば5人でいくらということ）を決め、その具体的な取り分は、代表取締役が決定する例がありました。

　そういう不透明さを排除するための委員会が、報酬委員会です。

　したがって、報酬は、全体の枠ではなく、個々の人物について別々に決めます。

参考問題

1．執行役が使用人を兼ねている場合には、執行役の個人別の報酬及び使用人としての報酬は、いずれも報酬委員会がその内容を決定する。（商法H23-31-オ）
2．指名委員会等設置会社における会計参与の個人別の報酬は、額が確定しているものでなければならない。（商法H24-31-ア）

- -

答え　1．○　会社法404条3項。
2．○　会計参与についてどうかということをちゃんと勉強していれば合格レベル。（会社法409条3項ただし書）

⑧ 監査委員会

　監査委員会の職務は次のとおりです。（会社法404条2項）

　１．執行役等（執行役・取締役・会計参与）の職務執行の監査と監査報告書の
　　作成。
　２．株主総会に提出する会計監査人の選任・解任・再任しないことに関する議
　　案の内容の決定。

　以下、日本型会社の監査役との比較でご理解ください。
１．監査委員会が選定する監査委員の調査権限
　　いつでも執行役・支配人その他の使用人に、職務の執行に関する事項の報
　告を求め、または、指名委員会等設置会社の業務および財産状況の調査がで
　きる。（会社法405条１項）
２．監査委員の報告義務
　　執行役・取締役等の不正行為の事実等を認めるときは、取締役会に報告する。
　（会社法406条）
　　なお、この報告をするための、取締役会の招集権限は、監査委員には当然
　に存在する。
　　なぜなら、監査委員は取締役だからだ。
３．監査委員による執行役・取締役の行為の差止め請求
　　その要件は、「会社に著しい損害が生じるおそれ」のある場合である。（会
　社法407条１項）
　　なお、差止めのための仮処分につき立担保は不要である。（会社法407条２項）
４．指名委員会等設置会社と執行役または取締役との間の訴えにおける会社の
　　代表は、原則として、監査委員会が選定する監査委員が会社を代表する。（会
　社法408条１項）
　　ただし、訴えの当事者の取締役というのが監査委員であれば、取締役会が
　定める者である（株主総会が定めればそちらが優先する）。

　以上、⑧の記述は、その文言から「執行役」を引き算し、「監査委員」を「監査
等委員」に、「監査委員会」を「監査等委員会」に置き換えれば、そっくりそのま
ま監査等委員会に当てはまります。（会社法399条の２第３項１号・２号、399条の
３第１項、399条の４、399条の６第１項、399条の７第１項）
　１つ勉強すれば、両方の学習完了です。お気楽ですね。

◀ポイント▶　監査委員会の基本スタンス
　**前記の１の項目に、監査委員会が選定する監査委員の調査権限とあるのにご
注目いただきたい。監査委員会は、監査役会と比較して「組織として動く」こ
とが基本スタンスとなっていることが分かる。**

だから、監査委員の全員が調査権を有するのではなく、選定された監査委員だけが調査権限を持つ。この点、監査役会設置会社の監査役は、各自が、監査役として100%の調査権限を有したことと比較しよう。

⑨ 各委員会に共通する規定
　各委員会は監査機関としての意味合いが強いため、日本型企業の監査役あるいは、監査役会に類似の制度が存在します。

1. 各委員会の委員には、会社に対し、費用の前払い請求権等があります。（会社法404条4項）
   　会社は、その費用が職務の執行に不要であることの立証をしなければその支払を拒めません。
2. 各委員会の招集は、各委員が行います。招集権者を委員のうちの誰かに決めることができるという規定は存在しません。（会社法410条　監査役会に同じ、取締役会と異なる）
3. 議事録の作成。（会社法413条）
   　10年間の備置。本店のみ（監査役会・取締役会に同じ）。
   　株主・会社債権者の閲覧には、裁判所の許可が必要です。
   　（監査委員会が存在するので、株主の監査権は当然には存在しない。この点が監査役設置会社・指名委員会等設置会社・監査等委員会設置会社以外の会社における取締役会議事録の閲覧のケースとの相違です。）
   　　→委員会議事録を書面で作成したときは、出席した委員が署名（または記名押印）しなければならない。（会社法412条3項）

　なお、各委員会の決議要件は、議決に加わることのできる委員の過半数が出席し、その過半数で可決です。（ただし、上回る割合を取締役会で定めることが可能　会社法412条1項）

　また、特別の利害関係のある委員には議決権がありません。（会社法412条2項）
この点は、日本型会社の取締役会の規範が適用になっています。
　その理由は、各委員会の委員は取締役であり、取締役には忠実義務（自分の利益より会社に忠実であれ）があるからだと考えられます。
　一例として、報酬委員会は、報酬委員である取締役の報酬も決定します。仮に、甲乙丙、3名の報酬委員がいた場合、甲の報酬の決定は、乙丙のみの議決により決すべきこととなります。
　なお、各委員会は、執行役の出席・説明を求めることができます。（会社法411

条３項）

　以上、「執行役」に関する記述を引き算し、「各委員」を「監査等委員」に「各委員会」を「監査等委員会」に置き換えれば、そのまま監査等委員会に当てはまります。（会社法399条の２第４項、399条の８、399条の11、399条の10第１項・２項）

　ここもお気楽です。

⑩ 指名委員会等設置会社の取締役および取締役会

　指名委員会等設置会社の取締役は、原則として、指名委員会等設置会社の業務の執行ができません（執行役を兼務し執行役として業務を執行する道はある）。

　指名委員会等設置会社の取締役会は、次の職務を行います。（会社法416条）

下記事項その他の業務執行の決定
（取締役会において決定しなければならない事項）
１．経営の基本方針
２．監査委員会の職務執行に必要な事項
３．執行役が２人以上ある場合の、職務の分掌、指揮命令の関係その他の事項
４．執行役からの取締役会の招集請求を受ける取締役
５．いわゆる内部および子会社からなる企業集団の統制システムの構築

　要するに、指名委員会等設置会社の取締役会は、会社の大枠を決定します。
　そして、具体的な権限は、大幅に執行役に委任します。
　会社法は、指名委員会等設置会社の取締役会は、日本型会社における取締役会の権能を「原則として執行役に委任できる」と規定します。
　そして、委任できない事項（重要事項）を、列挙するという規定の仕方をします。（会社法416条４項）

　では、委任できない事項は何か。代表的なものを以下に挙げます。（会社法416条４項）
　いずれも、会社経営の根幹にかかわるもののみです。
　（言葉を変えれば、それほど始終ある話ではない。）

１．譲渡制限株式の譲渡に関する承認
２．新株予約権の譲渡に関する承認

3．株主総会の招集の決定
4．株主総会の議案の決定（指名委員会が決定すべきものを除く）
5．取締役、執行役の競業取引、利益相反取引に関する承認
6．各委員会の委員の選定・解職
7．執行役の選任・解任、代表執行役の選定・解職
8．定款規定に基づく役員等の責任の一部免除
9．計算書類等の承認
10．定款規定により、取締役会が例外的に決議をすることのできる剰余金の配当
11．事業譲渡や合併、会社分割、株式移転、株式交換、株式交付についての契約・計画案の決定

なお、監査等委員会設置会社においても、取締役会が同様の事項を取締役に委任することができるという仕組みが存在する。（会社法399条の13第5項・6項）
これについては、次節で述べることとする。

◀ポイント▶　特別取締役による議決の定め
　　指名委員会等設置会社は、特別取締役による議決の定めを設けることができない。
　　重要な財産行為に係る委任は、執行役にすれば足りるからである。
　　取締役会の権限の一部を執行役に、他の一部を特別取締役に委任するといったややこしいことはできない。

⑪ 指名委員会等設置会社の取締役会の運営
　日本型の会社と同様に、取締役会の招集権は各取締役にあるのが原則です。
　ただし、取締役会を招集する取締役を、定款または取締役会で定めることができます。（会社法366条1項　取締役会の通則）
　この点について、指名委員会等設置会社の特則は存在しません。
　→この点において「5日だ2週間だ」の仕組みは健在である。
　しかし、たとえ上記の招集権者を決めたとしても、各委員会が選定する者は、取締役会の招集をすることができます。
　（執行役が取締役会の招集を請求する場合のように5日だとか2週間だとかややこしいことはありません。すぐに自分で招集できます。会社法417条1項）

　会社法417条3項は、委員会がその委員の中から選定する者は、**遅滞なく**、その委員会の職務の執行状況を取締役会に報告しなければならないと規定しています。

「遅滞なく」報告するためには、５日とか２週間とかの期間を待つことはできないのです。

以上の記述は、監査等委員会設置会社における取締役会と監査等委員会にも、そのまま当てはまります。（会社法399条の14、399条の４）

8 監査等委員会

監査等委員会設置会社は、ミニ版の指名委員会等設置会社です。
この会社には、指名委員会と報酬委員会がありません。
→この２つがあると取締役の指名の議案と報酬の決定権限を社外取締役に握られてしまうので、上場会社には、指名委員会等設置会社への嫌悪感が強い。
→そこで、どうしても上場会社に社外取締役を選任させたい政府が、この２つを抜いたカタチでミニ版の指名委員会等設置会社を作ったものが、監査等委員会設置会社である。

また、監査等委員会設置会社には、２種類の取締役が存在します。
監査等委員である取締役とそれ以外の取締役です。
この２つは、同じように取締役という名前がつきますが、ベツモノと考えたほうが理解が早いでしょう。

本書では、便宜、次の区分けで両者を表現します。

１．監査等委員である取締役　（監）取締役
２．それ以外の取締役　　　　（取）取締役

まず、根本的なことをお話ししますと、この両者は、株主総会でベツモノとして選任されます。
監査等委員会設置会社では、取締役の選任は、（監）取締役と（取）取締役を区別してしなければなりません。（会社法329条２項）
この点、（監）取締役というのは、取締役会の議決権を有する監査役と考えるといいでしょう。
取締役と監査役はそれぞれを区別して選任しますが、（取）取締役と（監）取締役も区別して選任します。
また、（監）取締役の解任は、監査役と同様に株主総会の特別決議によってします。（会社法309条２項７号）

監査役と相違するのは、監査等委員は取締役会の議決権を有することです。ですから、（監）取締役は、業務執行の決定機関です。この点が、監査役との決定的な相違です。

　→　（監）取締役には利益相反、競業、累積投票の仕組みがある。

　→監査役にはその仕組みがナイ。

つまり、監査等委員は、取締役会の決議事項が妥当でないと判断したときは、これに反対票を投じることができます。

```
━━ コラム ━━ 監査等とは ━━━━━━━━━━━━━━━━━━━━━━━━━━━

　監査等の「等」は、監督を意味する。つまり、監査等委員会は、監査・監
督委員会の省略形である。
　監査とは適法性審査であり、その結果は、適法か違法かのいずれかである
が、監督は、もっと広い意味であり、たとえ適法であっても妥当ではない行
為を含めて監督します。
```

では、以下、監査等委員会設置会社の仕組みをご紹介します。

なお、監査等委員会の運営などの仕組みは指名委員会等設置会社の委員会のそれと同じなので、前節の記述をご覧ください。

①　ミニ版指名委員会等設置会社という意味

監査等委員会設置会社には、指名委員会と報酬委員会が存在しません。

そこで、株主総会に諮るための取締役選任の議案も、その報酬の議案も取締役会が決します。

　→この議案は、いずれも（取）取締役と（監）取締役を区別して定めることを
　　要する。（監）取締役は、その選任や報酬においては、実質的に監査役だから
　　である。

しかし、監査等委員会には、ミニ指名委員会、ミニ報酬委員会の性質があり、(取)取締役の指名や報酬について次の発言権を有します。

　1．（取）取締役の指名について

監査等委員会の選定する監査等委員は、株主総会において（取）取締役の選任、解任、辞任について監査等委員会の意見を述べることができる。（会社法342条の

２第４項)

２．(取) 取締役の報酬について

監査等委員会の選定する監査等委員は、株主総会において (取) 取締役の報酬
等について監査等委員会の意見を述べることができる。(会社法361条６項・１項)

コラム **(監) 取締役の指名や報酬について**

監査役会設置会社における監査役のそれと同じ仕組みがある。
１．(監) 取締役の指名について
取締役が (監) 取締役の選任の議案を株主総会に提出するには、監査等委
員会の同意を要する (会社法344条の２第１項)
→取締役が監査役の選任の議案を株主総会に提出するには、監査役会の同
意を要する (会社法343条３項・１項)
２．(監) 取締役の報酬について
(監) 取締役は、株主総会で (監) 取締役の報酬等について意見を述べる
ことができる (会社法361条５項)
→監査役は、株主総会で監査役の報酬等について意見を述べることができ
る (会社法387条３項)

以上を整理すると、次のとおりとなる。

１．取締役の選任 (指名委員会の代わり)
(１)(取) 取締役の選任
監査等委員会が選定する監査等委員が、株主総会で意見を陳述できる。
→監査等委員会にも組織として動く性質がある。
(２)(監) 取締役の選任
株主総会に議案(例 (監)取締役には何某が適任だ)を提出するにつき、
監査等委員会が同意権を有する。
２．取締役の報酬 (報酬委員会の代わり)
(１)(取) 取締役の報酬
監査等委員会が**選定する**監査等委員が、株主総会で意見を陳述できる。
(２)(監) 取締役の報酬
各々の (監) 取締役が、株主総会で意見を陳述できる。
→自らの報酬については、各自が意見陳述できる。

→上記、**赤字**部分の相違に注目しよう。

꘏꘏

参考問題 　監査等委員会設置会社に関する次のアからオまでの記述のうち、誤っているものの組合せは、後記1から5までのうち、どれか。(商法R3-31)

　ア　監査等委員は、監査等委員会により選定されていなくても、法令又は定款に違反する事実があると認めるときは、遅滞なく、その旨を取締役会に報告しなければならない。

　イ　監査等委員は、監査等委員会により選定されていなくても、株主総会において、監査等委員である取締役以外の取締役の選任若しくは解任又は辞任について意見を述べることができる。

　ウ　監査等委員は、監査等委員会により選定されていなくても、いつでも、取締役及び支配人その他の使用人に対し、その職務の執行に関する事項の報告を求め、又は当該監査等委員会設置会社の業務及び財産の状況の調査をすることができる。

　エ　監査等委員は、監査等委員会により選定されていなくても、取締役が法令又は定款に違反する行為をするおそれがある場合において、当該行為によって当該監査等委員会設置会社に著しい損害が生ずるおそれがあるときは、当該取締役に対し、当該行為をやめることを請求することができる。

　オ　監査等委員である取締役は、監査等委員会により選定されていなくても、株主総会において、監査等委員である取締役の報酬等について意見を述べることができる。

1　アウ　　**2**　アエ　　**3**　イウ　　**4**　イオ　　**5**　エオ

....

答え　3　監査等委員会は、組織として動くことが原則である。この場合、監査等委員会から選定された監査等委員だけがその権限を行使する。

　しかし、組織として動くことが適切でない場合もある。この場合、各監査等委員が権限を行使できる。その区分けを問う問題。

　ア　○　不正の発見は、監視の目が多い方がよいのである。つまり、組織として動くことは適切でない。

　イ　×　これは、監査等委員でない取締役についての話。

　ウ　×　報告を求め、調査をするといった日常の活動は組織として動く。(会社法399条の3第1項)

　エ　○　これも不正発見の話。各監査等委員の権限。

　オ　○　こちらは、監査等委員である取締役の話。

꘏꘏

② 役員の任期について

　監査等委員会設置会社はミニ版の指名委員会等設置会社なので、（取）取締役の任期は、指名委員会等設置会社の取締役のそれとまったく同じです。（会社法332条３項・２項・４項）

原則　選任後１年以内に終了する事業年度のうち最終のものに関する定時株主総会の終結の時まで
例外　定款または株主総会の決議によって任期を短縮できる。
注意事項　非公開会社でも任期の伸長はできない。

　（監）取締役は実質的には監査役なので、その任期の原則となる４年を２年に読み替えると公開会社の監査役の任期とまったく同じとなります。（会社法332条４項・２項・１項・５項）

原則　選任後２年以内に終了する事業年度のうち最終のものに関する定時株主総会の終結の時まで
例外　定款で、補欠規定を置くことができる。
注意事項　補欠規定を除いて任期の短縮ができない。また、非公開会社でも任期の伸長ができない。

　この他、会計参与の任期は、（取）取締役と同じ、つまり、指名委員会等設置会社の取締役と同じです。

参考問題
1. 監査等委員会設置会社においては、定款又は株主総会の決議によって、監査等委員である取締役の任期を選任後１年以内に終了する事業年度のうち最終のものに関する定時株主総会の終結の時までとすることはできない。（商法R2-29-ア）
2. 会社法上の公開会社ではない監査等委員会設置会社においては、定款によって、取締役の任期を選任後10年以内に終了する事業年度のうち最終のものに関する定時株主総会の終結の時までとすることはできない。（商法R2-29-イ）

答え　1. ○　監査等委員である取締役の任期の短縮は、定款の定めに基づく補欠規定を除いてすることができない。
2. ○　監査等委員である取締役、監査等委員でない取締役のいずれについても任期の伸長をすることができない。

③ 取締役の資格

　（取）取締役は、業務執行取締役となることができ、また、その会社の支配人を兼ねることを禁じる規定がありません。

　代表取締役を除けば、支配人その他の使用人が（取）取締役となることができます。

　これに対して、その実質が監査役である（監）取締役は、業務を執行することができず、また、支配人その他の使用人を兼ねることができません。

　　→（監）取締役の兼任禁止の詳細については、会社法331条3項をご参照ください。

④ 取締役の人数

　（監）取締役は3人以上で、その過半数は社外取締役でなければなりません。（会社法331条6項）

　　→指名委員会等設置会社の各委員会の委員と同様。

　（取）取締役の人数についての規定はありませんが、（監）取締役はその株式会社の業務を執行することができず、したがって代表取締役にはなれないので、監査等委員会設置会社には最低でも1名の（取）取締役を要します。

> **参考問題**　監査等委員会設置会社において、監査等委員である取締役が5人いる場合には、そのうちの3人以上は社外取締役でなければならない。（商法R4-31-イ）
>
> **答え**　○　5名の過半数が社外取締役であることを要する。

⑤ 取締役会の権限

　監査等委員会設置会社の取締役会は、次の職務を行います。（会社法399条の13第1項）

　下記事項その他の業務執行の決定

　1．経営の基本方針
　2．監査等委員会の職務執行に必要な事項
　3．いわゆる内部および子会社から成る企業集団の統制システムの構築

この他、取締役会は、取締役の職務の執行を監督し、代表取締役を選定および解職します。

ここに、取締役の職務の執行を監督とあるように、監査等委員会設置会社の取締役会には監督機関の意味合いがあります。

というのは、一定の監査等委員会設置会社では、取締役会はその権限を広い範囲で取締役に委任することができ、この場合、取締役会は委任した取締役の動きを監督することが主たる職務になるのです。

監査等委員会設置会社には、執行役がいません。

このため、取締役会の権限を執行役に委任することはできませんが、次のいずれかの場合には、非常に広い範囲で、その権限を取締役に委任することができます。

→委任できる範囲は、実質的に、指名委員会等設置会社の場合と異ならない。
　一度、会社法416条4項と399条の13第5項を見比べておくとよい。

1．監査等委員会設置会社の取締役の過半数が社外取締役であるとき
2．取締役会の決議によって重要な業務執行の決定の全部または一部を取締役に委任することができる旨を定款で定めたとき

なお、上記の2の定款の定めは、登記事項です。

上記の1か2に該当し、かつ、実際に取締役へその権限の委任をしたときは、その監査等委員会設置会社は、取締役会の権限の多くを執行役に委任したときの指名委員会等設置会社と類似の姿になります。

コラム　条文の読み方

　会社法が、単に取締役というときは、その用語は（取）取締役と（監）取締役の双方を含む。したがって、取締役会がその権限を委任することができる取締役には、（取）取締役と（監）取締役の双方が含まれる。

コラム　特別取締役による議決の定め

　前記の1か2に当たるときは、監査等委員会設置会社は特別取締役による議決の定めをすることができない（会社法373条1項カッコ書）。この場合は、

取締役会は、非常に広い範囲で、その権限を取締役に委任することができるから、その仕組みを使えばよいのである。

【学習の指針】整理学習
　　以下、指名委員会等設置会社と監査等委員会設置会社の双方における、取締役会の一定の権限の委任について整理する。
　１．指名委員会等設置会社
　常に、委任できる→特別取締役による議決の定めをすることができない。
　２．監査等委員会設置会社
（１）　取締役に委任することができるのは、次の**2つの場合**のみ。
　　・定款の定めがあるとき
　　・取締役の過半数が社外取締役であるとき
　　　この場合、特別取締役による議決の定めをすることができない。
（２）　取締役に委任することができない場合
　　　　特別取締役による議決の定めをすることができる。
　　以上、委任の可否（できる、できない）が、特別取締役による議決の定めを置くことの可否（できない、できる）と連動していることを理解しよう。

発展　**監査等委員会設置会社の特典**
　　株主総会や取締役会の承認を得て利益相反取引をしたときでも、これによって株式会社に損害が生じたときは、一定の取締役および執行役がその任務を怠ったものと推定される。
　　しかし、（取）取締役が監査等委員会の承認を受けたときは、この推定が働かず、任務を怠ったことの証明がない限り、（取）取締役はその責任を免れる。（会社法423条4項）
　　これは、指名委員会等設置会社が日本ではほとんど利用されず、その立法ミスに懲りた政府が、今度は失敗したくないと、上場会社を監査等委員会設置会社へと誘導するための飴とムチのうちの飴の制度である。
　→ムチは、一定の監査役会設置会社（大会社かつ公開の上場会社）に、社外取締役を置く義務を課したことである。（会社法327条の2）
　→このため前記の監査役会設置会社は、社外取締役と社外監査役の双方を置かなければならないこととなり、これをのがれるためには、監査等委員会設置会社か指名委員会等設置会社に移行せざるを得なくなるという寸法である。

会社法327条の2（社外取締役の設置義務）
監査役会設置会社（公開会社であり、かつ、大会社であるものに限る）であって金融商品取引法第24条第1項の規定によりその発行する株式について有価証券報告書を内閣総理大臣に提出しなければならないものは、社外取締役を置かなければならない。

確認事項

　監査等委員会設置会社および指名委員会等設置会社において、取締役会が取締役または執行役にその権限を委任し、取締役または執行役の決定によって登記事項が発生したときは、登記申請の添付書類として、その「委任をした取締役会議事録」とその「決定があったことを証する書面」の双方を添付しなければならない。（商業登記法46条4項・5項）

◆◇◆

参考問題

1. 会社法上の公開会社であり、かつ、大会社である監査役会設置会社は、社外取締役を置かなければならない。（商法H28-30-オ）

2. 指名委員会等設置会社に関する次のアからオまでの記述のうち、誤っているものの組合せは、後記1から5までのうちどれか。（商法H15-34改）
　ア　指名委員会等設置会社は、監査役を置いてはならない。
　イ　指名委員会等設置会社の取締役会を組織する取締役の過半数は、社外取締役であって当該指名委員会等設置会社の執行役でないものでなければならない。
　ウ　指名委員会等設置会社の指名委員会は、株主総会に提出する取締役の選任及び解任に関する議案の内容を決定する権限を有する。
　エ　指名委員会等設置会社の取締役が受ける個人別の報酬の内容は報酬委員会が決定し、執行役が受ける個人別の報酬の内容は取締役会が決定する。
　オ　指名委員会等設置会社の取締役の任期は、選任後1年以内に終了する事業年度のうち最終のものに関する定時総会の終結の時までである。
　　1　アイ　　2　アオ　　3　イエ　　4　ウエ　　5　ウオ

3. 監査役会設置会社と指名委員会等設置会社との比較に関する次のアからオまでの記述のうち、誤っているものの組合せは、後記1から5までのうちどれか。（商法H20-34改）
　ア　監査役会設置会社の監査役は、その子会社である指名委員会等設置会社の監査委員を兼ねることができないが、指名委員会等設置会社の監査委員は、その子会社である監査役会設置会社の監査役を兼ねることができる。
　イ　監査役会設置会社においても、指名委員会等設置会社においても、監査役又は監査委員の各過半数は、それぞれ社外監査役又は社外取締役でなければならない。

ウ　監査役会設置会社においても、指名委員会等設置会社においても、各監査役又は各監査委員の報酬について定款の定め又は株主総会の決議がないときは、株主総会の決議によって定めた報酬の範囲内において、監査役の協議又は監査委員会の決議によって報酬を定めなければならない。

エ　株主総会に提出する会計監査人の選任及び解任並びに会計監査人を再任しないことに関する議案の内容の決定は、株主が株主総会の招集を請求する場合を除き、監査役会設置会社においては監査役会が、指名委員会等設置会社においては監査委員会が、それぞれ行わなければならない。

オ　監査役会設置会社の監査役は、各自、会社の業務及び財産の状況の調査をすることができるが、指名委員会等設置会社の監査委員は、監査委員会の選定する監査委員に限り、会社の業務及び財産の状況の調査をすることができる。

　1　アイ　　**2**　アオ　　**3**　イウ　　**4**　ウエ　　**5**　エオ

4．監査役会設置会社と監査等委員会設置会社との異同に関する次のアからオまでの記述のうち、正しいものは、幾つあるか。(商法H28-31)

ア　監査役会設置会社及び監査等委員会設置会社の取締役会は、いずれも、取締役の過半数が社外取締役である場合には、その決議によって、重要な業務執行の決定の全部又は一部を取締役に委任することができる。

イ　監査役会は、監査役の中から常勤の監査役を選定しなければならない。監査等委員会も、監査等委員の中から常勤の監査等委員を選定しなければならない。

ウ　監査役会設置会社の監査役は、株主総会において、取締役の選任について監査役会の意見を述べることができる。監査等委員会設置会社の監査等委員会が選定する監査等委員は、株主総会において、監査等委員である取締役以外の取締役の選任について監査等委員会の意見を述べることができる。

エ　監査役会設置会社の監査役及び監査等委員会設置会社の監査等委員は、いずれも、取締役が定款に違反する行為をするおそれがある場合において、当該行為によって会社に著しい損害が生ずるおそれがあるときは、当該取締役に対し、当該行為をやめることを請求することができる。

オ　監査役の任期及び監査等委員である取締役の任期は、いずれも、選任後4年以内に終了する事業年度のうち最終のものに関する定時株主総会の終結の時までである。

　1　1個　　**2**　2個　　**3**　3個　　**4**　4個　　**5**　5個

．．．

答え

1．×　その発行する株式について内閣総理大臣に有価証券報告書の提出を要しない場合（上場会社でないとき）は、社外取締役を置くことを要しない。（会社法327条の2）

2．3
　ア　○　会社法327条4項。

　イ　×　取締役会にはこういう規制はない。過半数が社外取締役であることを要
　　する のは各委員会。
　ウ　○　会社法404条1項。
　エ　×　双方ともに報酬委員会に決定権がある。(会社法404条3項)
　オ　○

3．3

　ア　○　監査役は、子会社の取締役(監査委員は取締役から選定される)を兼ね
　　ることができない。
　　　監査委員は取締役であり、子会社の監査役を兼ねることができる。
　イ　×　監査役会の社外監査役は半数以上でかまわない。(会社法335条3項)
　ウ　×　監査委員は取締役である。指名委員会等設置会社では、取締役の個人別
　　の報酬を報酬委員会が決定する。
　エ　○　そのとおり。(会社法344条3項、404条2項2号)
　オ　○　会社法381条2項、405条1項。

4．1

　ア　×　監査役会設置会社にかかる仕組みは存在しない。
　イ　×　後半が誤り。監査等委員会設置会社にかかる仕組みは存在しない。
　ウ　×　前半が誤り。監査役会にかかる権限はない。
　エ　○　双方が、取締役の行為の差止請求権を有する。(会社法385条1項、399
　　条の6第1項)
　オ　×　監査等委員である取締役の任期は、2年サイクルである。(会社法332条
　　1項)

商業登記法　VER 1

1 商業登記の仕組み

商業登記法についての基礎事項をここでまとめる。

本書において、商業登記に関する記述は数度登場するが、その第1回である。

司法書士試験では、商業登記の仕組み、申請の仕方を学ぶ。

簡単にいえば、登記簿上の登記事項が、どのように登記簿に記載されるのかがわかればよい。

登記官に却下されない申請書が書ければよいともいえる。

→却下事由は商業登記法24条参照。当然のコトながら却下は「理由を付した決定」で行われる。ただし、不備を補正できる場合に、登記官が定めた相当の期間内に、申請人がこれを補正した場合は、却下はされない。この点、不動産登記法と同じコトである。

参考 **却下決定書**
別記第三十号様式

```
日記第　　　号
                        決　　　定

                    住　所
                        申請人
                    住　所
                        申請人

   令和何年何月何日受附第何号何登記申請事件は、……………
……のので、商業登記法第24条第何号の規定により却下する。
   なお、この却下処分に不服があるときは、何時でも、何法務
局長(又は何地方法務局長)に対し審査請求をすることができる。

   令和　　年　　月　　日
                    法務局　　　　出張所
                    登記官　　　　　　　職印
```

　まず、基本として、登記は法令に基づいて行われる。

　また、登記事項も法定されている。

　つまり、登記をする手続も、登記される内容も、いずれも法令で決まっているのである。

　このあたりを、順を追って説明しよう。いわば、基本中の基本である。

　まず、登記は申請または嘱託でなされる。（当事者申請主義）

> **商業登記法14条（当事者申請主義）**
> 登記は、法令に別段の定めがある場合を除くほか、当事者の申請又は官庁の嘱託がなければ、することができない。

　上記の、「法令に別段の定め」とあるのが、登記官の職権による登記を意味する。

　すなわち、職権による登記は例外であり、これをすることができるという規定がある場合に限り、することができる。

　→受験者としては、以上の仕組みを知ってその例外規定（職権による登記ができるケースのこと）のみを覚えておけばよい。

　会社の登記の申請は、その本店の所在地を管轄する登記所において行う。

　支店の所在地の管轄登記所において登記をすることはありえない。

　では、登記を申請してみよう。

　登記申請の目的は、「ある登記事項を登記簿に記載させる」ことである。

　記載するのは登記官であり、申請により、これを促すわけである。

　さて、以下の登記を登記簿に記載したい。

登記簿の記載例（H18.4.26民商第1110号依命通知改）
商号を変更した場合

商　　号	第一電器株式会社	
	第一電気機器株式会社	令和6年10月1日変更
		令和6年10月8日登記

　上記の登記簿は、令和6年10月1日に第一電器株式会社という会社の商号が、第一電気機器株式会社に変更されたことを意味している。

令和6年10月8日登記とは、登記をした日である。

では、このときに、司法書士はどういう申請をしたのだろうか。

商業登記法17条（登記申請の方式）
1項　登記の申請は、書面でしなければならない。

上記の条文から、司法書士は申請書を書いたことがわかる。

（なお、オンラインで申請することも可能である。この場合、申請書情報をデータとして送信する。）

では、その申請書には何を書くべきか。これも、法定されている。

商業登記法17条（登記申請の方式）
2項　申請書には、次の事項を記載し、申請人又はその代表者（当該代表者が法人である場合にあつては、その職務を行うべき者）若しくは代理人が記名押印しなければならない。
1　申請人の氏名及び住所、申請人が会社であるときは、その商号及び本店並びに代表者の氏名又は名称及び住所（当該代表者が法人である場合にあつては、その職務を行うべき者の氏名及び住所を含む。）
2　代理人によつて申請するときは、その氏名及び住所
3　登記の事由
4　登記すべき事項
5　登記すべき事項につき官庁の許可を要するときは、許可書の到達した年月日
6　登録免許税の額及びこれにつき課税標準の金額があるときは、その金額
7　年月日
8　登記所の表示

以上のことを書けばよい。

1のカッコ書の「当該代表者が法人である場合にあつては、その職務を行うべき者の氏名又は名称及び住所を含む。」とは、持分会社で代表者社員が法人の場合であるから、株式会社の商号変更登記とは関係がない。

また、5「官庁の許可」も本件とは無関係。

6の「課税標準の金額」は、設立段階や資本金が増加する場合に資本金の額または増加額が課税標準となるというハナシであり、これまた本件とは無関係である。

参考問題　登記すべき事項につき官庁の許可を要するときは、申請書に許可書の到達した年月日を記載しなければならない。（商業登記法S58-33-3）

答 え　○　許可書到達時に許可の効力が発生するためである。なお、会社法910
条参照。

❖·❖

さて、ここで、株式会社の商号が登記すべき事項であることを確認しておこう。
会社法911条3項2号にその旨の記載がある。
　→仮に、登記事項とされていないことを登記申請すれば商業登記法24条2号に
　　より却下となる。

次に、上記の申請書に添付する書面を準備する必要がある。
　実は、申請書には、上記のほか、実務上、添付書面の表示をすることになって
いる（根拠は先例にある）。
　この添付書面をどうするかという点も重要な問題である。
　ある登記をする場合の添付書面は、商業登記法や商業登記規則に規定がある。
　この場合の考え方は、基本的に、会社のある行為の効力の発生を裏付ける書面
を添付するというものである。
　＊この考え方に該当しない添付書面も存在するが、それは後のハナシ。

では、会社の商号を変更するにはどうすればよいか。
ここから先は会社法の知識を要することになる。
次の順で考えればよい。
　1．商号は定款の記載事項である。（会社法27条2号）
　2．定款変更には株主総会決議を要する。（会社法466条）
　3．決議要件は特別決議。（会社法309条2項11号）

以上から、株主総会で商号の変更を特別決議により承認決議をすれば、商号の
変更の効力が生じることになる。
以下は、その議事録の一部抜粋である。

　議長は、下記議案を議場に諮ったところ、出席した株主の議決権の3分の2
以上の賛成をもって可決確定した。

議案　定款変更の件

定款第1条を以下のとおり変更する。

第1条（商号）
当会社は、商号を第一電気機器株式会社と称する。

＊会社法309条2項決議の要件として、定款に別段の定めがなければ、議決権を行
　使することができる株主の議決権の過半数を有する株主の出席を要する。
＊決議日は、令和6年10月1日でよい。商号変更の効力は、通常、定款変更決議を
　した日に生じる。ただし、株主総会等の決議の効力を、期限や条件に係らしめる
　ことは一般原則どおり可能であるとされている。そこで、たとえば、令和6年9
　月1日に定款変更決議を行い、その効力発生日を10月1日としてもよい。

では、この株主総会議事録が添付書面となることの根拠条文を挙げよう。

商業登記法46条（添付書面の通則）
2項　登記すべき事項につき株主総会若しくは種類株主総会、取締役会又は清
　　算人会の決議を要するときは、申請書にその議事録を添付しなければなら
　　ない。

商号は「登記すべき事項」だから、これに係る株主総会議事録は登記の添付書
面になるのである。

ちなみに、司法書士が代理申請をする場合、以下の書面の添付も必要である。

商業登記法18条（申請書の添付書面）
代理人によつて登記を申請するには、申請書（前条第4項に規定する電磁的記
録を含む。以下同じ。）にその権限を証する書面を添付しなければならない。

以上で、手続の概要がわかっただろう。
ここまでに述べた考え方が、商業登記の申請を行う場合の基本である。
登記事項も手続もすべて法令で定まっている。
べつにムズカシイ話ではない。
では、申請書を書いてみよう。
会社の本店の所在場所を「東京都中区中一丁目1番」とし、代表取締役を「住所
東京都北区北一丁目1番、氏名　山本太郎」、代理人（司法書士）を「横浜市南区
南一丁目1番、氏名　法務三郎」とする。

株式会社（商号の変更）

株式会社変更登記申請書

1. 会社法人等番号　　　0000-00-000000

　　　　　フリガナ　　　　　　　　　　ダイイチデンキ
1. 商　　　　号　　　　第一電器株式会社
　　※旧商号を記載してください。──①

　　　　　フリガナ　　　　　　　　　　ダイイチデンキキキ
　（新　商　号　　　　第一電器機器株式会社）
1. 本　　　　店　　　　東京都中区中一丁目1番
1. 登 記 の 事 由　　　　商号の変更
1. 登記すべき事項　　　　令和6年10月1日商号変更
　　　　　　　　　　　　商号　　第一電気機器株式会社

　　※変更年月日は, 定款変更決議の日を記載してください。
　　　商号は, 新商号を記載してください。　　　──②

1. 登 録 免 許 税　　　　金30000円
　　※1件につき3万円です。収入印紙又は領収証書で納付します（→収入印
　　　紙貼付台紙へ貼付）。──③

1. 添 付 書 類
　　　株主総会議事録　　　　1通
　　　株主リスト　　　　　　1通
　　　委任状　　　　　　　　1通
　　※代理人に登記申請を委任した場合のみ必要です。
　　上記のとおり登記の申請をします。
　　令和6年10月8日
　　　東京都中区中一丁目1番 ※₁
　　　申請人　第一電気機器株式会社 ※₂──④
　　　※※₁〜※₄にはそれぞれ, ※₁→本店, ※₂→新商号, ※₃→代表取
　　　　締役の住所, ※₄→代理人の住所, を記載してください。
　　　東京都北区北一丁目1番 ※₃
　　　代表取締役　山 本 太 郎
　　　※登記所に提出した印鑑を押印してください。
　　　横浜市南区南一丁目1番 ※₄
　　　上記代理人　法 務 三 郎 ㊞
　　　※代理人が申請する場合のみ記載し, 代理人の印鑑を押印して
　　　　ください。この場合, 代表取締役の押印は, 必要ありません。──⑤

　　○○法務局　○○支　局　御中
　　　　　　　　出張所

　上記は、法務省HPの申請書記載例をもとに筆者が日時、会社名等を具体的に埋
めたものである。

　素人向けによくできた記載例である。

　では、解説しよう。

① 「※旧商号を記載してください。」について

　　申請書冒頭部分の「商号」は、登記所の調査官に「おたくの登記簿に○○会社の登記簿があるよね？　その登記簿の変更登記をします」という申請人の意思表示を意味する。

　　この部分には、カタカナで振り仮名を記載することを要する。

　　だから、ここには、旧商号を書くのが正解である。

　　ただし、新商号のフリガナを表記する必要からカッコ書で新商号を併記している。

② 「※変更年月日は、定款変更決議の日を記載してください。商号は、新商号を記載してください。」について

　　前半は、素人向けの表記である。

　　通常は、決議の日に効力が発生しますという意味で法務省が作成したと思われる。

　　商号変更決議を、条件付、期限付でしていれば、変更の年月日は株主総会決議の日ではないことになる。

　　後半は、新商号を書くに決まっているだろう。

　　登記申請書のうち、「登記すべき事項」は、今回の申請の結果として登記簿に記載されることとなる部分である。

　　最重要部分といってもいい。

　　登記官がこの部分を見て、以下の登記が実行されるのである。

　　登記申請書の「登記すべき事項」の部分は、いわば、登記簿の下書きである。

再掲載　登記簿の記載例（H18.4.26民商第1110号依命通知改）

商号を変更した場合

商　　号	第一電器株式会社	
	第一電気機器株式会社	令和6年10月1日変更
		令和6年10月8日登記

＊変更日付と変更の旨および新商号が登記事項である。

③ 「※1件につき3万円です。云々」について。

　　商号変更登記の登録免許税は3万円である。

　　→登録免許税法別表1の24（1）ツ

区分が「ツ」というパターンが商業登記では非常に多い。

「ツ」というのは「登記事項変更」分である。

つまり、登録免許税法が特段の規定を置いていない場合、変更登記一般のハナシとして、区分が「ツ」となる。

なお、申請書が1枚である限り、同一区分の登記申請は、何をどれだけやっても金3万円でできる。

◆ポイント▶ 登録免許税の区分は「ツでないもの」だけを記憶せよ。

たとえば、次の登記の登録免許税は金3万円である。

登記の事由	商号の変更
	目的の変更
	株式の譲渡制限に関する規定の設定
	発行可能株式総数の変更
	監査役設置会社の定めの廃止
	非業務執行取締役等の会社に対する責任の制限に関する規定の設定
	支店の廃止
	吸収合併による変更（＊）

→以上の登記はすべて区分が「ツ」である。

→これを1枚の申請書に書けば登録免許税は3万円。8つの申請書に分けて書けば登録免許税は24万円（3万円×8枚）。

→「吸収合併による変更」は、資本金の額が増えない場合（いわゆる無増資合併）に限り区分が「ツ」。

④ 「※2」について

新商号を記載する。

申請書の最下部の「申請人」は、登記申請をした者の特定をするために記載を要する部分である。

商号変更の効力はすでに生じているから、登記申請日（令和6年10月8日）時点で「第一電器株式会社」なる会社はこの世に存在しない。

「第一電気機器株式会社」だけが存在する。

だから、登記申請日時点の「申請人」は、「第一電気機器株式会社」である。

⑤ 「※代理人が申請する場合にのみ記載し、代理人の印鑑を押印してください。この場合、代表取締役の押印は必要ありません。」について

司法書士が代理人として申請をする場合、申請書の作成者は司法書士である。

だから、司法書士の押印のみを要する。

　申請株式会社の代表者が申請書に押印するのは、本人申請（代理人によらないケース）の場合のみである。

《参考条文》申請人またはその代表者もしくは代理人の「押印」の根拠条文

商業登記法17条（登記申請の方式）

1項　登記の申請は、書面でしなければならない。

2項　申請書には、次の事項を記載し、申請人又はその代表者（当該代表者が法人である場合にあつては、その職務を行うべき者）若しくは代理人が記名押印しなければならない。（以下略）

最後の論点に関連して、質問をしよう。

問　司法書士が申請書を作成する場合、申請書には、会社の代表者の押印は不要である。では、会社の代表者はどこに押印するのか？

答　委任状に押印するのである。

では、その委任状の内容を以下に示すことにしよう。

委任状

横浜市南区南一丁目1番
　司法書士　法務三郎殿

私は、上記の者を代理人と定め以下の事項に関する一切の権限を委任する。

1. 当会社の商号の変更登記申請に関する件
1. 原本還付請求に関する件＊

令和6年10月8日
　東京都中区中一丁目1番
　第一電気機器株式会社
　代表取締役　山本太郎　㊞

＊「原本還付請求に関する件」は、特別の委任事項となる。（商登規49条4項）

　商業登記申請においても原本還付は可能であるが、単に「登記申請に関する一切の権限」を委任されただけでは司法書士は原本還付請求ができない。この点、不動産登記では「登記申請に関する一切の件」が原本還付の件を含むことと相違する。

◆◆

参考問題　登記の申請を代理した者が、その申請書に添付した書類の還付を請求するには、申請書にその還付請求につき代理権を有することを証する書面を添付しなければならない。(商業登記法S58-33-5)

....

答え　○

◆◆

　問題は、この委任状の「印鑑」である。

　これは、認印でもよいのだろうか?

　もちろん、よいはずがない。

　それでは、やる気になれば(犯罪ではあるが……)、誰でも他人の会社の変更登記をすることができることになってしまう。

　そこで、この押印は、いわゆる「会社の実印」ですることになっている。

　→本人申請の場合は、委任状ではなく申請書に「会社の実印」を押印しなければならない。

　では、「会社の実印」とは何か?

　これを、別名で「登記所届出印」というのであり、登記の真正を担保する仕組みのキーになる部分である。

　基本的な考え方は、銀行預金の引出しを考えればよい。

　この場合、預金者は通帳作成時に自分のハンコの印影を銀行に届出をする。

　そして、その後に、預金払戻請求書にこれと同一の押印があれば、銀行では本人からの払戻申請に違いないとして、払戻しに応じる。

　登記の世界でも、会社の代表者は、あらかじめ自己の印影を届け出る。

　この登記所に届出をした印鑑が、俗にいう「会社の実印」なのである。

　たとえば、株式会社の代表取締役が登記の申請をするときには、その前提として、あらかじめ印鑑を登記所に提出するか、電子証明書の交付を請求するか、あるいは他の公的な電子証明書を用いて申請書情報または委任状情報を作成するか、いずれかの手続を経なければならないこととなっている。

　そして、その代表取締役が、自ら登記を申請するときは、申請書に、登記所届

出印を押印し、または、申請情報に電子署名をする。

　また、代理人により申請するときは、委任状に、登記所届出印を押印し、または、委任状情報に電子署名をする。

　こういう仕組みで、登記の真正の担保（なりすましによるニセ登記の防止）を図っているのである。
　　→申請人またはその代表者が申請書に押印するとき、あるいは委任状（書面）に押印するときは、登記所届出印で押印しなければならない。（商業登記規則35条の２）

　以下、実務で主に利用されている印鑑の提出の仕組みについて解説しよう。
　ここに、「印鑑」を提出というのは「印影」を提出の意味である。
　当然のことながら、会社の代表印の印鑑そのものは会社の代表者が所持しているに決まっているのである。
　会社を設立する際には、設立登記申請書と一緒に設立時の代表取締役が印鑑届書を提出するのである。
　その後、改印するのであれば、再度、印鑑届書の提出を要する。
　これは、銀行印を紛失したときなどに、改印をするケースと同じ意味である。
　また、会社の代表者が変更されれば（例　代表取締役の改選）、新たな代表者が印鑑の提出をする必要が生じる。
　新たな代表者が登記の申請書に押印すべきこととなるからだ。

　では、実際の印鑑届書を見てみよう。
　以下は、代理人による印鑑届出の例である。
　商号変更登記の約半年後、令和７年４月１日に、従来の代表取締役山本太郎が退任し、新たに代表取締役に就任した山本次郎が自己の就任登記等の役員変更登記を申請する際に申請書と併せて印鑑を提出したという想定である。
　以下、赤いハンコは実印、黒いハンコは認印の意味である。

> ### コラム　印鑑の提出の方法
>
> 　印鑑は、印鑑届書により提出するほか、オンラインで提出することもできる。
> 　しかし、オンラインによる提出は、登記の申請をオンラインで行い、これと同時にする場合に限ってすることができる。（商業登記規則101条１項２号）

参考問題　印鑑の提出は、電子情報処理組織を使用してすることはできない。（商業登記法R5-28-ウ改）

答 え　×

印鑑（改印）届書

※ **太枠の中に書いてください。**

(注1)（届出印は鮮明に押印してください。）	商号・名称	第一電気機器株式会社
	本店・主たる事務所	東京都中区中一丁目1番
	印鑑提出者 資格	代表取締役・取締役・代表理事・理事・（　　　　　）
	氏名	山本次郎
	生年月日	明・大・昭・平・西暦 52年 1月 1日

(注2) □印鑑カードは引き継がない。
　　　 ☑印鑑カードを引き継ぐ。
　　　 印鑑カード番号　000001
　　　 前任者　山本太郎

会社法人等番号	0000-00-000000

（注3）の印

届出人(注3) □印鑑提出者本人 ☑代理人

住所	横浜市南区南一丁目1番
フリガナ	ホウム サブロウ
氏名	法務 三郎

法務

委 任 状

　私は，(住所) 横浜市南区南一丁目1番
　　　　 (氏名) 法務 三郎
を代理人と定め，印鑑（改印）の届出の権限を委任します。
　　　令和 7年 4月 1日
　　　住 所　東京都東区東一丁目1番
　　　氏 名　山本 次郎

山本　［市区町村に登録した印鑑］

□ **市区町村長作成の印鑑証明書は，登記申請書に添付のものを援用する。**(注4)

(注1) 印鑑の大きさは，辺の長さが1cmを超え，3cm以内の正方形の中に収まるものでなければなりません。

(注2) 印鑑カードを前任者から引き継ぐことができます。該当する□に✓印をつけ，カードを引き継いだ場合には，その印鑑カードの番号・前任者の氏名を記載してください。

(注3) 本人が届け出るときは，本人の住所・氏名を記載し，市区町村に登録済みの印鑑を押印してください。代理人が届け出るときは，代理人の住所・氏名を記載，押印（認印で可）し，委任状に所要事項を記載し，本人が市区町村に登録済みの印鑑を押印してください。

(注4) この届書には作成後3か月以内の**本人の印鑑証明書**を添付してください。
登記申請書に添付した印鑑証明書を援用する場合は，□に✓印をつけてください。

印鑑処理年月日					
印鑑処理番号	受　付	調　査	入　力	校　合	

（乙号・8）

　解説しよう。

　左上の（注1）の印が、会社の代表印である。

　右下の「山本」の印は、新しい代表者である山本次郎の**個人の実印**である。

　そして、下部（注4）にあるように、印鑑届書には、山本次郎の作成後3か月以内の印鑑証明書（市区町村長作成のもの）を添付しなければならないことになっている。

> **→この印鑑証明書は原本還付できる。できないとする規定がナイためである（一般論として原本還付可能であることは商業登記規則49条1項参照）。**

　つまり、新代表者が、個人の実印を押印し、そこに印鑑証明書の添付を求めることで、この印鑑届書の真正を担保するのである。

　なお、会社の代表印は、（注1）にあるとおり、辺の長さが1センチを超え、3センチの正方形の中に収まるものでなければならない。（商登規9条3項）

■ コラム　印鑑の提出の諸問題

　以下、会社の代表者の中で電子証明書を用いた申請をする者はいないものとして、誰が、印鑑の提出をすべきかについて解説する。

1．代表者が複数いる場合
 ・印鑑の提出はそのうちの1人だけでもよい。この場合、その者のみが登記申請をする。
 ・複数の者が印鑑の提出をする場合、その届出印は、各自、別物でなければならない。
 →つまり、代表取締役Aと代表取締役Bが同一の印鑑を使用することはできない。実務上は、デザインは同一でも印鑑の大小を変えて作成したりする。
2．代表者の交代の場合
 ・前任者の印鑑をそのまま使用することができる（もちろん印鑑届はしなければならない。申請書に押印するのは前任者とは「別人」だからである）。
 →たいていの上場会社が、同一の印鑑を代々の社長が引き継いで使用している。
3．同一の代表者が再任された場合
 ・印鑑の提出をする必要はない。従前の届出印をそのまま使用すればよい。

第7号様式

印 鑑 証 明 書

五三の桐
の文様

会社法人番号　9999-01-999999

印

商　号　　○○○○株式会社
本　店　　東京都○○区○○丁目○○番 ○ 号
　　　　　代表取締役
　　　　　昭和 ○ 年 ○ 月 ○ 日生

これは提出されている印鑑の写しに相違ないことを証明する。

　　　　　令和 ○ 年 ○ 月 ○ 日

　　　　　○○法務局○○出張所
　　　　　登 記 官　　　　○○○○

印

整理番号　000333
　この証明書には，すかしが入っており，コピーすると複製の文
字が写ります。

※すかしおよび地紋（スラー方式）を施した偽造防止用の用紙とする。

　上記は、登記所作成の印鑑証明書の様式である。
　では、ここで、問題。

問　印鑑証明書の記載事項（被証明事項という）の１つに、会社の「商号」がある。
　　もちろん、会社の「商号」は、印鑑届書の記載事項でもあった。
　　では、令和６年10月８日に商号変更の登記を申請した第一電気機器株式会社
　の代表取締役山本太郎は、これに伴い再度の印鑑の提出をして印鑑証明書の記
　載事項の変更を求める必要があったか。
答　必要はない。
　　本事例では、印鑑証明書の被証明事項を登記官が職権で変更する。（商登規９
　条の２第２項）
　　→商号以外の被証明事項（本店、代表取締役の住所・氏名）についても同様で
　　ある。
　　→なお、商号の変更に伴って新しい商号の印鑑を作成し、その印鑑を会社の実
　　印として用いるときは、改印届を提出しなければならない。その提出の方法は、
　　印鑑の届出のときと同様である。

参考　　**電子証明書の場合**

　　登記所が発行する電子証明書が証明する登記事項（商号、本店、代表者の資格や氏名。被証明事項という）に変更があったときは、その電子証明書は無効となる。この場合、申請により、その残りの証明期間において変更後の登記事項を証明事項とする電子証明書の発行を再度請求することができる。

参考　　印鑑の提出をすることができる者、その方法については商業登記規則９条にくわしい規定がある。この中の「支配人」の部分が試験の急所になる。

１．支配人の登記の申請人は商人。

２．支配人は自ら印鑑の提出ができる。

　　→印鑑の提出をするのは支配人。

　　→でも、上記の印鑑の提出をするために、商人が支配人の印鑑に相違ないことを保証した書面を要する。

ということになっていて、ややこしい。

　　そこで、この点は、後述する。

発展　印鑑カード

　　印鑑の提出をした者は、その印鑑を明らかにしたうえで、印鑑カードの交付を請求することができる。

　　一定の事項を申請書に書いて、登記所届出印を押印して、印鑑カードの交付を請求するのである。

　　10分程度もあれば、登記所は印鑑カードを作成してくれる。

　　以後は、この印鑑カードを所持していること自体が「本人確認」となるため、印鑑証明書の交付を申請するときにはカードを提出すれば足り、代理人により申請するときも委任状は不要となる。

　　→司法書士は、会社から印鑑カードを預かり、これを持参すれば当該会社の印鑑証明書の交付を受けることができるのである。

コラム　　印鑑の廃止

　　印鑑の廃止は、廃止する印鑑（登記所届出印のこと）で押印した書面を用いて印鑑提出者がこれを行う。ただし、印鑑カードを提示したときはその押印を要しない。（商業登記規則９条７項）

1．印鑑の提出は、印鑑届書に代理人の権限を証する書面を添付して、代理人によりすることができる。（商業登記法H30-28-ウ）

2．印鑑の廃止の届出は、廃止する印鑑を押印した書面で行うことができるが、当該印鑑に係る印鑑カードを返納すれば、当該書面に廃止する印鑑を押印しなくても、印鑑の廃止をすることができる。（商業登記法R5-28-ア改）

3．印鑑の提出者は、印鑑の廃止の届出書に当該印鑑を押すことができない場合には、市区町村長の作成した印鑑証明書を添付して、その廃止の届出をすることができる。（商業登記法H15-30-エ）

4．登記の申請書に押印しようとする者が印鑑を提出する場合には、提出に係る印鑑につき市区町村長の作成した証明書で作成後3か月以内のものを添付しなければならない。（商業登記法H10-31-イ改）

5．株式会社の代表取締役が交代した場合、後任の代表取締役は、前任者が登記所に提出している印鑑と同一の印鑑を登記所に提出するときは、印鑑の提出を要しない。（商業登記法H10-31-エ）

6．印鑑の届出をする株式会社において、取締役2名がそれぞれ代表権を有する場合であっても、いずれかの代表取締役が印鑑を登記所に提出すれば足りる。（商業登記法H6-32-1改）

7．代表取締役が再任された場合には、印鑑を再提出することを要しない。（商業登記法H6-32-5）

8．印鑑を提出する際に提出した市区町村長作成に係る印鑑証明書について原本の還付を請求することができる。（商業登記法S59-31-ア）

9．数人の代表取締役が同一の印鑑を用いて印鑑の提出をすることはできない。（商業登記法S59-31-イ）

10．印鑑に係る記録に記録された事項で登記されたものにつき変更の登記を申請する場合には、同時に市区町村長の作成した印鑑証明書を添付して印鑑を再提出しなければならない。（商業登記法H6-32-4）

11．株式会社の代表取締役の氏名の変更の登記の申請をするときは、当該申請とともに、当該代表取締役の提出に係る被証明事項の変更の届出もしなければならない。（商業登記法H21-32-オ改）

12．外国会社の日本における代表者が外国人である場合には、その日本における代表者は、印鑑の提出に代えて、自己の署名を登記所に届け出ることができる。（商業登記法H30-28-エ改）

13．印鑑カードを紛失した場合、紛失した印鑑カードの廃止の届出を要し、これにより新たな印鑑カードの交付を請求することができる。（商業登記法R5-28-イ改）

答え　1．○　　2．○　印鑑カードがあれば押印不要。

３．○　印鑑の廃止は、通常は廃止届に届出印を押印して行うが、これを紛失しているケースもあるため、本肢の方法も使える。

４．×　「提出に係る印鑑」とは会社の実印のコトである。

５．×　引き継いで、同一の印鑑を用いる場合でも、届出人が相違するので、印鑑の届出をしなければならない。

６．○　　７．○　　８．○

９．○　各代表取締役が各別の印鑑を提出しなければならない。

10．×　被証明事項は、登記官が職権で変更してくれる。（商登規９条の２第２項）

11．×　被証明事項は、登記官が職権で変更してくれる。（商登規９条の２第２項）

12．×　外国人は、印鑑を作成する習慣がない。このため、外国人の代表者は、印鑑を提出することなく署名（サイン）で登記を申請できる。しかし、署名（サイン）の提出という仕組みはナイ。この場合、その登記の申請ごとに、外国官憲の作成したサイン証明書を添付して、商業登記の申請をするのである。

13．○　印鑑カードの再交付を受けるためには、廃止の届出を要する。

さて、最初の、商号変更登記の話に戻ろう。

令和６年10月１日に第一電器株式会社は、商号を変更し、第一電気機器株式会社となった。

では、そもそも、この場合に「登記をすべし」という条文はどこにあるのか。

まず、基本として、商業登記は、不動産登記（権利）とは考え方が違う。

いったん登記をすると、その後の登記事項の変更について、登記義務が発生するのである。

> **会社法909条（変更の登記及び消滅の登記）**
> この法律の規定により登記した事項に変更が生じ、又はその事項が消滅したときは、当事者は、遅滞なく、変更の登記又は消滅の登記をしなければならない。

一般論として、登記事項に変更等が生じれば、登記義務が発生する。

ところで、会社は、その本店の所在地において設立の登記をすることによって成立する。（会社法49条、579条）

だから、設立登記をしていない会社なるものは存在せず、必然的に会社になった瞬間からその後の登記義務が発生する（なすべき登記をしない場合には過料の制裁がある。会社法976条１号）。

では、第一電気機器株式会社は、いつまでに変更登記をすべきであったか？

さきの法務省の記載例では、令和6年10月8日登記となっていた。

これは合法であろうか？

会社法909条は、変更登記は「遅滞なく」やれといっているが、この点については特則がある。それを見てみよう。

> **会社法915条（変更の登記）**
>
> 　1項　会社において第911条第3項各号又は前3条各号に掲げる事項に変更が生じたときは、2週間以内に、その本店の所在地において、変更の登記をしなければならない。

→第911条第3項各号とは、株式会社の設立時の登記事項のことである。

→前3条各号とは、合名、合資、合同会社の設立時の登記事項のことである。

上記のように、会社の変更登記は、変更が生じた時から2週間以内に、その本店所在地においてしなければならないのである。

したがって、第一電器株式会社はこの期間を遵守したといえる。

さすがは、法務省の記載例である。

❖•❖

参考問題　会社の登記については、一定の期間内に登記を申請することが義務付けられていることが多いが、この期間が経過しても、登記の申請はすることができる。（商業登記法H12-28-ウ）

....

答え　○　後日、過料の問題が発生するかもしれないというだけのハナシ。なお、過料は会社にではなく、代表者個人に対して課されることになる。

❖•❖

コラム　**商業登記の効力**

　会社法908条に規定がある。

　順に見ていこう。

1項前段　この法律の規定により登記すべき事項は、登記の後でなければ、これをもって善意の第三者に対抗することができない。

　　→登記の後であれば、善意の第三者に対抗できることになる。第三者の悪意擬制ともいう。

　　　会社と取引をする者は、その会社の登記簿くらいは見ておきなさいということにもなる。

会社が登記した事項については、「知らなかった」ではすまされなくなるのである。

１項後段　登記の後であっても、第三者が正当な事由によってその登記があることを知らなかったときは、同様とする。
　→同様とする、とは、第三者に対抗できないの意味であるが、この「正当な事由」は簡単には認められない。長期の旅行、病気はダメ。一身上の都合は正当な事由にあたらないのである。正当な事由といえるのは、大災害で登記記録の閲覧が不可能になったケースくらいであろうか。

２項　故意又は過失によって不実の事項を登記した者は、その事項が不実であることをもって善意の第三者に対抗することができない。
　→不実の登記の効果を規定している。会社側に故意または過失がなければ（たとえば登記官の過誤のみによる不実の登記）、不実であることを善意の第三者に対抗できることになる。

解説
　１項前段は、登記すべき事項を登記しなかった時の法的効果を、２項は、不実の登記をしたときの法的効果をそれぞれ定めている。

【商業登記法の基本思想】取引の安全

　商業登記は、取引の安全のための法律である。
　したがって、原則として、**悪意者を保護しない**。前記の会社法908条を読んでそのことを確認してほしい。
　なお、きわめて例外的に、商業登記法が悪意者を保護することがあるのだが、それは、後の学習のお楽しみとしよう。

発展　登記官の過誤による誤った登記の更正

　職権更正が可能である。
　（登記官は遅滞なく、監督法務局または地方法務局の長の許可を得て、登記の更正をしなければならない。商業登記法133条２項）
　筆者の経験であるが、株式会社の設立登記で、取締役の氏名が間違って登記されていることがあった。
　原始定款に記載された氏名と一文字違うのである。

この場合には、すぐに、自分が提出した申請書の控えを見る。

　この申請書の文字が間違っていればアウトである。

　申請人に過誤があるから、職権更正はできず、司法書士の側が更正登記を申請（登録免許税２万円が痛い）する必要が生じる。

　しかし、申請書の文字が正しければ、登記官の過誤のみによる登記として職権更正が可能である。

　幸いに、筆者の事例は後者であり、すんなりと職権更正をしてもらえた。

参考問題

1．代表取締役Ａが辞任し、新たにＢが代表取締役に選任された場合において、Ａにつき代表取締役の退任の登記をしないときは、会社は、悪意の第三者に対しても、Ａが代表取締役でないことを対抗することができない。(商業登記法H18-28-ア)

2．株主総会における取締役の選任の決議を無効とする判決が確定した場合であっても、当該取締役の選任の登記を抹消する登記をしなければ、取締役の選任の決議が無効である事実を善意の第三者に対抗することができない。（商業登記法H18-28-ウ）

3．登記すべき事項は、登記の後であっても、正当の事由によってこれを知らない第三者には対抗することができない。（商業登記法H16-29-ア）

4．登記官の過誤により、株式会社の代表取締役の住所の登記に遺漏が生じた場合には、当事者は、その登記の更正を申請することができない。（商業登記法H8-32-2)

答え　1．×　善意の第三者に対抗できないだけである。

2．○　会社は当該取締役の行為につき善意の第三者への責任を免れないという結論になる。

3．○　会社法908条１項後段。

4．×　職権更正ができるケースだが、この場合に更正登記を申請してはいけないというルールはない。

コラム　商号について

　会社の商号は自由に決めてよい（商号自由の原則）。

　たとえば、運送会社が、株式会社ABC不動産と称してもかまわない。それで登記はできる。

　ただし、株式会社の文字は用いる必要がある（持分会社は、合同会社、合資会社、合名会社のいずれかである。会社法６条２項）。

　また、会社でない者は、その名称または商号中に、会社であると誤認されるおそれのある文字を用いてはならない。（会社法７条）

　たとえば、個人商人が「合名商会」を名乗るのはよろしくない。

　少々うるさいのは、銀行・保険・信託のたぐいである。

　たとえば、銀行でない者が、○○銀行・△△バンクという文字を用いてはならない。

　これは、会社法ではなく、銀行法の規制なのである。

参考問題　　1．金融業を営む合同会社甲商事が、その商号を合同会社甲銀行と変更することとしてした商号の変更の登記の申請は、商業登記法24条の却下事由に該当する。（商業登記法H9-35-エ）

2．会社はその商号中に「支部」という文字を使用し、「株式会社コウ東京支部」のような会社の商号の登記を申請することができない。（商業登記法R4-31-ウ改）

答え　　1．○　銀行は、株式会社でなければならないからである。　　2．×

　商号の選定は自由にできることを原則とするが、次のケースが禁じられている。

商業登記法27条（同一の所在場所における同一の商号の登記の禁止）
商号の登記は、その商号が他人の既に登記した商号と同一であり、かつ、その営業所（会社にあつては、本店。以下この条において同じ。）の所在場所が当該他人の商号の登記に係る営業所の所在場所と同一であるときは、することができない。

　会社の場合、他の会社と、同一商号、同一本店となる登記が禁止される。

　この事態は、会社の設立、商号変更、本店移転登記を申請する場合に生じることがある。

　この規制の趣旨は、同一商号、同一本店の２つの会社は、登記簿の外見上区別ができず、過去、不動産登記において優良資産を有する会社に他の会社が成りすまして、その会社の不動産を売り飛ばす詐欺事件が発生したために設けられた規制である。

　したがって、誤認のおそれがない場合、たとえば、株式会社ABCと合同会社ABC、株式会社A・B・C、株式会社エービーシーは、いずれも同一商号ではない。

上記のように、既存会社と同一商号、同一本店となる登記申請はすること
ができない。

では、その既存会社が休眠会社である場合はどうか。

たとえば、何県何市何町何番地に合名会社山本商事があったとする。しか
し、この会社は明治時代の設立で、かれこれ100年も登記がされていない。

この場合に、山本太郎が、ちょうどその場所、つまり、何県何市何町何番
地に合名会社山本商事を設立したいとしよう。

この場合に、なんとかジャマな、既存の合名会社山本商事の商号を消せな
いだろうか。

実は、その方法があるのである。

商業登記法33条（商号の登記の抹消）

1 項　次の各号に掲げる場合において、当該商号の登記をした者が当該
各号に定める登記をしないときは、当該商号の登記に係る営業所（会
社にあつては、本店。以下この条において同じ。）の所在場所にお
いて同一の商号を使用しようとする者は、登記所に対し、当該商号
の登記の抹消を申請することができる。

1　登記した商号を廃止したとき　当該商号の廃止の登記

2　商号の登記をした者が正当な事由なく2年間当該商号を使用しな
いとき　当該商号の廃止の登記

3　登記した商号を変更したとき　当該商号の変更の登記

4　商号の登記に係る営業所を移転したとき　当該営業所の移転の登
記

この場合は2号に該当するから、山本太郎は、同一の商号を使用しようと
する者であることを証する書面（商業登記法33条2項）を添付して、明治
以来の合名会社山本商事の商号を廃止する登記を申請できる。

→抹消までの手続は、商業登記法33条3項・4項。

そして、その後に、無事、「新」合名会社山本商事を同地に設立できるこ
とになる。

なお、明治以来の合名会社山本商事のほうは、名なしの会社となる。

しかし、会社の法人格が否定はされていない。

したがって、実は、この「旧」合名会社山本商事が休眠会社ではなかった
場合、後日代表社員から登記を申請するときには、最初に次の登記申請をす
べきことになる。（商業登記法24条15号）

```
┌─────────────────────────────────────────────────────────────┐
│              合名会社変更登記申請書                           │
│  商号          抹消前商号　合名会社山本商事                   │
│  本店          何県何市何町何番地                             │
│  登記の事由    商号の変更                                     │
│  登記すべき事項 年月日次のとおり変更　商号　合名会社○○      │
└─────────────────────────────────────────────────────────────┘
```

参考問題

1．他人の既に登記した商号と同一であり、かつ、その本店の所在場所が当該他人の商号の登記に係る本店の所在場所と同一である株式会社の設立の登記の申請をしても、その申請は受理される。(商業登記法S59-37-4)

2．商号の登記をした者が商号を廃止し又は変更したにもかかわらず、廃止又は変更の登記をしないときは、当該商号の登記に係る営業所の所在場所において同一の商号を使用しようとする者は、登記所に対し、当該商号の登記の抹消を申請することができる。(商業登記法H1-32-4改)

3．他人の既に登記した商号と同一であり、かつ、その本店の所在場所が当該他人の商号の登記にかかる本店の所在場所と同一であるため本来登記することができない会社の商号の変更の登記がなされた場合には、利害関係人は抹消につき利害関係を有することを証する書面を添付して、その商号の変更の登記の抹消を申請することができる。(商業登記法H8-32-4)

4．利害関係人が申請書又は委任状に押印して商号の登記の抹消を登記所に申請する場合には、あらかじめその印鑑を提出しなければならない。(商業登記法S57-39-1改)

5．登記簿上存続期間が満了している株式会社と商号及び本店の所在場所が同一である商号の登記の申請は、することができない。(商業登記法S60-33-3)

6．設立しようとする株式会社と本店の所在場所が同一であり、かつ、同一の商号の登記がされている株式会社がその商号を変更していたにもかかわらず、当該商号の変更の登記をしないときは、設立しようとする株式会社の発起人は、申請書に当該商号の登記に係る本店の所在場所において同一の商号を使用しようとする者であることを証する書面を添付して、当該商号の登記の抹消を申請することができる。(商業登記法H20-34-ア)

7．設立しようとする株式会社と本店の所在場所が同一であり、かつ、同一の商号の登記がされている株式会社がある場合であっても、当該株式会社が裁判所による破産手続開始の決定を受け、かつ、その旨の登記がされているときは、当該設立しようとする株式会社の設立の登記の申請をすることができる。(商業登記法H20-34-イ)

8．商号がカタカナ表記である「株式会社コウ」の本店がＡ市Ｂ町一丁目１番１号である場合に、同一の所在場所を本店とする、商号がひらがな表記である「株式会社こう」の設立の登記を申請することはできない。（商業登記法R4-31-イ改）

答え　1．✕　商業登記法27条。
2．○　本事例は、個人商人の商号登記の事案。（商業登記法33条）
3．✕　そういう規定はない。
4．✕　利害関係人による商号の登記の抹消１回限りの登記申請であるから、印鑑の提出を要しない。
5．○　登記簿上存続期間が満了している株式会社であっても、他の会社がこれに成りすますことは許されない。
6．○　商業登記法33条。　7．✕　商業登記法27条に抵触する。　　8．✕

2 会社の目的の変更

　商号変更の登記申請の要領で、次に、会社の目的の変更登記について考えてみよう。
　以下の登記はいかに実現されたのだろうか？

登記簿の記載例（H18.4.26民商第1110号依命通知改）
目的を変更した場合

目　的	1　家庭電器用品の製造及び販売
	2　家具、什器類の製造及び販売
	3　光学機械の販売
	4　前各号に附帯する一切の事業
	1　家庭電器用品の製造及び販売
	2　家具、什器類の製造及び販売
	3　光学機械の販売
	4　電子複写機の販売
	5　発電機の製造及び販売
	6　前各号に附帯する一切の事業
	令和６年10月１日変更　令和６年10月８日登記

　では、順を追って考えよう。
　会社の目的は、もちろん、登記事項である。（会社法911条３項１号）

　では、実体法（つまり、会社法）の問題として、会社の目的を変更するにはどうしたらよいだろうか。

　考え方は、商号の変更と同じである。

　1．目的は定款の記載事項である。（会社法27条１号）
　2．定款変更には株主総会決議を要する。（会社法466条）
　3．決議要件は特別決議。（会社法309条２項11号）

　以上の検討から、登記申請書が書けるはずである。

株式会社変更登記申請書

1．会社法人等番号　　0000-00-000000

<small>フリガナ</small>
1．商　　　　号　　○○ショウジ
　　　　　　　　　○○商事株式会社

1．本　　　　店　　○県○市○町○丁目○番○号

1．登記の事由　　　目的の変更

1．登記すべき事項　別紙のとおり

1．登録免許税金　　30000円

　　　※1件につき3万円です。収入印紙又は領収証書で納付します（→収入印紙貼付
　　　　台紙へ貼付）。

1．添　付　書　類

　　　株主総会議事録　　1通
　　　株主リスト　　　　1通
　　　委任状　　　　　　1通

　　　※代理人に登記申請を委任した場合のみ必要です。

上記のとおり登記の申請をします。

　　令和○年○月○日
　　　　　　　○県○市○町○丁目○番○号　※1
　　　　　　　申請人　　○○商事株式会社　※2

　　　　　　　※※1～※4にはそれぞれ，※1→本店，※2→商号，※3→代表取締役の
　　　　　　　　住所，※4→代理人の住所，を記載してください。

　　　　　　　○県○市○町○丁目○番○号　※3
　　　　　　　代表取締役　法　務　太　郎
　　　　　　　※登記所に提出した印鑑を押印してください。

　　　　　　　○県○市○町○丁目○番○号　※4
　　　　　　　上記代理人　法　務　三　郎　㊞
　　　　　　　※代理人が申請する場合にのみ記載し，代理人の印鑑を押印してくだ
　　　　　　　　さい。この場合，代表取締役の押印は，必要ありません。

　　○○法務局　　　○○支　局　　御中
　　　　　　　　　　出張所

以上でよいわけである。

　なお、法務省の記載例では、登記すべき事項が「別紙のとおり」となっている。

　これは、目的の変更の場合には、変更事項として書くべきことが多いので、登記事項を別紙に書いて提出してほしいという登記所側の要望である。

　なお、これは要望にすぎないから、別紙でなく、申請書自体に登記事項を記載して申請しても一向にかまわない。

では、その別紙の内容を紹介しよう。

「目的」
1　家庭電器用品の製造及び販売
2　家具、什器類の製造及び販売
3　光学機械の販売
4　電子複写機の販売
5　発電機の製造及び販売
6　前各号に附帯する一切の事業
「原因年月日」令和６年10月１日変更

本事例では、会社の目的のうち１号から３号に変更がない。
しかし、申請書には、変更後の目的のすべての記載を要する。
申請書のうち「登記すべき事項」は、登記簿の下書きとなる部分であり、その登記簿は、過去の目的を全部抹消したうえで、新たな目的の全部を記録することとなるためである。

> **コラム**　目的として登記できない事項
>
> 　会社法では、目的の具体性は審査されないことになった。
> 　前記の法務省の記載例の会社の目的は具体的である。
> 　しかし、単に「製造業」という具体性のない目的の登記は受理される。
> 　が、明確性・適法性の審査はされる。
> 　明確性とは、日本語として意味がわかるということである。登記実務ではイミダスや現代用語の基礎知識に用例があればオッケーという感じである。
> 　次に、適法性の審査がある。
> 　こちらは、むずかしい問題を含むが、試験にはなじまない問題であるといえる。
> 　そこで、次のものがダメという程度のことを知っていればいいだろう。
> 　「司法書士の事務所の経営」
> 　ダメな理由は、司法書士資格は個人に与えられるものであり、これを会社にすることはできないからである。
> 　→司法書士法人としての法人化は可能。

3 会社が公告をする方法の変更

　会社法には、会社が株主に公告をしなければならないケースが数多く規定されている。

　この場合の、公告方法に関する登記手続について考えてみよう。

　会社が公告をする方法は以下の3つが存在する。（会社法939条1項）

　1．官報に掲載する方法

　2．時事に関する事項を掲載する日刊新聞紙に掲載する方法

　3．電子公告

　以上のうち、電子公告は少々特殊であるので、まず、1および2について解説しよう。

　会社の公告方法は定款で定める事項である。（会社法939条1項）

　しかし、定款に公告方法の規定がない場合には、公告方法は官報に掲載する方法とされている。（会社法939条4項）

　登記事項であることは、会社法911条3項に規定がある。（株式会社の場合）

　何が登記事項であるのか。該当部分を引用しよう。

会社法911条3項

　27　第939条第1項の規定による公告方法についての定款の定めがあるときは、その定め

　29　第27号の定款の定めがないときは、第939条第4項の規定により官報に掲載する方法を公告方法とする旨

　では、以上のハナシから、以下の登記記載例の登記を申請した際の申請書を作成してみよう。

登記簿の記載例（H18.4.26民商第1110号依命通知改）

公告をする方法	官報及び東京都において発行される日本新聞に掲載してする	
	東京都において発行される日本新聞に掲載してする	令和6年10月1日変更
		令和6年10月8日登記

登記の事由	公告をする方法の変更
登記すべき事項	令和6年10月1日次のとおり変更

	公告をする方法 東京都において発行される日本新聞に掲載してする	
登録免許税	金30000円（ツ）	
添付書類	株主総会議事録	1通
	株主リスト	1通
	委任状	1通

以上である。

　基本的に、定款に記載された公告方法に関する事項が、そのまま、登記簿に記載されるのである。

参考問題　公告方法につき「Ａ新聞に掲載してする。」旨の定款の定めがある会社が、公告方法を「Ｂ市において発行するＡ新聞に掲載してする。」とする定款の変更をしても、当該公告方法の変更の登記の申請をすることができない。（商業登記法H29-34-エ）

答え　×

コラム　　公告方法として登記できない事項

　「官報又は東京都において発行される日本新聞に掲載してする」という公告方法は登記できない。

　公告方法は、株式会社が、会社法の規定により、株主を対象にした公告をすべき場合に行う公告の方法を定めるものであるが、上記の規定では、株主は官報と東京都において発行される日本新聞の双方を閲覧しなければならないことになり、不都合だからである。

　これに対して、「官報及び東京都において発行される日本新聞に掲載してする」という規定であれば登記できる。だからこそ、法務省の記載例にも載っているのである。

　なお、東京都において発行される日本新聞という地域限定型の公告でもかまわない。

　会社法は、「時事に関する事項を掲載する日刊新聞紙に掲載する方法」とのみ規定しており、全国紙に限るとはいっていないからである。

　昔の先例であるが、夕刊紙でもかまわないことになっている。

答　え　　○

さて、次に、会社法440条の規定を見てみよう。

会社法440条（計算書類の公告）

1項　株式会社は、法務省令で定めるところにより、定時株主総会の終結後遅滞なく、貸借対照表（大会社にあっては、貸借対照表及び損益計算書）を公告しなければならない。

2項　前項の規定にかかわらず、その公告方法が第939条第1項第1号又は第2号に掲げる方法である株式会社は、前項に規定する貸借対照表の要旨を公告することで足りる。

3項　<u>前項の株式会社</u>は、法務省令で定めるところにより、定時株主総会の終結後遅滞なく、第1項に規定する貸借対照表の内容である情報を、定時株主総会の終結の日後5年を経過する日までの間、継続して電磁的方法により不特定多数の者が提供を受けることができる状態に置く措置をとることができる。この場合においては、前2項の規定は、適用しない。

4項　（省略）

上記の条文中、第3項の冒頭が要注意である。

「前項の株式会社」とは、公告方法が、官報または時事に関する事項を掲載する日刊新聞紙に掲載する方法である株式会社を意味する。

この条文は、株式会社に義務付けられる「貸借対照表の公告」に関する規定である。

通常は、貸借対照表の公告も、官報なり新聞紙上で行えばよいのである（この場合、要旨の公告でよい）。

しかし、これを、ウェブで開示することもできる。

それが、会社法440条3項の定めである。

たとえば、自社のホームページ上で開示することもできるわけである。

そして、この場合、そのURLが、登記事項となるのである。

該当部分を会社法911条3項から抜書きする。

> **会社法911条３項**
> 　26　第440条第３項の規定による措置をとることとするときは、同条第１項に
> 　　　規定する貸借対照表の内容である情報について不特定多数の者がその提供
> 　　　を受けるために必要な事項であって法務省令（会社法施行規則220条１項１
> 　　　号）で定めるもの

では、この登記がされた場合の登記簿の記載例を見てみよう。

公告をする方法	官報及び東京都において発行される日本新聞に掲載してする	
	東京都において発行される日本新聞に掲載してする	令和６年10月１日変更
		令和６年10月８日登記
貸借対照表に係る情報の提供を受けるために必要な事項	http://www.dai-ichi-denki.co.jp/kessan/index.html	令和６年10月１日設定
		令和６年10月８日登記

　上記は、令和６年10月１日に、公告方法を変更し、あわせて貸借対照表に係る
情報の提供を受けるために必要な事項を定めた場合の登記記載例である。

　登記申請書は、以下のような記載となる。

登記の事由	公告をする方法の変更 貸借対照表に係る情報の提供を受けるために必要な事項の設定
登記すべき事項	令和６年10月１日次のとおり変更 公告をする方法 東京都において発行される日本新聞に掲載してする 同日次のとおり設定 貸借対照表に係る情報の提供を受けるために必要な事項 http://www.dai-ichi-denki.co.jp/kessan/index.html
登録免許税	金30000円（ツ）
添付書類	株主総会議事録　１通 株主リスト　　　１通 委任状　　　　　１通

なお、貸借対照表に係る情報の提供を受けるために必要な事項の設定については、
会社法には、これを決定すべき機関の定めがない。

したがって、この点に関する特段の添付書面は不要である（添付を要するという規定がない）。

代理人による場合は、委任状がいるというだけのハナシとなる。

> **コラム** 上記の会社が公告方法を電子公告とする登記を申請する場合
>
> 　後日、上記の会社が、公告方法を東京都において発行される日本新聞から、電子公告に変更したらどうなるか。
>
> 　会社法440条3項の定めは、モトを絶たれることになろう。
>
> 　しかし、この場合、司法書士は、公告方法の変更登記だけを申請すればよい。
>
> 　公告方法が電子公告になれば、440条3項の定めの存在理由がなくなったことは登記官において明白なので、貸借対照表に係る情報の提供を受けるために必要な事項の登記は職権で抹消されることになる。（商登規71条）

❀❀

参考問題

1. 公告方法を官報に掲載する方法としている会社が、貸借対照表の電磁的開示のためのウェブページのアドレスの設定の登記の申請をする場合には、貸借対照表の電磁的開示の制度の採用及びそのウェブページのアドレスを代表者が決定したことを証する書面を添付しなければならない。（商業登記法H29-34-イ）

2. 公告方法を「官報に掲載してする」とする登記をしている株式会社が貸借対照表の電磁的開示の制度を採用し、そのウェブページのアドレスの設定の登記を申請する場合には、委任状の他の添付書面を要する。（商業登記法R4-31-エ改）

3. 公告方法を官報に掲載する方法とし、かつ、貸借対照表の電磁的開示のためのウェブページのアドレスを登記している会社が、その公告方法を電子公告に変更し、公告方法の変更の登記がされたときは、登記官の職権により、貸借対照表の電磁的開示のためのウェブページのアドレスの登記を抹消する記号が記録される。（商業登記法H29-34-オ）

⋯⋯⋯

答え 1．✕　2．✕　前問の焼き直し。　3．○

❀❀

以上で、会社が公告をする方法について、電子公告を除いた部分についてのハナシを終了する。

次に、電子公告について検討をしよう。
まずは、会社法の条文を見てみよう。

> **会社法939条（会社の公告方法）**
> ３項　会社又は外国会社が第１項第３号に掲げる方法を公告方法とする旨を定める場合には、電子公告を公告方法とする旨を定めれば足りる。この場合においては、事故その他やむを得ない事由によって電子公告による公告をすることができない場合の公告方法として、同項第１号又は第２号に掲げる方法のいずれかを定めることができる。

　上記の条文（前段）の意味は、会社の公告方法として、定款には「電子公告により行う」と規定すればそれでよいというコトである。

　つまり、具体的なURLは、定款に書かずともよい。

　こんなものをいちいち定款に記載すれば、アドレスを変更するだけのことに定款変更（株主総会の特別決議）を要することになるから不合理なのである。

　→なお、この場合、URLの決定は適宜の機関で行えばよい。登記手続としては、URLの決定に関して特別の添付書類は必要がナイ。

参考問題　株式会社の設立が発起設立である場合において、定款に公告方法を電子公告とする旨の定めがあるが、当該電子公告に用いるウェブサイトのアドレスに関する定めがなく、後にこれを定めたときは、設立の登記の申請書には、これを定めるにつき発起人の過半数の同意があったことを証する書面を添付しなければならない。（商業登記法R5-29-イ改）

答え　✕　設立時にもURLの決定に係る添付書面を要しない。

　次に、会社法939条３項後段は、電子公告ができない場合の予備的措置である。

　これは、定めても定めなくてもよい。

　が、実務の世界では、定めるのが常識になっている。

　たとえば、電子公告ができない場合には官報に掲載して行うということを定款に謳うのである。

　では、最後に登記事項を確認しよう。会社法911条３項から該当部分を引用する。

会社法911条3項

27　第939条第1項の規定による公告方法についての定款の定めがあるときは、その定め
　　　→電子公告をするというコト
28　前号の定款の定めが電子公告を公告方法とする旨のものであるときは、次に掲げる事項
　イ　電子公告により公告すべき内容である情報について不特定多数の者がその提供を受けるために必要な事項であって法務省令で定めるもの
　　　→URL
　ロ　第939条第3項後段の規定による定款の定めがあるときは、その定め
　　　→電子公告ができない場合の予備的措置

登記簿の記載例（H18.4.26民商第1110号依命通知）

ア　電子公告により行う旨およびアドレスのみを定めた場合

公告をする方法	電子公告の方法により行う。 ｈｔｔｐ：／／ｗｗｗ．ｄａｉ－ｉｃｈｉ－ｄｅｎｋｉ．ｃｏ．ｊｐ／ｋｏｕｋｏｋｕ／ｉｎｄｅｘ．ｈｔｍｌ

［注］アルファベットは、全角文字で入力する（以下同じ。）。

イ　事故等の場合における予備的な公告方法をも定めている場合

公告をする方法	電子公告の方法により行う。 ｈｔｔｐ：／／ｗｗｗ．ｄａｉ－ｉｃｈｉ－ｄｅｎｋｉ．ｃｏ．ｊｐ／ｋｏｕｋｏｋｕ／ｉｎｄｅｘ．ｈｔｍｌ 当会社の公告は、電子公告による公告をすることができない事故その他のやむを得ない事由が生じた場合には、官報に掲載してする。

＊日付の記載がないのは、会社設立時からの定めであるため。

　最後にオマケで、次の記載例をご覧いただこう。

登記簿の記載例（H18.4.26民商第1110号依命通知）

ウ　貸借対照表の公告アドレスを別に定めた場合

公告をする方法	電子公告の方法により行う。 ｈｔｔｐ：／／ｗｗｗ．ｄａｉ－ｉｃｈｉ－ｄｅｎｋｉ．ｃｏ． ｊｐ／ｋｏｕｋｏｋｕ／ｉｎｄｅｘ．ｈｔｍｌ 貸借対照表の公告 ｈｔｔｐ：／／ｗｗｗ．ｄａｉ－ｉｃｈｉ－ｄｅｎｋｉ．ｃｏ． ｊｐ／ｋｅｓｓａｎ／ｉｎｄｅｘ．ｈｔｍｌ

［注］会社法第911条第３項第28号イ、会社法施行規則第220条第２項。

　これは、電子公告をする会社が、貸借対照表の公告を別のURLで行うケースの記載例である。

　この場合の、貸借対照表の公告のURLは、会社法440条３項とは全く関係がない。これは、会社が公告をする方法の欄に記載されるのである。

　では、この登記ができる理由となる条文を紹介しよう。

　登記事項には必ず法令の根拠があることをご確認願いたい。

会社法施行規則220条（一部省略）

２項　法第911条第３項第28号に規定する場合には、同号イに掲げる事項であって、決算公告の内容である情報の提供を受けるためのものを、当該事項であって決算公告以外の公告の内容である情報の提供を受けるためのものと別に登記することができる。

参考問題

１．会社は、公告方法を電子公告とする場合には、定款で、電子公告を公告方法とする旨の定めのほか、電子公告に用いるウェブサイトのアドレスも定めなければならない。（商法R3-34-ア）

２．公告方法を官報に掲載する方法としている会社が、公告方法を電子公告とする変更の登記を申請する場合において、事故その他やむを得ない事由によって電子公告による公告をすることができない場合の予備的公告方法を定めたときは、その登記の申請もしなければならない。（商業登記法H29-34-ア）

３．定款で公告方法を時事に関する事項を掲載する日刊新聞紙に掲載する方法とする旨を定める会社は、事故その他やむを得ない事由によってこの方法による公告をすることができない場合の公告方法として、官報に掲載する方法又は電子公告

のいずれかを定めることができる。（商法R3-34-エ）
4．公告方法を電子公告とする旨の定款の定めのある株式会社の設立の登記においては、決算公告の内容を掲載するウェブページのアドレスを、決算公告以外の内容を掲載するウェブページのアドレスとは別に登記することができる。（商業登記法H20-34-オ）

....

答え 1．× 2．○ 3．× 事故の際の予備的な公告方法の登記の仕組みは、公告方法が電子公告であるときだけの話。 4．○ 会社法施行規則220条2項。

❖❖

4 株主リスト

　商業登記の登記すべき事項に、株主全員の同意（または種類株主全員の同意）、株主総会の決議（または種類株主総会の決議）を要する場合、これと併せて株主リストの添付を要します。

　株主リストの作成者は、株式会社の代表者であることを要します。

　次の者のリストを作成します（種類株主全員の同意、種類株主総会の決議を要するときは、下記に準じて作成すればよい）。

1．株主全員の同意を要する場合→株主全員のリスト（商業登記規則61条2項）
　（1）　株主の氏名又は名称
　（2）　住所
　（3）　株式数（種類株式発行会社は、種類株式の種類及び数）
　（4）　議決権数

こちらは、問答無用で、**株主全員**のリストを要します。

2．株主総会の決議を要する場合→一定の大株主のリスト（商業登記規則61条3項）
　（1）　株主の氏名又は名称
　（2）　住所
　（3）　株式数（種類株式発行会社は、種類株式の種類及び数）
　（4）　議決権数
　（5）　議決権数割合

一定の大株主とは、次のいずれかのうち少ないほうの数にあたる株主です。
1. 上位10名
2. 議決権の３分の２に達するまで

こちらの株主は、その議案について、**議決権を有する株主**を意味します。

このため、自己株式を有する会社自身などは除かれます。しかし、株主総会に出席しなかった株主を含めて、その上位株主の記載をすることを要します。

また、同順位の者が複数いる場合、たとえば、上位10名の株主を記載する際に、議決権の数が同じ者が10位に複数並ぶときは、その全員の記載を要します。

さて、ある株主総会で、３つの議案が提出されたとしよう。

第１号議案　計算書類等の承認の件
第２号議案　取締役の選任の件
第３号議案　商号変更の件

この場合、株主リストは、原則として２通を要します。

第１号議案は、登記すべき事項ではないので、株主リストはいりません。

しかし、第２、第３号議案は、いずれも登記すべき事項です。

登記すべき事項が２つだから、リストも２つ要します。

→ただし、２つのリストの内容が同一のときは、その旨を付記して１通を添付すれば足りる。実務ではこのケースが多かろう。

というわけで、次の添付書類は、「セット」となる。

添付書類
株主全員の同意書　　　　　　　　　１通
規則61条２項の書面（株主リスト）　１通

添付書類
株主総会議事録　　　　　　　　　　１通
規則61条３項の書面（株主リスト）　何通

次ページで、規則61条３項の株主リストの実例をご紹介します（法務省HPより）。

赤字で記載しているところに記
載してください。

証　明　書

次の対象に関する商業登記規則61条2項又は3項の株主は次のとおりであることを証明する。

対象			
	株主総会等又は総株主の同意等の別	株主総会	←株主総会、種類株主総会、株主全員の同意、種類株主全員の同意のいずれかを記載してください。種類株主総会等の場合は、対象となる種類株式も記載してください。
	上記の年月日	令和●●年●●月●●日	←株主総会等の年月日を記載してください
	上記のうちの議案	全議案	←全議案又は対象となる議案を記載してください。総株主等の同意を要する場合は、記載不要です。

	氏名又は名称	住所	株式数　（株）	議決権数	議決権数の割合
1	甲野太郎	東京都千代田区…	400	400	40.0%
2	乙野次郎	東京都新宿区……	300	300	30.0%
3					
4	自己株式等の議決権を有しない株式は記載しません。	株主の氏名等は、総議決権数に対する各株主の議決権の割合が高い順に記載します。 記載を要する株主の数は ① 議決権の割合の合計が、3分の2に達するまで ② 10位に達するまで のいずれか少ない人数の株主を記載してください。	種類株式発行会社については、種類株式の種類及び種類ごとの数も記載してください。	株主全員の同意・種類株主全員の同意の場合には、議決権の割合の欄の記載は不要です。	
5	ただし、議決権を有していれば、株主総会に出席しなかった株主や議決権を行使しなかった株主も記載してください。		種類株式の種類は、登記された名称を記載してください。		
6					
7		なお、同順位の株主が複数いることなどにより②の株主が10名以上いる場合は、その株主全てを任意の形式の別紙を作成して記載してください。			
8					
9			総議決権数にも自己株式等の議決権を有しない株式の分は加算しないでください。		
10					
			合計	700	70.0%
			総議決権数	1000	

証明書作成年月日	令和○○年○○月○○日	証明書は、登記申請人名義で作成してください。(ただし、組織再編の登記の場合には、例外もあります。詳しくは法務省ホームページをご覧ください。)
商号	○○株式会社	
証明書作成者	代表取締役○○　　○○	

※ **商業登記規則第61条第2項**
登記すべき事項につき次の各号に掲げる者全員の同意を要する場合には、申請書に、当該各号に定める事項を証する書面を添付しなければならない。
一　株主　株主全員の氏名又は名称及び住所並びに各株主が有する株式の数（種類株式発行会社にあつては、株式の種類及び種類ごとの数を含む。次項において同じ。）及び議決権の数
二　種類株主　当該種類株主全員の氏名又は名称及び住所並びに当該種類株主のそれぞれが有する当該種類の株式の数及び当該種類の株式に係る議決権の数

※ **商業登記規則第61条第3項**
登記すべき事項につき株主総会又は種類株主総会の決議を要する場合には、申請書に、総株主（種類株主総会の決議を要する場合にあつては、その種類の株式の総株主）の議決権（当該決議（会社法第三百十九条第一項（同法第三百二十五条において準用する場合を含む。）の規定により当該決議があつたものとみなされる場合を含む。）において行使することができるものに限る。以下この項において同じ。）の数に対するその有する議決権の数の割合が高いことにおいて上位となる株主であつて、次に掲げる人数のうちいずれか少ない人数の株主の氏名又は名称及び住所、当該株主が有する株式の数（種類株主総会の決議を要する場合にあつては、その種類の株式の数）及び議決権の数並びに当該株主のそれぞれが有する議決権に係る当該割合を証する書面を添付しなければならない。
一　十名
二　その有する議決権の数の割合を当該割合の多い順に順次加算し、その加算した割合が三分の二に達するまでの人数

参考先例 ▮（令3.1.29民商10号）

　　主要な株主の氏名又は名称、住所及び議決権数等を証する書面、資本金の額の計上に関する証明書等、法令上、押印又は印鑑証明書の添付を要する旨の規定がない書面については、押印の有無について審査を要しない。

❖❖❖

参考問題　種類株式発行会社ではない株式会社における株主の氏名又は名称、住所及び議決権数等を証する書面（以下「株主リスト」という。）に関する次のアからオまでの記述のうち、正しいものの組合せは、後記1から5までのうち、どれか。（商業登記法R3-32）

ア　登記すべき事項につき株主全員の同意を要する場合における登記の申請書に添付すべき株主リストには、総株主の議決権の数に対する各株主の有する議決権の数の割合を記載することを要しない。

イ　登記すべき事項につき株主総会の決議を要する場合において、会社法第319条第1項の規定により株主総会の決議があったものとみなされたときの登記の申請書に添付すべき株主リストには、議決権を行使することができる株主全員の氏名又は名称を記載しなければならない。

ウ　登記すべき事項につき株主総会の決議を要する場合における登記の申請書には、株主リストの添付に代えて、株主名簿を添付すれば足りる。

エ　登記すべき事項につき株主総会の決議を要する場合において、議決権を行使することができる総株主の議決権の数に対するその有する議決権の数の割合が最も高い株主が当該株主総会を欠席したときは、登記の申請書に添付すべき株主リストには当該欠席した株主の氏名又は名称を記載することを要しない。

オ　登記すべき事項につき株主全員の同意を要する場合において、自己株式があるときは、登記の申請書に添付すべき株主リストには当該自己株式の数を記載しなければならない。

（参考）

会社法

　　第319条　取締役又は株主が株主総会の目的である事項について提案をした場合において、当該提案につき株主（当該事項について議決権を行使することができるものに限る。）の全員が書面又は電磁的記録により同意の意思表示をしたときは、当該提案を可決する旨の株主総会の決議があったものとみなす。

　　2～5（略）

1　アイ　　2　アオ　　3　イウ　　4　ウエ　　5　エオ

答え　2

ア　○　議決権数の記載のみでよい。

イ　×　みなし株主総会のケースも添付すべき株主リストは、株主総会議事録の
　　ときと同様。

ウ　×　株主名簿での代用は不可。株主名簿には、各株主の議決権の数・割合が
　　記載されないため。

エ　×　出席の有無にかかわらず、上位株主の記載を要する。

オ　○　記載すべきは株主全員であるから、自己株式を有する株式会社も含まれる。

---

5 会社の機関と役員変更等

Ⅰ　役員等の責任免除、制限の登記

　これまでの記述で、商業登記における申請書の作成方法の概要が理解できたか
と思う。

　急所となる「登記すべき事項」の部分は、登記簿の下書きである。

　これこのように登記簿に記載してくださいという申立ての部分と考えればよい。

　登記事項は法定されているから、何が登記事項であるかは会社法等での確認を
要する。

　次に、「登記の事由」は、いかなる登記を求めるかを概略的に記載すればよい。

　この部分の記載事項は、登記事項と異なり厳格に法定されているわけではないし、
登記簿に搭載される事項でもない。

　一応、記載例がある場合には、そのとおりに書くことが好ましいという程度で
あろう。

　登録免許税については、租税法律主義の考え方から、登録免許税法において法
定されている。

　最後に、添付書面の考え方である。

　ここは、会社法の知識を要する局面となる。

　ある登記事項が発生するためには、実体法である会社法において、いかなる手
続を要するかを考え、その中から、商業登記法、商業登記規則において添付書面
とされるものをピックアップすればよい。

　以上、基本は簡単なことである。

　したがって、あまり見覚えのない事項に関する登記申請書を、記述式試験において書かされるハメになっても、けっして動揺しないことが肝心である。
　では、ちょっと練習してみよう。
　以下の登記が実行された際の登記申請書を再現してみてほしい。

登記簿の記載例（H18.4.26民商第1110号依命通知改）
役員等の会社に対する責任の免除に関する登記
会社に対する責任の免除の規定を設定した場合

取締役等の会社に対する責任の免除に関する規定	当会社は、会社法第426条の規定により、取締役会の決議をもって、同法第423条の行為に関する取締役（取締役であった者を含む）の責任を法令の限度において免除することができる。 　当会社は、会社法第426条の規定により、取締役会の決議をもって、同法第423条の行為に関する監査役（監査役であった者を含む）の責任を法令の限度において免除することができる。 　　　　令和６年10月１日設定　令和６年10月８日登記

　みなさんは、この登記申請書を書くのは、初めてであろう。
　だが、書けないことはない。
　基本的には、上記の登記記載例に書かれていることをオウム返しに書いたモノが申請書となる。

登記の事由	取締役等の会社に対する責任の免除に関する規定の設定
登記すべき事項	令和６年10月１日次のとおり設定 取締役等の会社に対する責任の免除に関する規定 当会社は、会社法第426条の規定により、取締役会の決議をもって、同法第423条の行為に関する取締役（取締役であった者を含む）の責任を法令の限度において免除することができる。 当会社は、会社法第426条の規定により、取締役会の決議をもって、同法第423条の行為に関する監査役（監査役であった者を含む）の責任を法令の限度において免除することができる。
登録免許税	金30000円（ツ）
添付書類	株主総会議事録　　１通　　＊ 株主リスト　　　　１通 委任状　　　　　　１通

＊取締役等の会社に対する責任の免除に関する規定は「定款」の記載事項である（会

社法426条）。したがって、株主総会の決議要件は特別決議である。

　以上で、書き終わった。
　「登記の事由」「登記すべき事項」は、登記簿の記載を書き写せばいいだけだ。
　実際の記述式試験では、この作業は、逆になり、申請書の作成→登記の実行の時系列となるのであるが、これも怖れるに足りない。
　問題文に登場するはずの「株主総会議事録の記載内容」をオウム返しに書けばよいのである。

　このように、申請書の作成自体は「実に簡単なこと」なのである。
　受験者は、この点にアタマを悩ます必要はない。
　仮に、書いたこともない特殊な申請書を書かされたとしても、「何が登記事項であるか」という基本がわかっていれば、「このように登記簿に記載してください」という内容が試験委員に伝われば十分に合格点である。

　さて、この申請書には、書ける書けないのレベルとは別の問題が発生する。
　前記申請書で登記の申請をした会社は取締役会設置会社である。
　なぜなら、登記すべき事項に「取締役会の決議をもって、云々」と書いてある。
　会社法426条の責任免除の規定は、取締役会設置会社でも、取締役会を設置しない会社でも設定をすることができる。
　しかし、次の要件を満たさない限りは、設定することができないのである。
　１．監査役設置会社、指名委員会等設置会社または監査等委員会設置会社であること。
　２．取締役が２人以上いること。

　以上の登記がされていない会社では、会社法426条の責任免除の規定を設定する登記申請は却下されることになる。

　では、なぜ、却下されるのか。その根拠条文を示そう。
　根拠は会社法にある。

会社法426条（取締役等による免除に関する定款の定め）

1項　第424条の規定にかかわらず、監査役設置会社（取締役が２人以上ある場合に限る。）、監査等委員会設置会社又は指名委員会等設置会社は、第423条第１項の責任について、当該役員等が職務を行うにつき善意でかつ重大な過失がない場合において、責任の原因となった事実の内容、当該役員等の職務の執行の状況その他の事情を勘案して特に必要と認めるときは、前条第１項の規定により免除することができる額を限度として取締役（当該責任を負う取締役を除く。）の過半数の同意（取締役会設置会社にあっては、取締役会の決議）によって免除することができる旨を定款で定めることができる。

＊会社法426条の趣旨については本書Ｐ85参照のこと。

コラム　登記できない事項

　前記の論点は、平成19年度司法書士試験で出題された。

　司法書士試験では、毎年のように、「司法書士として登記の申請を代理すべきでない事項があるときはその事項およびその理由を簡潔に記載しなさい」という趣旨の出題があるのである。

　これが、本試験記述式試験の「テーマ」ともいえる出題である。

　この年の問題は、ある株式会社が、株主総会で、第３号議案で監査役設置会社の定めを廃止し、第４号議案で会社法426条の定めと会社法427条の定めを設定する定款変更を行うものである。

　上記のうち、会社法426条の定めが「司法書士として登記の申請を代理すべきでない事項」である。

　このように、司法書士試験の記述式の問題は、「書ける書けないのレベル」を超えたところで勝負が決まる。

コラム 会社法426条の責任免除の規定と会社法389条の関係

　上記のように監査役を設置しない会社（指名委員会等設置会社および監査等委員会設置会社を除く）においては、会社法426条の責任免除の定款規定を置くことができない。

　ここにいう監査役を設置しない会社には、監査役の権限について会社法389条１項の定め（監査役の監査の範囲を会計に関するものに限定する旨の定款の定め）がある会社を含む。（会社法２条９号参照）

　なお、登記事項については、911条３項17号に規定がある。

　では、監査役設置会社の登記はいかなる場合にされるのか。

　以下に引用しよう。

会社法911条（株式会社の設立の登記）３項

　17　監査役設置会社（監査役の監査の範囲を会計に関するものに限定する旨の定款の定めがある株式会社を含む。）であるときは、その旨及び次に掲げる事項

　　イ　監査役の監査の範囲を会計に関するものに限定する旨の定款の定めがある株式会社であるときは、その旨

　　ロ　監査役の氏名

　すなわち、登記簿に監査役設置会社と記載されている会社には、会社法389条１項の定めがある株式会社を含んでいる。

　会社法389条１項の定めを置くことができる株式会社は、中小の公開会社でない会社に限定される。この場合、当該規定の有無は、登記簿上から明らかとなるから、会社法426条の責任免除の規定の設定の可否の判断をするためには、その規定の登記の有無の確認を要することになる。

　では、次に、会社法427条の問題に移行しよう。

　以下の登記が実行された際の登記申請書を再現してみてほしい。

再掲載　登記簿の記録例

非業務執行取締役等の会社に対する責任の制限の登記

会社に対する責任の制限の規定を設定した場合

非業務執行取締役等の会社に対する責任の制限に関する規定	当会社は、会社法第427条の規定により、取締役（業務執行取締役等であるものを除く。）及び監査役との間に、同法第423条の行為による賠償責任を限定する契約を締結することができる。ただし、当該契約に基づく賠償責任の限度額は、何万円以上であらかじめ定めた金額又は法令が規定する額のいずれか高い額とする。 令和6年10月1日設定　令和6年10月8日登記

では、申請書の記載事項を考えてみよう。

登記の事由	非業務執行取締役等の会社に対する責任の制限に関する規定の設定
登記すべき事項	令和6年10月1日次のとおり設定 非業務執行取締役等の会社に対する責任の制限に関する規定 当会社は、会社法第427条の規定により、取締役（業務執行取締役等であるものを除く。）及び監査役との間に、同法第423条の行為による賠償責任を限定する契約を締結することができる。ただし、当該契約に基づく賠償責任の限度額は、何万円以上であらかじめ定めた金額又は法令が規定する額のいずれか高い額とする。
登録免許税	金30000円（ツ）
添付書類	株主総会議事録　1通　＊ 株主リスト　1通 委任状　1通

＊非業務執行取締役等の会社に対する責任の制限に関する規定は「定款」の記載事項である（会社法427条）。この規定の設定は、定款の変更を要する。したがって、その株主総会の決議要件は特別決議である。（会社法466条、309条2項11号）

以上である。

さて、この会社法427条の責任制限の定款規定が平成19年に出題されたことはすでに述べた。

以下に同条を引用しよう。

> **会社法427条（責任限定契約）**
> 1項　第424条の規定にかかわらず、株式会社は、取締役（業務執行取締役等であるものを除く。）、会計参与、監査役又は会計監査人（以下この条及び第911第3項第25号において「非業務執行取締役等」という。）の第423条第1項の責任について、当該非業務執行取締役等が職務を行うにつき善意でかつ重大な過失がないときは、定款で定めた額の範囲内であらかじめ株式会社が定めた額と最低責任限度額とのいずれか高い額を限度とする旨の契約を非業務執行取締役等と締結することができる旨を定款で定めることができる。

平成19年に出題された会社のケースは、監査役設置会社の定めは廃止されていたから、責任制限の規定は非業務執行取締役に関するものだけであった。

会社法427条には、会社法426条のような制限はないから、監査役を設置しない会社でも登記は受理される（取締役の員数に関する規制もない）。

そこで、本試験においては、この登記を申請書に書くことになった。

が、少々、ヒネリが入った出題であった。

そのヒネリとは以下の事情である。

株主総会決議において

定款第○条に「……賠償責任の限度額は、金500万円以上であらかじめ定めた金額又は法令が規定する額のいずれか高い額とする。」とする規定を置くという定款変更の決議を行った。

その後の決定事項

申請会社は、賠償責任の限度額を金1000万円と定め、この金額による責任制限の契約を非業務執行取締役との間で締結した。

以上が、ヒネリである。

はたして、登記簿には、「金500万円以上云々」と記載すべきか、それとも「金1000万円云々」と記載すべきか。

みなさんなら、どうするかという問題である。

この問題の答は、どこにあるのだろうか？

しばし、「どこにあるか」を考えてほしい。

実は、この結論は、本書ではすでに述べている。

そこで、この問題を考えてもらうことで、みなさんの「理解の程度」を判定できるのである（解答は後ほどということにしよう）。

> **コラム**　　**機関設計との関係**
>
> 　平成19年度の問題設定は、これを逆転することもできる。
> 　たとえば、会社法426条の定め、427条の定めのある株式会社が、監査役設置会社の定めを廃止する定款変更（指名委員会等設置会社および監査等委員会設置会社へは移行しない）を行う場合である。
> 　この場合、会社法426条の定めを、あわせて廃止すべきである。

　以上に述べたように、商業登記法の問題を解く場合には、実体法の理解が必須である。

　会社法と商業登記法は、同じことの表裏といっていいほど、密接な関係がある。

　会社法の理解が深まれば商業登記法の点数があがるし、商業登記法を学べば会社法の規定を確認することができるのである。

宿題「どこにあるか」の解答

　もちろん、会社法にある。

　登記事項は法定されているはずである。

　では、911条３項25号を見てみよう。

> **会社法911条３項**
> 　25　第427条第１項の規定による非業務執行取締役等が負う責任の限度に関する契約の締結についての定款の定めがあるときは、その定め

　上記のように、登記事項は**「定款の定め」**である。したがって、登記すべき事項は「金500万円以上云々」が正解である。

　宿題に即答できなかった方は、「登記は法律の規定によりなされる」という、基本中の基本を、よくかみ締めてほしい。この点の理解が、商業登記法を得意科目にすることができるかどうかの分かれ道である。

❖❖❖

　参考問題　　会計監査人が負う責任の限度に関する契約の締結についての定款の定めを設けた場合には、会計監査人と当該契約を締結していないときであっても、会計監査人の責任の制限に関する定めの設定による変更の登記の申請をしなければならない。（商業登記法H25-33-オ）

⋯⋯⋯⋯⋯⋯⋯⋯⋯⋯⋯⋯⋯⋯⋯⋯⋯⋯⋯⋯⋯⋯⋯⋯⋯⋯⋯⋯⋯⋯⋯⋯⋯⋯

　答え　　○　そのとおり。登記事項はその旨の契約ができるという定款の定めであり、具体的な契約の内容ではない。

❖❖❖

Ⅱ　会社の機関の登記1

会社の機関について、基本条文を挙げよう。

会社法326条（株主総会以外の機関の設置）

１項　株式会社には、１人又は２人以上の取締役を置かなければならない。

２項　株式会社は、定款の定めによって、取締役会、会計参与、監査役、監査
　　　役会、会計監査人、監査等委員会又は指名委員会等を置くことができる。

以上のように、「取締役会、会計参与、監査役、監査役会、会計監査人、監査等
委員会又は指名委員会等を置く」ということは定款の記載事項である。

余談　アタマが分析的

　　会社法は理科系のアタマで作られている。

　　理科系のアタマは分析的なのである。

　　会社法326条１項に、１人又は２人以上の取締役を置かなければならないとあ
る。

　　ほとんどの人は、だったら、１人以上置きなさいですむじゃないかと思います。

　　でも、これは、１人か複数の取締役を置くという意味であって、理科系のア
タマには分ける意味があったのである。

　　会社法は、この後、取締役が１人ならどう、２人以上ならどうという書き方
もする。

　　ので、ちょっと**理科系にアタマを切り替える**と会社法の理解が進むという関
係にある。

コラム　「会計参与を置くことができる」という定款規定の効力

　無効である。

　会社の機関は、置くのか置かないのかがはっきりしていなければならない。

　置くことができる＝どっちでもいい、という規定には効力がないとされて
いる。

　では、令和６年10月１日に、ある株式会社が株主総会で「当会社は監査役を置く」
という定款の変更決議をしたとしよう。

　なお、この会社は、取締役１名のみが登記された中小の公開会社でない会社で
あると仮定しよう。

　この場合の、登記申請書はどうなるだろうか？

　申請が却下されないように、よく考えてみてほしい。

★ヒント★
　登録免許税
　監査役の設置は区分がツで３万円。

登記の事由	監査役設置会社の定めの設定 監査役の変更
登記すべき事項	令和６年10月１日監査役設置会社の定めの設定 同日監査役Ｂ就任
登録免許税	金40000円（資本金の額が金１億円以下の会社の場合）
添付書類	株主総会議事録　　１通 株主リスト　　　　何通 就任承諾書は株主総会議事録の記載を援用する 本人確認証明書　　１通 委任状　　　　　　１通

　上記は、株主総会において、監査役Ｂが選任され、その席上で就任を承諾したことを前提にした申請書である。
　株主総会議事録の該当部分は以下のとおりとなる。

　第１号議案　監査役設置会社の定めの設定
　議長は、今般、下記のとおり、監査役を置く旨の定款の定めを設定したい旨を述べ、その可否を議場に諮ったところ、満場一致でこれを承認可決した。

　定款
　第○条　当会社は監査役を置く。

　第２号議案　監査役の選任
　議長は、当会社の監査役を選任する必要がある旨を述べ、その選任方法につき議場に諮ったところ議場より議長一任との発言があり、一同これを承認したので、議長は下記の者を指名しその賛否を諮ったところ、満場一致でこれを承認可決した。なお、被選任者は席上その就任を承諾した。

　監査役　何市何町何番地　　Ｂ

　では、上記の議事録について簡単に説明をする。

① 決議要件

　　第1号議案は、特別決議（定款変更だから）

　　第2号議案は、会社法341条の特別の普通決議

《参考条文》以下、重要条文である。

> **会社法341条（役員の選任及び解任の株主総会の決議）**
>
> 第309条第1項の規定にかかわらず、役員を選任し、又は解任する株主総会の決議は、議決権を行使することができる株主の議決権の過半数（3分の1以上の割合を定款で定めた場合にあっては、その割合以上）を有する株主が出席し、出席した当該株主の議決権の過半数（これを上回る割合を定款で定めた場合にあっては、その割合以上）をもって行わなければならない。
>
> **会社法309条（株主総会の決議）**
>
> 2項　前項の規定にかかわらず、次に掲げる株主総会の決議は、当該株主総会において議決権を行使することができる株主の議決権の過半数（3分の1以上の割合を定款で定めた場合にあっては、その割合以上）を有する株主が出席し、出席した当該株主の議決権の3分の2（これを上回る割合を定款で定めた場合にあっては、その割合）以上に当たる多数をもって行わなければならない。この場合においては、当該決議の要件に加えて、一定の数以上の株主の賛成を要する旨その他の要件を定款で定めることを妨げない。
>
> 7　第339条第1項の株主総会（第342条第3項から第5項までの規定により選任された取締役（監査等委員である取締役を除く。）を解任する場合又は監査等委員である取締役若しくは監査役を解任する場合に限る。）

② 「なお、被選任者は席上その就任を承諾した。」とは？

　　株式会社と役員および会計監査人との関係は、委任に関する規定に従う。（会社法330条）

　　委任は契約であるから、株式会社の選任行為と、役員等の就任承諾によりその効力を生じる。

　　したがって、この場合、株主総会議事録のほか就任承諾書の添付を要することになる。

→商業登記法は、添付書面に積極証明を求めるところ、監査役の就任のパズルは、株主総会の選任と、監査役の就任承諾の2つなのである。

> **商業登記法54条（取締役等の変更の登記）**
> 1項　取締役、監査役、代表取締役又は特別取締役（監査等委員会設置会社に
> あつては監査等委員である取締役若しくはそれ以外の取締役、代表取締役
> 又は特別取締役、指名委員会等設置会社にあつては、取締役、委員、執行
> 役又は代表執行役）の就任による変更の登記の申請書には、就任を承諾し
> たことを証する書面を添付しなければならない。

→社外取締役、社外監査役の就任承諾書の添付は求められていない。したがって、
　これらの者の就任承諾書には、単に「取締役（監査役）として就任を承諾し
　ます」と書いてあればよい。

→実務では、「監査役（社外監査役）何某　㊞」のカタチの就任承諾書が多い。
　しかし、この「（社外監査役）」の部分は無意味なのである。

→なぜなら、本人が社外監査役になりたくても一定の要件を満たさなければ社
　外監査役ではない。逆に、本人は社外監査役のつもりがなくても一定の要件
　を満たせば社外監査役だ。だから、無意味なのである。

コラム　就任承諾書の援用

　上記のように、商業登記法は、取締役、監査役等の就任登記をする場合に、
その就任承諾書の添付を要求している。

　が、選任をした株主総会等の議事録に、選任された者が就任を承諾した旨
の記載があれば、これを就任承諾書として援用できることになっている。

　援用するとは、実際には就任承諾書を別途作成はしないが、株主総会議事
録の記載をもって商業登記法が要求する就任承諾書の代わりを務めさせるこ
とを意味している。

　なお、この援用が可能とされるのは、被選任者が、自ら株主総会等に出席
し、就任承諾の旨を「しゃべった」場合に限られる。

　たとえば、次のような議事録の記載は、就任承諾書として援用をすること
ができない。

　「議長は、被選任者が株主総会で選任された場合には、就任を承諾すると
語っていたと述べた。」

　このケースは、株主総会で本人が出てきてしゃべったケースに該当しない。

　しゃべっているのは「議長」である。

　したがって、登記を申請する場合には、株主総会議事録のほか就任承諾書
を作成しこれを添付する必要が生じる。

上記の事情は、辞任届についても同様である。辞任する者自身が株主総会等で辞任の意思を自ら述べていれば、これを辞任届として援用することができる。

　　なお、会社法では、株主総会議事録に議事録作成者等の押印が要求されていない。

　　だから、就任承諾の旨を述べた者等の押印が議事録上に存在しなくても、援用は可能である。

　　（ただし、取締役の選任、代表取締役の選定に関しては、商業登記規則61条4項・5項により就任承諾書に係る押印を要求されるケースが存在する。この点は、後述する。）

【商業登記法の基本思想】直接証明

　　商業登記法は、登記の添付書面に直接証明を求める。これも商業登記法の基本思想の一つである。添付書面は、その登記事項を**直接に証明**することを要する。

　　本人が自らしゃべったのであれば直接証明だが、議長が聞いた話では間接証明だからダメなのである。

❖❖

参考問題

1．株主総会において取締役が口頭で辞任を申し出たことがその総会の議事録上明らかな場合において、取締役の変更の登記の申請書にその議事録を添付したときは、辞任届を添付することを要しない。（商業登記法S58-38-3）
2．株主総会の議事録にその取締役が死亡した旨が記載されている場合において、その取締役の死亡による変更の登記の申請書にその議事録を添付したときは、他に死亡を証する書面を添付することを要しない。（商業登記法S58-38-5）
3．取締役の就任による変更の登記の申請書に添付する株主総会の議事録は、議長及び出席した取締役が署名押印したものでなければならない。（商業登記法H6-28-3）

┈┈

答え　1．○　取締役が株主総会に出席し、自ら辞任する旨を「しゃべって」いるので、株主総会議事録を辞任届として援用できる。
2．×　死者は株主総会で「しゃべって」いない。
3．×　会社法には株主総会議事録に署名押印を要するとの定めはない。

❖❖

　さて、以上は、さきの登記申請書にからむ手続上の問題である。
　手続の問題が終了し、話はここからが本番になる。

　会社の機関設計については、会社法327条、328条に規定がある。

　この点は、本書では、すでに述べた（47のパターンの表のコトである）。

　そして、商業登記法の問題として、機関設計の変更と役員区の登記に整合性がない場合には、当該登記申請は「却下」される扱いなのである。

　つまり、「監査役を置く」（機関設計の変更）と、監査役の就任（役員区の登記）には整合性が要求されるから、「監査役を置く」という登記だけを申請することはできないのである。

　これを認めれば、登記簿上、監査役設置会社であるのに監査役がいないという状況になるからである。

　機関設計の変更と役員区に矛盾が生じてしまう。

【用語解説】→ 区とは？
　　登記簿は「区」ごとに分かれている。商号区、目的区、株式・資本区、役員区、役員責任区、会社支配人区、支店区、新株予約権区、会社履歴区、企業担保権区、会社状態区、登記記録区の順である。ちなみに、「監査役設置会社に関する事項」は会社状態区の記載事項である。

《参考条文》

商業登記規則35条（申請書の記載等）
　２項　申請書に記載すべき登記事項は、区ごとに整理して記載するものとする。

　＊なお、区については、次表参照。

別表５（株式会社登記簿）

区の名称	記 録 す べ き 事 項
商号区	会社法人等番号 商号 商号譲渡人の債務に関する免責 本店の所在場所 電子提供措置の定め 会社の公告方法 貸借対照表に係る情報の提供を受けるために必要な事項 中間貸借対照表等に係る情報の提供を受けるために必要な事項 会社成立の年月日
目的区	目的

株式・資本区	単元株式数 発行可能株式総数 発行済株式の総数並びにその種類及び種類ごとの数 株券発行会社である旨 資本金の額 発行する株式の内容 発行可能種類株式総数及び発行する各種類の株式の内容 株主名簿管理人の氏名又は名称及び住所並びに営業所 創立費の償却の方法 事業費の償却の方法 その他株式又は資本金に関する事項
役員区	取締役、仮取締役及び取締役職務代行者 監査等委員である取締役、監査等委員である仮取締役及び監査 等委員である取締役職務代行者 会計参与、仮会計参与及び会計参与職務代行者並びに計算書類 等の備置き場所 監査役、仮監査役及び監査役職務代行者 代表取締役、仮代表取締役及び代表取締役職務代行者 特別取締役 委員、仮委員及び委員職務代行者 執行役、仮執行役及び執行役職務代行者 代表執行役、仮代表執行役及び代表執行役職務代行者 会計監査人及び仮会計監査人 取締役が社外取締役である旨 監査役が社外監査役である旨 清算人、仮清算人及び清算人職務代行者 代表清算人、仮代表清算人及び代表清算人職務代行者 監査役の監査の範囲を会計に関するものに限定する旨の定款の 定めがある旨 職務の執行停止 その他役員等に関する事項（役員責任区に記録すべきものを除く。）
役員責任区	取締役、会計参与、監査役、執行役又は会計監査人の会社に対 する責任の免除に関する規定 取締役（業務執行取締役等であるものを除く。）、会計参与、監 査役又は会計監査人の会社に対する責任の制限に関する規定
会社支配人区	支配人 支配人を置いた営業所

支店区	支店の所在場所
新株予約権区	新株予約権に関する事項
会社履歴区	会社の継続 合併をした旨並びに吸収合併消滅会社の商号及び本店 分割をした旨並びに吸収分割会社の商号及び本店 分割をした旨並びに吸収分割承継会社又は新設分割設立会社の商号及び本店
企業担保権区	企業担保権に関する事項
会社状態区	存続期間の定め 解散の事由の定め 取締役会設置会社である旨 会計参与設置会社である旨 監査役設置会社である旨 監査役会設置会社である旨 特別取締役による議決の定めがある旨 監査等委員会設置会社である旨 重要な業務執行の決定の取締役への委任についての定款の定めがある旨 指名委員会等設置会社である旨 会計監査人設置会社である旨 清算人会設置会社である旨 解散（登記記録区に記録すべき事項を除く。） 設立の無効 株式移転の無効 特別清算に関する事項（役員区及び登記記録区に記録すべきものを除く。） 民事再生に関する事項（他の区に記録すべきものを除く。） 会社更生に関する事項（他の区に記録すべきものを除く。） 承認援助手続に関する事項（役員区に記録すべきものを除く。） 破産に関する事項(役員区及び登記記録区に記録すべきものを除く。) 業務及び財産の管理の委託に関する事項
登記記録区	登記記録を起こした事由及び年月日 登記記録を閉鎖した事由及び年月日 登記記録を復活した事由及び年月日

　したがって、監査役を置くという旨の登記を申請するためには監査役の就任登記と同時にこれを申請しなければならない。

コラム 監査役が死亡したらどうなるか

　前記の同時申請の問題は、機関設計の変更登記に関する論点である。

　仮に、1人しかいない監査役が死亡した場合、その登記のみを申請することは不可能ではない。

　この登記の結果、監査役設置会社であるのに監査役がいない登記簿になるが、これは、いたし方のないことである。

　死亡した監査役をいつまでも登記簿に残す意味がないからである。

　→ただし、この場合、当該株式会社は早期に後任の監査役を選任するかまたは監査役を置くという定款規定を廃止すべきであるとはいえる。

役員に関する事項	監査役　甲野太郎	令和5年10月1日就任
		令和5年10月8日登記
		令和6年11月1日死亡
		令和6年11月8日登記
監査役設置会社に関する事項	監査役設置会社	令和5年10月1日設定
		令和5年10月8日登記

　では、参考までに、会計参与、並びに会計監査人を設置する変更登記を申請する場合の申請書の記載事項を以下に記すことにする。

　なお、登録免許税の考え方は、監査役の設置の場合と同様であり、会計参与、会計監査人の設置は区分がツで3万円である。

① 会計参与の設置の場合

登記の事由	会計参与設置会社の定めの設定
	会計参与の変更
登記すべき事項	令和6年10月1日会計参与設置会社の定めの設定
	同日会計参与B就任
	（書類等備置場所）　＊1
	何県何市何町何番地
登録免許税	金40000円（資本金の額が金1億円以下の会社の場合）
添付書類	株主総会議事録　1通　＊2
	株主リスト　　　何通
	公認会計士又は税理士であることを証する書面
	1通　＊3

248

> 就任承諾書は株主総会議事録の記載を援用する
> 委任状　　　　　１通

＊１　計算書類等の備置場所については、本書Ｐ30および会社法378条、会社法施行規則103条を参照のこと。

＊２　株主総会の決議要件は、監査役設置会社の定めの設定の場合に準じる。

＊３　会計参与は、公認会計士もしくは監査法人または税理士もしくは税理士法人でなければならない。（会社法333条１項）

　そこで、会計参与の資格を証明するために、以下の書面の添付を要する。（商業登記法54条２項２号・３号）

１．これらの者が法人であるときは、当該法人の登記事項証明書（作成後３か月以内、会社法人等番号の提供により添付省略ができる）。ただし、当該登記所の管轄区域内に当該法人の主たる事務所がある場合を除く。

　→ただし書は、株式会社の本店の所在場所と税理士法人等の主たる事務所が、同一の登記所の管轄内であれば、税理士法人等の登記事項は当該登記所において自明なことであるから、税理士法人等の登記事項証明書の添付を要しないとする趣旨である。

２．これらの者が法人でないときは、公認会計士または税理士であることを証する書面。

参考　｜計算書類等の備置場所に関する添付書類

　計算書類等の備置場所が会計参与である税理士（または公認会計士）の事務所の所在場所であることを証する旨の添付書類は不要である。

　しかし、計算書類等の備置場所は、会計参与の事務所の場所の中から定めなければならないため（会社法施行規則103条２項）、会計参与が法人である場合には添付書類として提出された登記事項証明書（全部事項証明書）の事務所の中から計算書類等の備置場所が定められているかどうかが、登記官の審査の対象となる。

参考問題　会計参与を１人置く旨の定款の定めがある株式会社の会計参与である税理士法人が主たる事務所を移転した場合において、当該税理士法人が従たる事務所を設けていないときは、当該株式会社の計算書類等の備置きの場所に係る変更の登記を申請しなければならない。（商業登記法H21-30-オ）

答え　○　会計参与の書類等備置場所は、その者の事務所所在地でなければならない。設問の税理士法人は唯一の事務所を移転したため、計算書類等の備置きの場所に係る変更の登記を申請しなければならない。（会社法915条１項）

② 会計監査人の設置の場合

登記の事由	会計監査人設置会社の定めの設定 会計監査人の変更
登記すべき事項	令和6年10月1日会計監査人設置会社の定めの設定 同日会計監査人C監査法人就任
登録免許税	金40000円（資本金の額が金1億円以下の会社の場合）
添付書類	株主総会議事録　　1通　＊1 株主リスト　　　　何通 登記事項証明書　　1通　＊2 就任承諾書は株主総会議事録の記載を援用する 委任状　　　　　　1通

＊1　株主総会の決議要件は、会計監査人を置く旨の定款変更決議は特別決議、会計監査人の選任決議は会社法309条1項の普通の普通決議。
　　→会社法341条は、会計監査人に適用がないことに注意のこと。
＊2　会計監査人は、公認会計士もしくは監査法人でなければならない。（会社法337条1項）
　　そこで、会計監査人の資格を証明するために、以下の書面の添付を要する。（商業登記法54条2項2号・3号）
　1．これらの者が法人であるときは、当該法人の登記事項証明書（作成後3か月以内）。ただし、当該登記所の管轄区域内に当該法人の主たる事務所がある場合を除く。
　　→ただし書は、株式会社の本店の所在場所と監査法人の主たる事務所が、同一の登記所の管轄内であれば、監査法人の登記事項は当該登記所において自明なことであるから、監査法人の登記事項証明書の添付を要しないとする趣旨である。
　2．これらの者が法人でないときは、公認会計士であることを証する書面。
　なお、登記事項証明書の添付に代えて、C監査法人の会社法人等番号を申請書に記載することもできる。次の要領である。

　添付書類
　登記事項証明書（添付省略　会社法人等番号0000-00-000000）

商業登記規則36条の2（登記事項証明書等の有効期間）
申請書に添付すべき登記事項証明書は、その作成後三月以内のものに限る。

次に、株式会社が、ある機関を廃止する場合を想定してみよう。

では、監査役を廃止した場合の登記簿の記載例(H18.4.26民商第1110号依命通知)を紹介しよう。

監査役設置会社の定めを廃止した場合（会社法第336条第４項）

役員に関する事項	監査役　丁　野　四　郎	令和５年10月１日重任
		令和５年10月８日登記
		令和６年10月１日退任
		令和６年10月８日登記

監査役設置会社に関する事項	監査役設置会社 　　　　　　令和６年10月１日廃止　　令和６年10月８日登記

監査役丁野四郎が令和６年10月１日退任とある。

みなさんには、この意味がわかるだろうか？

これは、「任期満了により退任」の意味なのである。

では、順を追って説明しよう。

記載例によれば、監査役丁野四郎は令和５年10月１日に重任している。

重任という言葉は、「任期満了退任＋就任」の意味である。

この間に時間的な隔たりがない場合に、登記上は「重任」と表記するのである。

ということは、監査役丁野四郎の任期は会社法の規定により令和５年10月１日に開催された定時株主総会の終結時に満了し、同じ定時株主総会で再任された監査役丁野四郎が即時に就任を承諾したと考えるのが自然である。

したがって、監査役丁野四郎の任期は、令和５年10月１日が起算日であると仮定しよう。

コラム 会社法の任期規定の困った点

本書ではすでに学習済みのコトであるが、ちなみに、監査役の任期の原則規定を再度引用しよう。

> **会社法336条（監査役の任期）**
> 1項　監査役の任期は、選任後4年以内に終了する事業年度のうち最終のものに関する定時株主総会の終結の時までとする。

上記のように、任期の起算点は、選任時である。就任時ではない。

しかし、登記簿に記載されるのは、就任時でしかない。

そこで、次の問題を考えてみよう。

問　3月末を事業年度の終了時とするA社がある。

　　　このA社の登記簿に次の記載がある。

　　　監査役　甲　令和2年6月28日就任

　　　さて、この監査役の任期の満了時はいつか？

答　不明

理由　甲が選任された時がいつであるかがわからないから。

ケース1　令和2年6月28日に選任され即時に就任承諾をした場合。

　→任期は、令和6年3月末の事業年度の終了時にかかる定時株主総会の終結の時まで。

ケース2　令和2年3月30日に選任され令和2年6月28日に就任承諾をした場合。

　→任期は、令和5年3月末の事業年度の終了時にかかる定時株主総会の終結の時まで。

　→選任の翌日に最初の事業年度が終了したため、任期は実質3年になる。

上記のように、会社法では、会社法の施行以前においては取締役等の任期を就任時から起算したところ、これを選任時からとする規定を置いたため、登記簿を

見ただけでは、役員等の任期の満了時が不明という事態が生じている。

発展　登記実務の考え方

　上記のように、役員等の選任時は、登記簿から判明しない。

　したがって、役員等の任期満了による退任の登記を申請する場合、厳密に考えれば、「退任を証する書面」として、選任時期がいつであるかを証明する書面を要することになる。

　しかし、この手間は煩雑であるし、通常は選任時と就任時は近接しているため、実務においては、原則として、この場合に選任の時期の証明は不要とされている。

参考　辞任＋就任

　「辞任＋就任」の場合には、たとえ、その間に時間的な間隔がない場合でも、重任とはいわない。

　取締役Ａが株主総会で辞任の意思表示をし、その後、当該株主総会で再度取締役に選任され即時に就任承諾をしたとしよう。この場合、登記申請書の記載は以下のようになる。

登記の事由	取締役の変更
登記すべき事項	年月日取締役Ａ辞任
	同日取締役Ａ就任

＊上記は、取締役Ａが代表取締役ではない場合の記載例。

　さて、少々、脱線をした。要するに、さきに挙げた法務省の登記簿上の監査役丁野四郎は、令和６年10月１日において任期中であった。

　では、なぜ、任期が満了したのか。
　思い出していただけるだろうか。
　実は、本書においてすでに紹介したはずの次の条文にその理由がある。

会社法336条（監査役の任期）
４項　前３項の規定にかかわらず、次に掲げる定款の変更をした場合には、監査役の任期は、当該定款の変更の効力が生じた時に満了する。
１　監査役を置く旨の定款の定めを廃止する定款の変更

参考　会計参与、会計監査人

　会計参与、会計監査人についても、監査役の廃止の場合と同趣旨の条文がある。（会社法334条２項、338条３項）
　なお、取締役会を廃止しても取締役の任期は満了しない。

では、最後に、以上の検討をもとに、法務省の記載例における事例の申請書を以下に記しておく。

登記の事由	監査役設置会社の定めの廃止
	監査役の変更
登記すべき事項	令和6年10月1日監査役設置会社の定めの廃止
	同日監査役丁野四郎（任期満了により）退任
登録免許税	金40000円（資本金の額が金1億円以下の会社の場合）
添付書類	株主総会議事録　1通　＊
	株主リスト　　　1通
	委任状　　　　　1通

＊　株主総会議事録の議案は、「監査役設置会社の定めの廃止」の件1本でよい。定款変更だから特別決議を要する。この議事録が、監査役の退任を証する書面を兼ねることになる。

【注】登記すべき事項の書き方

登記簿には、「年月日退任」とのみ入る。

このため、登記すべき事項も「同日監査役丁野四郎退任」のみでよい。

しかし、本書では、いかなる事由による退任であるかを明確にするため、この部分をカッコ書で（任期満了により）退任などと示すこととする。

発展　監査役の監査の範囲を会計に関するものに限定する旨の定款の定めがあるとき

この場合、上記の申請書に、「同日監査役の監査の範囲を会計に関するものに限定する旨の定款の定めの廃止」を書き加えるべきこととなる。

この場合の注目点は、登録免許税の額である。

結論は「金40000円」のままでよい。

「監査役の監査の範囲を会計に関するものに限定する旨の定款の定め」は役員区に登記されるので、役員変更分（資本金の額が1億円まで金1万円、これを超えると金3万円）に含まれるのである。

《参考条文》

> **商業登記法54条（取締役等の変更の登記）**
> 4項　第1項又は第2項に規定する者の退任による変更の登記の申請書には、
> これを証する書面を添付しなければならない。

→「第1項又は第2項に規定する者」とは、取締役、監査役、代表取締役また
　は特別取締役（監査等委員会設置会社にあっては監査等委員である取締役も
　しくはそれ以外の取締役、代表取締役または特別取締役、指名委員会等設置
　会社にあっては、取締役、委員（指名委員会、監査委員会、報酬委員会の委員
　をいう）、執行役または代表執行役）、会計参与または会計監査人のことである。

コラム　機関に関する登録免許税

　取締役会、監査役会、監査等委員会、指名委員会等の設置と廃止が同一区
分であり金3万円。（ワ）
　その他は、すべて区分がツ（その他変更分）で3万円。
「会」がつくものは別区分で3万円と覚えておけばいい。
→ただし、清算人会は別論。清算会社の登録免許税は大幅にディスカウン
　トされる。
→実務で多いのは、取締役会、監査役を置く株式会社（旧法時代の最小形
　態の株式会社）が、役員を取締役1人の会社にしたいという注文である。
　この場合、取締役会の廃止（ワ）、監査役の廃止（ツ）、取締役と監査役
　の退任（役員変更　カ）で、登録免許税は金7万円也である。（資本金
　の額が1億円を超えていれば金9万円）
→なお、以上に加えて、監査役の監査の範囲を会計に関するものに限定す
　る旨の定めの廃止の登記を要する場合もある。
　このパターンは顧客から「何でそんなに高いのだ」と詰問されるケースが
よくあるが、司法書士のせいではない。

参考問題　資本金の額が1億円である監査役を置いている取締役会設置会社が役
員を取締役1名とする旨の定款の変更をした場合において、その変更の登記を一の
申請書で申請するときの登録免許税の額は、4万円である。（商業登記法H23-35-エ改）

答え　×　「役員を取締役1名とする」ということは、監査役の廃止を含んだ表
現である。したがって、登記すべきは、取締役会の廃止、監査役の廃止、取締役と
監査役の退任による変更登記（監査役の監査の範囲を会計に関するものに限定する

旨の定めが登記されていたときは、その廃止の登記もプラス）であり、登録免許税は金7万円である。

発展 申請書に定款の添付を要する場合

　役員の就任の登記を申請する際に、「定款」の添付は要求されていない。

　したがって、たとえば、「当会社の取締役は5名以内とする」という定款の定めのある株式会社が、6人目の取締役を選任し、その旨の就任登記を申請しても、その定款の定めは登記官の審査の対象にならず、取締役の就任の登記が受理されてしまうことはありえる。

　では、なぜ、この場合に「定款」は添付書面にならないのであろうか?

　この答えも「条文」の中にある。

商業登記規則61条（添付書面）

1項　定款の定め又は裁判所の許可がなければ登記すべき事項につき無効又は取消しの原因が存することとなる申請については、申請書に、定款又は裁判所の許可書を添付しなければならない。

　この条文の守備範囲の典型例は、当該株主総会において議決権を行使できる株主の議決権の3分の1を有する株主が出席し、出席した株主の議決権の3分の2以上にあたる多数で特別決議が成立したとして、その決議事項（たとえば商号変更）の登記を申請する場合である。

　この場合、株主総会の特別決議の成立要件を「議決権を行使できる株主の議決権の3分の1以上とする」という旨の定款規定がなければ決議は無効だといえるだろう。

　また、取締役全員が書面により同意をしたことにより取締役会の決議があったものとみなされた場合も同様である。

　この場合も、会社法370条の規定から、かかる方法が可能である旨の定款規定がなければ決議は無効だといえる。

　したがって、「定款」プラス「当該場合に該当することを証する書面」（商業登記法46条3項）の添付を要することになる。

　さらに、もう1つ典型例を挙げれば、取締役会を設置しない会社が、定款の規定に基づき取締役の互選で代表取締役を選定するケースである。（会社法349条3項）

　会社法において、この方式による代表取締役の選定はその旨の定款規定のあ

る場合に限られるから、「定款」と「取締役の互選を証する書面」が添付書面になる。

　これに対して、役員の就任登記を申請しようという場合には、役員の数について「定款に何も規定がなければ」決議に瑕疵はない。

　つまり、この場合に、役員の人員の定めという「マイナス要因がない」ことを証明するためにも定款を添付せよとは、商業登記規則61条1項には「書いていない」のである。

　要するに、商業登記法は、その添付書面に、積極証明を求めるが消極証明は求めないのである。

発展　商業登記規則61条1項の規定により定款の添付を要する場合

　会社法に定める手続と異なる手続により登記事項が発生したときに、その手続の正当性を根拠づけるために定款の添付が要求されている。

参考問題

1. 監査役の員数に関する定款の定めを変更して、増員に係る監査役を選任した場合には、当該監査役の就任による変更の登記の申請書には、定款を添付する必要はない。（商業登記法H19-33-エ）
2. 取締役の辞任による変更の登記の申請書には、定款を添付することを要する。（商業登記法H3-32-ウ）
3. 株式会社の監査役の一部が辞任したことによる変更の登記の申請書には、定款を添付しなければならない。（商業登記法S57-35-1）

答え　1. ○　会社法には、監査役の員数について上限の制限はない。したがって、会社法に定める手続による登記であるといえる。

2. ×　会社法において、取締役はその任期中いつでも辞任できる。
→その理由が理解できない者は、会社法330条、民法651条1項を復習しよう。
したがって、定款の添付は不要。

3. ×　添付書面は、辞任届のみである。
　なるほど、「定款」に監査役の員数の定めがあり、辞任した監査役が権利義務を承継し、したがって辞任登記ができない場合はありうる。
　しかし、会社法の規定だけから考えれば、複数いる監査役の一部の辞任登記は受理されるのだから、商業登記規則61条1項のケースには該当せず、したがって定款添付の根拠がない（ここでも消極証明は、不要）。

コラム 辞任と任期の伸長の問題

　辞任の登記と定款の添付の要否の問題は前記のカタチで決着がついているといえるだろう。

　しかし、この問題は、会社法施行時にはナゾの1つであった。

　なぜかといえば、役員が辞任をするためには、その前提として「任期中」であることを要するのである。

　論理の問題として、任期が満了してしまえば、すでに役員ではないからこれを辞任することはできない。

　そこで、公開会社でない会社が役員の任期を10年に伸長している場合に、たとえば、登記簿における就任年月日から5年を経過した役員の「辞任」登記をするためには、定款によりその任期が伸長されていることの証明を要するという考え方もあったのである。

　しかし、前記のように、定款の添付は不要であると解されており、であれば、添付書面は辞任届のみでよく、実務上は定款の提供の煩雑さがなく、おおいに助かったといえるであろう。(商業登記ハンドブック第4版P423参照)

　要するに、役員が辞任した場合、そのことの直接証明は、「辞任届」のみで足りるという解釈がとられたのである。

　以下、監査等委員会設置会社における取締役の変更登記について、若干の記載をします。

　登記簿の記載例を挙げます。

役員に関する事項	取締役　　　　　　甲 野 太 郎
	取締役・監査等委員　乙 野 次 郎

　取締役は（取）取締役を、取締役・監査等委員は（監）取締役を意味します。

　この2つは、取締役と監査役の登記が別モノであるのと同じように別モノと考えればよいです。

　たとえば、（取）取締役の任期が満了し、（取）取締役として再任したときは、次の登記をすることができます。

　登記すべき事項　年月日取締役甲野太郎重任

しかし、（取）取締役の任期が満了し、（監）取締役として再任したときは、次の登記をします。

　登記すべき事項　年月日取締役甲野太郎退任
　　　　　　　　　同日　取締役・監査等委員甲野太郎就任

コラム　日本型の会社が監査等委員会設置会社となった場合

　日本型の会社が監査等委員会設置会社となった場合、取締役、監査役、会計参与の任期が満了する。
　さて、取締役甲が、監査等委員でない取締役となった場合、次の登記を申請する。
　「年月日　取締役甲重任」
　代表取締役乙が継続して監査等委員会設置会社の代表取締役となった場合、次の登記を申請する。
　「年月日　住所　代表取締役乙重任」
　取締役丙が、監査等委員である取締役となった場合、次の登記を申請する。
　「年月日　取締役丙退任　同日　取締役・監査等委員丙就任」

参考　監査等委員の辞任

　　取締役を辞任せず、監査等委員の地位のみを辞任することはできない。このため、その旨の登記の申請は受理されない。

Ⅲ　会社の機関の登記2

　会社の機関の登記についてさらに論説をすすめよう。
　実は、これまでに述べたことは、話の前座でしかない。
　会社の機関の登記の問題を考える場合には、会社の機関の変更と役員区の整合性の問題に加えて、会社が公開会社であるか否かに応じて細かいルールが存在する。
　→会社の機関に関する47のパターンを習熟のうえ、この項を読んでいただきたい。

　たとえば、公開会社が取締役会を廃止する登記を申請すれば却下であろうし、逆に、取締役会の存在しない会社が株式の譲渡制限の規定を廃止する登記を申請すればこれも却下と解される。（商業登記ハンドブック第4版P249）
　その根拠条文は以下である。

> **会社法327条（取締役会等の設置義務等）**
> 1項　次に掲げる株式会社は、取締役会を置かなければならない。
> 1　公開会社

　同様に、監査等委員会設置会社や指名委員会等設置会社が取締役会の廃止はできないし（会社法327条１項３号・４号）、大会社が会計監査人の廃止もできない。（会社法328条１項・２項）

　以上は、機関の廃止の話であるが、ある機関を設置する場合にも、同時に申請しなければ却下となる事項が山のようにある。
　たとえばの話だが、役員として取締役が１人しかいない会社（もちろん中小の公開会社でない会社）が、監査役会を設置するという定款変更をするためには、次の各決議を要する。

1．取締役会設置会社の定めの設定
2．取締役２人以上の選任（および就任承諾）
　　→取締役会設置会社においては、取締役は３人以上でなければならない。
3．監査役設置会社の定めの設定
4．監査役会設置会社の定めの設定
5．監査役３人以上の選任（および就任承諾。うち半数以上が社外監査役）

　このうち、どれか１つの要件でも満たさないものがあれば、監査役会設置会社の定めを設定する登記はすることができない。

　では、こころみに、上記の登記の申請書を書いてみよう。
　少々、疑義を生じる論点を含むので、コレを避けるため、以下のカタチで登記申請書を作成する。

　当該株式会社において、従前の役員は、取締役はAのみであった。
1．取締役Aは定時株主総会（令和６年10月１日開催）の終結をもって任期が満了する。
　　なお、株主総会議事録には、取締役Aの任期が満了する旨の記載がある。
　　→この記載があれば、株主総会議事録が取締役Aの「退任を証する書面」を兼ねるのである。
2．定時株主総会で以下の決議をした。
　①「取締役会を置く」という規定を設定する定款変更

② 「監査役を置く」という規定を設定する定款変更
③ 「監査役会を置く」という規定を設定する定款変更
④ 取締役の選任決議
　　以下の者を取締役に選任する。
　　取締役Ａ、同Ｂ、同Ｃ
　　（全員が席上、即時就任を承諾）
⑤ 監査役の選任決議
　　以下の者を監査役に選任する。
　　監査役Ｄ、同（社外監査役）Ｅ、同（社外監査役）Ｆ
　　（全員が席上、即時就任を承諾）
⑥ 取締役会において取締役Ａを代表取締役に選定した。
　　（席上、即時就任を承諾）

登記の事由	取締役会設置会社の定めの設定
	監査役設置会社の定めの設定
	監査役会設置会社の定めの設定
	取締役、監査役および代表取締役の変更
登記すべき事項	令和６年10月１日取締役会設置会社の定めの設定
	同日監査役設置会社の定めの設定
	同日監査役会設置会社の定めの設定
	同日取締役Ａ重任
	同日―住所―代表取締役Ａ重任
	同日以下の者就任
	取締役Ｂ
	同Ｃ
	監査役Ｄ
	同（社外監査役）Ｅ
	同（社外監査役）Ｆ
登録免許税	金70000円（資本金の額が１億円以下の場合）
添付書類	株主総会議事録　　１通
	株主リスト　　　　何通
	取締役および監査役の就任承諾書は株主総会議事録の記載を援用する
	取締役会議事録　　１通
	代表取締役の就任承諾書は取締役会議事録の記載を援用する
	本人確認証明書　　５通
	委任状　　　　　　１通

＊本事例は、取締役会議事録に取締役Ａが登記所届出印を押印したと仮定している。
＊就任の当初から社外監査役の場合には、社外監査役の登記は「監査役（社外監査役）何某就任」の振合いでよい。
＊登録免許税の内訳は、取締役会の設置および監査役会の設置の区分がワ、監査役の設置がツ、役員変更分がカである。

さて、いかがであろうか。

監査役会を設置するという目的の達成のために、かなりの分量を同時に申請すべき事項が発生したことがおわかりいただけたであろうか。

これは、ほんの一例であり、株式会社の機関に関する登記の諸問題は、それだけで一冊の本になるほど存在する。

実は、このほかに、会社法389条1項の定め（監査役の監査の範囲を会計に関するものに限定する定款の定め）の問題も絡んでくるのである。

ここでは、ごく基本のみを述べるにとどめる。

基本事項1　最小形態の理解

会社の機関の問題を考える場合、それぞれの会社の類型における最小の機関設計の状態をしっかりアタマに入れるようにしたい。

これが、「**学習法の急所**」である。

具体的には、以下の知識を覚えておこう。（いずれも監査等委員会設置会社や指名委員会等設置会社は考慮外）

1. 中小の公開会社でない会社の最小の機関設計
   ・取締役　1名
2. 大会社である公開会社でない会社の最小の機関設計
   ・取締役　1名　　監査役　1名　　会計監査人　1名
3. 中小の公開会社の最小の機関設計
   ・取締役会（取締役3名）　監査役　1名
4. 大会社である公開会社の最小の機関設計
   ・取締役会（取締役3名）　　監査役会（監査役3名　うち社外監査役半数以上）　会計監査人　1名
   →なお、上記のうち、監査役の監査の範囲を会計に関するものに限定する旨の定めを登記することができるのは、1の会社（中小の非公開会社）が監査役を置いた場合のみである。

基本事項２　特別取締役による議決の定めは異色である

　会社の機関に関連して、特別取締役による議決の定めが登場する。

　しかし、この定めは、他の規定とは根本的に違う。

　というのは、特別取締役による議決の定めは、「定款において定めることを要しない」のである。

　会社法において、特別取締役による議決は、取締役会の決議の方法として規定されている。

　つまり、特別取締役により議決をすれば、それはそのまま取締役会の決議となるのである。

　したがって、この定めを置くかどうかは、取締役会が一存で決めることである。

　また、特別取締役の選定も取締役会がするのであって、株主総会の権限ではない。

コラム　　**特別取締役による議決の定めの効力の消滅**

　特別取締役による議決の定めを置くためには、次の２つの要件を満たす必要がある。（会社法373条１項）

　　１．取締役が６名以上

　　２．うち、１名以上が社外取締役

　仮に、特別取締役による議決の定めを置く会社がこの要件を満たさなくったときは、特別取締役による議決の定めは当然に効力を失うことになると解されている。

　したがって、この場合、特別取締役による議決の定めの廃止の登記を申請すべきことになる。

　（ただし、即座に後任者が就任すればこの限りでない。）

　この他、取締役会を置く旨の定款の定めを廃止したときも、当然に、特別取締役による議決の定めが廃止されることとなる。

参考問題

　１．特別取締役の就任による変更の登記の申請書には、特別取締役を選定した株主総会の議事録及び当該特別取締役が就任を承諾したことを証する書面を添付しなければならない。（商業登記法H19-33-ウ）

　２．重要な財産の処分若しくは譲受け又は多額の借財についての取締役会の決議について、特別取締役による議決をもって行うことができる旨は、定款で定めることを要しない。（商法H29-30-イ）

答え 1．× 特別取締役は取締役会が選定する。就任承諾書の添付を要する
点は正しい。
2．○

━━

基本事項3-1　指名委員会等設置会社の定めの設定、廃止は、いずれも登記事項
**　　　　が膨大になる**

　指名委員会等設置会社の定めの設定をする場合、従前その会社の登記簿に監査
役設置会社、監査役会設置会社の登記が存在すれば、これを廃止する登記をも申
請することを要する。

　これに伴い、代表取締役、監査役の退任登記も申請すべきである。

　さらに、取締役の変更登記も要する（その理由は後記のコラムを参照）。

　もちろん、従前の登記簿に会計監査人が存在しなければ、これを置くという登
記申請および会計監査人の就任登記をも要する。

　これらの登記は、すべて、「申請」で行う。

　登記官が職権で行うという規定は存在しない。

　同様に、指名委員会等設置会社の定めを廃止する場合も、執行役、各委員会の
委員の退任等すべて登記を申請する。

> ### コラム　取締役の変更登記を要する訳
>
> 以下の条文に根拠がある。
>
> > **会社法332条（取締役の任期）**
> > 7項　前各項の規定にかかわらず、次に掲げる定款の変更をした場合に
> > は、取締役の任期は、当該定款の変更の効力が生じた時に満了する。
> > 1　監査等委員会又は指名委員会等を置く旨の定款の変更
> > 2　監査等委員会又は指名委員会等を置く旨の定款の定めを廃止する
> > 　定款の変更
>
> →この条文は、会計参与にそのまま準用される。（会社法334条1項）
>
> ついでに、監査役についての規定を挙げよう。

> **会社法336条（監査役の任期）**
> ４項　前３項の規定にかかわらず、次に掲げる定款の変更をした場合には、監査役の任期は、当該定款の変更の効力が生じた時に満了する。
> ２　監査等委員会又は指名委員会等を置く旨の定款の変更

　結局のところ、監査等委員会設置会社又は指名委員会等設置会社の定めの設定、廃止に関し、任期に影響がないのは会計監査人のみである。

参考問題　指名委員会等設置会社となった場合には、指名委員会等設置会社となったことによる変更の登記を申請しなければならないが、代表取締役の退任の登記を申請する必要はない。（商業登記法H17-32-2）

答え　×　代表取締役の退任登記は申請により行う。登記官が職権でするという規定はない。

　以下の登記記載例をよく見て、指名委員会等設置会社の機関設計の仕組みを復習しておこう。
　法務省作成の記載例であるから会社法のルール違反はないはずである。

再掲載　登記簿の記載例（H18.4.26民商第1110号依命通知）

役員に関する事項	取締役	甲野太郎
	取締役	乙田春子
	取締役	丙川三郎
	取締役	丁山四郎
	取締役 （社外取締役）	戊沢五郎
	取締役 （社外取締役）	己島夏江
	取締役 （社外取締役）	庚塚七郎
	会計監査人	監査法人桜会
	指名委員	乙田春子

	指 名 委 員	戊 沢 五 郎
	指 名 委 員	己 島 夏 江
	監 査 委 員	丙 川 三 郎
	監 査 委 員	己 島 夏 江
	監 査 委 員	庚 塚 七 郎
	報 酬 委 員	丁 山 四 郎
	報 酬 委 員	戊 沢 五 郎
	報 酬 委 員	庚 塚 七 郎
	執 行 役	甲 野 太 郎
	執 行 役	辛 岡 八 郎
	執 行 役	壬 池 九 郎
	東京都千代田区霞が関一丁目1番1号 代表執行役　　　甲 野 太 郎	
取締役会設置会社 に関する事項	取締役会設置会社	
会計監査人設置会 社に関する事項	会計監査人設置会社	
指名委員会等設置 会社に関する事項	指名委員会等設置会社	

　指名委員会等設置会社の設置、廃止に関する膨大な登記事項に対応できるよう、上記の記載例が下記のルールに従っているか、1つずつ各自で確認しておこう。

　会社法327条（取締役会等の設置義務等）
　1項　次に掲げる株式会社は、取締役会を置かなければならない。
　　3　監査等委員会設置会社
　　4　指名委員会等設置会社
　4項　監査等委員会設置会社及び指名委員会等設置会社は、監査役を置いてはならない。
　5項　監査等委員会設置会社及び指名委員会等設置会社は、会計監査人を置かなければならない。
　6項　指名委員会等設置会社は、監査等委員会を置いてはならない。

> **会社法400条（委員の選定等）** 一部省略アリ
> １項　各委員会は、委員３人以上で組織する。
> ２項　各委員会の委員は、取締役の中から、取締役会の決議によって選定する。
> ３項　各委員会の委員の過半数は、社外取締役でなければならない。
> ４項　（一部省略）監査委員会の委員は、指名委員会等設置会社若しくはその子
> 　　　会社の執行役若しくは業務執行取締役又は指名委員会等設置会社の子会社
> 　　　の会計参与若しくは支配人その他の使用人を兼ねることができない。

→取締役と執行役、監査委員以外の委員と執行役の兼任を禁止する規定は存在しない。

参考　その他の注意点

　登記法絡みの論点として、次の条文を知っておく必要がある。

会社法331条

　４項　指名委員会等設置会社の取締役は、当該指名委員会等設置会社の支配人その他の使用人を兼ねることができない。

基本事項３-２　監査等委員会設置会社の定めの設定、廃止も、いずれも登記事項が膨大となる

　たとえば、監査役会設置会社が、監査等委員会設置会社の定めを設定したときは、その旨の登記に併せて、次の登記の申請を要することとなる。

1. 監査役の廃止
2. 監査役会の廃止
3. 取締役・代表取締役の変更登記（監査等委員会設置会社の定めを設定すると取締役の任期が満了するためである）
   → （取）取締役と（監）取締役の就任登記は、両者を区分してしなければならない。
   →社外取締役の登記も要する。
4. 監査役の退任（社外監査役の退任を含む）

以上の登記事項は、必ず、生じる。

　この他、従前の監査役会設置会社に会計監査人がいないときは、これを置く旨と会計監査人の就任の登記を要する。

　また、監査等委員会設置会社に「重要な業務執行の決定の取締役への委任についての定款の定め」があるときは、その旨の登記も要する。

以下、監査等委員会設置会社の登記記録を再び掲載する。

監査等委員でない取締役は、単に「取締役」と、監査等委員である取締役は「取締役・監査等委員」と登記されることに注意しよう。

日本型の株式会社が、監査等委員会設置会社になる場合、従前の取締役は、監査等委員でない取締役として取り扱うことができる。

参考 ▎ **登記等の記載例（H27.2.6民商第14号依命通知）**

会社法人等番号	0000-00-000000
商　　　号	第一電器株式会社
本　　　店	東京都中央区京橋一丁目１番１号
公告をする方法	官報に掲載してする
会社成立の年月日	令和６年10月１日
目　　　的	1　家庭電器用品の製造及び販売 2　家具、什器類の製造及び販売 3　光学機械の販売 4　前各号に附帯する一切の事業
発行可能株式総数	4000株
発行済株式の総数並びに種類及び数	発行済株式の総数 　　1000株
資本金の額	金5000万円
株式名簿管理人の氏名又は名称及び住所並びに営業所	東京都中央区日本橋通一丁目１番１号 大和信託株式会社本店
役員に関する事項	取締役　　　　　甲　野　太　郎
	取締役　　　　　乙　野　次　郎
	取締役　　　　　丙　野　三　郎 （社外取締役）
	取締役　　　　　丁　野　四　郎
	取締役・監査等　戊　野　五　郎 委員 （社外取締役）

	取締役・監査等　己　野　六　郎 委員 （社外取締役）	
	取締役・監査等　庚　野　七　郎 委員	
	東京都大田区東蒲田二丁目３番１号 代表取締役　　　甲　野　太　郎	
	会計監査人　　監　査　法　人　桜　会	
支　店	1 大阪市北区若松町15番地	
	2 名古屋市中区三の丸四丁目３番１号	
	3 横浜市神奈川区七島町117番地	
	4 東京都西東京市本町四丁目16番24号	
取締役会設置会社 に関する事項	取締役会設置会社	
監査等委員会設置 会社に関する事項	監査等委員会設置会社	
重要な業務執行の 決定の取締役への 委任に関する事項	重要な業務執行の決定の取締役への委任についての定款の定めがある	
会計監査人設置会 社に関する事項	会計監査人設置会社	
登記記録に関する 事項	設立 　　　　　　　　　　　　　令和６年10月１日登記	

以下、注目すべき条文をあげておく。

会社法327条（取締役会等の設置義務等）
　１項　次に掲げる株式会社は、取締役会を置かなければならない。

3　監査等委員会設置会社
　　　4　指名委員会等設置会社
　　4項　監査等委員会設置会社及び指名委員会等設置会社は、監査役を置いて
　　　はならない。
　　5項　監査等委員会設置会社及び指名委員会等設置会社は、会計監査人を置
　　　かなければならない。
会社法329条（選任）
　　2項　監査等委員会設置会社においては、前項の規定による取締役の選任（株
　　　主総会の決議による選任のこと）は、監査等委員である取締役とそれ以外
　　　の取締役を区別してしなければならない。
会社法331条（取締役の資格等）
　　3項　監査等委員である取締役は、監査等委員会設置会社若しくはその子会
　　　社の業務執行取締役若しくは支配人その他の使用人又は当該子会社の会計
　　　参与（会計参与が法人であるときは、その職務を行うべき社員）若しくは
　　　執行役を兼ねることができない。
　　6項　監査等委員会設置会社においては、監査等委員である取締役は、3人
　　　以上で、その過半数は、社外取締役でなければならない。
会社法399条の2（監査等委員会の権限等）
　　1項　監査等委員会は、全ての監査等委員で組織する。

基本事項4　株式の公開と大会社に注意せよ
　会社の機関の問題を考える場合には、次の2点に注意する必要がある。
　1．公開会社⇔譲渡制限会社の変化
　2．大会社⇔中小会社の変化

　上記の変化に伴い、当該株式会社にその設置が要求される「機関」が連動して
変化する。
　公開会社、大会社の定義はすでに学んだので、記述式試験対策のためにこれを「視
覚化」しておく作業を行っておこう。

6 公開会社と譲渡制限会社の区別

Ⅰ　譲渡制限会社の記載例
　すべての株式が譲渡制限株式である会社が、公開会社でない会社である。

①　種類株式発行会社ではない例

株式の譲渡制限に関する規定	当会社の株式を譲渡により取得するには、当会社の承認を要する。

②　種類株式発行会社の例1

発行可能種類株式総数及び発行する各種類の株式の内容	普通株式　　　3万株 甲種類株式　　1万株 甲種類株式は、毎決算期において、普通株式に先立ち1株につき年20円の剰余金の配当を受けるものとする。
株式の譲渡制限に関する規定	当会社の株式を譲渡により取得するには、当会社の承認を要する。

③　種類株式発行会社の例2

発行可能種類株式総数及び発行する各種類の株式の内容	甲種類株式　　3万株 乙種類株式　　1万株 甲種類株式　法令に別段の定めがある場合を除き、株主総会において一切の議決権を有しない。 乙種類株式　株主は、いつでも当会社に対して乙種類株式を時価で取得することを請求することができる。
株式の譲渡制限に関する規定	当会社の甲種類株式を譲渡により取得するには、当会社の承認を要する。 当会社の乙種類株式を譲渡により取得するには、当会社の承認を要する。

＊上記、②と③の「株式の譲渡制限に関する規定」は、書き方は異なるが、意味するところは同じである。要するにすべての株式が譲渡制限株式である。定款の記載方法はどちらでもよく、したがってどちらの登記をしようが申請人の自由である。

　会社法は、「譲渡による当該株式の取得について当該株式会社の承認を要すること。」を株式の内容と定め、これを定款の記載事項であるとしている。（会社法107条1項1号）
　そして、その「株式の内容」が登記すべき事項であるから（会社法911条3項7号）、譲渡承認機関は登記をしなくてもよい。

このため、前記の記載例には、「当会社の承認を要する」とのみ書いてあり、具体的な譲渡承認機関を明記していないわけである。

しかし、譲渡承認機関を登記することもできる。

たとえば、「株主総会の承認を要する」というような登記の方法である。

この場合、譲渡承認機関の定め方は自由であり、「取締役の過半数の一致」「取締役会決議」「代表取締役何某の承認」など、適宜の機関を譲渡承認機関とすることができる。

ただし、その会社と全く無関係の機関を譲渡承認機関とすることはできないと解されている。たとえば、他の会社の取締役が承認するなどというのはだめだと解される。

参考問題

1. 種類株式の内容として株式譲渡制限を定款で定めた場合には、当該種類株式の種類株主を構成員とする種類株主総会を譲渡承認機関とする内容の登記を申請することができる。（商業登記法H23-30-ア）

2. 取締役会設置会社でない株式会社においては、代表取締役を譲渡承認機関とする内容の登記を申請することができない。（商業登記法H23-30-オ）

....

答え　1.○　原則として、譲渡承認機関の定め方は自由である。

2.×　取締役会非設置会社にも代表取締役は存在するから、その者を譲渡承認機関としてもかまわない。

Ⅱ　公開会社の場合

その発行する株式の全部または一部の株式の内容として譲渡による当該株式の取得について株式会社の承認を要する旨の定款の定めを設けていない株式会社。

①　種類株式発行会社ではない例

「株式の譲渡制限に関する規定」の欄が、登記簿に存在しない。

（この規定がすでに廃止され、登記簿から抹消されている場合も公開会社である。）

株主は、その有する株式を譲渡することができる（会社法127条）ことが当たり前であり、会社法の原則は登記を要しないのである。

②　種類株式発行会社の例

発行可能種類株式総数及び発行する各種類の株式の内容	普通株式　　　３万株 甲種類株式　　１万株 甲種類株式は、毎決算期において、普通株式に先立ち１株につき年20円の剰余金の配当を受けるものとする。
株式の譲渡制限に関する規定	当会社の甲種類株式を譲渡により取得するには、当会社の承認を要する。

＊普通株式の内容について譲渡制限規定がないから公開会社である。

　→仮に、普通株式の発行済株式総数が０株（現実には普通株式をまだ発行していない場合）であっても、公開会社となる。

参考問題　全部の種類株式につき株式譲渡制限を定款で定めている種類株式発行会社が監査役も取締役会も置いていない場合において、一部の種類株式について株式譲渡制限の定款の定めの廃止による変更の登記をするときは、取締役会設置会社及び監査役設置会社である旨の変更の登記を申請しなければならない。（商業登記法H23-30-エ）

答え　×　定款変更により、設問の会社は公開会社になった。しかし、監査役を置かず、取締役会と指名委員会等（または監査等委員会）および会計監査人を置くこともできる。よくあるひっかけ問題である。

7 大会社と中小会社の区別

定時株主総会で、承認または報告された貸借対照表の内容で区別をする。

　下記の貸借対照表は事業年度の終了時（令和６年３月31日）のものという想定である。

　①②いずれの場合においても、前期（令和５年３月31日）の貸借対照表において資本金の額が５億円未満で、かつ、負債の額が200億円未満であったとすれば、下記の令和６年３月31日現在の貸借対照表が定時株主総会（例　令和６年６月28日開催）において承認を受けた時に大会社となり、大会社としての規制の各種の適用を受けることになる。

→たとえば、前記の会社が、令和5年10月において募集株式の発行をし、資本
　金の額が金5億円となっていたとしても、その時点では大会社とはならない。

→逆に、定時株主総会の後、令和6年10月に資本金の額を減少し、資本金の額
　が金5億円を割り込んでも、その時点では大会社でなくなることはない。

【学習の急所】大会社⇔中小会社

　「中小会社→大会社」あるいは「大会社→中小会社」への変化は、定時株主総
会において生じる。事業年度の中途でその変化が生じることはない。

参考問題　大会社でない株式会社が事業年度の途中において募集株式を発行した
ことによって資本金の額が5億円以上となった場合には、当該株式会社は、資本金
の額が5億円以上となった時から大会社となる。(商法H28-30-ア)

答え　×

《注》　会社法439条の適用を受ける会計監査人設置会社でも、定時総会に報告され
　　　た貸借対照表に計上された額で大会社であるか、ないかを判断する。つまり、
　　　定時株主総会の時点で大会社であるかどうかを判断する点に相違はない。

① **資本金の額が5億円以上の場合**（表中の数字の単位は千円）

貸借対照表の要旨
（令和6年3月31日現在）

（単位：千円）

資 産 の 部		負 債 の 部	
流動資産	500,000	流動負債	200,000
固定資産	300,000	固定負債	80,000
		負債合計	280,000
		純 資 産 の 部	
		株主資本	520,000
		資本金	500,000
		利益準備金	20,000
		その他利益剰余金	0
		純資産合計	520,000
資産合計	800,000	負債・純資産合計	800,000

274

＊前記、色文字の部分が５億円以上であれば大会社。

＊この事例の会社は、資本金の額５億円、負債の額２億8000万円である。

②　負債の額が200億円以上の場合

貸借対照表の要旨
（令和６年３月31日現在）

（単位：百万円）

資　産　の　部		負　債　の　部	
流動資産	20,000	流動負債	15,000
固定資産	100	固定負債	5,000
		負債合計	20,000
		純　資　産　の　部	
		株主資本	100
		資本金	90
		利益準備金	10
		その他利益剰余金	0
		評価・換算差額等	0
		純資産合計	100
資産合計	20,100	負債・純資産合計	20,100

＊上記、色文字の部分が200億円以上であれば大会社。

＊この事例の会社は、資本金の額9000万円、負債の額200億円である。

参考 ▌ **貸借対照表の意味**

　　貸借対照表は計算書類の１つである。会社の財務状況を示す。

　　別名、バランスシートというが、これは、「資産の部の合計」と、「負債の部＋純資産の部の合計」がバランスする（同じ数字になる）という意味である。

オマケ ▌ **下記の登記簿の意味**

　　次の登記の意味がわかるだろうか？

　　資本金の額　　金４億円

　　　　　　　　　金５億円　　　　　令和５年５月１日変更

　　　　　　　　　金４億9999万円　令和６年３月30日変更

こういう登記簿の会社があったとすれば、次の事態が推測される。

１．この会社は３月決算であろう。

２．令和５年５月１日に増資をした。

3．その後、このままでは大会社になってしまうということに気がついた。
　　　→会計監査人設置義務が生じて面倒だ。
　　4．急いで、決算期までに資本金の額を減少しよう。
ということで、期末ぎりぎりに資本金の額の減少手続をしたのであろう。
　令和6年3月31日時点での貸借対照表の資本金の額は金4億9999万円だから、上記の会社は、無事、「大会社でない会社」のままでいることができることとなる。

8 役員と機関の登記

I　役員等の変更登記
　役員等の変更登記について順を追って述べていくことにする。

①　役員等の就任
　登記事項は、役員等の氏名（または名称）および就任年月日である。

　株式会社の選任および役員等の就任承諾により、登記事項が発生する。
　そこから2週間が登記の申請をすべき期限となる。（会社法915条1項）
　記述式試験において、役員等を選任した旨のみが株主総会議事録に記載され、就任承諾の旨が書かれていなければ登記事項は発生しない。

　また、期限付、条件付の就任承諾も有効であり、たとえば、令和6年6月28日に選任された取締役Aが、令和6年8月1日をもって就任承諾をするという就任承諾書が提出された場合、取締役Aの就任年月日は令和6年8月1日である。

参考問題　　株式会社の監査役の選任決議がされた場合において、その前日に、被選任者が当該選任決議がされることを条件としてあらかじめその就任を承諾していたときは、当該承諾の日から2週間以内に監査役の就任による変更の登記をしなければならない。（商業登記法H25-28 ア）

答え　　×　就任の効力は選任のとき（条件が成就したとき）に生じるから、登記期間は、選任決議の日から2週間である。（民法127条1項、会社法915条1項）

なお、欠格事由に該当する者を役員等に選任し、そのまま登記がなされても、選任行為自体が無効である。

この場合には、当該役員等の登記を抹消する登記を申請すべきである。

以下、参考までに、取締役の登記を抹消する場合の申請書の記載例を挙げる。

登記の事由	登記すべき事項の無効による抹消
登記すべき事項	取締役何某の登記の抹消
登録免許税	金20000円（ナ）
添付書類	登記された事項に無効の原因があることを証する書面　１通
	委任状　１通

＊「登記された事項に無効の原因があることを証する書面」を添付する根拠条文は、商業登記法134条２項、132条２項。

参考問題　欠格事由の存する者が取締役に選任され、その就任の登記がされている場合には、会社は、その登記の抹消を申請しなければならない。（商業登記法 S58-38-2）

答え　○

コラム　就任登記と欠格事由に該当しないことを証する書面

役員等の就任登記において「欠格事由に該当しないことを証する書面」の添付を要するという条文は存在しない。ここでも、消極証明（あること（欠格事由）がナイことの証明）は要しないのである。

ただし、会計参与、会計監査人の就任については、商業登記法54条２項各号の書面を添付しなければならない。こちらは、必要となる一定の資格を有することの積極証明である。

なお、役員等の資格、兼任の禁止については、次の規定が存在する。

１．取締役　会社法331条１項各号・２項・３項・４項

２．監査役　会社法335条１項・２項

３．会計参与　会社法333条１項・３項各号

４．会計監査人　会社法337条１項・３項各号

　→なお、税理士法、公認会計士法には、欠格事由の定めが詳細に規定されており、これに該当すれば、会計参与、会計監査人にはなれない仕組みになっている。

役員等の就任登記をするときには、就任承諾書の添付を要する。

商業登記法54条1項・2項1号によれば、以下の者の就任承諾書である。

なお、「重任」は「任期満了退任＋就任」の意味だから、この場合も、もちろん、原則として下記の者の就任承諾を要することになる。

指名委員会等設置会社または監査等委員会設置会社以外の場合
1．取締役
2．監査役
3．代表取締役
4．特別取締役
5．会計参与
6．会計監査人

指名委員会等設置会社の場合
1．取締役
2．委員（指名委員会、監査委員会または報酬委員会の委員）
3．執行役
4．代表執行役
5．会計参与
6．会計監査人

監査等委員会設置会社の場合
1．監査等委員である取締役
2．それ以外の取締役
3．代表取締役
4．特別取締役
5．会計参与
6．会計監査人

参考問題　監査役の就任による登記の申請書には、その監査役につき「欠格事由に該当しないことを証する書面」を添付することを要する。（商業登記法 S 58-34-5）

答え　×　不要である。添付の根拠規定がない。

確認事項

　社外取締役、社外監査役の就任承諾書は要求されていない。彼らは、取締役、監査役としてのみ就任承諾書を添付すればよい。

　なお、この場合の申請書の記載内容（例示）は以下のとおりである。

登記の事由	取締役の変更
登記すべき事項	年月日取締役（社外取締役）Ａ就任
添付書類	株主総会議事録　　１通
	株主リスト　　　　１通
	就任承諾書は株主総会議事録の記載を援用する
	本人確認証明書　　１通
	委任状　　　　　　１通

＊社外取締役であることを証する書面の添付を商業登記法は要求していない。

参考問題　　監査役会設置会社において、社外監査役が辞任し、その後任の監査役が就任した場合における変更登記の申請書に添付する株主総会議事録には、その者が社外監査役として選任された者である旨が記載されていなければならない。（商業登記法H11-29-2）

答え　　×　社外監査役であることの証明は不要。

　しかし、上記には例外が生じる。
　ここでは、会計監査人に関する例外を紹介しよう。

確認事項　就任承諾書の添付を要しない場合
「会計監査人のみなし再任による重任登記を申請するケース」

添付を要しないという根拠は先例にある。（H18.3.31民商第782号通達）

では、この先例の意味について順を追って説明しよう。
コトの発端は、次の規定である。

> **会社法338条（会計監査人の任期）**
> 1項　会計監査人の任期は、選任後1年以内に終了する事業年度のうち最終の
> 　　　ものに関する定時株主総会の終結の時までとする。
> 2項　会計監査人は、前項の定時株主総会において別段の決議がされなかった
> 　　　ときは、当該定時株主総会において再任されたものとみなす。
> 3項　（省略）

　上記の338条2項のケースが、「みなし再任」であり、会計監査人に独自の条文である。

　通常、上場企業が監査法人のクビのすげ替えはしないため、定時株主総会で別段の決議がなければ、会計監査人は会社法338条2項の規定により再任されたものとみなされる。

　この場合、通常は、会計監査人の就任承諾が推認されるので、就任承諾書の添付が不要であるとさきの先例はいうわけである。

　では、会計監査人設置会社（会計監査人はA監査法人とする）が、定時株主総会（令和6年6月28日開催）において、別段の決議をしなかった場合の登記申請書の記載例を挙げよう。

登記の事由	会計監査人の変更
登記すべき事項	令和6年6月28日会計監査人A監査法人重任
登録免許税	金10000円（資本金の額が金1億円を超えれば金30000円）
添付書類	株主総会議事録　1通
	登記事項証明書　1通
	委任状　1通

＊株主総会議事録は、会計監査人の重任およびその年月日を証するため商業登記法46条2項および同54条4項を根拠に添付する。

＊株主リストを要しない。みなし再任においては、株主総会において会計監査人の選任の決議をしていないためである。（登研832号P12）

＊登記事項証明書は、A監査法人の会計監査人としての資格を証明するために添付する。（商業登記法54条2項2号）

　→前期の選任行為後みなし再任までの間に懲戒処分等でA監査法人が会計監査人としての資格を失っていることも考えられるため、登記事項証明書の添付の省略は認められていない。

　→しかし、申請会社の本店とA監査法人の主たる事務所の所在地が同一の登記所の管轄区域内であれば添付は不要となる。

→なお、会計監査人が公認会計士である場合には、登記事項証明書に代わり、公認会計士であることを証する書面を添付する。

→登記事項証明書の添付に代えて、Ａ監査法人の会社法人等番号を申請書に記載することもできる。次の要領である。

添付書類
登記事項証明書　（添付省略　会社法人等番号0000-00-000000）

コラム　みなし再任の射程範囲

会社法338条２項は、みなし再任の要件を定時株主総会において別段の決議がされなかったときと規定している。

この意味は、「再任しない」という決議がなければ、再任されるという意味である。

登記簿にＡ監査法人が記載されている株式会社が定時株主総会で、次の各々の決議をした場合の登記事項を考えてみよう（いずれもＢ監査法人は就任を承諾したものとする）。

１．Ｂ監査法人の選任決議のみをした場合

| 登記すべき事項　年月日Ａ監査法人重任 |
| 同日　　Ｂ監査法人就任 |

＊本事案では、Ａ監査法人を再任しない旨の決議はされていない。

２．Ａ監査法人を再任せず、その後任としてＢ監査法人を選任するという決議をした場合

| 登記すべき事項　年月日Ａ監査法人（任期満了により）退任 |
| 同日　　Ｂ監査法人就任 |

参考問題

1．公認会計士である会計監査人の重任による変更の登記の申請書には、当該会計監査人が選任後１年以内に終了する事業年度のうち最終のものに関する定時株主総会において別段の決議がされなかったことにより当該株主総会において再任されたものとみなされた場合であっても、公認会計士であることを証する書面を添付しなければならない。（商業登記法H25-33-ア）

2．会計監査人設置会社において、会計監査人が選任後１年以内に終了する事業年度のうち最終のものに関する定時株主総会において別段の決議がされなかったこ

とにより再任されたものとみなされた場合には、会計監査人の重任による変更の登記の申請書には、当該会計監査人が就任を承諾したことを証する書面の添付を要しない。（商業登記法R2-29-エ）

3. 会計監査人である監査法人を任期満了時に再任せず、新たに公認会計士を会計監査人として選任した場合には、会計監査人の退任及び就任による変更の登記の申請書には、新たな会計監査人を選任した定時株主総会の議事録及び当該会計監査人が就任を承諾したことを証する書面を添付すれば足りる。（商業登記法H19-33-オ）

答え 1. ○　2. ○
3. × 従前の会計監査人を再任しないという決議をした定時株主総会の議事録と会計監査人が公認会計士であることを証する書面の添付をも要する。

最後に、役員等の就任に関して、特殊な登記を紹介する。

会計監査人が法人である場合の、合併による変更登記である。

たとえば、ある会社の会計監査人として任期中のA監査法人が、B監査法人に吸収合併されたとしよう。

この場合、次の登記を申請する。

登記の事由	会計監査人の変更
登記すべき事項	年月日会計監査人A監査法人合併
	同日会計監査人B監査法人就任
登録免許税	金10000円（資本金の額が金１億円を超えれば金30000円）
添付書類	合併を証する書面　１通　＊１
	登記事項証明書　　　１通　＊２
	委任状　　　　　　　１通

＊１はA監査法人の退任を証する書面（商業登記法54条４項）、＊２はB監査法人の商業登記法54条２項２号の、監査法人としての資格を証する書面を意味するが、実際には、同一の登記事項証明書（A監査法人を合併した旨の記載あるB監査法人の登記事項証明書）がこれを兼ねることになる。

→登記事項証明書は、作成後３か月以内。

→この場合も、選任行為がないため、B監査法人の就任承諾書は添付しなくてよい。

→会計参与が合併したケースも同様に考えてよい。

＊ここでも、会社法人等番号の記載により、登記事項証明書を添付省略できる。

> **商業登記法19条の３（添付書面の特例）**
> 　この法律の規定により登記の申請書に添付しなければならないとされている登記事項証明書は、申請書に会社法人等番号を記載した場合その他の法務省令で定める場合には、添付することを要しない。

②　役員等の退任

次に、役員等の退任の登記について解説する。

役員等の退任の問題は、ある事情が生じた時期が、その役員の任期中であるか任期満了後であるかによって、状況が大きく異なる。

そこで、本書では、これを分けて記載する。

なお、以下においては、いずれの事例においても、別段の記述のない限りは、当該株式会社に役員等の員数についての**定款の規定は存在しない**ものとする。

④　任期中

まず、役員等が任期中のハナシをしよう。

以下の事例では、登場する役員等はいずれも「任期中」である。

事例 1

　会計参与Ａは令和６年６月１日に辞任届を提出した。

　なお、当該会社の会計参与はＡのみであった。

本事例では、登記事項は発生しない。

なぜなら、会計参与Ａは、会社法346条１項の規定により会計参与としての権利義務を承継するからである。

定理１　権利義務を承継した役員の退任登記は受理されない。

会社法346条（役員等に欠員を生じた場合の措置）

１項　役員（監査等委員会設置会社にあっては、監査等委員である取締役若しくはそれ以外の取締役又は会計参与。以下この条において同じ。）が欠けた場合又はこの法律若しくは定款で定めた役員の員数が欠けた場合には、任期の満了又は辞任により退任した役員は、新たに選任された役員（次項の一時役員の職務を行うべき者を含む。）が就任するまで、なお役員としての権利義務を有する。

```
                        辞任
会計参与Ａ────────✕－－－－－－－－－－－
```

＊上記の図の「実線」は任期中であることを、「点線」は権利義務の承継を意味
　する（本書において以下同じ）。

　役員としての「権利義務を有する」とは、役員としての権利も義務もあるとい
うことである。

　だから、会計参与Ａは辞任後も、後任者が就任するまでは、取締役と共同して
計算書類を作成する権利もあるし、また作成しなければならない。（会社法374条
１項）

　また、事務所における計算書類等の備置き義務(会社法378条１項)も消滅しない。

　要するに、会社法は、後任者の就任までは、前任の役員に責任をとらせるカタ
チで株式会社の運営に関与させるとしているのである。

　後任者が就任しないまま、役員がどんどん退任すれば、会社としての社会的責
任が果たせなくなるというのが理由である。

　したがって、「権利義務を承継した役員の退任登記は受理されない」。

　会計参与としての権利義務を有するＡを、登記簿から消すのはよろしくないか
らである。

【用語解説】→　なお役員としての権利義務を有する
　　会社法は、退任した役員が、「なお役員としての権利義務を有する」と規定し
　ている。
　　これが正しい用語である。
　　「役員の権利義務を承継する」は、正規の用語ではない。
　　しかし、便利なのである。そこで、本書は、権利義務承継の用語も使用する。
　また、「なお役員としての権利義務を有する」者を権利義務取締役などというこ
　ともある。
　　ただ、正規の用語はあくまで「役員としての権利義務を有する」だから、記
　述式試験ではその用語を用いてほしい。

参考問題　　会計参与を１人置く旨の定款の定めがある株式会社の会計参与が辞任
をした場合においては、新たに選任された会計参与（一時会計参与の職務を行うべ
き者も含む。）が就任していないときであっても、当該辞任による変更の登記は受

理される。（商業登記法H21-30-ア）

....

答 え　×　本問の場合、辞任により退任した会計参与が、その権利義務を有することとなるからである。（会社法346条1項）

❖❖

┌─ **コ ラ ム**　監査等委員会設置会社の場合 ─────────────┐

　監査等委員会設置会社の（取）取締役と（監）取締役はベツモノだから、その権利義務の承継についても両者を区別してこれを考えることを要する（会社法346条1項カッコ書）。

　たとえば、（監）取締役の人数は3人以上と法定されているところ、3名いる（監）取締役（甲、乙、丙）のうち甲が辞任したときは、他に（取）取締役がいたとしても、甲は、（監）取締役の権利義務を有することとなるのである。

└──────────────────────────────────────┘

❖❖

参考問題　定款に取締役の員数に関して別段の定めがない監査等委員会設置会社において、監査等委員である取締役以外の取締役3名のうち1名が辞任した場合であっても、当該辞任による変更の登記を申請することはできない。（商業登記法R2-29-イ）

....

答 え　×　監査等委員でない取締役は、1名以上で足りる。

❖❖

┌─ **事例 2** ─
　会計参与Aは令和6年6月1日に辞任届を提出した。
　なお、当該会社には会計参与Bも存在する。
└──────────────────────────────────────┘

以下の登記を申請できる。

登記の事由	会計参与の変更
登記すべき事項	令和6年6月1日会計参与A辞任
登録免許税	金10000円（資本金の額が金1億円を超えれば金30000円）
添付書類	辞任届　1通　＊
	委任状　1通

＊商業登記法54条4項の「退任を証する書面」として添付を要する。

辞任
会計参与Ａ────────✕
同　　Ｂ────────────────

会計参与Ａは権利義務を承継しないから、辞任登記は受理される。

コラム　辞任の効力の発生

　令和６年６月１日付けの会計参与Ａの辞任届が、同月３日に会社に到達した場合。登記簿に記載すべき辞任の日付は６月３日である。
　その根拠は、民法97条１項（意思表示の到達主義）であり、会計参与Ａの「辞任します」という意思表示の効力が３日に生じ、その日に委任契約が解除されるのである。

> **民法97条**
> １項　意思表示は、その通知が相手方に到達した時からその効力を生ずる。

＊意思表示の到達時について、会社法に特則はないから、私法の一般法である民法が適用されることになる。

参考問題　取締役から辞任届が郵便により株式会社に送付された場合には、その届出書が株式会社に到達した日から２週間以内に取締役の辞任による変更の登記を申請しなければならない。（商業登記法H4-32-ウ）

答え　○　会社法915条１項参照。登記事項に「変更が生じたとき」は、辞任届の到達時である。

事例 3
　監査役Ａは会社法の規定に違反して罰金刑に処せられ令和６年６月１日にその判決が確定した。
　なお、当該会社の監査役はＡのみであった。

本事例では、資格喪失による監査役Ａの退任登記ができる。

　会社法の規定に違反して刑に処せられることは、監査役の欠格事由である（会社法335条１項、331条１項３号）から監査役Aが監査役としての権利義務を承継することはない。

　　→欠格事由に該当するとは、監査役としては「死亡」のケースに等しいと考えればよい。死者に権利義務が帰属するわけがない。

登記の事由	監査役の変更
登記すべき事項	令和６年６月１日監査役A資格喪失
登録免許税	金10000円（資本金の額が金１億円を超えれば金30000円）
添付書類	欠格事由に該当したことを証する書面　１通　＊
	委任状　１通

＊商業登記法54条４項の「退任を証する書面」として添付を要する。

<pre>
　　　　　　　　　　　資格喪失

　監査役A─────────✕
</pre>

　なお、会社法346条による権利義務承継の生じない退任事由の概要と、この場合の登記申請書の登記すべき事項の書き方は、以下のようになる（取締役の退任の場合を例示する）。

　１．欠格事由に該当した場合
　　　年月日取締役A資格喪失　（日付は欠格事由に該当した日）
　２．死亡した場合
　　　年月日取締役A死亡　（日付は死亡の日）
　３．株主総会で解任された場合
　　　年月日取締役A解任　（日付は解任決議の日）

参考　　死亡のケースの退任を証する書面（商業登記法54条４項）は、死亡の記載ある「戸籍一部事項証明書」等（「法定相続情報一覧図の写し」でもよい）、親族作成の「死亡届」、医師の「死亡診断書」などである。

コラム　　**解任の効力発生日**

　取締役、監査役、会計参与の解任の効果は株主総会の決議の効力が発生する時に生じると考えられる。解任の旨が告知された日ではない。
　なお、会計監査人については、決議日、告知日の両説があるようである。

1. 在任中の取締役に欠格事由が生じた場合であっても、そのために取締役の員数が法定数を欠くこととなるときは、後任者が選任されるまでは、取締役の退任による変更登記の申請をすることができない。（商業登記法H11-29-3）

2. ある取締役に欠格事由が生じた場合でも、これにより定款で定めた取締役の員数に満たないこととなるときは、その後任者が選任されるまで、当該取締役の退任による変更の登記の申請は、することができない。（商業登記法H25-32-オ）

3. 在任中の取締役が会社法の規定に違反して刑に処せられた場合には、後任者が選任されず、法定の取締役の員数を満たすことができないときであっても、当該取締役の退任による変更の登記を申請しなければならない。（商業登記法H18-31-ウ改）

4. 在任中の取締役が会社法の規定に違反して刑に処せられた場合における変更登記の申請書に記載すべき退任の事由は、資格喪失である。（商業登記法H11-29-5改）

5. 親会社の監査役が子会社の取締役に選任されたため、親会社の監査役を退任することとなった場合における変更登記の申請書に記載すべき退任の事由は、資格喪失である。（商業登記法H11-29-1）

6. 取締役を解任する決議があった場合において、後日、それを本人に告知したときは、告知した日から2週間以内に取締役の解任による変更の登記を申請しなければならない。（商業登記法H4-32-イ）

7. 取締役が有罪判決を受け、欠格事由に該当することとなった場合には、その判決の確定の日から2週間以内に取締役の資格喪失による変更の登記を申請しなければならない。（商業登記法H4-32-エ）

答え 1．× 2．×

3．○ 取締役に欠格事由が生じたときは、その者が取締役の権利義務を有することはないためである。

4．○ そのとおり。年月日欠格事由該当とはしないように。

5．× 資格喪失は役員等が欠格事由に該当した場合の登記原因である。会社法335条2項の兼任禁止規定は欠格事由の定めではない。

6．× 解任決議の日が登記期間の起算日となる。

7．○ 判決が確定した日に欠格事由に該当するため。

コラム　取締役・監査役の破産手続開始・後見開始

取締役、監査役の破産は、いずれも欠格事由ではない。

しかし、民法653条２号の規定により会社との委任契約が当然に終了し、退任事由が発生する。

この場合の登記すべき事項は「年月日退任」でよい。

退任を証する書面は、「破産手続開始の決定書の謄本」でよい。

また、後見開始の審判を受けたときも、委任の終了（民法653条３号）により取締役、監査役は退任する。登記すべき事項は同様に「年月日退任」でよい。

コラム　社外取締役等の要件を失った場合の登記

法務省の記載例を紹介する。

特別取締役である社外取締役が業務を執行する取締役となった場合

役員に関する事項	取締役　甲野太郎 （社外取締役）	令和５年10月１日就任
		令和５年10月８日登記
	取締役　甲野太郎	令和６年４月１日社外性喪失
		令和６年４月８日登記

前記の登記について、登記申請書の記載例は以下のとおり。

登記の事由	社外取締役 甲野太郎 社外性喪失
登記すべき事項	令和６年４月１日 社外取締役 甲野太郎 社外性喪失
登録免許税	金10000円（資本金の額が金１億円を超えれば金30000円）
添付書面	委任状　１通

＊社外取締役等の要件を失ったことを証する書面の添付は商業登記法において要求されていない。

なお、参考までに、特別取締役である社外取締役が退任した場合の登記簿の記載例（H18.4.26民商第1110号依命通知改）は、以下のとおりである。

特別取締役である社外取締役が退任した場合

役員に関する事項	取締役　戊　野　七　郎 （社外取締役）	令和4年10月1日就任
		令和4年10月8日登記
		令和6年10月1日退任
		令和6年10月8日登記
	特別取締役　戊　野　七　郎	令和4年10月1日就任
		令和4年10月8日登記
		令和6年10月1日退任
		令和6年10月8日登記

参考問題　社外取締役として登記されている者が当該株式会社の子会社の支配人に就任した場合に行う社外取締役である旨の登記の抹消の登記の申請書には、当該社外取締役が支配人に選任されたことを証する当該子会社の取締役会の議事録を添付する必要はない。（商業登記法H17-32-5）

答え　○　社外取締役でなくなったことを証する書面の添付を要するという規定はない。

【学習の指針】株主総会議事録など

> **商業登記法46条（添付書面の通則）**
> 2項　登記すべき事項につき株主総会若しくは種類株主総会、取締役会又は清算人会の決議を要するときは、申請書にその議事録を添付しなければならない。

上記は、ひじょうに使用頻度の高い条文である。

たとえば、商号の変更は登記すべき事項であり、これにつき株主総会の決議を要するから、株主総会議事録が添付書面となる。

ところで、ここに株主総会議事録等とは、A株式会社が申請人となる場合のA株式会社の株主総会議事録等であることを**当然の前提**としている。

つまり、A株式会社が登記の申請をする場合、A株式会社以外の会社（例　B株式会社）の議事録等を添付すべき根拠規定はないのである。

　これは、けっこう応用範囲の広い知識となる。

　なお、合併等の組織再編では、申請会社以外の議事録等の添付を要する場合があるが、それにはちゃんと根拠条文がある。

事例 4

　会計監査人である監査法人Aは令和6年7月1日に辞任した。
　なお、当該会社の会計監査人は監査法人Aのみであった。

　上記のケースでは、会計監査人Aの辞任による退任登記をすべきである。

　なぜなら、任期満了後あるいは、辞任後の権利義務承継を規定した会社法346条1項は会計監査人には適用がないからである。

　法律において「言葉の定義」は大事である。

　そこで、試みに、会社法346条1項を見てほしい。

　主語に「役員」とあるはずだ。

　その定義は、会社法329条1項にある。

　役員とは、「取締役、会計参与及び監査役をいう」のである。

　こういう細かいところをきっちり把握できると、法律家のスタートラインに立てるようになる。

辞任

会計監査人A─────────✕

　なお、辞任、資格喪失、死亡（個人の場合）等の理由により、会計監査人が欠けた場合には、株式会社は株主総会を開催し、次の会計監査人を選任すべきであるが、株主総会の早期の開催が困難なこともありうるので、次の規定を会社法は準備している。

会社法346条（役員等に欠員を生じた場合の措置）

4項　会計監査人が欠けた場合又は定款で定めた会計監査人の員数が欠けた場合において、遅滞なく会計監査人が選任されないときは、監査役は、一時会計監査人の職務を行うべき者を選任しなければならない。

＊上記「監査役」は、監査役会設置会社では「監査役会」と、監査等委員会設置会社では、「監査等委員会」に、指名委員会等設置会社では「監査委員会」と読み替えられる。（会社法346条6項・7項・8項）

＊役員が欠けた場合には、会社法は、権利義務承継の規定（会社法346条1項）と、

裁判所による仮取締役等の選任(会社法346条2項)の規定を準備するところ、会計監査人については、上記、会社法346条4項以下をもって事態に対応しているのである。

参考問題　唯一の会計監査人が資格喪失により退任する前に、監査役会の決議によって一時会計監査人の職務を行うべき者を選任した場合には、当該監査役会の議事録を添付して、一時会計監査人の職務を行うべき者の就任による変更の登記の申請をすることができる。(商業登記法H29-32-エ)

....

答え　×　会計監査人が欠ける前に、仮会計監査人を選任することはできない。

　では、会社法346条4項の規定により、監査役が、一時会計監査人の職務を行うべき者を選任した場合の登記簿の記載例を紹介しよう。

登記簿の記載例（H18.4.26民商第1110号依命通知改）

役員に関する事項	会計監査人　甲野花子	令和6年10月1日就任
		令和6年10月8日登記
		令和6年11月1日死亡
		令和6年11月8日登記
	仮会計監査人 　　監査法人桃会	令和6年12月14日就任
		令和6年12月21日登記

　上記の登記に係る申請書の記載例を以下に再現しよう。
　なお、会計監査人の退任登記はすでに完了しており、その後に、仮会計監査人が就任したものとする。

登記の事由	仮会計監査人の変更
登記すべき事項	令和6年12月14日仮会計監査人監査法人桃会就任
登録免許税	金10000円（資本金の額が金1億円を超えれば金30000円）
添付書類	監査役の選任書　　1通（商登55条1項1号）
	就任承諾書　　　　1通（商登55条1項2号）
	登記事項証明書　　1通（商登55条1項3号）
	委任状　　　　　　1通（商登18条）

＊仮会計監査人の資格、添付書面の考え方等は、会計監査人の就任登記と同じである。

＊登記事項証明書の代わりに、申請書に監査法人桃会の会社法人等番号を記載してもよい。

参考問題

1. 唯一の会計監査人が辞任した場合にする会計監査人の辞任による変更の登記は、新たに選任された会計監査人（一時会計監査人の職務を行うべき者も含む。）の就任による変更の登記と同時に申請しなければならない。（商業登記法H25-33-イ）

2. 会計監査人が欠けた場合において、監査役会の決議によって一時会計監査人の職務を行うべき者を選任したときは、当該一時会計監査人の職務を行うべき者の就任による変更の登記の申請書には、監査役会議事録及び会社の代表者の同意書を添付しなければならない。（商業登記法H18-31-エ）

3. 一時会計監査人の職務を行うべき者の就任による変更の登記については、登録免許税は課されない。（商業登記法H29-32-イ）

答え　1．✕　　2．✕　会社の代表者の同意書はいらない。　　3．✕

コラム　仮会計監査人の登記の抹消

　株主総会で正規の会計監査人が選任され、その就任登記の申請をしたときに、仮会計監査人の登記は登記官の職権で抹消される。

　→司法書士が抹消の申請をする必要はない。（商登規68条１項）

参考問題　一時会計監査人の職務を行うべき者に関する登記がされている場合において、会計監査人の就任による変更の登記がされたときは、登記官の職権により、一時会計監査人の職務を行うべき者に関する登記を抹消する記号が記録される。（商業登記法H29-32-ウ）

答え　○

ちなみに、登記官の職権による登記を定めた商業登記規則68条の守備範囲は広い。

仮取締役等、取締役等の職務代行者など、すべて正規の取締役等を登記したと

きに職権抹消になる。

商業登記規則68条（仮取締役又は取締役職務代行者等の登記）

1項　一時取締役、監査等委員である取締役、会計参与、監査役、代表取締役、委員、執行役、代表執行役又は会計監査人の職務を行うべき者に関する登記は、取締役、監査等委員である取締役、会計参与、監査役、代表取締役、委員、執行役、代表執行役又は会計監査人の就任の登記をしたときは、抹消する記号を記録しなければならない。

2項　取締役、監査等委員である取締役、会計参与、監査役、代表取締役、委員、執行役又は代表執行役の職務の執行停止又は職務代行者に関する登記は、その取締役、監査等委員である取締役、会計参与、監査役、代表取締役、委員、執行役又は代表執行役の選任の決議の不存在、無効若しくは取消し又は解任の登記をしたときは、抹消する記号を記録しなければならない。

職務執行停止の登記の職権抹消の例（H18.4.26民商第1110号依命通知改）

職務執行を停止されている役員を解任する判決が確定した場合（会社法第937条）

役員に関する事項	取締役　甲 野 太 郎	令和6年10月1日就任
		令和6年10月8日登記
		令和6年12月3日東京地方裁判所の解任の判決確定
		令和6年12月10日登記
	監査役　丁 野 四 郎	令和6年10月1日就任
		令和6年10月8日登記
		令和6年12月3日東京地方裁判所の解任の判決確定
		令和6年12月10日登記
	取締役甲野太郎の職務執行停止	令和6年10月15日東京地方裁判所の決定
		令和6年10月22日登記

| 監査役丁野四郎の職務執行停止 | 令和６年10月15日東京地方裁判所の決定 |
| | 令和６年10月22日登記 |

［注］　この登記をしたときは、職務執行停止に関する登記を抹消する記号を記録する。（商登規68条２項）

　　　なお、職務代行者が選任されている場合は、職務代行者に関する登記を抹消する記号を記録する。（商登規68条２項）

＊上記のうち、上から２つの解任登記は裁判所の嘱託によるもの。下から２つの抹消する記号（アンダーラインのこと）は商業登記規則68条２項による職権登記である。

参考問題　取締役Ｃが仮取締役として登記されている場合において、新たにＤが取締役に就任したときにおける取締役Ｄの就任の登記と仮取締役Ｃの退任の登記は、同時に申請しなければならない。（商業登記法H14-34-イ）

答え　×　仮取締役Ｃの登記は職権で抹消される。

発展　取締役、監査役に独自の退任事由

　公開会社でない会社において発生する可能性がある退任事由がある。

会社法331条（取締役の資格等）
２項　株式会社は、取締役が株主でなければならない旨を定款で定めることができない。ただし、公開会社でない株式会社においては、この限りでない。

　上記、ただし書により公開会社でない会社では、次の定款規定を置くことができる。
　定款第○条　取締役は当会社の株主でなければならない。

　この場合、取締役甲が自己の有する株式の全部を会社の承認を得て第三者に譲渡したときに、取締役甲は退任する。

【学習の指針】準用条文などの重要性
　非公開会社が、取締役の資格を株主に限ることができることは、ある程度、学ぶと当たり前になる。**合否を決するのはその先**だ。他の機関でどうかである。

一度、以下の条文を、面倒がらずに引いてみよう。

1．監査役　非公開会社が、監査役の資格を株主に限ることができる。（会社法335条1項）
2．執行役　非公開会社が、執行役の資格を株主に限ることができる。（会社法402条5項）

ロ　任期満了後

次に、役員の任期満了後に権利義務の承継をしているケースを考えよう。

役員が辞任をして、権利義務の承継をした場合も同様に考えてよい。

以下に登場する役員は、いずれも、任期満了後に権利義務を有しているものとする。

事例 5

取締役の権利義務を有するAは辞任の意思を表示した。

本事例では登記事項は発生しない。

役員の権利義務の承継は、強行法規である会社法の規定に基づくものであるから、この地位を辞することはできない。

したがって、登記事項は発生しない。

事例 6

株主総会の特別決議で、監査役の権利義務を有するAを解任した。

本事例でも登記事項は発生しない。

役員の権利義務を有する者を解任することはできない。

この場合、株主総会において決議をすべきなのは、正規の監査役の選任決議であり、新たに選任された者が**就任した時**に、前任の監査役Aの監査役としての権利義務の承継が終了することになる。

→会社法346条1項は、前任者は、新たに選任された役員（一時役員の職務を行うべき者を含む）が**就任するまで**、役員としての権利義務を有するとしている。

事例 7

会計参与の権利義務を有するAが死亡した。

本事例では、登記事項が発生する。

会計参与Aの任期満了（または辞任）の時を令和6年6月28日、死亡時を同年8月1日と仮定しよう。

```
            任期満了          死亡

会計参与A──────✕ - - - - - - - - - ✕
            R6.6.28           R6.8.1
```

上記の図からあきらかなように、8月1日死亡をもって会計参与Aの権利義務の承継が終了するのである。

なぜなら、死亡した以上、Aに会計参与としての活動はもはや望むべくもないからである。

この場合の考え方は以下のとおりである。

1．会計参与Aは、令和6年6月28日任期満了により退任した。（図中の1つめの×）
2．その後、会計参与Aは権利義務を有していたので退任登記ができなかった。
3．しかし、その権利義務が同年8月1日死亡をもって終了した。（図中の2つめの×）
4．したがって、登記簿から会計参与Aを消すことが可能になった。
5．この場合の、退任事由および年月日は、「令和6年6月28日（任期満了により）退任」である。
→同年8月1日は、「退任登記ができるようになった日」にすぎない。
以上である。
この考え方を、定理としてまとめておこう。

定理2　登記簿に記載する退任事由と年月日は「1つめの×」の部分である。

では、上記の退任登記の申請書例を記載しておこう。

登記の事由	会計参与の変更
登記すべき事項	令和6年6月28日会計参与Aは（任期満了により）退任
登録免許税	金10000円（資本金の額が金1億円を超えれば金30000円）
添付書類	定款　　　　　1通

株主総会議事録	1通	
死亡届	1通	
委任状	1通	

＊定款および株主総会議事録、死亡届が退任を証する書面である。

　定款により事業年度の終了時を、株主総会議事録により退任日付を証明する。

　次に、死亡届の添付によりなぜ権利義務承継をしているはずの会計参与Aの登記が可能であるのかを登記官に示すのである。

＊つまり、死亡届を添付して任期満了退任の登記をするのである。

＊株主リストを要しない。株主総会において登記すべき事項（会計参与の退任）について何らの決議もしていないからである。

　→株主総会議事録は、定時株主総会の開催の時期を証明し、定款と相まって会計参与の退任を証する書面となるにすぎない。

コラム　**任期の満了を証する書面**

　退任を証する書面の一種である。（商業登記法54条4項）

　株主総会の終結時をもって役員等の任期が満了する場合、一般的に、定款と定時株主総会議事録の添付を要する。

　役員等の法定任期は、「選任後〇年以内に終了する事業年度のうち最終のものに関する定時株主総会の終結の時までとする」というカタチの規定となっているところ、その事業年度と定時株主総会を開催すべき時期（場合によっては役員の任期）を証明し、次に、定時株主総会の開催日を定時株主総会議事録で証明する。

　この2つがあいまって「年月日任期満了により退任」という事実を証明することができるという寸法だ。

> 定款　（記載例）
> 第何条（株主総会の招集）
> 当会社の定時株主総会は、毎事業年度の末日の翌日から3か月以内に招集し、臨時株主総会は必要に応じて招集する。
> （中略）
> 第何条（事業年度）
> 当会社の事業年度は、毎年4月1日から翌年3月31日までとする。

　→なお、定時株主総会を開催すべき時期がいつであるかは、定款の絶対的記載事項ではないが、実務上は書いてあるのである（記載のない定款は見たことがない）。

→が、例外として、定時株主総会議事録に「取締役何某（あるいは取締役
全員）が任期満了により退任するので後任者を選任云々」のような記載
があり、定時株主総会議事録の記載から任期満了の旨が明示されていれ
ば、定款の添付は要しないことになっている。（昭53.9.18-5003）

→実務上は、このパターンが非常に多い。定款で役員の任期について会社
法の原則（取締役、会計参与は監査等委員会設置会社または指名委員会
等設置会社を除き 2 年、監査役は 4 年）と異なる規定（年数の相違、補
欠規定、増員規定等を含む）を置いているケースであっても、株主総会
議事録に任期満了の旨の記載があれば定款の添付は不要であるとされる。
「誰が任期満了により退任した」との記載そのものが、任期満了による退
任の事実の直接証明になるのである。

参考先例 ▌（昭49.8.14-4637）

取締役の任期の満了に係る定時株主総会が定款の定める期間内に開催されな
かった場合、役員の任期は、定款が定める定時株主総会の開催されるべきであ
った期間の終了の時に満了する。

→たとえば、3 月末が事業年度の終了時であり、その時から 3 か月以内に定
時株主総会を開催すべき旨を定めた株式会社において、定時株主総会を 7
月以降に開催した場合、役員の任期は、定時株主総会を開催すべきであっ
た期間の最終の日、つまり 6 月30日に満了する。

参考問題

1．退任した取締役であってなお取締役としての権利義務を有する者を解任する株
主総会の決議があった場合においても、当該取締役の解任による変更の登記は、
申請することができない。（商業登記法H18-31-オ）

2．辞任により取締役を退任した後も取締役としての権利義務を有する A を解任す
る株主総会の決議がされた場合であっても、当該株主総会の議事録を添付して、
A の解任による変更の登記を申請することはできない。（商業登記法H28-30-イ）

3．取締役の辞任により法律に定めた取締役の員数を欠くに至った後に、当該取締
役が死亡した場合には、取締役の死亡による退任の登記を申請しなければならな
い。（商業登記法H17-32-3）

4．会社法第346条第 1 項の規定により取締役の権利義務を有する者が死亡したと
きは、その者につき取締役の任期満了による退任の登記を申請しなければならな
い。（商業登記法H3-32-オ）

5．定時株主総会議事録に本総会の終了をもって取締役の任期が満了する旨の記載

があるときは、取締役の変更の登記の申請書には、退任を証する書面として定款を添付することを要しない。(商業登記法H2-32-4)

6. 定款により取締役の任期を選任後5年以内に終了する事業年度のうち最終のものに関する定時株主総会終結の時までと定めている株式会社が、取締役の任期満了による退任の登記を申請する場合においては、当該登記の申請書には、取締役改選の際の定時株主総会の議事録に当該取締役が任期満了である旨の記載がされているときであっても、定款を添付しなければならない。(商業登記法H20-33-イ)

7. 監査役を1人置く旨の定款の定めのある株式会社がその発行する全部の株式の内容として譲渡による当該株式の取得について当該株式会社の承認を要する旨の定款の定めを廃止する定款の変更をした場合において、当該定款の変更の効力が生じた時に在任していた監査役とは別の監査役が就任したときは、当該定款の変更の効力が生じた時に在任していた監査役について退任による変更の登記の申請をすることを要しない。(商業登記法H21-30-ウ)

答え 1. ○ 2. ○ 前問の焼き直し。
3. × 辞任による退任の登記をする。
4. × 任期満了による退任の登記をすべきであるとは限らない。退任事由が「辞任」であれば、辞任による退任の登記を申請すべきことになる。
5. ○ 6. ×
7. × 定款変更により従前の監査役は任期の満了により退任している（会社法336条4項4号）。後任者の就任により当該監査役が監査役の権利義務を有することはないから、退任の登記を申請すべきことになる。

❖❖

次に、取締役会設置会社(監査等委員会設置会社、指名委員会等設置会社を除く)における、司法書士試験の古典的な出題のパターンを考えてみよう。

取締役会設置会社では、取締役の員数が3名以上と法定されている（会社法331条5項）。そこで、3名の定員を欠くことになるときに、権利義務の承継の問題を生じることになる。

《注》 なお、監査役、会計参与、取締役会を設置しない会社の取締役についても定款で定足数を2名以上と定めていれば（例 当会社には2名以上の取締役を置く）、同様の問題点を生じる。

事例 8

　取締役が４名（甲乙丙丁）いる会社において、令和６年６月28日の定時株主総会の終結をもって全員の任期が満了した。

　このうち任意の１名(たとえば丁)の任期満了による退任の登記は受理されるか。

受理されない。

　この場合、４名のうち、１名は取締役の権利義務を有しないとしても、法定の員数を欠くことにはならない。

　しかし、会社法には、この場合に、権利義務を有する者、有しない者を区分けするルールが存在しないため、全員が取締役の権利義務を有することになる。

　したがって、「**定理１　権利義務を承継した役員の退任登記は受理されない。**」により、登記事項は発生しない。

任期満了

```
取締役　甲————————×------------
　同　　乙————————×------------
　同　　丙————————×------------
　同　　丁————————×------------
```

事例 9

　取締役が３名（甲乙丙）いる取締役会設置会社において、令和６年６月28日の定時株主総会の終結をもって全員の任期が満了した。

　令和６年９月１日の臨時株主総会で、取締役Ａおよび取締役Ｂが選任され就任をした。

　登記事項は発生するか。

発生する。（昭30.5.23-1008）

　取締役Ａおよび取締役Ｂの就任登記のみをすべきである。

　本事例では、後任の取締役の員数が、法定の員数（３名）に足りないため、取締役３名（甲乙丙）の権利義務の承継は終了しない。

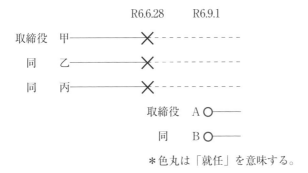

R6.6.28　　　R6.9.1

取締役　甲

同　　乙

同　　丙

取締役　Ａ

同　　Ｂ

＊色丸は「就任」を意味する。

　上記の結果、この会社には、取締役の権利義務を有する甲乙丙ならびに取締役
ＡＢが存在することになる。
　したがって、取締役会を開催する場合、出席義務があるのは、上記の５名であり、
取締役の権利義務を有する甲乙丙も議決権を行使できる。

┌─ **コラム** ─　権利義務取締役甲乙丙のうち２名の退任登記の可否　─┐

　前記のケースでは、取締役ＡおよびＢが就任したのだから、権利義務を有す
る者は前任の取締役甲乙丙のうち１名でよく、２名の退任登記は受理され
るようにも思われる。
　しかし、登記実務はこれを否定する。
　会社法は、前任の取締役甲乙丙のうち誰が権利義務を有するのかを決める
基準を規定していないから、本事例では、前任の取締役甲乙丙は全員が一蓮
托生で権利義務を有することになるのである。

┌─ **事例10** ─
　取締役が３名（甲乙丙）いる会社において、令和６年６月28日の定時株主総
会の終結をもって全員の任期が満了した。
　取締役甲乙丙は、当該株主総会において再任されたが、丙は就任を承諾しな
かった。
　登記事項は発生するか。

発生する。（質疑登研453P126）
取締役甲および乙の重任登記のみを申請すべきである。

　重任は、任期満了退任＋就任の意味である。

　このうち、退任の部分を重視すれば、取締役の全員が任期満了しその後任者として就任した者が３名に満たないから甲乙丙全員が権利義務を有することとなり、そもそも退任登記ができないとも考えられる。

　しかし、この場合は、就任のほうを重視し、取締役甲乙の重任登記をしたうえで、残る取締役丙のみが権利義務取締役となると考えるのが登記実務である。

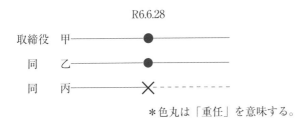

＊色丸は「重任」を意味する。

事例11

　取締役が３名（甲乙丙）いる会社において、令和６年６月28日の定時株主総会の終結をもって全員の任期が満了した。

　その後、乙が辞任届を提出し、しばらくして丙が死亡した。

　登記事項は発生するか。

　役員の権利義務を有する者のその後の運命は、個別に考えればよい。

　乙について

　取締役の権利義務を辞することはできないから定理１により登記事項は発生しない。

　丙について

　死亡をもって取締役の権利義務が終了する。この場合、定理２により「１つめの×」である任期満了退任の登記をする。

　事例11の取締役丙の任期満了による退任登記がされた後、令和6年11月1日に臨時株主総会で取締役甲ABの3名が選任され就任した。
　いかなる登記をすべきか。

以下の登記事項が発生する。

令和6年6月28日以下の者（任期満了により）退任
取締役　　甲
　同　　　乙
令和6年11月1日以下の者就任
取締役　　甲
　同　　　A
　同　　　B

＊実際の登記申請では代表取締役の変更登記も行うことになる。
＊取締役甲は再任ではあるが、退任と就任の日付が違うから重任登記はできない。

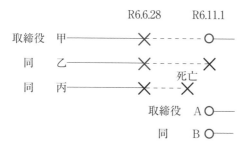

参考問題

1．取締役会設置会社において、取締役の全員が任期満了により同時期に退任した場合において、その後任として選任された取締役の員数が２名であったときは、取締役の退任の登記も、就任の登記も、申請することができない。（商業登記法H17-32-4）

2．取締役としてA、B及びCが登記されている取締役会設置会社で、定款の規定により定時株主総会の終結時に取締役全員の任期が満了する場合において、同総会でA、B及びCを取締役に選任する決議がされたときはAの就任承諾が得られないときであっても、B及びCの重任登記は申請することができる。（商業登記法H14-34-エ）

3．取締役の全員が取締役の権利義務を有する者となっている場合において、そのうちの１人が死亡したときは、その者につき死亡による変更の登記を申請することができる。（商業登記法H6-28-2）

4．任期満了により３名の取締役全員が取締役の権利義務を有する者となっている取締役会設置会社において、取締役１名を追加して選任したときは、取締役の権利義務を有する者のうち１名につき退任の登記を申請することができる。（商業登記法S60-33-4）

答え　1．× 就任の登記を申請することができる。　2．○
3．× 登記事項となるのは「１つめの×」（定理２）。
4．× ３名の取締役全員は、一蓮托生でその権利義務を有しているため、そのうちの１名の退任登記を申請することはできない。

Ⅱ　代表取締役の権利義務

次に、代表取締役の問題に入ることとする。

まず、代表取締役としての権利義務の問題を最初に取り上げる。

会社法351条（代表取締役に欠員を生じた場合の措置）
１項　代表取締役が欠けた場合又は定款で定めた代表取締役の員数が欠けた場合には、任期の満了又は辞任により退任した代表取締役は、新たに選定された代表取締役（次項の一時代表取締役の職務を行うべき者を含む。）が就任するまで、なお代表取締役としての権利義務を有する。

上記が、代表取締役に関する権利義務の承継の規定である。

代表取締役の任期は、会社法には規定がない。

したがって、定款で任期を定めない限りは、任期の満了はありえないが、上記、会社法351条１項の「任期の満了」は、取締役の任期が満了する結果、代表取締役

を退任する場合を含んでいると考えればよい。

なお、代表取締役の権利義務の問題についても、次の定理は該当する。

定理1　権利義務を承継した役員の退任登記は受理されない。
定理2　登記簿に記載する退任事由と年月日は「1つめの×」の部分である。

以下の事例においては、別段の断り書きのない限り、当該会社の定款には取締役、代表取締役の員数の定めはないものとして考えよう。

また、以下の事例や参考問題においては、監査等委員会設置会社への考慮を要しない。

事例13

取締役甲及び乙、代表取締役甲が登記されている株式会社において、令和6年6月28日に取締役両名の任期が満了した。
その後、乙が死亡した場合、登記の申請は誰がするのか。

本事例では、乙の死亡届を添付して、「令和6年6月28日取締役乙任期満了により退任」の登記をすべきであるが、その申請は、代表取締役の権利義務を有する取締役甲がすればよいのである。

登記申請は、代表取締役の義務であり、会社法の規定により甲はこれを「有する」からである。

事例14

取締役甲乙丙は任期中である。
この会社（取締役会設置会社）には、代表取締役が2名登記されている。（甲及び乙）
定款に「当会社は代表取締役を2名置く」という規定がある場合、乙が代表取締役を辞任したときは、登記事項は発生するか。

発生しない。

本事例では、乙は、「代表取締役を辞任します」という辞任届を提出した。

ここに「代表取締役を辞任します」とは、取締役は辞めないが、代表権のみを返上するという意味である。

しかし、代表取締役に定款の員数規定があるために、会社法351条１項の規定により、辞任の意思表示の後も代表取締役の権利義務を有する。

したがって、定理１により登記事項は発生しない。

事例15

　取締役甲乙丙は任期中である。

　この会社（取締役会設置会社）には、代表取締役が２名登記されている（甲及び乙）。

　乙が取締役を辞任したときは、登記事項は発生するか。

発生する。

本事例では、乙の提出した辞任届には、「取締役を辞任します」と書いてある。

しかし、取締役の辞任は、これにより３名の取締役の定員を割り込むことになるから登記ができない。

だが、代表取締役は１名いればよいのだから、乙の代表取締役の退任登記をすべきである。

なお、この場合の、代表取締役の退任事由は、年月日辞任ではない。

乙の辞任届には「取締役を辞任します」と書いてあるからだ。

退任事由は、取締役を辞任したために代表取締役の地位の基盤となる資格を失いましたという意味合いの書き方になる。

では、以下に、この場合の登記申請書を示そう。

登記の事由	代表取締役の変更
登記すべき事項	年月日代表取締役乙は（資格喪失により）退任
登録免許税	金10000円（資本金の額が金１億円を超えれば金30000円）
添付書類	辞任届　１通
	委任状　１通

事例16

　取締役甲乙丙丁は任期中である。

　この会社（取締役会設置会社）には、代表取締役が２名登記されている（甲及び乙）。

　定款に「当会社は代表取締役を２名置く」という規定がある場合、乙が取締役を辞任したときは、代表取締役に関しての登記事項は発生するか。

発生する。

本事例では、乙の辞任届には「取締役を辞任します」と書いてある。

他に３名の取締役が存在するから、辞任後に乙は取締役の権利義務を有しない。

そうすると、代表取締役として生き残ることができない。

取締役としての権利義務を有しない者が、代表取締役の権利義務を有することはできないからである。

→親ガメこけたら子ガメもこけるの原則

　　（親ガメとは取締役の地位、子ガメとは代表取締役の地位）

その結果、本事例では、定款が定める代表取締役の員数を欠くことになるが、それは、いたし方ないことだとされている。

以下に、この場合の登記申請書を示そう。

登記の事由	取締役及び代表取締役の変更
登記すべき事項	年月日取締役乙辞任
	同日代表取締役乙は（資格喪失により）退任
登録免許税	金10000円（資本金の額が金１億円を超えれば金30000円）
添付書類	辞任届　１通
	委任状　１通

```
取締役      甲―――――――――――――――
                          辞任
  同       乙――――――――×

  同       丙―――――――――――――――

  同       丁―――――――――――――――

代表取締役   甲―――――――――――――――

  同       乙―――――――×
```

参考問題

１．取締役の権利義務を有する者について後任の取締役が選任された場合、その変更の登記の申請書に記載すべき取締役の退任の日は、後任者の就任の日である。（商業登記法H2-32-2）

２．定款に代表取締役の定数を２名とする定めがあり、取締役４名、代表取締役２名が登記されている取締役会設置会社において、その代表取締役のうち１名が取締役を辞任した場合には、その者について取締役及び代表取締役の退任による変更の登記の申請をすることはできない。（商業登記法15-32-ア）

３．取締役としてA、B及びCが登記されている取締役会設置会社において、A及びBが代表取締役として登記されているときは、Aが取締役を辞任したことによる代表取締役の退任の登記は、後任取締役の就任の登記と同時に申請しなければならない。（商業登記法H14-34-ウ）

４．取締役としてA、B、C及びD並びに代表取締役としてA及びBが登記されている取締役会設置会社において、定款に別段の定めがない場合、取締役であるA、C及びDが任期満了により同時に退任したときであっても、代表取締役Aの退任による変更の登記を申請することができる。（商業登記法R3-29-イ）

５．取締役３名を置いている取締役会設置会社で、代表取締役を３名以内置くとする定款の規定により、取締役３名全員が代表取締役になっている場合において、その１名が取締役を辞任したが、後任者の選任をしないときは、取締役及び代表取締役の変更の登記を申請することができない。（商業登記法H4-38-オ）

答え　１．×　後任者就任の日は２つめの×である。
２．×　辞任した者が取締役の権利義務を有しないので、代表取締役の権利義務を有することもない。
３．×　代表取締役の退任の登記は後任取締役の就任を待たずにすることができる。
４．○　取締役ACDは取締役の権利義務を有することとなるが、代表取締役Aはその権利義務を有しないので退任登記ができる。

5．×　本肢の設定によれば、取締役を辞任した者は、取締役については権利義務を有することになるが、代表取締役は退任することになる。

定款の「代表取締役を３名以内置く」という規定は、１名以上３名以内の意味である。

なお、取締役会設置会社では、各自代表を原則としていないが、もとより会社法には代表取締役の員数の上限を制限する規定はないから、取締役全員を代表取締役に選定することはいっこうにかまわない。

❖❖❖

参考問題　取締役会設置会社において、取締役の全員を代表取締役に選定したとする代表取締役の就任による変更の登記の申請はすることができない。（商業登記法S63-33-1）

⋯⋯⋯

答え　×　取締役の全員を代表取締役に選定することができる。なお、監査等委員会設置会社においては、（監）取締役を代表取締役に選定することはできないと解される。（監）取締役は業務の執行をすることができないからである。（会社法331条３項、363条１項１号）

❖❖❖

事例17

取締役３名（甲乙丙）、代表取締役甲と登記された取締役会設置会社がある。

令和６年６月28日に取締役全員の任期が満了したが、後任者は選任されなかった。

その後、令和６年９月１日の取締役会に甲乙丙の３名が出席し、乙を代表取締役に選定し、乙はその就任を承諾した。

登記事項は発生するか。

発生する。

取締役の権利義務を有する者（乙）を代表取締役に選定することができる。

この場合、従前、代表取締役の権利義務を有していた甲について、その権利義務の承継が終了するから代表取締役甲の退任登記をすべきである。

この場合の登記事項は以下のとおりである。

令和６年６月28日代表取締役甲は（資格喪失により）退任
令和６年９月１日―住所―代表取締役乙就任

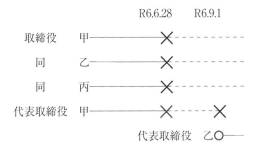

＊代表取締役乙は正規の代表取締役であるから実線表記をすべきである。

事例18

　事例17の登記が完了した後、令和６年10月１日に臨時株主総会が開催され、取締役ABCが選任され、就任をした。

　その日に取締役会が開催され、取締役Ａが代表取締役に選定されたが、Ａはその就任を固辞している。

　取締役の変更登記申請をすることはできるか。

できない。

本事例では、令和６年10月１日に後任の取締役が３名就任したことにより、甲乙丙の取締役の権利義務が終了する。

となれば、「親ガメこけたら子ガメもこけるの原則」により、令和６年10月１日に代表取締役乙の資格が失われる。

したがって、本事例では、以下の図中の色文字で表記した「登記すべき事項」が発生しているにもかかわらず、登記の申請をすべき代表権限ある者が存在しないために、登記の申請をすることはできない。

◖ポイント◗　代表取締役乙の退任の時期

　代表取締役乙は、取締役の権利義務を失うことにより退任するのであり、後任の代表取締役が就任することにより退任するのではないことに注意しよう。

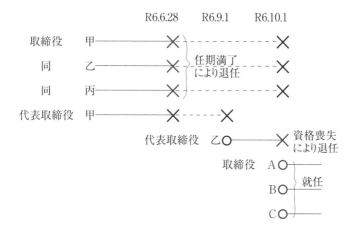

さて、役員の権利義務承継については、あらかた記述を終わった。

しかし、これに関連する過去問が他にも存在するので、最後に紹介しよう。

まず、過料の問題である。

すでに述べたように、会社法915条1項の登記期間を遵守しなければ、過料の問

題を生じる。

　商業登記では、申請人に登記義務が課せられるのである。

　本店所在地において、登記を申請すべき期間は変更事項が発生してから、２週間以内である。

　過料は登記を申請すべき代表者個人に科されることもすでに述べた。

　これが「登記懈怠」の問題である。

　ところが、役員の変更登記には別の事情が生じる。

　というのは、登記事項が発生していても、法が不可能を求めることはできないから、たとえば、辞任した取締役の退任登記を、後任者が就任しないために申請できなかった場合、この取締役の退任登記の登記期間は後任者就任の時から２週間とされるのである。

　となると、辞任した取締役の登記を数年の間、放置しても後任者が就任をしなかったためであれば、登記懈怠にあたらず過料が科せられないことになる。

　はたしてこれでよいのだろうか？

　そこで、この場合には、「選任懈怠」なる考え方を持ち出し、過料の対象にするという先例が存在するのである。(昭和38.9.12-2495)

参考問題

1．代表取締役が１名の株式会社において、代表取締役が死亡した場合には、後任者の就任の日から２週間以内に代表取締役の死亡による変更の登記を申請しなければならない。(商業登記法H4-32-ア)

2．Aのみを会計監査人とする会社において、令和３年６月28日に会計監査人Aが辞任し、同年７月１日に開催された株主総会において新たに会計監査人Bが選任され即時就任を承諾した場合、会計監査人Aの辞任による変更の登記の申請は、令和３年７月１日から２週間以内にしなければならない。(商業登記法R3-29-ウ)

3．取締役会設置会社（監査等委員会設置会社及び指名委員会等設置会社を除く。）において、現に在職している取締役５名のうちの１名が平成12年６月21日に任期満了により退任した。後任の取締役については、同日の株主総会において選任決議があったが、被選任者が就任を承諾したのは、同年10月１日であった。以上に伴う取締役の退任、就任による役員変更の登記は、同月５日に申請された。この場合における過料の制裁に関する次のアからオまでの記述のうち、正しいものはいくつあるか。(商業登記法H12-35改)

ア　定款において取締役の員数の定めがなければ、旧取締役の退任の登記の申請を怠ったことによる過料の制裁は免れない。

イ　定款において取締役の員数が５名と定められているのであれば、新取締役の

選任手続を怠ったことによる過料の制裁は免れない。

　ウ　定款において取締役の員数が5名と定められているのであれば、旧取締役の退任の登記の申請を怠ったことによる過料の制裁は免れない。

　エ　選任又は登記の申請が遅れたことにつき故意又は過失がなくても、過料の制裁は免れない。

　オ　登記の申請を怠ったことによる過料の制裁は、代表取締役が受ける。

1　1個　　**2**　2個　　**3**　3個　　**4**　4個　　**5**　5個

．．．

答え　1．○

2．×　辞任した会計監査人が会計監査人の権利義務を有することはないので、登記期間は、6月28日を起点とすることとなる。

3．3

　ア　○　退任の「登記懈怠」である。

　イ　○　「選任懈怠」である。

　ウ　×　本事例では、退任した取締役は取締役の権利義務を有していたのであり登記期間は後任者就任時から起算するので、「登記懈怠」はない。

　エ　×　故意・過失は過料の要件である。

　オ　○

ついでに、少々、特殊であるが次の問題も考えておこう。

これも、役員の権利義務承継の考え方と関連があるので、事情を考えてみてほしい。

参考問題　取締役A、B及びCが登記されている取締役会設置会社において、取締役Bの退任の登記及び取締役Dの就任の登記がされた後、Dの取締役選任決議不存在確認判決が確定し、取締役Dの就任の登記が抹消されたときは、登記官は、職権により取締役Bの退任の登記を抹消し、取締役Bの登記を回復する。（商業登記法 H14-34-ア）

．．

答え　○　上記の取扱いの根拠は「先例」にある。（昭57.12.15-7583）

設問中の、「取締役Bの退任の登記」は任期満了による退任を意味していると考えていいだろう。

そうすると、取締役Dの就任の登記が存在しなかったことにより、後任者の存在しない取締役Bは「取締役の権利義務を有している」はずということになる。

だから、取締役Bを登記簿から消すのは早計であったことになり、これを職権で回復すべしと、この先例はいっているのである。

Ⅲ　代表権ある取締役の辞任届

> **商業登記規則61条（添付書面）**
>
> 8項　代表取締役若しくは代表執行役又は取締役若しくは執行役（登記所に印鑑を提出した者がある場合にあっては当該印鑑を提出した者に限り、登記所に印鑑を提出した者がない場合にあっては会社の代表者に限る。以下この項において「代表取締役等」という。）の辞任による変更の登記の申請書には、当該代表取締役等（その者の成年後見人又は保佐人が本人に代わって行う場合にあっては、当該成年後見人又は保佐人）が辞任を証する書面に押印した印鑑につき市町村長の作成した証明書を添付しなければならない。ただし、登記所に印鑑を提出した者がある場合であって、当該書面に押印した印鑑と当該代表取締役等が登記所に提出している印鑑とが同一であるときは、この限りでない。

では、この条文の意味を解説します。

　次の者の辞任の登記の申請書に辞任届（書面）を添付するときに、印鑑証明書（市区町村長作成のもの）を併せて添付すべきこととなります。
　これは、辞任を証する書面（辞任届など）に実印を押印してその印鑑に係る印鑑証明書を添付せよということです。
　代表権を有する者の辞任の意思の真実性を担保することが、その目的でしょう。

1．代表取締役
2．代表執行役
3．取締役
4．執行役

①　登記所に印鑑を提出した者がいる場合

　添付を要するのは、その者が登記所に印鑑を提出している場合だけです。
　株式会社に代表権を有する取締役が数人いるときは、そのうち、一人だけが登記所に印鑑を提出している場合も多いのです。
　登記所に印鑑を提出していない取締役は、たとえ代表権を有する者でも、その辞任届の押印は認印でよく、したがって、印鑑証明書の添付は要しません。

　また、辞任を証する書面に登記所届出印の押印があるときは、上記の印鑑証明書を要しません。
　その印影が登記所届出印であることは、管轄登記所において明らかだからです。

では、これまでに述べた点を整理しておきましょう。

　以下、㊞は認印、㊞は個人の実印、㊞は登記所届出印を意味します。

　なお、辞任届や就任承諾書について、法務局では、認印による押印の有無の審査をしない取扱いとなっています。

　要するに、辞任届にも就任承諾書にも「認印」は不要です。

　しかし、実務では、押印をもらうのが一般的であることと、実印との比較の意味で、以下の記述では、認印の表記をします。

１．辞任する取締役と執行役に代表権がないとき
　辞任届のハンコは認めでもよい。

事例　取締役Ａ、取締役Ｂ、代表取締役Ａの株式会社の取締役Ｂが辞任した。

```
　　　　　　　辞任届

取締役を辞任する。

取締役Ｂ　　㊞
```

２．辞任する代表取締役等（代表取締役、代表執行役、取締役、執行役）に代表
　権があるが、その者が登記所に印鑑を提出していないとき
　辞任届のハンコは認めでもよい。

事例１　代表取締役Ａ（印鑑の提出あり）、同Ｂ（印鑑の提出なし）の株式会社の
　　　　代表取締役Ｂが辞任した。

```
　　　　　　　辞任届

代表取締役を辞任する。

代表取締役Ｂ　㊞
```

事例2　代表取締役A（印鑑の提出あり）、同B（印鑑の提出なし）の株式会社の
　　　　取締役Bが辞任した。

```
　　　　　　辞任届

取締役を辞任する。

取締役B　　㊞
```

3．辞任する代表取締役等に代表権があり、その者が登記所に印鑑届をしている
　とき
　　辞任届のハンコは登記所届出印か個人の実印でなければならない。
　　そして、個人の実印を押印したときは、印鑑証明書（市区町村長作成のもの）
　の添付を要する。

事例1　代表取締役A（印鑑の提出あり）、同B（印鑑の提出なし）の株式会社の
　　　　代表取締役Aが辞任した。

```
　　　　　　辞任届

代表取締役を辞任する。

代表取締役A　　㊞
```
```
　　　　印鑑証明書
　　㊞　　住所　　A

　　　　　　　　何市長　　公印
```

個人の実印を押印したときは市区町村長作成の印鑑証明書の添付を要する。

```
　　　　　　辞任届

代表取締役を辞任する。

代表取締役A　　㊞
```

登記所届出印を押印したときは市区町村長作成の印鑑証明書の添付を要しない。

事例2　代表取締役A（印鑑の提出あり）、同B（印鑑の提出なし）の株式会社の
　　　　取締役Aが辞任した。

辞任届 取締役を辞任する。 取締役A　㊞	印鑑証明書 ㊞　　住所　　A 何市長　　公印

個人の実印を押印したときは市区町村長作成の印鑑証明書の添付を要する。

```
           辞任届

取締役を辞任する。

取締役A　　㊞
```

登記所届出印を押印したときは市区町村長作成の印鑑証明書の添付を要しない。

② 登記所に印鑑を提出した者がない場合

　会社の代表者のすべてについて、代表取締役、代表執行役、取締役、執行役の
辞任届に、個人の実印を押印し、市区町村長作成の印鑑証明書の添付を要します。

Ⅳ　代表取締役の選定と解職
①　代表取締役の選定
　代表取締役の選定方法は大別して2つある。
　1．3階建ての方式
　　・取締役会において選定（取締役会設置会社の場合）
　　・定款の定めに基づく取締役の互選で代表取締役を選定する会社（非取締役会設
　　　置会社の場合）
　2．2階建ての方式
　　・株主総会において代表取締役を選定
　　・定款で代表取締役を定める。

> **コラム**　取締役会設置会社における株主総会決議による代表取締役の選定
>
> 　定款に、株主総会決議で選定するという規定があれば可能である。（会社法295条２項）
>
> 　ただし、会社法362条３項の趣旨から、定款規定をもってしても、取締役会が代表取締役を選定する権限を奪うことはできない。

参考｜**取締役会の決議要件に関する先例**

1. 取締役の定数が３名の株式会社において、代表取締役である取締役が死亡したため、残る２名の取締役で取締役会を開催し、後任の代表取締役を選定した場合の代表取締役の変更の登記の申請をすることができる。（昭32.5.1民甲858）

   →取締役会設置会社は３名以上の取締役を要する。取締役が２名しかないときは取締役会を開催できないことが原則である。しかし、株主総会が容易に開催できない状況にあるなどの場合、後任の代表取締役をいつまでも選定できないと困ったことになる（会社は登記申請も取引先との契約もできない）。そこで、いわば緊急避難的に２名しか取締役がいなくても、代表取締役の選定のための取締役会を開催することができるとした先例がこれである。

2. 取締役の定数が６名であり、そのうちの１名が死亡して欠員となっている場合には、４名以上の取締役の出席があれば、取締役会で有効に決議をすることができる。（昭35.6.20民甲1520）

   →取締役会の定数６名のところ、過半数（４名）の出席を要するとしている。

3. 取締役の定数を６名以内と定め、株主総会で６名の取締役を選任し、そのうちの１名が死亡して欠員となっている場合には、３名以上の取締役の出席があれば、取締役会で有効に決議をすることができる。（昭41.8.31民甲2527）

   →上記定款規定は、会社法の規定とあいまって、取締役の定数を３名以上６名以内としている。そこで、現実に存在する５名の取締役を、取締役会決議をする場合の定足数の基準とすればよい。

　代表取締役の選定方式に関連した議論は多いのであるが、以下、登記実務の考え方を紹介する。

3階建ての場合

1. 株主総会が取締役を選任する（代表権はない）。
2. 取締役会、取締役の互選で代表取締役を選定する（被選定者が代表取締役となる）。

このケースでは、第一段階について取締役の就任承諾、第二段階では代表取締役の就任承諾を要する。

→取締役の互選で代表取締役を選定したケースにおいては、登記申請時に「定款」の添付を要する。（商登規61条1項）

2階建ての場合

1. 株主総会で取締役を選任する（または取締役を何某とするという定款規定を置く）。

このケースでは、各自代表が原則であり（会社法349条1項本文）、取締役は株式会社を代表することになる。
会社の選任行為は、代表権を含めた取締役としての1回の行為であるから、被選任者は取締役として就任を承諾すればよいのであって、代表取締役の就任承諾を要しない。

→登記の添付書面も、取締役の就任承諾書のみでよい。

なお、2階建ての会社において、たとえば、3名選任された取締役のうち、1名を代表取締役に選定する行為は、他の2名の代表権を「制限」する意味合いであるとされている。
そういう株主総会の意思の表れとみるのである。
したがって、たとえば、取締役甲乙丙、代表取締役甲の2階建ての会社において、甲が死亡したときであっても、他の取締役乙丙の代表権は「制限」されたままであり、この時点で代表者のいない株式会社となる。

→上記について、他の取締役に代表権が付与されるという説も存在する（よって試験には出しにくい）。また、資格制限説によっても代表取締役の選定方法を定めた定款の規定の仕方によっては、他の取締役に代表権が付与されることもある。

参考 ▎ **取締役会設置会社の代表取締役の死亡**

　　取締役会設置会社では、もともと取締役は代表権のないものとして選任されているから、代表取締役が死亡すれば代表者のいない株式会社となることは理の当然である。

❖❖❖

参考問題

1．代表取締役甲及び取締役乙が置かれている取締役会設置会社において、甲が死亡した場合には、乙は、株式会社を代表して甲の死亡による変更の登記を申請することができる。（商業登記法H1-32-5改）

2．取締役を３名置く取締役会設置会社の代表取締役の死亡に伴い、残りの２名の取締役で開いた取締役会において代表取締役を選定したとする代表取締役の就任による変更の登記の申請は、することができない。（商業登記法S63-33-2）

3．定款に定める取締役及び代表取締役の員数が取締役３名及び代表取締役１名である取締役会設置会社において、代表取締役である取締役が死亡し、残りの取締役２名が出席した取締役会の決議によって後任の代表取締役を選定した場合には、後任の代表取締役は、前任の代表取締役の死亡による変更の登記と後任の代表取締役の就任による変更の登記を申請することができる。（商業登記法R5-31-ア）

4．取締役会設置会社でない株式会社が株主総会の決議により当該会社の取締役の中から代表取締役を選定した場合において、代表取締役の就任による変更の登記を申請するときは、当該登記の申請書には、定款を添付しなければならない。（商業登記法H20-33-オ）

⋯⋯

答え　　1．✕　甲の死亡により当然に乙に代表権が付与されることはない。

2．✕　昭32.5.1民甲858

3．○　前問の焼き直し。

4．✕　取締役会設置会社ではない会社においては、定款に定めがなくても株主総会で代表取締役を選定することができるから、定款を添付する必要はない。（会社法349条３項）

❖❖❖

発展　　**代表取締役の死亡により残存する取締役に代表権が付与される場合**

　　例外的に、代表取締役の死亡により残存する取締役に代表権が付与される場合がある。

　　以下の定款規定のある取締役会を設置しない株式会社（代表取締役Ａ、取締役Ｂ）において、代表取締役Ａが死亡したケースである。

　　「当会社には、取締役２名以内を置き、取締役の互選により代表取締役１名を

定める」

上記の「以内」がミソである。

この会社は、取締役は１名か２名を置く、そして取締役が２名の場合には取締役の互選により代表取締役１名を定めるとしているのである。

ということは、取締役が１名となった場合にはその者が代表取締役となるという趣旨であると解されるのである。

したがって、上記の場合は、取締役Ｂが登記を申請することができる。

登記の事由	取締役及び代表取締役の変更
登記すべき事項	年月日代表取締役である取締役Ａ死亡
	同日次の者に代表権付与－住所－Ｂ
登録免許税	金10000円（資本金の額が金１億円を超えれば金30000円）
添付書類	定款　　１通　　＊
	死亡届　１通
	委任状　１通

＊会社法の規定によれば、Ａ死亡によっても取締役Ｂの代表権は制限されたままであることが原則であるが、さきの定款規定が存在することにより、取締役Ｂに代表権が付与されるのであるから、商業登記規則61条１項の規定により定款の添付を要する。

＊もし、この会社の定款規定が「当会社には、取締役２名を置き、取締役の互選により代表取締役１名を定める」となっていれば、取締役Ｂは代表権がないことになり、登記申請をするためには、株主総会で取締役Ｃを選任し就任、次いで取締役ＢＣの互選により代表取締役を選定という段取りを踏む必要がある。

② 代表取締役の辞任

さて、次に、代表取締役の辞任について述べる。

代表取締役の辞任とは、取締役の地位はそのままに代表取締役の地位のみを辞することをいう。

辞任には、就任承諾の撤回という意味がある。

したがって、辞任をすることができるかという点は、就任承諾を要するかという点とリンクしている。

３階建ての場合

一方的な意思表示により代表取締役の辞任をすることができる。

　　→非取締役会設置会社では、定款に互選規定があることがその辞任の前提となるため、代表取締役の辞任による退任の登記の申請書には、辞任届の他、定款の添付を要する。

２階建ての場合

　一方的な意思表示により代表取締役の辞任をすることができない。
　→ただし、登記実務上は、定款の変更または株主総会の承認があれば、事実上の辞任も可能であるとされている。

③　代表取締役の解職

　代表取締役の解職は、取締役の地位はそのままに、代表取締役の地位のみを解くことをいう。

　解職をすべき機関は、代表取締役の選定機関と同じである。

　取締役会設置会社においては、取締役会において解職する。
　→解職の当事者は特別の利害関係人であり議決に参加できない。

　定款の規定に基づき取締役の互選で選定された代表取締役は、同じく、取締役の互選で解職する。
　→このケースにおいては、登記申請時に「定款」の添付を要する。（商登規61条１項）

　株主総会で選定された代表取締役においては、解職はその選定決議の撤回の意味合いである。
　したがって、株主総会で複数の取締役（たとえば甲乙）の選任決議だけを行い各自代表となっているケースでは、代表取締役の選定行為が存在しないから、その撤回たる解職行為も観念できない。
　しかし、この場合に、乙から代表権を奪いたいのであれば、これを解職せずとも、株主総会で甲を代表取締役に選定すればよい。
　それが乙の代表権を制限することになる。

　定款で定められた代表取締役については、その定款規定を削除し、他に株式会社を代表する取締役を選定することにより、解職を行うことができる。

代表取締役の退任登記の申請パターン

以下は、代表取締役の地位のみを退くパターン。
1．年月日代表取締役何某辞任
2．年月日代表取締役何某解任
3．年月日代表取締役何某退任

以下は、取締役の地位と代表取締役の地位の双方を退くパターン。
1．年月日代表取締役である取締役何某死亡
2．年月日取締役何某辞任
　　同日代表取締役何某（資格喪失により）退任
3．年月日取締役何某解任
　　同日代表取締役何某（資格喪失により）退任
4．年月日取締役何某退任
　　同日代表取締役何某（資格喪失により）退任
5．年月日取締役何某資格喪失
　　同日代表取締役何某（資格喪失により）退任
6．年月日取締役何某任期満了により退任
　　同日代表取締役何某（資格喪失により）退任

退任を証する書面

　死亡により役員等が退任した場合、退任を証する書面として次のいずれかを添付する。
1．死亡の記載ある戸籍事項証明書等（法定相続情報一覧図の写しでもよい）
2．死亡診断書
3．親族からの死亡届

参考問題　取締役の死亡による変更の登記を申請する場合には、当該取締役の死亡の事実が記載された法定相続情報一覧図の写しをもって、取締役の死亡を証する書面とすることができる。（商業登記法 R 3-29-ㅜ）

答え　○　法定相続情報一覧図の写しは戸籍事項証明書等の要約文書なので、死亡による退任を証する書面とすることができる。

V　代表取締役の選定と印鑑証明書

　取締役、代表取締役の就任による変更登記をする場合であって、添付する就任承諾書や議事録等を書面で作成するときは一定の範囲の印鑑証明書（市区町村長作成のもの）の添付を要求される。（商登規61条４項・５項・６項）

　添付の趣旨は、就任者の意思確認と実在性の確認、変更登記の添付書面の真正を確保することである。

　重要論点なので、順を追って説明する。

　まず、やさしいところ、**取締役会設置会社**（指名委員会等設置会社を除く）から解説しよう。

　いずれも、その株式会社の代表取締役が、登記所に印鑑を提出しているものとして解説します。

　　→印鑑の提出をした者がいない場合には、以下の記述中、変更前の代表取締役が議事録等に登記所届出印を押印した場合に係る規程の適用がない。

　また、各議事録や就任承諾書は書面で作成するものとします。

　要求される印鑑証明書は以下の２種である。

１．就任者の意思確認と実在性の確認

　代表取締役の就任承諾書の押印に係る印鑑証明書の添付を要する。

```
就任承諾書
○株式会社御中


私は、貴社の代表取締役に選
定されましたので、その就任
を承諾します。



年月日
住所
甲野太郎　　㊞
```

上記の印鑑は甲野太郎氏の個人の実印である必要がある。

2．代表取締役を選定した取締役会議事録の真正の担保

出席した取締役および監査役が取締役会の議事録に押印した印鑑に係る印鑑証明書の添付を要する。

```
              取締役会議事録

      下記の者を代表取締役に
      選定する。
      住所　甲野太郎

      年月日
      取締役　甲野太郎　　㊞
        同　　乙野次郎　　㊞
        同　　丙野三郎　　㊞
      監査役　丁野四郎　　㊞
```

前記の4か所の印鑑が各人の個人の実印である必要がある。

＊なお、前記の場合、取締役会議事録に、甲野太郎の就任承諾の旨（例 「被選定者は、席上、その就任を承諾した」）が記載されていれば、就任承諾書としてこれを援用することが可能である。

では、以上の知識をもとに、以下の事例を考えてみよう（取締役、代表取締役の員数について定款に別段の規定はないものとして考える）。

事例19

取締役3名（甲乙丙）、代表取締役甲、監査役丁と登記された取締役会設置会社がある（公開会社とする）。

取締役全員の任期が満了したので、次の者が適法に選任または選定された。

取締役　　　　A
　同　　　　　B
　同　　　　　C
代表取締役　　A

なお、取締役会には出席義務のある者全員が出席している。

必要な印鑑証明書は何通であるか。

4通である（ABC丁のもの）。

この会社は公開会社であるから、監査役の権限について会社法389条1項の定款の定めを置くことができない。

したがって、監査役丁には取締役会の出席義務がある。

さて、商業登記規則61条5項・6項の規定には抜け道がある。

世の中では、株式会社の役員変更登記をする場合には、同じメンバーがそのまま重任するケースが多い。

取締役甲乙丙、代表取締役甲が、そのまま重任するのである。

この場合、司法書士は、印鑑証明書の準備を顧客に依頼しなくても登記を申請できる。

では、その抜け道を紹介する。

1．就任者の意思確認と実在性の確認（商登規61条5項）

原則　　→代表取締役の就任承諾書の押印に係る印鑑証明書の添付を要する。

抜け道　→再任の場合を除く。

再任とは、重任を含み、重任よりも広い意味である。

・代表取締役　甲　令和6年6月28日退任
・代表取締役　甲　令和6年9月1日就任

以上の時系列であれば、「再任」である。

したがって、甲の就任承諾書の押印に係る印鑑証明書の添付を要しない。

2．代表取締役を選定した取締役会議事録の真正の担保（商登規61条6項）

原則　　→出席した取締役および監査役が取締役会の議事録に押印した印鑑に係る印鑑証明書の添付を要する。

抜け道　→**変更前の代表取締役**が登記所届出印を議事録に押印した場合を除く。

登記所届出印は、俗にいう、会社の実印のことである。

この押印があれば、取締役会議事録に押印した印鑑に係る印鑑証明書の添付を要しない。

取締役甲乙丙、代表取締役甲が、そのまま重任するケースであれば、次の議事録を添付すればよい。

```
        取締役会議事録

  下記の者を代表取締役に
  選定する。
  住所　甲野太郎
  年月日


  取締役　　甲野太郎　　　㊞

    同　　　乙野次郎　　　㊞
    同　　　丙野三郎　　　㊞
  監査役　丁野四郎　　　㊞
```

＊甲野太郎が登記所届出印で押印
＊㊞（黒文字で表記）は認印

　なお、取締役会議事録には、出席取締役及び監査役に署名（サイン）または記名押印の義務があります。
　したがって、上記議事録の乙野、丙野、丁野の三名が議事録に署名（サイン）をしていない場合、三名の押印（認印でもよいのだが）の省略はできません。

　では、以上の知識をもとに、以下の事例を考えてみよう。

事例20

　取締役3名（甲乙丙）、代表取締役甲、監査役丁と登記された取締役会設置会社がある（公開会社とする）。
　取締役および監査役全員の任期が満了したので、次の者が適法に選任または選定されその就任を承諾した。
　取締役　　　　乙
　　同　　　　　丙
　　同　　　　　丁
　代表取締役　　乙
　監査役　　　　甲
　なお、取締役会には出席義務のある者全員が出席している。
　必要な印鑑証明書は、最低、何通であるか。

　1通である。

　本事例では、代表取締役乙は新任であるから、その就任承諾書に押印した印鑑
に係る印鑑証明書の添付を要する。
　しかし、以下の議事録を作成すれば、取締役会議事録に押印した出席取締役お
よび監査役の印鑑証明書は不要となる。

取締役会議事録 　下記の者を代表取締役に 　選定する。 　住所　乙野次郎 　年月日 　取締役　乙野次郎　㊞ 　　同　　　丙野三郎　㊞ 　　同　　　丁野四郎　㊞ 　監査役　甲野太郎　㊞	就任承諾書 ○株式会社御中 　私は、貴社の代表取締役に選 　定されましたので、その就任 　を承諾します。 　年月日 　住所 　乙野次郎　　㊞

＊甲野太郎（変更前の代表取締役）　　＊乙野次郎が個人の実印で押印
　が登記所届出印で押印
＊㊞（黒文字で表記）は認印

　なお、上記の２つの書面を１本にまとめることも可能であり、実際のところは、
司法書士はたいてい次のカタチで議事録を作成する。

取締役会議事録 　下記の者を代表取締役に選定す 　る。 　住所　乙野次郎 　被選定者は席上就任を承諾した。 　年月日 　取締役　乙野次郎　　㊞ 　　同　　　丙野三郎　　㊞ 　　同　　　丁野四郎　　㊞ 　監査役　甲野太郎　　㊞

＊甲野太郎が登記所届出印で押印（質疑登研370P75）

＊乙野次郎が個人の実印で押印

→上記の取締役会議事録に乙野次郎の実印の押印と、就任承諾の旨の記載の双方があるから就任承諾書として取締役会議事録を援用できる。

コラム　印鑑証明書の作成期限

　商業登記規則61条4項から6項が規定する印鑑証明書に作成期限の定めはない。

　しかし、上記のケースでは、司法書士は乙野次郎に作成後3か月以内の印鑑証明書の準備を求める。

　これは、なぜか？

　乙野次郎の印鑑届をする必要があるからである。

　書面で印鑑届をする場合、これに添付すべき個人の印鑑証明書は作成後3か月以内のものを要求される。

　この両者は1通の印鑑証明書で兼ねることができるが、印鑑の提出の関係で、司法書士は作成後3か月以内の印鑑証明書を準備するよう顧客に依頼することになるのである。

❖❖

参考問題

1．取締役会設置会社において、外国人が取締役に就任する場合には、取締役の就任による変更の登記の申請書に、当該取締役が就任を承諾したことを証する書面に記載された同人のサインにつき、本国官憲の作成した証明書を添付することを要する。（商業登記法H3-32-イ）

2．株式会社の代表取締役の就任による変更の登記の申請書の添付書面である取締役会議事録の印鑑につき添付する取締役の印鑑証明書は、作成後3か月以内のものであることを要しない。（商業登記法S62-36-2）

3．登記の申請書に押印すべき会社の代表者が印鑑を提出する場合の印鑑届書に添付する印鑑証明書は、作成後3か月以内のものであることを要しない。（商業登記法S62-36-5）

⋯⋯⋯

答え　1．×　外国人は必ずしも日本で印鑑登録をしているとは限らない。したがって、これに代わり「サインにつき、本国官憲の作成した証明書を添付云々」という仕組みは存在する。しかし、本事例では、外国人は取締役会設置会社の取締役に就任している。この場合には、日本人でも印鑑証明書が不要だから、外国人にもサイン証明は求められていない。

2．○　商業登記規則61条6項の印鑑証明書に、作成期限の定めはない。

3．×　印鑑届書の印鑑証明書は、作成後3か月以内のものでなければならない。（商登規9条5項1号）

❖❖❖❖❖❖❖❖❖❖❖❖❖❖❖❖❖❖❖❖❖❖❖❖❖❖❖❖❖❖❖❖❖❖❖❖

事例21

取締役3名（甲乙丙）、代表取締役甲と登記された取締役会設置会社がある。

取締役全員の任期が満了したので、次の者が適法に選任または選定されその就任を承諾した。

取締役　　　丁
　同　　　　戊
代表取締役　丁

なお、風邪で休んだ監査役を除き、取締役会には出席義務のある者全員が出席している（議事録作成時には監査役はピンピンしている）。

必要な印鑑証明書は、最低、何通であるか。

1通である。

以下の取締役会議事録を添付すればよい。

甲は、取締役の権利義務を有するにすぎないが、取締役会への出席義務があるので、変更前の代表取締役として取締役会議事録に登記所届出印で押印することができる。

```
         取締役会議事録

 下記の者を代表取締役に選定
 する。
 住所　丁野四郎
 被選定者は席上就任を承諾した。
 年月日

 取締役　甲野太郎　　㊞

　同　　乙野次郎　　㊞
　同　　丙野三郎　　㊞
　同　　丁野四郎　　㊞
　同　　戊野五郎　　㊞
```

＊甲野太郎（変更前の代表取締役）が登記所届出印で押印
＊丁野四郎が個人の実印で押印
＊取締役会議事録への記名押印をすべき者は、出席した取締役および監査役であるから、出席をしていない者の押印は不要である。

コラム　甲に取締役の権利義務すらない場合

　　変更前の代表取締役が、取締役を退任し、権利義務も有しないのであれば、その者は取締役会への出席権限がないから議事録に届出印を押印するという商業登記規則61条6項の抜け道規定は使用不可能となる。
　　仮に甲が引継ぎのために取締役会に呼ばれてこれに出席したとしても、それは出席したどこかのオジサンであって、出席した取締役とはいえないのである。
　　この場合には、原則にもどり、出席取締役および出席監査役全員の個人の実印を議事録に押印すべきである。

では、以上の原理を、条文で確認しよう。
商業登記規則61条4項から6項の規定を以下に引用する。
変更登記に関係する部分のみを抜書きしたものである。

商業登記規則61条　（添付書面）
4項後段　取締役の就任（再任を除く。）による変更の登記の申請書に添付すべき取締役が就任を承諾したことを証する書面の印鑑についても、同様とする。
　→市区町村長の作成した証明書を添付しなければならないという意味。
5項後段　取締役会設置会社における前項の規定の適用については、同項後段中「取締役」とあるのは「代表取締役又は代表執行役」とする。
　→成年後見人、保佐人が法定代理人として就任承諾するときは、これら法定代理人の印鑑証明書を要する。

以上が、「取締役、代表取締役」の就任承諾書の押印に係る印鑑証明書の条文である。
　取締役会を設置しない株式会社においては、各自代表が会社法の原則であるから、商業登記法は、取締役の就任承諾書の押印について印鑑証明書の添付を求めている（再任の場合を除く）。

参考　未成年者の場合
　　まだ印鑑証明書の交付を受けることができる年齢に達していない未成年者が取締役に就任するときは、公証役場のサイン証明の添付をすることが

| できる。

　また、取締役会を設置しない株式会社においては、２階建ての会社が原則であり、この場合、代表取締役としての就任の承諾は存在しないため、取締役の就任承諾書の押印について印鑑証明書の添付を求めるという制度設計しかありえないともいえる。

商業登記規則61条（添付書面）

６項　代表取締役又は代表執行役の就任による変更の登記の申請書には、次の各号に掲げる場合の区分に応じ、それぞれ当該各号に定める印鑑につき市区町村長の作成した証明書を添付しなければならない。ただし、当該印鑑と変更前の代表取締役又は代表執行役（取締役を兼ねる者に限る。）が登記所に提出している印鑑とが同一であるときは、この限りでない。

　６項が、代表取締役等の選定に係る議事録上の押印に係る印鑑証明書に関する規定である。

　上記の、ただし書にあるカッコ書の意味を考えてみよう。

　「当該印鑑と変更前の代表取締役又は代表執行役（取締役を兼ねる者に限る。）が登記所に提出している印鑑とが同一であるときは、この限りでない。」とある部分である。

　これは、代表執行役は、必ずしも取締役会の構成メンバーであるとは限らないための規定である。
　取締役会のメンバーでない者が、議事録に登記所届出印を押印しても議事録の真正を担保することにはならないという意味であろう。

　では、次に肝心の、いかなる議事録に誰の押印を要するかを見ていこう。
　なお、商業登記規則61条６項は、取締役会を設置しない会社をも射程範囲としており、議事録の真正担保の問題は、取締役会を設置しない会社においても「代表取締役の就任による変更の登記」についてだけ問題とされていることにご注意いただこう。
　「代表権のない取締役の就任による変更の登記」の場合であれば、適用除外である。

　１．株主総会または種類株主総会の決議によって代表取締役を定めた場合
　　→議長および出席した取締役が株主総会または種類株主総会の議事録に押印

した印鑑

（監査役はお呼びでナイ）

2．取締役の互選によって代表取締役を定めた場合

→取締役がその互選を証する書面に押印した印鑑

（ここも、監査役はお呼びでナイ）

3．取締役会の決議によって代表取締役または代表執行役を選定した場合

→出席した取締役および監査役が取締役会の議事録に押印した印鑑

（出席しなかった者はお呼びでナイ）

参考先例（登記研究470P99質疑応答）

　　従前の代表取締役の印鑑を押印した取締役会議事録を添付して、代表取締役の変更登記の申請があった場合、その申請と同時に紛失によるその印鑑の廃止届があったときでも、商業登記規則61条6項ただし書の適用がある。

→この場合、便宜、申請の後に、印鑑の廃止という時系列で事件を処理している。

→商業登記規則61条6項ただし書は、変更前の代表取締役が議事録等に登記所届出印を押印することにより、印鑑証明書の添付の省略ができることを定めている。

参考先例（登記研究270P72質疑応答）

　　代表取締役の改印届と同時に代表取締役の重任による変更の登記の申請があった場合、改印後の印鑑を押印した取締役会議事録の添付があったときは、商業登記規則61条6項ただし書の適用がある。

→この場合、便宜、改印の後（または同時）に、登記の申請という時系列で事件を処理している。

　取締役会議事録に関する記述の最後に、定款の定めに基づき、書面による取締役会（いわゆるみなし取締役会。会社法370条）が開催された場合に作成される議事録（みなし取締役会議事録）について記述します。

　みなし取締役会では、現実の会議は開催されていないので、出席取締役も出席監査役も存在しません。

　このため、みなし取締役会議事録には、誰の署名も記名押印もいらないことが原則です。

　しかし、その議事録において代表取締役が選定された場合は別論であり、一定の者の押印（実印）を要します。

事例22

変更前	取締役ＡＢＣ	代表取締役Ａ	監査役Ｄ
変更後	取締役ＸＢＣ	代表取締役Ｘ	監査役Ｄ

　このケースは、変更前の代表取締役Ａが、みなし取締役会議事録に登記所届出印を押印できません。

　この場合、取締役全員が実印を押印し印鑑証明書を添付します（監査役Ｄの押印は不要）。

取締役会議事録
（取締役会決議があったとみなされた事項）

議案　代表取締役の選定
次の者を代表取締役に選定する
住所　Ｘ

取締役　Ｘ　㊞
取締役　Ｂ　㊞
取締役　Ｃ　㊞

就任承諾書
○株式会社御中

私は、貴社の代表取締役の選定につき、その就任を承諾します。

年月日　Ｘ　㊞

事例23

変更前	取締役ＡＢＣ	代表取締役Ａ	監査役Ｄ
変更後	取締役ＡＢＣ	代表取締役Ｂ	監査役Ｄ

　このケースは、変更前の代表取締役Ａが、みなし取締役会議事録に登記所届出印を押印できます。

　この場合、Ａが議事録に登記所届出印を押印すれば足ります（取締役ＢＣ、監査役Ｄの押印は不要）。

```
┌─────────────────────────────────────────┐
│ 取締役会議事録                            │
│ (取締役会決議があったとみなされた事項)   │
│                                          │
│ 議案　代表取締役の選定                    │
│ 次の者を代表取締役に選定する              │
│ 住所　　B                                │
│                                          │
│ (議事録作成者)                           │
│ 取締役　　A　㊞                          │
├─────────────────────────────────────────┤
│ 就任承諾書                                │
│ ○株式会社御中                            │
│                                          │
│ 私は、貴社の代表取締役の選定につき、その  │
│ 就任を承諾します。                        │
│                                          │
│ 年月日　　B　㊞                          │
└─────────────────────────────────────────┘
```

　なお、みなし取締役会の場合には、被選定者が、席上その就任を承諾できるわけがないので、議事録の記載を就任承諾書として援用することは不可能で、代表取締役の就任承諾書は、別途、書面に作成すべきこととなります。

･❖･

参考問題

１．取締役会設置会社以外の会社において、定款の定めに基づく取締役の互選によって代表取締役を定めた場合には、当該代表取締役の就任による変更の登記の申請書には、当該代表取締役の就任承諾書に押印された印鑑につき市区町村長が作成した印鑑証明書を添付しなければならない。(商業登記法H18-31-ア)

２．代表取締役の就任による変更登記の申請書に添付された取締役会議事録の印鑑が、議事録の作成時に変更前の代表取締役が登記所に提出していた印鑑と同一のものであれば、当該議事録の印鑑につき市区町村長の作成した印鑑証明書の添付を要しない。(商業登記法H11-29-4)

３．代表取締役Aが登記されている取締役会設置会社において、更に代表取締役Bを選定した取締役会の議事録にAが登記所に提出している印鑑と同一の印鑑を押印した場合には、その後、Bが代表取締役に就任したことによる変更の登記の申請前にAが改印届を登記所に提出したときであっても、当該登記の申請書には、当該議事録に押印した取締役及び監査役の印鑑につき市町村長の作成した証明書

の添付を要しない。（商業登記法R2-29-ア）

４．任期満了により退任した代表取締役が再選されたことによる代表取締役の変更の登記を申請する場合において、その代表取締役が登記所に提出している印鑑と取締役会の議事録の印鑑とが同一であるときは、市区町村長の作成した印鑑証明書を添付することを要しない。（商業登記法S58-38-1）

５．代表取締役を選定した取締役会の議事録に変更前の代表取締役が登記所に提出した印鑑が押印されていない場合には、当該取締役会に出席した監査役の監査の範囲が会計に関するものに限定されているときであっても、代表取締役の変更の登記の申請書には、当該監査役が当該取締役会の議事録に押印した印鑑につき市町村長の作成した証明書を添付しなければならない。（商業登記法H28-30-エ）

６．監査の範囲が会計に関するものに限定されている監査役を置いている取締役会設置会社において、取締役及び監査役の全員が出席した取締役会の決議によって代表取締役を選定した場合には、代表取締役の就任による変更の登記の申請書には、当該取締役会の議事録に押印された出席した取締役又は監査役の印鑑と変更前の代表取締役が登記所に提出している印鑑とが同一であるときを除き、当該取締役会の議事録に押印された出席した取締役及び監査役の印鑑につき市町村長の作成した証明書を添付しなければならない。（商業登記法R5-31-イ）

７．甲、乙２名の代表取締役がいる取締役会設置会社において、甲が取締役を辞任して退任し、取締役会の決議によって新たに丙を代表取締役に選定したことによる変更の登記を申請する場合、取締役会議事録に乙が登記所に提出している印鑑を押印している場合であっても、他の出席取締役の印鑑について市区町村長の作成した証明書を添付しなければならない。（商業登記法S59-39-4）

８．取締役会設置会社でない株式会社の代表取締役の就任による変更の登記の申請書には、代表取締役が就任を承諾したことを証する書面の印鑑につき市区町村長の作成した印鑑証明書を添付しなければならない。（商業登記法S63-32-3）

答え　１．×　この会社は３階建てではある。だから代表取締役の就任承諾書の添付は要する。しかし、設問は取締役会を設置しない株式会社だから印鑑証明書は取締役の就任承諾書の押印について求められる。

２．×　商業登記規則61条６項には「ただし、当該印鑑と変更前の代表取締役が登記所に**提出している**印鑑とが同一であるときは、この限りでない。」と書いてある。「登記所に**提出していた**印鑑とが同一であるときは、云々」とは書いていない。

３．×　前問を事例化して焼き直した出題。

４．○　再任であり、かつ議事録に届出印が押印されている。

５．○　会計監査限定の監査役（取締役会への出席義務がない）も、いったん取締役会に出席すると、取締役会議事録への署名義務ある「出席監査役」にあたる。（平18.3.31-782）

６．○　前問の焼き直し。

7．✕　乙が商業登記規則61条6項の「変更前の代表取締役」に該当するかどうかを聞いている問題。乙は従前から登記申請時にも、変わらず代表取締役の地位にあるが、この場合も「変更前の代表取締役」に該当する。

8．✕　非取締役会設置会社の代表取締役の就任承諾書の押印について印鑑証明書の添付は求められていない。

❖•❖

┌─ **事例24** ──────────────────────────────────
取締役3名（甲乙丙）、代表取締役甲、監査役丁と登記された取締役会設置会社がある。

取締役全員の任期が満了する定時株主総会（議長は甲）において次の決議をした。

1．取締役会設置会社の定めの廃止
2．以下の者の選任および甲とAが席上の就任承諾
　　取締役　甲
　　　同　　　乙
　　　同　　　A
3．取締役乙を代表取締役に選定

取締役乙と丙は株主総会に出席していないが、監査役丁は出席している。

なお、乙は定時株主総会の開催の前に、会社に取締役としての就任承諾書を提出している。

役員変更の登記申請書への添付を要する印鑑証明書は、最低、何通であるか。
└──

1通である。

取締役Aの就任承諾書の印鑑に係る印鑑証明書の添付を要する。

この事例の会社は、取締役会を廃止した。

そのため、商業登記規則61条4項の、取締役の就任承諾書の印鑑に係る印鑑証明書を要することになる。

しかし、取締役甲および乙は再任だから添付を省略できる。

また、この会社は、2階建ての会社になったから、乙の代表取締役としての就任承諾は、そもそも不要である。

次に、商業登記規則61条6項の株主総会議事録の印鑑に関しては、変更前の代表取締役甲が議事録に登記所届出印で押印すれば、印鑑証明書の添付を省略できる。議事録等は以下の内容となろう。

```
定時株主総会議事録

1．取締役会設置会社の定めの廃止
2．取締役の全員が本定時株主総会の
　終結により退任するので、下記の
　者を取締役に選任する。
　住所　取締役甲
　住所　取締役乙
　住所　取締役A
　甲及びAは席上就任を承諾した。
3．下記の者を代表取締役に選定する。
　取締役　乙
　年月日

　出席取締役（議長）　甲　㊞
　同（議事録作成者）　A　㊞
　出席監査役　丁
```

＊甲が登記所届出印で押印
＊Aが個人の実印で押印
＊Aを議事録作成者と仮定した
＊監査役丁の押印は不要

```
就任承諾書
○株式会社御中


私は、貴社の取締役の選任に
つき、その就任を承諾します。

年月日
乙野次郎　　㊞
```

＊乙野次郎の印鑑は「認め」でよい

→なお、辞任届や就任承諾書について、法務局では、認印による押印の有無の審査をしない取扱いとなっている。
　要するに、登記手続上、就任承諾書に「認印」は不要（もちろん実印を押印すべき場合、その省略はできない）。

本事例で、以上の議事録をもとに、登記申請書を作成すると次のようになる。

登記の事由	取締役会設置会社の定めの廃止
	取締役及び代表取締役の変更
登記すべき事項	年月日取締役会設置会社の定めの廃止
	同日取締役丙（任期満了により）退任
	同日代表取締役甲（資格喪失により）退任
	同日取締役甲重任
	同日取締役乙重任
	同日取締役A就任
	同日―住所―代表取締役乙就任
登録免許税	金40000円（資本金の額が金1億円を超えれば金60000円）
添付書類	株主総会議事録　　　　1通
	株主リスト　　　　　　1通

取締役甲及びAの就任承諾書は株主総会議事録の記載を援用
する
取締役乙の就任承諾書　　1通
印鑑証明書　　　　　　　1通
委任状　　　　　　　　　1通

＊なお、新たに選定された代表取締役乙は、印鑑届けをすべきであり、印鑑届
書には乙の印鑑証明書の添付を要することとなる。

事例25

取締役3名（甲乙丙）、代表取締役甲、監査役丁と登記された取締役会設置会
社がある。上記役員のうち、取締役丙と監査役丁が欠席している。
・取締役全員の任期が満了する定時株主総会(議長は甲)において次の決議をした。
　1．取締役会設置会社の定めの廃止
　2．定款に「当会社の代表取締役は取締役の互選により定める」という規定
　　を設定
　3．以下の者の選任および就任承諾
　　　取締役　乙
　　　同　　　A
・株主総会終結後、乙とAの互選で、取締役乙を代表取締役に選定し乙はその
　就任を承諾した。
　なお、商業登記法の規定により添付を要する就任承諾書については議事録等
の記載を援用することはしない。各書面について個別にいかなる印鑑を要する
かを考えてみよう。

　さて、役員変更の登記申請に必要な印鑑証明書は、最低、何通であるか。

　2通である。

株主総会議事録について

　本事例の会社は、取締役会の廃止後も、3階建ての会社である。
　（取締役の互選により代表取締役を選定する旨の規定を置いたから。）
　そのため、株主総会議事録は、「代表取締役」(会社を代表する取締役）を選定す
る書面とはいえない。したがって、会社法の原則どおり、株主総会議事録には押
印などなくてもよい。

```
┌─────────────────────────────────────┐
│        定時株主総会議事録              │
│                                       │
│  １．取締役会設置会社の定めの廃止        │
│  ２．互選規定の設定                    │
│  ３．下記の者を取締役に選任する。        │
│     住所　取締役乙                    │
│     住所　取締役Ａ                    │
│     年月日                           │
│  出席取締役（議長）　　甲　印鑑不要     │
│     同　　　　　　　　乙　印鑑不要     │
│     同（議事録作成者）　Ａ　印鑑不要    │
└─────────────────────────────────────┘
```

＊Ａを議事録作成者と仮定した（Ａは定時総会終結までに就任承諾書を提出したものとする）。

＊取締役会を設置しない会社においても、商業登記規則61条６項は「代表取締役」の就任による変更登記についての規定であることを確認しよう。

取締役の就任承諾書について

この会社は取締役会設置会社の定めを廃止した。

そのため、商業登記規則61条４項の、取締役の就任承諾書の印鑑に係る印鑑証明書を要することになる。

しかし、取締役乙は再任だから添付を省略できる。

取締役Ａは、再任ではないから、その就任承諾書に個人の実印を押印すべきである。

```
┌──────────────────────┐   ┌──────────────────────┐
│ 就任承諾書            │   │ 就任承諾書            │
│ ○株式会社御中        │   │ ○株式会社御中        │
│                      │   │                      │
│ 私は、貴社の取締役に  │   │ 私は、貴社の取締役に  │
│ 選任されましたので、  │   │ 選任されましたので、  │
│ その就任を承諾します。│   │ その就任を承諾します。│
│                      │   │                      │
│ 年月日              │   │ 年月日              │
│ 乙　　㊞            │   │ Ａ　　㊞            │
│                      │   │                      │
└──────────────────────┘   └──────────────────────┘
```

＊乙の印鑑は「認め」でよい　　　＊Ａの印鑑は実印

取締役の互選を証する書面

その後、取締役乙および取締役Aの互選により代表取締役を選定した。この「書面」が、商業登記規則61条6項2号の書面である。

> **商業登記規則61条6項**
> 　2　取締役の互選によつて代表取締役を定めた場合　取締役がその互選を証する書面に押印した印鑑

ここに、すでに退任した変更前の代表取締役甲が印鑑を押印することはできない（甲はすでに取締役ではない）。

そのため、原則どおり、取締役が「その互選を証する書面に押印した印鑑」が、個人の実印であることを要する。

```
　　　取締役の互選を証する書面

下記の者を代表取締役に選定する。
　代表取締役乙

　年月日
　取締役　　乙　㊞
　取締役　　A　㊞
```

＊乙およびAが個人の実印を押印

＊監査役丁は、取締役ではないから、取締役の互選を証する書面に登場の余地はない→取締役会議事録との相違

代表取締役の就任承諾書

3階建ての会社であるから、乙は代表取締役としての就任承諾書を提出すべきである。

乙は、代表取締役としては「再任」ではない。

しかし、この就任承諾書の印鑑は「認め」でよい。

取締役会を設置しない会社においては、代表取締役の就任承諾書の印鑑に係る印鑑証明書の添付は要求されないからである。（商登規61条4項）

就任承諾書
○株式会社御中

私は、貴社の代表取締役に選
定されましたので、その就任
を承諾します。

年月日
住所
乙　　㊞

結論として、当該申請を行う場合に添付を要する印鑑証明書は２通である。
　（取締役Ａが就任承諾書に押印した印鑑と、取締役の互選書に取締役Ａが押印し
た印鑑は同一だから、Ａの印鑑証明書は両者を兼ねて１通でよい。これに取締役
乙が互選書に押印した印鑑の印鑑証明書をプラスして合計２通。）

　本事例の登記申請書を作成すると次のようになる。

登記の事由	取締役会設置会社の定めの廃止	
	取締役及び代表取締役の変更	
登記すべき事項	年月日取締役会設置会社の定めの廃止	
	同日取締役甲（任期満了により）退任	
	同日取締役丙（任期満了により）退任	
	同日代表取締役甲（資格喪失により）退任	
	同日取締役乙重任	
	同日取締役Ａ就任	
	同日―住所―代表取締役乙就任	
登録免許税	金40000円（資本金の額が金１億円を超えれば金60000円）	
添付書類	株主総会議事録	１通
	株主リスト	何通
	取締役の就任承諾書	２通
	定款	１通
	取締役の互選を証する書面	１通
	代表取締役の就任承諾書	１通
	印鑑証明書	２通
	委任状	１通

＊定款は商業登記規則61条１項が添付の根拠である。→取締役会を設置しない株式会社において、取締役の互選により代表取締役を選定するためには、その旨の「定款」の規定を要する。

<hr>

参考問題

１．取締役会設置会社において、取締役会の決議により代表取締役を選定した場合において、取締役会の議事録に変更前の代表取締役が登記所に提出している印鑑が押されていないときは、代表取締役の変更登記の申請書には、取締役会の議事録に押された出席取締役及び監査役の印鑑につき市区町村長の作成した印鑑証明書を添付しなければならない。（商業登記法H19-32-ウ）

２．代表取締役が、取締役を辞任し、直ちに監査役に選任された場合において、当該監査役が後任の代表取締役を選定する取締役会に出席し、代表取締役として登記所に提出している印鑑と同一の印鑑を使用して取締役会議事録に押印しているときは、当該議事録の印鑑につき市区町村長の作成した証明書を添付することを要しない。（商業登記法H2-36-2）

３．代表取締役に選定された甲が、その選定にかかる取締役会議事録に、前任の代表取締役乙が登記所に提出している印鑑と同一の印鑑を用いて押印しているときは、当該議事録につき市区町村長の作成した証明書を添付することを要しない。（商業登記法H2-36-3）

４．取締役を辞任したことにより代表取締役を退任したAの後任として新たに代表取締役に選定されたBの代表取締役の就任による変更の登記の申請書には、当該申請書に添付された取締役会議事録にAが登記所に提出している印鑑と同一の印鑑をBが押印しているときは、当該議事録に押印した取締役及び監査役の印鑑につき市区町村長の作成した証明書を添付することを要しない。（商業登記法H25-32-イ）

５．支配人甲が取締役に選任された場合において、甲が代表取締役の選定に係る取締役会議事録に、支配人として登記所に提出している印鑑と同一の印鑑を用いて押印しているときは、当該議事録の印鑑につき市区町村長の作成した証明書を添付することを要しない。（商業登記法H2-36-4）

<hr>

答え １．○ 商登規61条６項３号。 ２．○ 商登規61条６項ただし書。（質疑登研370P75）

３．× 変更前の代表取締役乙が自身で押印しなければ印鑑証明書の添付を省略できない。 ４．× 前問に同じ。

５．× 甲は変更前の代表取締役ではないから商業登記規則61条６項は適用されない。

<hr>

Ⅵ　取締役、監査役などの就任登記と本人確認証明書

商業登記規則61条（添付書面　変更登記に係る部分のみを抜粋）

７項　設立の登記又は取締役、監査役若しくは執行役の就任（再任を除く。）による変更の登記の申請書には、設立時取締役、設立時監査役、設立時執行役、取締役、監査役又は執行役（以下この項及び第103条において「取締役等」という。）が就任を承諾したこと（成年後見人又は保佐人が本人に代わって承諾する場合にあっては、当該成年後見人又は保佐人が本人に代わって就任を承諾したこと）を証する書面に記載した取締役等の氏名及び住所と同一の氏名及び住所が記載されている市町村長その他の公務員が職務上作成した証明書（当該取締役等（その者の成年後見人又は保佐人が本人に代わって就任を承諾した場合にあっては、当該成年後見人又は保佐人）が原本と相違がない旨を記載した謄本を含む。）を添付しなければならない。ただし、登記の申請書に第４項（第５項において読み替えて適用される場合を含む。）又は前項の規定により当該取締役等の印鑑につき市町村長の作成した証明書を添付する場合は、この限りでない。

　取締役等の就任承諾書に記載した氏名および住所については、原則として、本人確認証明書の添付を要することとなります。具体的には、住民票の写しや運転免許証のコピーなどのことです。

　謄本（コピー）でもかまいませんが、その場合、その取締役等が「原本と相違ない旨の証明」をすることを要します。

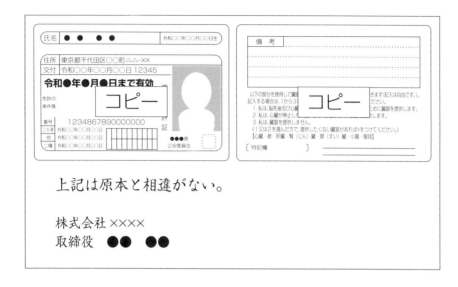

上記は原本と相違がない。

株式会社××××
取締役　●●　●●

　虚無人名義の取締役等の登記の防止が、この制度の趣旨であり、その対象は、設立登記と取締役等の就任による変更の登記の申請書です。

　取締役等とは、取締役、監査役または執行役のことです。

　この本人確認の仕組みは、**印鑑証明書の提出と裏表**の制度です。
　このため、本人確認証明書を要するのは、商業登記規則61条4項〜6項の印鑑証明書の添付の可能性のある者（取締役、監査役、執行役）に限られていることに注目しましょう。

　ただし、次の場合は、添付を要しません。
　1．再任のとき
　2．商業登記規則61条4項から6項の規定により、その取締役等の印鑑証明書を添付するとき。
　以下、具体例を挙げます。
　なお、株式会社の代表取締役は登記所に印鑑を提出しているものとし、代表取締役の選定に係る議事録などに変更前の代表取締役が登記所届出印を押印することができるときは、**これを押印する**ものとしましょう。各議事録及び就任承諾書は書面で作成します。
　また、取締役会には出席義務ある者全員が出席し、＊の監査役は、会計監査限

定監査役です。

　以下㊞は認印、㊞は個人の実印、㊞は登記所届出印を意味します。

◀ポイント▶　取締役、監査役、執行役のみの制度
　　本人確認証明書を要するのは、取締役、監査役、執行役のみである。
　　会計参与、会計監査人、清算人、持分会社の社員は不要。
　　これは、本人確認証明書は、印鑑証明書を添付すべき者から引き算方式でその仕組みを構成したためである。
　　そもそも、印鑑証明書の添付を要する可能性のない者は、本人確認証明書も要しない。

事例１　取締役会設置会社の取締役等の任期満了による変更登記
　変更前の役員構成　取締役Ａ、同Ｂ、同Ｃ、代表取締役Ａ、監査役Ｄ
　変更後の役員構成　取締役Ａ、同Ｅ、同Ｆ、代表取締役Ｅ、監査役Ｇ

　まず、再任の者を引き算しましょう。
　再任でない役員は、次のとおりです。

　取締役Ｅ
　取締役Ｆ
　監査役Ｇ

　このうち、Ｅは、取締役会設置会社の代表取締役に就任するので、その就任登記に印鑑証明書を要します。
　このため、本人確認証明書を要するのは、取締役Ｆと監査役Ｇのみです。

　以下、取締役会議事録などの記載例をご紹介します。

代表取締役の選定に係る取締役会議事録の内容

```
        取締役会議事録

 以下の者を選定する

 代表取締役　E

 被選定者は席上就任承諾
        取締役A㊞
        取締役E㊞
        取締役F㊞
        監査役G㊞
```

株主総会で選任された4名の就任承諾書の内容

就任承諾書	就任承諾書	就任承諾書	就任承諾書
取締役	取締役	取締役	監査役
住所A　㊞	住所E　㊞	**住所F**　㊞	**住所G**　㊞

上記の太字で記載した住所および氏名について、本人確認証明書を添付します。

事例2　取締役会設置会社の取締役等の任期満了による変更登記
　変更前の役員構成　取締役A、同B、同C、代表取締役A、監査役＊D
　変更後の役員構成　取締役B、同C、同E、代表取締役B、監査役＊D

まず、再任の者を引き算しましょう。
再任でない役員は、一人しかいません。

取締役E

しかし、変更前の代表取締役Aが退任する本事例では、Eは取締役会議事録に
実印を押印し、印鑑証明書の添付を要します。

代表取締役の選定に係る取締役会議事録の内容

```
        取締役会議事録

以下の者を選定する
代表取締役　B

被選定者は席上就任承諾
        取締役B㊞
        取締役C㊞
        取締役E㊞
```

このため、本事例では、本人確認証明書を要する者がいません。

株主総会で選任された４名の就任承諾書の内容

就任承諾書	就任承諾書	就任承諾書	就任承諾書
取締役	取締役	取締役	監査役
住所B　㊞	住所C　㊞	住所E　㊞	住所D　㊞

事例３　取締役会を設置しない会社の取締役等の任期満了による変更登記
　変更前の役員構成　取締役A、同B、同C、代表取締役A、監査役D
　変更後の役員構成　取締役A、同E、同F、代表取締役E、監査役G
　なお、定款に、「当会社の代表取締役は、取締役の互選により選定する」との記載があるものとします。

　まず、再任の者を引き算しましょう。
　再任でない役員は、次のとおりです。

取締役E
取締役F
監査役G

　次に印鑑証明書の添付の要否を考えましょう。
　この会社は、取締役会を設置していません。

このため、次の２名の就任承諾書の押印にかかる印鑑証明書を要します。

取締役E
取締役F

取締役の互選書に監査役が実印を押印する場合はありません。
このため、監査役Gの本人確認証明書を要します。

以下、取締役の互選書と、各人の就任承諾書の内容をご紹介します。

代表取締役の選定に係る取締役の互選書の内容

```
        互選書

以下の者を選定する

代表取締役    E

被選定者は席上就任承諾
      取締役A㊞
      取締役E㊞
      取締役F㊞
```

株主総会で選任された４名の就任承諾書の内容

就任承諾書	就任承諾書	就任承諾書	就任承諾書
取締役	取締役	取締役	監査役
住所A　㊞	住所E　㊞	住所F　㊞	**住所G**　㊞

上記の太字で記載した住所および氏名について、本人確認証明書を添付します。

事例４　取締役会を設置しない会社の取締役等の任期満了による変更登記
　　変更前の役員構成　取締役A、同B、同C、代表取締役A、監査役D
　　変更後の役員構成　取締役A、同B、同E、代表取締役E、監査役D
　　株主総会で代表取締役を選定したものとします。

まず、再任の者を引き算しましょう。
再任でない役員は、一人だけです。

取締役E

この会社は取締役会を設置しないので、その就任承諾書の押印に係るEの印鑑証明書を要します。

このため、本人確認証明書を要する者はいません。

代表取締役の選定に係る株主総会議事録の内容

```
        株主総会議事録

  1．以下の者を選任する
    取締役A、B、E
    監査役D

  2．以下の者を選定する
    代表取締役E

  被選定者は席上就任承諾
  議事録作成者取締役A㊞
```

株主総会で選任された4名の就任承諾書の内容

```
  就任承諾書        就任承諾書        就任承諾書        就任承諾書

  取締役           取締役           取締役           監査役

  住所A　㊞        住所B　㊞        住所E　㊞        住所D　㊞
```

本人確認証明書を添付すべき者はいない。

参考問題　　取締役会設置会社において、新たにAが取締役に就任したことによる取締役の変更の登記の申請書にAの住民票の写しを添付した場合には、Aが就任を承諾したことを証する書面にその住所を記載することを要しない。（商業登記法H28-30-ア）

答 え　×　本人確認は、就任承諾書に記載した住所と氏名について行うのである。

Ⅶ　代表取締役の選定方法の変更等

　代表取締役の選定方法を変更した場合に、従前の代表取締役および代表権のない取締役の権限はどうなるのかという問題点がある。

　ザッと見ておくことにしよう。

　まず、次の記載例から、何事がこの会社に起こったのかを推理していただこう。

登記簿の記載例（H18.4.26民商第1110号依命通知改）
取締役会設置会社の規定を廃止した場合

取締役会設置会社に関する事項	取締役会設置会社
	令和6年10月1日廃止　　令和6年10月8日登記

［注］取締役会設置会社の定めを廃止して、会社法第349条第2項により各自代表となった場合は、次の例による。

役員に関する事項	取締役　甲 野 太 郎	令和6年6月30日就任
		令和6年7月1日登記
	取締役　乙 野 次 郎	令和6年6月30日就任
		令和6年7月1日登記
	取締役　丙 野 三 郎	令和6年6月30日就任
		令和6年7月1日登記
	東京都新宿区新宿三丁目6番1号 代表取締役　　　甲 野 太 郎	令和6年6月30日就任
		令和6年7月1日登記

東京都文京区小日向一丁目 １番３号 代表取締役　　乙 野 次 郎	令和６年10月１日代表 権付与
	令和６年10月８日登記
東京都渋谷区代官山町８番地 代表取締役　　丙 野 三 郎	令和６年10月１日代表 権付与
	令和６年10月８日登記

この会社は、もともと、取締役会設置会社だったのである。

従前の機関構成について、登記簿の該当部分を抜き出そう。

取締役	甲野太郎	令和６年６月30日就任
取締役	乙野次郎	令和６年６月30日就任
取締役	丙野三郎	令和６年６月30日就任
代表取締役　　住所	甲野太郎	令和６年６月30日就任
取締役会設置会社		

　上記の会社が、令和６年10月１日の株主総会（定款変更ゆえ特別決議）で、以下の決議をした。

議案　取締役会設置会社の定めの廃止に関する件

以下の定款の規定を削除する。
定款第○条　当会社は取締役会を置く。

　その結果、従来は代表権のなかった取締役乙野次郎、同丙野三郎に、法律上の効果として代表権が付与されたのである。

　その理由は、取締役会を廃止するという株主総会の意思は、会社法の原則である各自代表の姿にするという意味であると考えられるのである。

　そのため、記載例の登記を申請することになったのである。

　では、そのときの申請書を挙げよう。

登記の事由	取締役会設置会社の定めの廃止
	代表取締役の変更
登記すべき事項	令和6年10月1日取締役会設置会社の定めの廃止
	同日次の者に代表権付与─住所─乙野次郎
	同日次の者に代表権付与─住所─丙野三郎
登録免許税	金40000円（資本金の額が金1億円以下の場合）
添付書類	株主総会議事録　　1通
	株主リスト　　　　1通
	委任状　　　　　　1通

以上である。

この登記は、代表取締役の就任による変更の登記ではない。

したがって、商業登記規則61条6項の印鑑証明書は問題にならない。

また、代表取締役の選定行為がないから「就任承諾書」もいらない（もう2階建ての会社だし……）。

また、このケースは、従前の代表取締役甲野太郎の地位に変化がないから、重任登記も不要である。

参考 ┃ 代表権の付与がされる場合

　　本事例のほか、以下の場合である。
1．定款に基づく取締役による代表取締役の互選規定を廃止した場合。
2．株主総会で他の取締役の代表権を剥奪しない旨の決議をしたとき。
3．定款で定めた代表取締役の規定を削除したとき。

参考問題　定款の定めに基づき取締役の互選により取締役の中から代表取締役を定めていた取締役会設置会社でない株式会社が当該定款の定めを廃止した場合において、定款又は株主総会の決議によって代表取締役を定めなかったときは、従前代表権を有しなかった他の取締役を代表取締役とする変更の登記の申請書には、当該他の取締役が代表取締役に就任することを承諾したことを証する書面を添付しなければならない。（商業登記法H28-30-オ）

答え　×　代表権付与の登記の申請には、就任承諾書の添付を要しない。

コラム　取締役会設置会社の定めの廃止後も
代表取締役を甲野太郎一人としたい場合

　第一号議案「取締役会設置会社の定めの廃止の件」に続き、代表取締役甲野太郎の選定決議をすればよい。

　この場合も、代表取締役甲野太郎の重任登記は不要だから登録免許税は３万円だけでいい。

　なお、重任登記は申請しないから、商業登記規則61条６項の出る幕ではない。もちろん、代表取締役甲野太郎の就任承諾書もいらない（重任登記をしないし、それに２階建ての会社でもある）。

第１号議案　取締役会設置会社の定めの廃止に関する件

以下の定款の規定を削除する。
定款第○条　当会社は取締役会を置く。

第２号議案　代表取締役選定の件
以下の者を代表取締役に選定する。

住所　代表取締役　甲野太郎

　では、今度は、逆のパターンを紹介しよう。

登記簿の記載例（H18.4.26民商第1110号依命通知改）
（参考）各自代表会社から取締役会設置会社となった場合

取締役会設置会社に関する事項	取締役会設置会社 令和６年10月１日設定　　令和６年10月８日登記

［注］取締役会設置会社の定めを設定して、甲野太郎を代表取締役として選定した場合は、次の例による。

役員に関する事項	取締役　甲　野　太　郎	令和６年６月30日就任
		令和６年７月１日登記
	取締役　乙　野　次　郎	令和６年６月30日就任
		令和６年７月１日登記

取締役　丙 野 三 郎	令和6年6月30日就任	
	令和6年7月1日登記	
東京都新宿区新宿三丁目6番1号 代表取締役　　甲 野 太 郎	令和6年6月30日就任	
	令和6年7月1日登記	
東京都文京区小日向一丁目 1番3号 代表取締役　　乙 野 次 郎	令和6年6月30日就任	
	令和6年7月1日登記	
	令和6年10月1日退任	
	令和6年10月8日登記	
東京都渋谷区代官山町8番地 代表取締役　　丙 野 三 郎	令和6年6月30日就任	
	令和6年7月1日登記	
	令和6年10月1日退任	
	令和6年10月8日登記	

この会社は、もともと、取締役会を設置しない会社だったのである。
そして、会社法の原則どおり、各自代表であった。

従前の機関構成について、登記簿の該当部分を抜き出そう。

取締役	甲野太郎	令和6年6月30日就任	
取締役	乙野次郎	令和6年6月30日就任	
取締役	丙野三郎	令和6年6月30日就任	
代表取締役	住所　甲野太郎	令和6年6月30日就任	
代表取締役	住所　乙野次郎	令和6年6月30日就任	
代表取締役	住所　丙野三郎	令和6年6月30日就任	

　上記の会社が、令和6年10月1日の株主総会（定款変更ゆえ特別決議）で、以下の決議をした。

議案　取締役会設置会社の定めを設定する件

定款を変更して以下の規定を置く。
定款第○条　当会社は取締役会を置く。

さて、この定款変更により、当該会社は取締役会設置会社になった。

そこで、みなさんご存知の次の条文が登場する。

会社法362条（取締役会の権限等）

3項　取締役会は、取締役の中から代表取締役を選定しなければならない。

そこで、株主総会終結後に、取締役会を開催し、代表取締役として甲野太郎を選定し、就任を承諾したという段取りである。

この場合、従前とその地位の変わらない、代表取締役甲野太郎の重任登記はすることを要しない。

しかし、代表取締役乙野次郎と、代表取締役丙野三郎は、会社法349条1項ただし書の「他に会社を代表する取締役」がいる場合に該当するから、代表取締役を退任するのである。

会社法349条（株式会社の代表）

1項　取締役は、株式会社を代表する。ただし、他に代表取締役その他株式会社を代表する者を定めた場合は、この限りでない。

参考 | 代表取締役乙野次郎、代表取締役丙野三郎の退任事由

単に、「年月日代表取締役乙野次郎および同丙野三郎退任」でよい。

コラム　年月日代表取締役何某退任の登記をするケース

会社法349条1項ただし書に該当する場合である。

つまり、「他に会社を代表する者を定めた場合」が典型例である。

具体的には以下のケース

取締役会を設置しない各自代表の会社が次の決議をした。

1．株主総会で代表取締役を選定した。

2．定款で代表取締役を定めた。

3．取締役の互選で代表取締役を定めるという定款規定を置き、これに基づき代表取締役が選定された。

参考までに、この事例の登記申請書は以下のようになると思われる。

登記の事由	取締役会設置会社の定めの設定
	代表取締役の変更
登記すべき事項	令和6年10月1日取締役会設置会社の定めの設定
	同日代表取締役乙野次郎退任
	同日代表取締役丙野三郎退任
登録免許税	金40000円（資本金の額が金1億円以下の場合）
添付書類	株主総会議事録　1通
	株主リスト　　　1通
	取締役会議事録　1通
	就任承諾書　　　1通
	委任状　　　　　1通

＊上記のように取締役会議事録、就任承諾書の添付を要すると解されている。
しかし、これは、代表取締役甲野太郎の就任についての添付書面ではない。
このケースでは、代表取締役甲野太郎の重任登記はしないので、登記事項で
ないことについて添付書面を要するわけはない。

＊取締役会議事録、就任承諾書は、代表取締役乙野次郎、同丙野三郎の退任を
証する書面である。つまり、取締役会で代表取締役甲野太郎が選定され就任
を承諾したことにより、「他に代表取締役を定めた場合」に該当するから、代
表取締役乙野次郎、同丙野三郎が退任するという関係にあるのである。

商業登記法54条（取締役等の変更の登記）

4項　第一項又は第二項に規定する者の退任による変更の登記の申請書には、
　　これを証する書面を添付しなければならない。

→この条文の守備範囲は広い。辞任届も、死亡届も、任期満了に係る株主総
　会議事録や定款、欠格事由に該当したことを証する書面など、すべてが本
　項の「退任を証する書面」である。

→第一項又は第二項に規定する者とは、取締役、監査役、代表取締役、特別
　取締役、委員、執行役、代表執行役、会計参与、会計監査人を意味する。

Ⅷ　役員の任期

　役員変更の登記申請では、当該役員が任期中であるか、任期が満了した後であ
るかによって、なすべき登記が異なることになる。

　たとえば、任期中の役員の解任は可能であるが、任期が満了した後の解任はす
ることができないことなどをすでに学んだ。

　このように、ある者の任期が満了しているかどうかは、役員変更登記の問題点
を考える場合の基本的な視点となる。

　役員の任期については、すでに会社法の部分で述べているが、ここでは、その

再確認と、いままで述べていない登記法に独自の問題点をとりあげることにしよう。

事例26

　取締役甲乙丙、監査役丁、会計参与戊、会計監査人己（いずれも任期中）が登記された取締役会設置会社（譲渡制限会社）が、新たに、譲渡が自由な種類の株式を発行する定款変更決議をした。
　上記の役員等のうち、任期が満了する者はいるか。

取締役甲乙丙、監査役丁、会計参与戊の任期が満了する。

根拠条文は、会社法332条7項3号、334条1項、336条4項4号である。

各自、復習のこと。

公開会社でない会社が、公開会社になったとき（定款変更の効力発生時）に、役員の任期が満了する。

なお、会計監査人の任期は満了しない。会社法は、1年サイクルの者の任期をさらに短縮することを好まない。

参考1 ▌ 公開会社が譲渡制限会社になった場合には、誰の任期も満了しない。

参考2 ▌ 監査等委員会設置会社および指名委員会等設置会社が公開会社になっても、誰の任期も満了しない。監査等委員会設置会社の（取）取締役、指名委員会等設置会社の取締役の任期がいずれも1年サイクルだからである。なお（監）取締役の任期は2年サイクルだが、その任期も満了しない。

事例27

　取締役甲乙丙、監査役丁、会計参与戊（いずれも任期中）が登記された取締役会設置会社（譲渡制限会社）において、資本金の額として金5億円が計上された貸借対照表が定時株主総会で承認された（なお、前期の資本金の額は金4億円、負債の額は金200億円に達しないものとする）。
　任期が満了する可能性のある者はいるか。

上記の会社は、当該定時株主総会において、大会社になったのである。

この場合、監査役丁の任期が満了する可能性がある。

それは、従前、この会社の定款に会社法389条1項の「監査役の監査の範囲を会計に関するものに限定する定款の定め」があった場合である。

順を追って考えよう。

大会社になったのだから、当該会社は定時株主総会で次の決議をすべきである。
（大会社には会計監査人設置義務がある。）

1．会計監査人設置会社の定めの設定
2．会計監査人の選任

となれば、会計監査人設置会社に、会社法389条1項の定めはご法度だから次の決議をすべきである。

3．「監査役の監査の範囲を会計に関するものに限定する定款の定め」の廃止

上記の定款変更の効力発生時に、監査役丁の任期が満了する。
その根拠条文は、以下にある。

> **会社法336条（監査役の任期）**
> 4項　前3項の規定にかかわらず、次に掲げる定款の変更をした場合には、監査役の任期は、当該定款の変更の効力が生じた時に満了する。
> 　3　監査役の監査の範囲を会計に関するものに限定する旨の定款の定めを廃止する定款の変更

上記の条文は、従前の監査役丁は、会社から「会計に関する監査」の委任のみを受けているのだから、定款変更に伴い、業務監査権のある新規の監査役を選任すべきであるという考え方によるものである。小は大を兼ねることができないのである。
従前の監査役丁を再任することはもとよりかまわないが、しかし、この場合でもいったん監査役丁の任期は満了し、重任の登記を申請すべきことになる。

参考▌会社法389条1項の定めを設定した場合には、監査役の任期は満了しない。

以下の事例においては、在任中の役員の任期の変更の論点をとりあげる。
記述が煩雑となるのを避けるため、以下、任期○年とは、選任後○年以内の最終の事業年度に関する定時株主総会終結の時までの任期を意味することとする。
また、当該会社の事業年度は3月末日に終了する。定時株主総会の開催時期は毎年6月である。
なお、別段の記載のない限り、下記の事例の定款変更をするまでは、役員の任

期は会社法の規定のとおりであったものとする。

事例28

令和５年６月28日に選任された取締役Ａがいる。

以下のケースにおいて、取締役Ａの任期はいつまでとなるか。

１．令和７年５月１日に取締役の任期を10年とする定款変更をした。

２．令和７年10月１日に取締役の任期を10年とする定款変更をした。

１について

取締役Ａの任期は令和15年６月の定時株主総会終結時まで伸長される。定款変更による役員の任期の変更の効力は、在任中の役員にも効力が及ぶのである。

２について

取締役Ａの任期は令和７年６月の定時株主総会終結時で終了している。

すでに任期が満了した者については、任期伸長の定款変更の効力は及ばない。

R5.6.28	R7.6某日	R7.10.1
選任	任期満了	定款変更

取締役Ａ○────────╳- - - - - - - -▼- -

いったん切れた任期は、つながらない。

◀ポイント▶　任期伸長規定の効力

任期伸長の効力は、在任中の役員等に及ぶ。任期満了後の役員等には及ばない。

以上、明確に。

参考 | **令和７年６月の定時株主総会において任期を10年に伸長したケース**

取締役Ａの従前の任期は令和７年６月の定時株主総会「結結の時」までである。

だから、その定時株主総会において任期を10年に伸長する定款変更をすれば、それは、ギリギリ、Ａの任期中に生じた出来事となり、Ａの任期は10年に伸長されることになる（上記１のケースに該当）。

しかし、決議の内容として、定款変更の効力発生時を「当該定時株主総会結結の後とする」とした場合には、定款変更の効力発生時にはすでにＡの任期は満了しているから、Ａの任期が伸長されることはないことになる（上記２のケースに該当）。

参考問題　会社法上の公開会社である監査役設置会社において、取締役の任期を選任後1年以内に終了する事業年度のうち最終のものに関する定時株主総会の終結の時までとする定款の定めについて、取締役の任期を選任後2年以内に終了する事業年度のうち最終のものに関する定時株主総会の終結の時までとする定款の変更をした場合には、当該定款の変更の効力が生じた時に現に在任している取締役の任期は、当該定款の変更の後の定款で定めた任期となる。（商法R2-29-オ）

....

答　え　　○

❖❖

事例29

　令和5年6月28日に選任された取締役Aがいる。

　以下のケースにおいて、取締役Aの任期はいつまでとなるか。

　1．令和6年5月1日に取締役の任期を1年とする定款変更をした。

　2．令和6年10月1日に取締役の任期を1年とする定款変更をした。

　3．令和7年10月1日に取締役の任期を1年とする定款変更をした。

1について

　任期の短縮規定の設定も在任中の役員に効力が及ぶ。

　したがって、取締役Aの任期は令和6年6月の定時株主総会終結時までとなる。

2について

　この場合も、定款変更時に取締役Aは在任中だから、定款変更の効力が及ぶ。

　しかし、この事例では、定款変更時には令和6年6月の定時株主総会はすでに過去のハナシとなっている。

　過去にさかのぼって任期がなくなるというのはいかにもヘンなので、このケースでは、定款変更時（令和6年10月1日）に取締役Aの任期が満了するとされている。

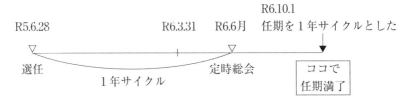

3について

定款変更時には、取締役Aの任期はすでに令和7年6月の定時株主総会の終結をもって満了している。

したがって、この定款変更はAの任期とは無関係である。

◆ポイント▶　任期短縮規定の効力

任期短縮の効力は、在任中の役員等に及ぶ。任期満了後の役員等には及ばない。以上、明確に。

事例30

令和4年2月1日に監査役Aは死亡した前任者Xの後任として選任された。
Xは令和2年6月の定時株主総会で選任されていた。
監査役Aの任期はいつ満了するか。

令和7年6月の定時株主総会終結時までである。

選任後4年以内に終了する事業年度のうち最終のものに関する事業年度の末日が令和7年3月末となる。

定款に、補欠監査役の任期を退任した監査役の任期の満了する時までとするという規定が存在しなければ、補欠だからといって、当然に任期が前任者の任期と同一になるわけではない。

事例31

以下の時系列の事案について、考えていただきたい。
1．令和4年2月1日監査役Aは前任者X（令和2年6月選任）の補欠として選任された。
2．令和4年10月1日の臨時株主総会において以下の定款の規定を設定する定款変更決議を行った。
　定款○条　「補欠として選任された監査役の任期は、退任した監査役の任期の満了する時までとする。」
3．令和5年2月1日監査役Bは前任者Y（令和2年6月選任）の補欠として選任された。
なお、当該会社には「当会社には監査役を2名置く」という定款規定があるものとする。
1　監査役Aの任期はいつ満了するか。
2　監査役Bの任期はいつ満了するか。

1および2について

　監査役Aおよび監査役Bの任期は、いずれも、前任者の任期が満了する令和6年6月の定時株主総会終結時に満了する。

　監査役Aは、定款変更時に任期中であり、監査役の補欠規定は会社法が認めた監査役の任期の短縮規定であるから、原則どおり、従前の監査役にも効力が及ぶと考えればいいのである。

　また、定款変更後に選任された監査役Bの任期が、定款規定に従うことは当然のことである。

コラム　スペアとしての補欠

　補欠というのは、前任者が欠けたために、その「後任として選任」された者という意味合いである。

　だから、基本的に、1人が欠けたときに2人の補欠は選任できない。

　この場合、2人目については補欠ではなく、新たな選任行為である。

　さて、会社法は、補欠の選任のパターンを2つ想定している。

　第一は、前記の事例31のように、実際に前任者が欠けてからその後任を選任するパターンである。

　この場合には、「補欠として選任された監査役の任期は、退任した監査役の任期の満了する時までとする。」という趣旨の定款規定がなければ、補欠には独自の任期（それが監査役であれば原則4年）が与えられる。

　第二は、会社法329条3項の補欠である。

　これは、役員Aの選任時に、Aが欠けた場合には、その補欠をBとするというかたちでBの選任をする（このパターンを私はスペアとしての補欠と呼んでいる）。

　そして、スペアの場合に、AおよびBが同時に選任されたときは、Bの「選任時」が、そもそもAの選任時に重なる。

　つまり、Aの選任をした株主総会で、あわせてBの選任もしている。

　したがって、スペアのパターンでは、「補欠として選任された監査役の任期は、退任した監査役の任期の満了する時までとする。」という趣旨の定款規定の有無とはかかわりなく、後日実際にBが就任したときの任期は前任者Aの退任時期と一致することになる。

　なお、スペアの場合にも就任承諾を要するが、これは、スペアとして選任された株主総会の席上で、後日Aが欠ければ就任しますと意思表示をしてもよいし、また、Aが実際に欠けてから就任承諾をしてもよい。

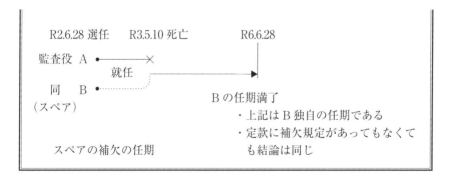

発展 **法定任期の短縮**

　法定任期の短縮については、以下のように考えよう。

　１．取締役と会計参与

　　いかなる短縮規定も可能

　　→ただし、監査等委員会の（監）取締役は補欠規定のみ可能

　２．監査役

　　定款において定める補欠規定のみ可能

　３．会計監査人

　　可能とする規定がない

　　では、以上をもとに、増員規定について考えてみよう。

　「増員として選任された○○の任期は、他に在任する○○の任期の満了すると
きまでとする。」

　　この規定は、任期短縮規定の類型であり、取締役と会計参与についてのみ規
定することができる。

参考 「補欠」の意味

　　会社法の規定に現れた「補欠」という言葉の意味を整理する。

　１．会社法329条３項の「補欠」（スペアとしての補欠）

　　次の場合に「補欠」という。

・法律または定款で定めた役員の員数を**欠いた**ときに備えて選任すること。

　　→上記の場合に、実際に「法律または定款で定めた役員の員数を欠いた
　　　とき」に補欠役員の選任の効力が生じる。

　　→上記の「補欠」の選任には、特段の定款の定めは不要である。

　　→監査等委員会設置会社では、（取）取締役の補欠、（監）取締役の補欠、
　　　会計参与の補欠を区別して定めなければならない。

2．会社法336条3項の「補欠」
　　次の場合に「補欠」という。
・任期の満了前に監査役が退任すること。
・その補欠として監査役が選任されること。
・選任された監査役の任期を退任した監査役の任期の満了する時までとする**定款の定め**があること。
　→上記の場合に、補欠監査役の任期が、前任監査役の任期の満了する時までとなる。
　→「法律または定款で定めた役員の員数を欠いたとき」であることを要しない。このため、定款に監査役の員数について特段の規定のない株式会社において、2人いる監査役のうち1人だけが欠け、その補欠として後任監査役が選任されたときも、「選任された監査役の任期を退任した監査役の任期の満了する時までとする定款の定め」に従うこととなる。
　→（監）取締役の補欠についても同様に考えればよい。（会社法332条5項参照）
　　スペアとしての補欠にも、重ねて会社法336条3項が適用される場合がある。
　　たとえば、令和3年の定時株主総会で監査役Aを選任し、翌年、令和4年の定時株主総会でAのスペアとして監査役Bを選任した場合、その後に、監査役Aが欠け監査役がいなくなったときは、会社法336条3項の定款の定めがあれば、監査役Bは、前任の監査役Aの任期が満了する時（令和7年の定時株主総会終結の時）に退任する。

以下、役員等の任期に関して1問出題しておく。

問　3月末を事業年度の終了時とする株式会社がある。定時株主総会は毎年6月28日である。
1．令和2年4月1日に選任された監査役Aの任期はいつ満了するか。
2．令和3年3月30日に選任された監査役Aの任期はいつ満了するか。

答　いずれも令和6年6月28日に任期が満了する。
　　事業年度の末日の直前に選任された監査役の任期は、事実上、3年ちょっとになることに注目しよう。

Ⅸ　役員等の住所氏名変更等

　まず、取締役、監査役の氏名、代表取締役の住所または氏名の変更登記について考えてみよう。

事例32

　司法書士Ｘは、取締役の氏名変更の登記の申請代理を受任した。
　当該取締役の戸籍一部事項証明書の準備を要するか。

　不要である。
　準備すべきは委任状だけでよい。
　代表取締役の住所変更についても「住民票の写し」は登記の添付書面にならない。
　以下に、代表取締役の住所変更の登記申請書の記載例を挙げる。

登記の事由	代表取締役の住所変更
登記すべき事項	年月日代表取締役何某の住所移転
	住所　何県何市何町何番地
登録免許税	金10000円（資本金の額が金１億円を超えるときは金30000円）
添付書類	委任状　１通

コラム　住居表示の実施

　住居表示の実施、行政区画の変更に伴う地番変更の場合、住居表示実施証明書等を添付すれば、登録免許税が非課税となる。（登録免許税法５条４号・５号）
　そのため、非課税証明としてこれらの書面を添付することはある。
　この場合、登記すべき事項を「年月日住居表示の実施により代表取締役何某の住所変更　住所　何県何市何町○丁目○番○号」のように記載する習いである。

発展　代表取締役が外国人である場合
　　代表取締役は全員が外国人でもかまわない。
　　また、その全員の住所が外国でもかまわない。
　　たとえば、以下のパターンである。
　　代表取締役　アメリカ合衆国…　　　ジョージ○○
　　　　　　　　韓国…　　　　　　　　金○○
　　　　　　　　サウジアラビア王国…　モハメド○○

参考問題

1. 住居表示の実施により代表取締役の住所に変更があった場合には、代表取締役の住所の変更の登記を申請しなければならない。（商業登記法H25-32-ア）

2. 取締役が養子縁組により氏を変更した場合において、取締役の変更の登記を申請するときは、申請書に氏を変更したことを証する書面を添付することを要しない。（商業登記法S61-40-3）

3. 代表取締役Aが辞任し、代表取締役Bが就任した場合において、代表取締役の全員が日本に住所を有しないこととなるときであっても、代表取締役Aの辞任及び代表取締役Bの就任による変更の登記を申請することができる。（商業登記法R3-29-ア）

答え　　1.○　　2.○　　3.○

では、次に、会計参与および会計監査人について考えてみよう。

事例33

　会計参与甲税理士法人は、事務所移転に伴い、書類等備置場所を変更した。
　変更登記の申請代理を受託した司法書士Xは、変更の証明書として甲税理士法人の登記事項証明書（又は、これに代わる甲税理士法人の会社法人等番号）の準備を要するか。

要しない。

添付書面は委任状のみでよい。

もともと、会計参与の就任登記をするときに、書類等備置場所の所在地を確認する書面は要求されていない。

→会計参与が法人である場合、その就任登記をするときに添付書面となる登記事項証明書に記載された事務所所在地と書類等備置場所が一致するかどうかは、登記官の審査の対象になる。しかし、これはオマケの審査である。

　もともと、就任登記の添付書面としての登記事項証明書は、「会計参与の資格」があることの証明を求める文書であり、「書類等備置場所の所在地を確認する書面」ではない。

以下に、計算書類等の備置場所の変更の登記申請書の記載例を挙げる。

登記の事由	会計参与の計算書類等の備置場所の変更
登記すべき事項	年月日次のとおり変更
	会計参与　税理士法人梅会の書類等備置場所
	何県何市何町何番地
登録免許税	金10000円（資本金の額が金１億円を超えるときは金30000円）
添付書類	委任状　１通

事例34

　会計監査人甲監査法人は、その名称をＡ監査法人と変更した。
　司法書士Ｘはこの変更登記の申請代理を受託した。
　１．Ａ監査法人の登記事項証明書の準備を要するか。
　２．会計監査人が公認会計士乙であった場合に戸籍一部事項証明書の準備はどうか。

1について
原則として要することとなる。
商業登記法54条３項に根拠がある。
該当部分を引用しよう。

商業登記法54条（取締役等の変更の登記）
２項　会計参与又は会計監査人の就任による変更の登記の申請書には、次の書面を添付しなければならない。
　２　これらの者が法人であるときは、当該法人の登記事項証明書。ただし、当該登記所の管轄区域内に当該法人の主たる事務所がある場合を除く。
３項　会計参与又は会計監査人が法人であるときは、その名称の変更の登記の申請書には、前項第２号に掲げる書面を添付しなければならない。ただし、同号ただし書に規定する場合は、この限りでない。

添付の理由は、名称の正確性の確認にあるとされている。
　法人の場合、たとえば、山本監査法人と監査法人ＹＫでは、外見上は全くの別組織にしか見えないから、この点の確認を要するとしたのであろう。

2について
要しない。
会計監査人（自然人）についての特則はない。
したがって、取締役、監査役、代表取締役と同様に、委任状を除き特段の添付

書面を要しない。

コラム 会計参与の氏名、名称変更

　会計監査人の場合と同様である。商業登記法54条３項参照。

‧‧‧

参考問題

　１．取締役が婚姻により氏を変更した場合には、取締役の変更の登記の申請書には、戸籍謄抄本、住民票その他の氏を証する書面を添付しなければならない。（商業登記法H19-33-ア）
　２．住居表示の変更により代表取締役の住所に変更があった場合には、代表取締役の住所の変更による登記があったものとみなされることはなく、代表取締役の住所の変更の登記を申請しなければならない。（商業登記法H19-33-イ）

‧‧‧

答え　　１．×
　２．○　そのとおり。登記事項に変更が生じれば登記義務が発生するのは、会社法915条１項が規定するとおりである。なお、設問の意味するところについては、後記コラム参照。

‧‧‧

コラム 行政区画等の変更

　商業登記法26条は「行政区画、郡、区、市町村内の町若しくは字又はそれらの名称の変更があつたときは、その変更による登記があつたものとみなす。」と規定する。
　この規定の守備範囲は、次のような変更の場合である。
　旧住所　横浜市東山区中一丁目１番１号
　新住所　横浜市中央区中一丁目１番１号
　このように、住所の末尾つまり「一丁目１番１号」の部分に変化がないときのハナシである。
　この場合、従前の代表取締役の住所が旧住所で登記されていても、その記載は、商業登記法26条により新住所に読み替えられるから、申請人は変更登記をする必要がない。
　しかし、住居表示の実施では、以下のように住所の末尾に変更が生じるから、商業登記法26条の適用はなく、原則どおり登記を申請すべき（ただし、住居表示実施証明書等を添付したときは、非課税）である。

> 旧住所　横浜市中央区中1122番地１
> 新住所　横浜市中央区中一丁目１番１号

❀•❀

参考問題　行政区画の変更により地番が変更され、会社の本店の所在場所に変更が生じたときは、その旨の変更の登記を申請しなければならない。（商業登記法 S58-33-2）

··

答え　○　本事例は、末尾に変更アリ。したがって登記申請義務が生じる（ただし、証明書を添付したときは、非課税）。

❀•❀

X　旧氏の登記

商業登記規則81条の２（役員等の氏の記録に関する申出等）

１項　会社の代表者は、役員（取締役、監査役、執行役、会計参与又は会計監査人をいう。以下この条において同じ。）又は清算人の一の旧氏（住民基本台帳法施行令（昭和42年政令第292号）第30条の13に規定する旧氏であつて、記録すべき氏と同一であるときを除く。以下同じ。）を登記簿に記録するよう申し出ることができる。この場合において、当該登記簿（閉鎖した登記事項を除く。）にその役員又は清算人について旧氏の記録がされていたことがあるときは、最後に記録されていた旧氏より後に称していた旧氏に限り、登記簿に記録するよう申し出ることができる。

２項　前項の申出は、次に掲げる事項を記載した申出書を登記所に提出してしなければならない。
１　申出に係る会社の商号及び本店の所在場所並びに当該会社の代表者の資格、氏名、住所及び連絡先
２　旧氏を記録すべき役員又は清算人の氏名
３　前号の役員又は清算人について記録すべき旧氏
４　代理人によつて申出をするときは、当該代理人の氏名又は名称、住所及び連絡先並びに代理人が法人であるときはその代表者の資格及び氏名
５　申出の年月日

３項　前項の申出書には、次に掲げる書面を添付しなければならない。
１　前項第三号に掲げる事項を証する書面
２　代理人によつて第一項の申出をするときは、当該代理人の権限を証する書面

４項　第２項の申出書又は委任による代理人の権限を証する書面には、申出を

　会社の代表者は、役員または清算人の旧氏を登記簿に記録するよう申出をすることができます。

→なお、記録しようとする旧氏が、記録すべき氏と同一のときは、申出は不可である。たとえば、取締役山本太郎（山本太郎）のたぐい（現在の氏と旧氏が同一）はダメである。

→また、すでにある者の旧氏が記録されたことがある場合には、その旧氏以降の旧氏についてのみ、これを記録すべき旨の申出をすることができる。

確認事項　役員
　規則81条の2の「役員」は、取締役、監査役、会計参与の他、執行役、会計監査人をも意味する。

　株式会社山本産業の取締役山本花子（旧氏　田中）について、代表者から旧氏の記録の申出をする場合を例に、申出書の記載事項を以下に列挙しておきます。

1　申出に係る会社の商号及び本店の所在場所並びに当該会社の代表者の資格、氏名、住所及び連絡先
　本店　株式会社山本産業
　代表取締役　住所　山本太郎
　連絡先　00-0000-0000

2　旧氏を記録すべき役員又は清算人の氏名
　取締役　山本花子

3　前号の役員又は清算人について記録すべき旧氏
　田中

4　申出の年月日
　令和何年何月何日

　なお、代理人によって申出をする場合には、代理人の氏名、名称、住所、連絡

先の記載を要し、その委任状には、会社の代表者の登記所届出印の押印を要します。

　また、上記の申出は、役員変更などの商業登記の申請と併せてすることもできますが、その場合には、上記のうち2と3の事項を、その商業登記の申請書にオマケで記載すれば足ります。

　旧氏の記録を申し出る場合、必要となる添付書面は、代理人による場合の委任状の他、記録すべき旧氏を証する書面です（戸籍全部事項証明書などがその一例）。

　以下、旧氏の登記の記載例を挙げます。

役員に関する事項	取締役　田中花子	
	取締役　山本花子（田中花子）	令和6年10月1日重任
		令和6年10月8日登記
	何市何町何番地 代表取締役　田中花子	
	何市何町何番地 代表取締役　山本花子（田中花子）	令和6年10月1日重任
		令和6年10月8日登記

　いったん旧氏の登記をしたあとは、そのまま旧氏の登記は維持されることが原則です。

　取締役山本花子（田中花子）のカッコ書は、その後の登記手続において、原則として維持されるということです。

　しかし、次の例外があります。

1　取締役山本花子（田中花子）が、さらに田中に氏を改めた場合。
　　登記官は、氏の変更（山本→田中）の登記の申請に際して、旧氏を登記しません。
　→「取締役田中花子」とのみ登記される。

2　取締役山本花子（田中花子）が、さらに鈴木に氏を改めた場合。
　　会社の代表者は、氏の変更（山本→鈴木）の登記の申請に際して、かっこ書の旧氏を山本に変更する申出をすることができます。
　→「取締役鈴木花子（山本花子）」と登記される。

3　会社の代表者が、旧氏の記録を希望しない旨の申出をしたとき
　→「取締役山本花子」とのみ登記される。

　以下、旧氏を登記する場合の申請書(商業登記の申請書と一体型)を例示します。

登記の事由　　　取締役及び代表取締役の変更
登記すべき事項　令和6年10月1日　取締役山本花子（田中花子）重任
　　　　　　　　同日　何市何町何番地　代表取締役山本花子（田中花子）重任
登録免許税　　　金1万円（資本金の額が金1億円を超える時は金3万円)）
添付書類　　　株主総会議事録　　　1通
　　　　　　　株主リスト　　　　　1通
　　　　　　　就任承諾書は株主総会議事録の記載を援用
　　　　　　　委任状　　　　　　　1通

下記の者につき、旧氏を記録するよう申し出ます。
なお、旧氏を証する書面として、
☑戸籍の全部事項証明書・個人事項証明書・一部事項証明書、戸籍謄本・抄本
□その他（　　　　　　　　　　　　　　　　　　）
を添付します。
　　　　　　　　　記
　旧氏を記録する者の資格及び氏名
　　　　資格　　　取締役及び代表取締役
　　　　氏名　　　山本花子
　記録すべき旧氏　　　田中

❖❖

参考問題　取締役Aが、婚姻による氏の変更の登記の申請と併せて、旧氏を登記簿に記録するよう申し出る場合において、Aの旧氏が株主総会の議事録の記載から明らかなときは、Aの旧氏を証する書面を添付することを要しない。（商業登記法H28-30-ウ改)

❖❖

答え　×　旧氏を証する書面（戸籍全部事項証明書のたぐい）は、必須である。

❖❖

第5章

株式会社の設立

1 総　論

株式会社の設立には、大きくいえば、次の３点を必要とします。
① 定款の作成（規則）
② 株主になるべき者の出資（財産）
③ 役員等との契約（会社の機関）

そして、株式会社は、その本店の所在地において設立の登記をすることによって成立します。（会社法49条）

論理必然的に、登記をしていない会社は存在することがなく、設立の手続は、設立の登記を最終目標とすることとなります。

参考問題　定款には、会社の本店の所在地として、日本国外の地を記載し、又は記録することはできない。（商法H25-27-ア）

答え　○　日本国外の地を本店の所在地としてしまうと、日本で設立の登記ができない。よって、日本の会社として生まれることができない。

【学習の指針】発起設立と募集設立

株式会社の設立の方式には２つある。

試験では、この２つの**相違が出題の重点**となる。

そこで、その相違に注意して学習してほしい。

以下、双方に共通の手続を先に説明し、そのあと個別に２つの仕組みを解説する。

コラム　株式会社はいつ成立するか

株式会社は、その本店の所在地において設立の登記をすることによって成立する。（会社法49条）

つまり、登記をしていない株式会社なるものは存在しない。

以下、本章に述べる手続は、この「登記」に向けての作業であるといえる。

375

① 定款の作成

　会社設立の第一歩は、発起人による定款の作成です。

　発起人は、設立時発行株式を1株以上引き受けなければならない（会社法25条2項）ので、将来の株主です。

　（会社設立前は株主が存在しないので発起人と呼ぶのです。）

　発起人の資格に制限はありません。自然人だけでなく、会社・地方公共団体・宗教法人・農業協同組合、いずれも発起人になれます。

参考問題

1．設立の登記の申請書に添付された定款に宗教法人が発起人のうちの1人として記載されていても、その設立の登記は申請することができる。（商業登記法H3-37-2）
2．法人は発起人となることができるが、未成年者は、発起人となることができない。（商法R5-27-イ改）
3．株式会社は、その本店の所在地において設立の登記をすることによって成立する。（商法R5-27-オ改）
4．発起人は、発起設立の場合には、設立時発行株式を1株以上引き受けなければならないが、募集設立の場合には、設立時発行株式を1株も引き受けないことができる。（商法H22-27-ア）
5．募集設立において、発起人の全員が、出資を履行しないことにより、設立時発行株式の株主となる権利を全て失った場合であっても、設立時募集株式の引受人により出資された財産の価額が定款に記載された「設立に際して出資される財産の価額又はその最低額」を満たすときは、設立の無効事由とはならない。（商法H24-27-ウ）
6．発起設立の場合において、設立時発行株式1株のみを引き受けた発起人が、出資の履行をせず、設立時発行株式の株主となる権利を失ったときであっても、他の発起人が引き受けた設立時発行株式につき出資した財産の価額が定款に記載された設立に際して出資される財産の価額又はその最低額を満たしているときは、株式会社の設立の無効事由とはならない。（商法H30-27-オ）
7．未成年者は、発起人となることができない。（商法H24-27-エ）
8．発起人が成年被後見人である場合において、成年後見人が当該成年被後見人を代理して定款を作成し、これに署名し、又は記名押印したときは、当該定款を添付して、設立の登記を申請することができる。（商業登記法H31-28-オ）

答え　　1．○　発起人の資格には制限がない。
2．×　前問に同じ。
3．○　会社法49条

4．× 株式会社の設立の方法は、発起設立、募集設立の２つの方法があるが、会社法25条２項は、そのいずれにも適用される。

5．× 会社法25条２項に違反しているので、設立無効の事由となる。

6．× １株も引き受けていない発起人がいることは、設立の無効の原因となる。

7．× 発起人の資格を制限する規定はない。実質的に考えても未成年者が出資をすることができないとする理由はない。

8．○ 発起人の資格に制限はない。また、一般論としても代理人が定款を作成することができる。

❖❖

定款は、発起人がこれを作成し、その全員が署名または記名押印しなければなりません。（会社法26条１項）

なお、電磁的記録に電子署名をすることも可能です。（会社法26条２項）

この場合には、書面ではないので、何と、定款に貼る印紙代（書面による定款であれば金４万円也）が不要です。

判例 ▌（大判昭7.6.29）

発起人とは、定款に署名した者をいう。

定款は、公証人の認証により効力が生じます。（会社法30条１項）

定款認証は、公証人のドル箱です。

定款の後ろに、別紙で、認証文を綴じ込みます。

約10分間の作業ですが、公証人に５万円の報酬を支払わねばなりません。

定款の認証は、設立する株式会社の本店の所在地を管轄する法務局（または地方法務局）に所属する公証人が行います。

たとえば、横浜市内に本店のある株式会社を設立するときは、横浜地方法務局に所属する公証人(つまり、神奈川県内の公証人)の認証を要することとなります。

確認事項 **公証人の認証を受けた定款**
設立登記の添付書面になる。（商業登記法47条２項１号）→必ず添付のこと。

❖❖

参考問題

1．会社が発起人となって株式会社を設立する場合には、当該発起人である会社の定款を添付することは要しない。（商業登記法H18-30-ア）

2．株式会社を設立する場合、会社が発起人となるときは、申請書には、発起人となる当該会社の定款を添付しなければならない。（商業登記法H24-28-イ改）

3．発起人が会社である場合における設立の登記の申請書には、同一の登記所の管

轄区域内に発起人となる当該会社の本店があるときを除き、発起人となる当該会
　　社の登記事項証明書を添付し、又は発起人となる当該会社の会社法人等番号を記
　　載しなければならない。（商業登記法R5-29-ア）
　4．法人が発起人である場合には、申請書の添付書面によって、申請に係る会社設
　　立の発起行為が明らかに当該法人の目的の範囲外のものと認められない限り、設
　　立の登記の申請は受理される。（商業登記法H28-29-イ）
　5．B株式会社が発起人となってA株式会社を設立しようとする場合において、B
　　株式会社の代表取締役がA株式会社の設立時代表取締役と同一であるときは、当
　　該設立の登記の申請書には、B株式会社において利益相反取引を承認した株主総
　　会又は取締役会の議事録を添付しなければならない。（商業登記法R3-28-オ）
　6．設立の登記の申請書に、設立しようとする会社の本店の所在地を管轄する法務
　　局又は地方法務局に所属しない公証人が認証した定款を添付して、設立の登記の
　　申請をすることができない。（商業登記法H29-28-エ）

答え　　1．○　添付すべきは、設立する会社の定款である。発起人である会社
　の定款は無用。
　2．×　前問の解説と同じ。
　3．×　不要である。添付の根拠がない。登記所では、発起人の実在についての審
　　査は行われていない。原始定款の作成時に公証人がこれを確認しているはずだか
　　らである。
　4．○　よほどのことがなければ、却下はないといってよい。また、だからこそ、
　　発起人会社の定款の添付も要しないのである。
　5．×　設立登記の申請書には、発起人会社の定款だけでなく議事録も不要。
　6．○　東京の公証人が定款を認証しても、横浜市内の株式会社の設立登記をする
　　ことができない。

　　定款の記載事項は以下のとおりです。（会社法27条）
　1．目的
　2．商号
　3．本店の所在地
　4．設立に際して出資される財産の価額またはその最低額
　5．発起人の氏名または名称および住所

たったのこれだけです。
　実務では、定款には何十条もの記載があるのが普通です。
　が、会社法で要求される絶対的記載事項（この項目がなければ定款とはいえない）

は、以上でおしまいです。

1．目的について
　　会社は、目的の範囲内で権利能力をもちます。その目的の決定です。
2．商号について
　　商号は自由が原則です。運送会社が○○不動産としてもかまいません。しかし、株式会社の文字は入れる必要があります。
3．本店の所在地
　　最小の行政区画まで決めればよいです。「当会社の本店は○○市に置く」で結構。
　　なお「本店の所在場所」といえば、「○市○町○丁目○番地」と、最後まで記載があるものを指します。
　　定款の絶対的記載事項が、本店の所在地。
　　登記事項が、本店の所在場所です。
4．設立に際して出資される財産の価額またはその最低額
　　財産の価額は1円でかまいません（金銭出資のみの場合、ゼロは無理）。
　　最低資本金の制度は撤廃されました。
5．発起人の氏名または名称および住所
　　発起人が何株引き受けるのかは書く必要がありません（実務上は書く。書いてない定款は見たことがない）。

確認事項　定款の絶対的記載事項
　上記の5つのうち、4と5は設立の時だけの話しである。
　会社の成立後の規定は、何が目的で、どこの何という会社だという3点しかない。

　発起人は、定款を発起人が定めた場所に備え置かなければなりません（会社法31条1項）。
　発起人（または設立時募集株式の引受人）は、発起人が定めた時間内は、いつでも定款の閲覧、その謄本または抄本の交付請求などをすることができます。（会社法31条2項、102条1項本文）

参考問題
1．設立の登記の申請書には、設立時発行株式と引換えに払い込む金銭の額の記載がされている定款の添付を要する。（商業登記法H3-37-3）

２．株式会社を設立する場合、申請書には、発起人が設立時発行株式と引換えに払い込む金銭の額を記載し、又は記録している定款を添付しなければならない。（商業登記法H24-28-ア改）

３．発起設立の場合における設立時取締役の氏名は、定款に記載し、又は記録することを要しない。（商法H24-27-イ）

４．設立に際して出資される財産の価額又はその最低額を発起人全員の同意をもって定め、その旨の同意書を添付してした設立の登記の申請は、受理されない。（商業登記法S58-31-2）

５．設立に際して出資される財産の価額又はその最低額の記載を欠いたまま認証された定款について、その後発起人の全員の同意によりこれを追完し、当該同意があったことを証する書面に公証人の認証を受けたときは、変更後の定款に基づき設立の登記の申請をすることができる。（商業登記法H28-29-ウ）

６．発起人は、定款を発起人が定めた場所に備え置かなければならず、設立時募集株式の引受人は、設立時募集株式の払込金額の払込みを行う前であっても、発起人が定めた時間内は、いつでも、当該定款の閲覧の請求をすることができる。（商法H29-27-エ）

７．発起人は、株式会社が成立する前は、発起人の定めた場所に定款を備え置かなければならない。（商法R4-27-オ）

∙∙

答え　　１．✕　定款の記載事項として法定されていない。つまり、「設立時発行株式と引換えに払い込む金銭の額」は定款に書いても書かなくてもどちらでもよい事項。（会社法27条、32条1項2号）

２．✕　「発起人が設立時発行株式と引換えに払い込む金銭の額」も定款の絶対的記載事項ではない。（会社法27条）

３．○　設立時取締役の氏名は定款の絶対的記載事項とはされていない。（会社法27条）

４．○　同意書は無意味。「設立に際して出資される財産の価額又はその最低額」は定款の絶対的記載事項であり、この記載のない書面は「ただの紙切れ」であり、定款とは呼べない。定款とは呼べない書面を添付しても登記は受理されない。

５．✕　前問の焼き直し。

６．○　設立時募集株式の引受人は定款の閲覧請求をすることができ、払込み前の者もこれに含まれる。

７．○

❖❖

━ コラム ━ 会社法における資本金の位置づけ ━

　会社法においては、「資本金」には、会社の財産を維持する機能はないということが明確化された。

　たしかに、資本金を配当することはできない。

　しかし、資本金がいくらで登記されていても、会社の成績が不振であれば、会社の純資産額はどんどん目減りする。

　「資本金」が、この過程を防ぐことはできないのだから、会社債権者の保護という問題について、「資本金」に過度の期待を寄せるのはもうやめようという考え方である。

　そこで、会社法では「資本金」は、過去の出資財産の一部を計上した、貸借対照表上の「計数」にすぎないという考え方が採用されている。

　つまり、数字の問題であって、会社の現実の財産とは関係がないという考え方である。

　株式会社の設立時においても、定款の記載事項は、「設立に際して出資される財産の価額またはその最低額」にすぎない。

　いくら集めるのかはあらかじめ決めないで、集められただけの財産で会社をスタートする」「出資が集まらなくて、会社が設立できなくてもいっこうにかまわない」という考え方になっている。

　基本的に、会社法において「資本金」とは、結果として出資された財産の総額という意味合いである。

　だから、当初の目標額を達成しなければならないという背伸びをする必要は、基本的に会社法においては存在しない（というか、もともと、設立時でも、会社成立後であっても、資本金０円まではありえる事態である）。

　しかし、発起人は、その引き受けた設立時発行株式につき、その出資に係る金銭の全額の支払、または金銭以外の財産の給付をしなければならない。（会社法34条１項）

　これは、他の株主（設立時募集株式を発行する場合）、あるいは発起人相互間の公平を図るための仕組みである。

参考問題　当該設立が募集設立であり、設立時募集株式について引受けが未了であるものが存する場合であっても、出資された財産の価額が定款に定めた設立に際して出資される財産の最低額を下回らないときは、再度引受人の募集をすることなく、設立の登記を申請することができる。（商業登記法H31-28-ア）

答え　○　出資された財産の価額が定款に定めた設立に際して出資される財産

の最低額を下回らないので、設立登記をすることができる。

参考 | **設立時資本金の額**

0円でもよいことが明記された。（会社計算規則43条）

具体的には、次の①から②を引いた額が設立時資本金の額である。

① 会社設立のための払込み金銭の額や給付された財産の価額の合計

② 設立に要した費用の額のうち、資本金または資本準備金として計上すべき額から減ずるべきと定めた額

①−②の計算がマイナスとなる場合、資本金の額は0とする。

現在の会計基準においては、設立に関する費用は「費用」または「繰延資産」とされるため、当分の間②の額はゼロとされることになる。

したがって、金銭出資により設立をする場合には①がプラスとなるから資本金をゼロとすることはできない。資本金がゼロとなる可能性としては、現物出資の場合に①の額がゼロまたはマイナスである場合に限られることになる。たとえば、債務超過の会社の株式（評価がマイナス）を現物出資すると、資本金の額が金0円となる。

参考問題 株式会社の設立時の資本金の額は、300万円を下回ることができない。（商法R5-27-ア改）

....

答え ×

確認事項 **資本金の額が会社法及び会社計算規則の規定に従って計上されたことを証する書面**
　　設立登記の申請書の添付書面になる。（商登規61条9項）

ただし、会社の設立に際して、**金銭出資のみ**が行われる場合（現物出資ナシのケース）には、上記の書面の添付を要しません。（平19.1.17-91）

なぜなら、金銭の場合、①の額に疑義が生じないし（現物出資の場合には時価評価、簿価評価のいずれを行うのかという点を含め複雑なハナシとなる）、②の額は当分の間ゼロだから、資本準備金の問題を除けば、資本金の額＝払い込まれた金額の総額であり、面倒な計算は一切ないからです。

なお、現物出資があれば、必ず、設立登記の申請書に「資本金の額が会社法及び会社計算規則の規定に従って計上されたことを証する書面」の添付を要します。

> **商業登記規則61条（添付書面）**
> 　9項　設立の登記又は資本金の額の増加若しくは減少による変更の登記の申請
> 　　　書には、資本金の額が会社法及び会社計算規則の規定に従つて計上された
> 　　　ことを証する書面を添付しなければならない。

参考問題

　1．現物出資がされた場合には、設立時の資本金の額が現物出資の目的である財産
　について定款に記載された価額の総額と一致するときであっても、資本金の額が
　会社法及び会社計算規則の規定に従って計上されたことを証する書面を添付しな
　ければならない。（商業登記法H19-29-オ）

　2．株式会社が設立の登記をする場合において、その定款に設立費用に係る定めが
　あるときは、当該登記の申請書に記載する資本金の額は、当該株式会社に対して
　払込み又は給付のあった額から当該設立費用の額を減じて得た額を基準として計
　算した額としなければならない。（商業登記法H20-34-ウ）

答え　　1．○　そのとおり。現物出資の場合、定款で定めた価額と前記「参考」
　の①の数字は、一致するとは限らない。だから、必ず添付を要する。

　2．×　設立に要した費用の額のうち、資本金または資本準備金の額から減ずるべ
　きと定めた額は、当分の間、ゼロとされている。（会社計算規則附則11条5号）

発展　資本金の存在理由

　前記に述べたように、資本金、準備金、剰余金は、株主資本の中の計数の区
別にすぎない。

　では、こうした区分けをする理由は何か。

　会社法においては、資本金の制度は、会社財産について、会社債権者が株主
に優先するということを制度として確立することに意味があると説明されている。

　つまり、資本金、準備金については配当等による株主への会社財産の払戻し
を禁止し、そのことにより会社債権者がこの限りで株主に優先するという制度
を構築するということである。

　つまり、「債権者に弁済をしないで会社財産を払い戻すような取り込み詐欺の
ようなことはいたしません」ということを、個々の債権者との契約によらず、
会社法上の制度としたということである。

コラム 類似商号規制の撤廃

　会社法の制定により、「ソニー」という会社の隣地に、「ソニー」という同目的の会社を設立できるようになった（旧商法は不正競争防止の見地から禁止）。

　ただし、全く同じ場所にはできない。

　上記は隣地だからできる（地番が違う）。が、本店商号が寸分違わず一致すれば、たとえ目的が違っても、設立登記は受理されない。規制はこの一点のみである。

　なお、類似商号規制の撤廃は、登記のレベルで規制をしないという意味に過ぎない。

→何人も、不正の目的をもって、他の商人であると誤認されるおそれのある名称又は商号を使用してはならない。（商法12条１項）
→その不正使用により、営業上の利益を侵害され、または侵害される恐れのある商人は、その侵害の停止又は予防を請求することができる。（同条２項）

参考問題　法務大臣の公告後２か月以内に事業を廃止していない旨の届出をせず、職権で解散の登記がされた休眠会社と商号及び本店の所在場所を同一とする株式会社の設立の登記を申請することはできない。（商業登記法 H30-29-オ）

答え　○　同一商号、同一本店の会社の登記の禁止は、ある会社の他の者によるなりすましを防止することがその趣旨である。したがって、既存の会社が、解散していようが、破産していようが、要するに事業の継続中か否かにかかわらず該当する規制である。

さて、定款の記載事項として、登場しそうですが、登場しなかったものがありますね。たとえば、

1. 設立時の発行株式数
2. 発行可能株式総数の定め
3. 会社が公告をする方法

以上のものは、会社法により、従来の定款の絶対的記載事項から削除されたものです。

１および２については、いずれ、決定の必要は生じます。

　が、原始定款には、不要です。（なお、原始定款に規定がなければ、 2 の発行可能株式総数は、株式会社の成立の時までに発起人全員の同意によって定款を変更して定めることを要します。会社法37条 1 項、98条）

　会社が公告をする方法は、定款に何も記載がなければ、「官報」となります。（会社法939条 4 項）

【用語解説】 → 原始定款
　　会社設立時の最初の定款を意味する。

━━ コラム ━━ 発起人の決定事項 ━━

　発起人が複数いる場合には、民法の組合の規定が適用となる。

　だから、基本的には、発起人組合の決議要件は、アタマ数の過半数である。（民法670条 1 項）

　しかし、次の決定は、発起人全員の同意を要する。（会社法32条 1 項・ 2 項、33条 9 項、37条 1 項・ 2 項、57条 2 項、58条 2 項）

　1 ．各発起人が割当てを受ける設立時発行株式の数（発起人が何株を取得するのかということ）

　2 ．上記において、各発起人が、払い込む金銭の額

　3 ．成立後の株式会社の資本金と資本準備金の額（設立に際して払込みあるいは給付された金額の全部を資本金とするのか、その一部（上限は半分）を資本準備金にするのかということ）

　4 ．定款に一定の種類株式の内容を、当該種類の株式を初めて発行する時までに、株主総会等で決定する定めがある場合に、発起人が割当てを受ける設立時発行株式の内容を決定するケース

　5 ．発行可能株式総数の定款規定の設定

　6 ．発行可能株式総数の定款規定の内容の変更（原始定款に発行可能株式総数の規定がある場合）

　7 ．変態設立事項について裁判所の変更決定があり、発起人が設立時発行株式の引受けの意思表示を取り消した場合のその事項を廃止するための定款の変更

　8 ．設立時発行株式を引き受ける者の募集をする旨の定め（募集設立のケース）

　9 ．上記の場合の募集事項の決定

　上記の 1 、 2 、および 5 は、実務上は、原始定款に記載されることが通例となる。

が、もし、規定がなければ、発起人全員の同意で決めることになる。

　なお、上記8および9は、後述する募集設立に特有の条文であり、株式会社の設立手続の一般則ではないが、便宜、ここで紹介した。

【会社法の思想】発起人全員の同意を要する事項

　発起人全員の同意を要する事項は、全部、**カネ（または現物出資）がらみ**である。

　前記の1と2は、これにより各発起人がいくらカネを払うかが決まる。

　3は払い込まれたカネの会計上の処理の話し。4はカネを払って取得する株式の内容がどうなるかの話し。5と6は、最初は、発起人Aは10株の予定だったが、話し合いで1万株にしようというような事態に備えている。7は変態設立事項に係るカネがらみの話し。8と9は募集設立におけるカネがらみの話しだ。

　さて、会社法は、なぜ、カネがらみの問題に発起人全員の同意を要するとしたのか。

　その意味は、最初からカネがらみのことでケンカするくらいなら、「株式会社の設立などやめてしまえ」ということである。

❖❖

参考問題　　1．定款に成立後の株式会社の資本金及び資本準備金の額に関する事項についての定めがない場合において、株式会社の設立に際して当該事項を定めようとするときは、発起人は、その全員の同意を得なければならない。（商法H31-27-イ）

2．設立しようとする会社の定款に成立後の株式会社の資本金及び資本準備金の額に関する事項についての定めがない場合において、当該株式会社に払込み又は給付をした財産の額の一部を資本金として計上しないときは、設立の登記の申請書には、当該事項について発起人全員の同意があったことを証する書面を添付しなければならない。（商業登記法R3-28-ウ）

3．発起人が割当てを受ける設立時発行株式の数は、発起人の議決権の3分の2以上をもって定めることができる。（商法R4-27-ウ）

4．株式会社の設立が発起設立である場合において、定款に設立時発行株式と引換えに払い込む金銭の額の定めがなく、後にこれを定めたときは、設立の登記の申請書には、これを定めるにつき発起人全員の同意があったことを証する書面を添付しなければならない。（商業登記法R5-29-エ改）

5．発起設立の場合において、発起人が株式会社の成立の時までに公証人の認証を受けた定款を変更して発行可能株式総数の定めを設けるには、発起人の過半数の同意を得れば足りる。（商法H31-27-オ）

6．株式会社の設立が発起設立であり、発起人がA及びBのみである場合において、A及びBの同意により、各発起人が割当てを受ける設立時発行株式の数を10株ずつとしつつ、これと引換えにAが払い込む金銭の額を100万円、Bが払い込む金銭の額を50万円とそれぞれ定めたときは、その旨のA及びBの同意があったことを証する書面を添付しても、設立の登記を申請することはできない。（商業登記法H30-29-ア改）

7．発起設立の方法により設立しようとする会社の定款に発起人が割当てを受ける設立時株式の数の記載はあるが単元株式数の定めがない場合において、後に発起人全員が単元株式数の定めを設ける旨の同意をしたときは、単元株式数に関する事項について、当該同意があったことを証する書面を添付して設立の登記を申請することができる。（商業登記法R3-28-エ改）

....

答 え　1．○　会社法32条1項3号。　　2．○　前問に同じ。

3．✕　発起人の全員の同意を要する。

4．○　会社法32条1項2号

5．✕　発起人の全員の同意を要する（会社法37条1項）。

6．✕　発起人内部のカネの問題は、発起人全員の同意によりいかようにでも定めることができる。

7．✕　単元株式の数は、定款の記載事項である。発起設立において、発起人が原始定款を変更できる場合は、発行可能株式総数の設定および変更に限られる。

❖❖❖

【急所】双方の手続に共通

　前記のコラム「発起人の決定事項」のうち、1から7は、発起設立・募集設立に**共通の規定**である。

[確認事項]　**発起人全員の同意書、ある発起人の一致を証する書面**

　登記すべき事項につき発起人全員の同意またはある発起人の一致を要するときは、設立の登記の申請書にその同意または一致があったことを証する書面を添付しなければならない。（商業登記法47条3項）

　→なお、発起人が複数いる場合、その法的性質は「組合」であるとされる。（判例）

❖❖❖

[参考問題]

1．発起設立の方法により設立される株式会社の設立の登記に関して、公証人の認証を受けた当該株式会社の定款に定められた発行可能株式総数を変更した場合、当該設立の登記の申請書には、この変更について発起人全員の同意があったこと

を証する書面を添付しなければならない。(商業登記法H21-28-エ改)
2．設立時発行株式の数は、発起設立の場合には、発起人の全員の同意によって定めるが、募集設立の場合には、創立総会の決議によって定める。(商法H22-27-ウ)
3．発起人が作成した定款に成立後の当該株式会社の資本金及び資本準備金の額に関する事項についての定めがない場合において、当該株式会社に払込み又は給付をした財産の額の一部を資本金として計上しないときは、申請書には、当該事項について発起人全員の同意があったことを証する書面を添付しなければならない。(商業登記法H23-29-ア)

••

答え　1．○　会社法37条2項。

2．×　設立時発行株式の数は、次のようにして決まる。

1　発起設立　発起人が割当てを受けた設立時発行株式の数の合計が設立時発行株式の数となる。
→上記の「割当て」は、定款または発起人の全員の同意によって定める。

2　募集設立　上記の数（発起人への割当ての数の合計）に、設立時募集株式について、「引受けの申込み→割当て→払込み」があった設立時株式の数を加算する。

本問の前半は、定款で定まることがある場合を見落としており、後半は、創立総会の決議で定めることはなく、いずれも誤りの記述である。

3．○　会社法32条1項3号、商業登記法47条3項。

❖•❖

ここで、設立時発行株式の発行の仕方を解説しましょう。
以下の条文をごらんください。

会社法32条（設立時発行株式に関する事項の決定）

1項　発起人は、株式会社の設立に際して次に掲げる事項（定款に定めがある事項を除く。）を定めようとするときは、その全員の同意を得なければならない。

1　発起人が割当てを受ける設立時発行株式の数

2　前号の設立時発行株式と引換えに払い込む金銭の額

3　成立後の株式会社の資本金及び資本準備金の額に関する事項

上記のように、定款または発起人全員の同意で、まず、割当てを決めるのです。
→設立時募集株式の募集（後述）と、根本的に順番が異なる（引受けの申込みの段階がない）。

割り当てられた設立時発行株式を各発起人が引き受けて、払込みの段取りとなります。

重要 上記の規定は、発起設立・募集設立を問わず、株式会社の設立手続の通則である。（会社法25条1項）

確認事項 割当ておよび引受けに関する発起人全員の同意書

設立時発行株式の割当てが定款に記載されていない場合には、設立登記の添付書面になる。

→発起設立、募集設立のいずれにおいても添付を要する。

【急所】発起人の引受け

発起人が、株式を引き受けることは当たり前である。（会社法25条2項）

このため、発起人が「引受けの申し込み」をすることはない。

いきなり「割り当て」るのである（その割り当て（カネがらみ）に発起人全員の同意を要することは、すでに解説ずみ）。

発展 資本金の額を定款の記載事項としない訳

資本金の額は、株式会社の定款の記載事項ではない（登記事項ではある）。

ここでは、なぜ、定款に記載されないかの理由が大事だ。

まず、資本金の額とは何か。

これは、設立時あるいは、会社設立後に発行される株式に対する払込額・給付額の総額のことだ。（会社法445条1項）

（ただし、そのうち2分の1までは資本準備金とすることができる。たとえば、新しい株式の発行で1000万円集金した場合、1000万円増資してもよし、500万円増資で残りの500万円は資本準備金にしてもよい。）

では、資本金の額を定款に書くと、どういう不都合があるか。

それは、新株を発行する時に、通常は資本金の額が増えるため、その都度、株主総会で定款変更決議を要することになるという点だ。

株式会社が、資金を調達する場合には、どういう手があるか。

社債発行や銀行からの借り入れであれば、後日返済しなければならない。が、新株発行なら元手はタダで、返済の必要もない。

だから、資金調達の手段としては、その点が優れている。

そこで、新株発行を機動的に行いたい。そのために、資本金の額を定款の記載事項からはずすのだ。

そして、その代りに、「発行可能株式総数の定め」を、定款に書く。

これが、歯止めだ。

（原則としては、発行可能株式総数は現実に発行された株式の株の4倍が上限である。）

定款を変更しなければ、無制限に株式を発行することはできなくなる。

【用語解説】→　絶対的記載事項、相対的記載事項、任意的記載事項
　　　1．絶対的記載事項　その記載がなければ定款として成立しない。
　　　2．相対的記載事項　絶対的記載事項ではないが、定款に規定しなければ効
　　　　　　　　　　　　　力が生じない事項。
　　　3．任意的記載事項　定款以外でも決めることができるが、定款に書いても
　　　　　　　　　　　　　いい。書けば、その変更には定款変更決議を要する。

② 変態設立事項

　古来、「危険な約束」といわれ、定款の相対的記載事項の代表選手です。
　どう危険なのか。それは、会社財産を危うくする行為なのです。
　その事項とは何か？　以下に列記しましょう。(会社法28条)
　　1．現物出資　金銭以外の財産の出資のこと。
　　　　　　　　　出資者の氏名・名称・その財産と価額・割り当てる設立時発行
　　　　　　　　　株式の数につき定款への記載を要する。
　　　　　　　　　例)　何某、ベンツ1台　1000万円　200株(1株5万円の場合)
　　2．財産引受け　会社成立後に財産を譲り受ける(有償)こと。
　　　　　　　　　財産、価額、譲渡人の氏名名称につき定款への記載を要する。
　　　　　　　　　例)　何某、ポルシェ1台　1000万円
　　3．発起人が受ける報酬その他特別の利益
　　　　　　　　　その報酬、利益、発起人の氏名名称につき定款への記載を要する。
　　4．株式会社の設立に関する費用
　　　　　　　　　たとえば、会社設立準備事務所の賃料。
　　　　　　　　　定款認証の費用(資本金の額により3万円～5万円)など誰が
　　　　　　　　　やってもかかる経費は除く。

◀ポイント▶　現物出資
　　現物出資は、発起人に限り、これをすることができる。(会社法34条1項、
　58条1項2号)

参考問題

1. 募集設立の場合において、発起人以外の者は、金銭以外の財産の出資をすることができない。（商法H31-27-エ）
2. 募集設立の場合、発起人でない設立時募集株式の引受人は、割当てを受けた設立時募集株式について、現物出資をすることができない。（商法R5-27-ウ改）
3. 株式会社を設立する場合に、検査役の報酬は、発起人が作成する定款に記載しなければ、その効力を生じない。（商法R3-27-ア）
4. 株式会社を設立する場合において、発起人に対して剰余金の配当を優先して受けることができる優先株式の割当てがされるときは、発起人が受ける特別の利益として定款に記載しなければ、その効力を生じない。（商法R3-27-ウ）
5. 定款に記載しないで行われた財産引受けは、株式会社が成立の後にこれを追認した場合であっても、遡って有効とはならない。（商法R3-27-エ）

答え　1．○　設立時募集株式の引受人は現物出資できない。

2．○　前問と同趣旨の出題。なお、問題文中「発起人でない設立時募集株式の引受人」とあるのは、発起人が設立時募集株式の引受けをすることができることを前提とした表現である。発起人が設立時募集株式の引受人ともなる場合、発起人の出資分については、現物出資ができるのである。

3．×　検査役の報酬は裁判所が定める（会社法33条3項）。定款に記載すべきは、発起人の報酬である。

4．×　優先株式の割当ては「特別の利益」にはあたらない。

5．○　変態設立事項は、原始定款の相対的記載事項であり、定款に記載がないのにその効力が生じることはない。

参考 ┃ **検査役の調査を要しない設立費用**

　　検査役の調査を要しない設立費用は以下のとおりである。（会社法28条4号、会社法施行規則5条）
　　1．定款認証の手数料
　　2．定款に係る印紙税
　　3．出資払込金取扱銀行等への手数料
　　4．裁判所が決定した検査役の報酬
　　5．株式会社設立登記の登録免許税

たとえば、ベンツ1台が、実は事故車で、100万円の価値しかなかったとしましょう。とすると、これは二重の意味で背信行為です。

1．他の株主に申し訳なかろう。

　　ちゃんと100万円を現金で払い20株の株主になった人がいた場合、100万円の
　ボロいベンツで200株では話がうますぎます。
2．会社債権者に申し訳なかろう。

　　資本金の額1000万円と登記されているから、「ある程度の出資はされている会
　社だ」と判断し取引を開始した債権者を欺く行為になります（実は会社財産は
　ボロいベンツだけだったということになるから）。

参考 ▌**見せ金による会社の設立**

　　株式会社の設立の際に、発起人が払込取扱銀行以外の第三者から借り入
　れをして株式の払込金にあて、会社設立後に、これを引き出して借入金の
　返済をし、払込みの仮装をすることをいう。
　　要するに、借入金で登記に必要な証明書類（出資払込金保管証明書。会
　社法では、募集設立（後記）の場合の必要書類になる）を銀行に発行させ、
　そのあと、すぐ返済するものだ。
　　その結果、会社には１銭も残らない。
　　発起人と払込取扱銀行には、通謀がない（通謀があれば、「預合」といい、
　これは立派な犯罪である）。
　　したがって、株主等の提訴権者は設立無効の訴えを提起することができる。

　さて、話を変態設立事項の問題に戻しましょう。

　変態設立事項の効力発生には、まず**原始定款にこれを記載**することが大前提です。

　そして、その後は裁判所のご厄介になるのが原則なのです。

　発起人は、定款に変態設立事項の記載がある場合、公証人の認証の後に、遅滞
なく、裁判所に検査役の選任の申立てをしなければなりません。（会社法33条１項）

　すなわち、株主間の不平等が生じるような不正な取り決めであるのかどうかを
調査するのです。

　そして、検査役はその結果を裁判所に報告します。

|確認事項| **検査役の調査報告書及びその附属書類**
　　　検査役が調査をした場合に添付書面になる。（商業登記法47条２項３号イ）
　　　→調査の内容は変態設立事項の内容の相当性
　　　→現物出資の場合であれば、価額の相当性であり、発起人が現物出資財産の
　　　**　給付を現実にしたかどうかは検査役の知ったコトではない。**
　　　→「検査役の調査報告書及びその附属書類」を設立登記申請書に添付する場

合には、後述する「取締役等の調査報告書及びその附属書類」の添付は要しないものとされている。したがって、この場合、現物出資財産の給付を現実にしたかどうかは登記官の審査の対象にはならない。

　裁判所は、変態設立事項を不当であると判断した場合には、これを変更する決定をします（会社法33条7項　たとえば、事故車のベンツ1台が1000万円とはけしからん。100万円で評価しろということ）。

| 確認事項 | 検査役の報告に関する裁判の謄本 |

　上記の決定があった場合に、設立登記の添付書面になる。（商業登記法47条2項4号）

　これに対し発起人は、株式の引受けに係る意思表示を取り消すことができます（会社法33条8項　ベンツを1000万円に評価してくれないなら引受けは取消しだ。と、ヘソを曲げることができるということ）。
　この場合、発起人全員の同意で、変態設立事項を廃止する定款変更をすることができます（これも、カネがらみ）。（会社法33条9項）

参考問題
1．株式会社を設立する場合において、成立後の株式会社が定款の認証の手数料を負担するには、その額を定款に記載し、又は記録しておかなければならない。（商法H31-27-ア）
2．株式会社を設立する場合において、設立時発行株式と引換えにする金銭の払込みの取扱いをした銀行に支払うべき手数料を設立後の株式会社が負担するためには、当該手数料を定款に記載し、又は記録しなければならない。（商法R4-27-エ）
3．裁判所は、金銭以外の財産の出資に関する事項について裁判所が選任した検査役の報告を受けた場合において、当該検査役の調査を経た当該財産を出資する者に対して割り当てる設立時発行株式の数を不当と認めたときは、これを変更する決定をしなければならない。（商法H31-27-ウ）
4．定款に、現物出資をする者の氏名又は名称、現物出資の目的財産及びその価額並びにその者に対して割り当てる設立時発行株式の数に関する定めがない場合には、発起人は、その議決権の過半数をもって、これらの事項を決定することができる。（商法H25-27-イ）
5．設立しようとする株式会社の定款に現物出資に関する定めがある場合において、裁判所は、検査役からの報告を受け、当該現物出資に係る事項を不当と認めたときは、当該現物出資に係る事項を変更する決定をしなければならない。（商法H23-27-イ）

答え 　　 1．× 　会社法28条4号かっこ書。

2．× 　会社法28条4号かっこ書、会社法施行規則5条2号。

3．○ 　会社法33条7項。

4．× 　変態設立事項は、原始定款にその旨の記載（または記録）がなければその効力を生じない。

5．○ 　会社法33条7項。

・◦

┃ コ ラ ム ┃ 　原始定款の変更

　会社設立までに、原始定款の変更をすることができるケースは、次の場合に限られる（会社法30条2項、96条、98条　下記2から4は発起人「全員」の同意を要する）。

　1．裁判所による変態設立事項の変更（会社法33条7項）

　2．上記のケースで、発起人が株式の引受けを取り消した場合にする変更事項の廃止（会社法33条9項）

　3．発行可能株式総数の規定の設定（会社法37条1項）

　4．発行可能株式総数の規定が原始定款に存在する場合の、その数の変更（会社法37条2項）

　5．創立総会決議による定款変更（会社法96条、98条　募集設立の場合のみ）

　会社法では定款の絶対的記載事項が極端に少ない（5つだけ）。したがって、発起人は定款認証後に柔軟な対応ができる。

　が、そのかわり、定款自体の変更は制限されると考えればよい。

参考 ┃ **募集設立のケース（補足）**

　　募集設立（発起人以外の設立時株主が存在するケース。後記）をする場合、設立時募集株式の払込期日または払込期間の初日のうち最も早い日以後は、発起人全員による定款変更のうち前記2から4が不可能となる。

　　募集設立の場合には、発起人以外にも設立時株主が存在するのであり、全体の意思決定は創立総会の場で行うのである。

　　そこで、上記の日以後は、創立総会において上記の定款変更をすべきだという趣旨である。（会社法95条）

```
┌──────┐
│発起設立│
└──────┘
───────────────────────────────────▶ 会社成立
        発起人全員でする

┌──────┐
│募集設立│
└──────┘
        払込期日
        払込期間の初日
─────────────────▽─────────────────▶ 会社成立
    発起人全員でする    創立総会でする

    発行可能株式の総数に係る定款の変更
```

参考問題 　募集設立の場合において、発行可能株式総数を定款に定めなかったときは、これを定める発起人全員の同意を証する書面を添付しなければならない。（商業登記法H19-29-エ）

答 え 　✕ 　創立総会議事録を添付すべき場合もある。なお、本肢の冒頭部分が「発起設立の場合において」という出題であれば、答えは○である。（会社法37条１項）

参考問題 　設立時発行株式を引き受ける者の募集をする場合において、設立時発行株式の数を定款で定めていないときは、発起人は、設立時募集株式に関する事項を定める時までに、その全員の同意によって、定款を変更して設立時発行株式の数の定めを設けなければならない。（商法H28-27-ア）

答 え 　✕ 　そもそも設立時発行株式の数は定款の記載事項ではないので、定款変更を要しない。

参考 ▎**関連条文**

会社法30条２項（要旨）

　公証人の認証を受けた定款は、株式会社の成立前は、33条７項・９項、37条１項・２項の場合を除き、これを変更することができない。

会社法96条（要旨）

　30条２項の規定にかかわらず、創立総会においては定款の変更をすることができる。

　会社法において、会社設立前に原始定款の変更をすることができる場合として明記されているケース、つまり、上記の会社法33条、37条、96条のケースにおいては、変更後の定款につき公証人の認証を再度受ける必要はない。

　ところで、会社法は、上記の場合を除き原始定款の変更ができない旨の規定を置くが、これは、公証人の再認証を受けずに原始定款の変更をすることはできないというのが事実上の意味である。

　というのは、発起設立の場合において、原始定款の変更に係る事項を明らかにし、発起人が記名押印した書面に公証人の再認証を受けた場合には、変更後の定款による設立登記申請が受理される取扱いになっているのである。

参考問題

1．創立総会において目的の変更をした場合には、その変更につき公証人の認証を受けた定款を添付しない限り、設立の登記は、受理されない。（商業登記法S58-31-1)

2．創立総会において商号に関する定めの変更をした場合には、当該変更について公証人による再認証を受けた定款を添付しなければならない。（商業登記法H18-30-オ)

3．当該設立が発起設立である場合において、公証人の認証を受けた定款に記載された商号を発起人の全員の同意により変更し、当該変更を明らかにした書面に発起人全員が記名押印した上で公証人の認証を受けたときは、変更後の定款に基づき設立の登記の申請をすることができる。（商業登記法H28-29-エ)

4．発行可能株式総数を定めていない定款について公証人の認証を受けた後、株式会社の成立前に定款を変更してこれを定めたときは、改めて変更後の定款について公証人の認証を受けることを要しない。（商法H24-27-オ)

5．株式会社の設立が募集設立である場合において、公証人の認証を受けた定款について、発起人全員が監査役設置会社である旨の定めを追加する旨の同意をしたときは、改めて公証人の認証を受けなくとも、当該同意があったことを証する書面を添付して設立の登記を申請することができる。（商業登記法H30-29-ウ改)

答え　　1．×　会社法96条、30条2項。
2．×　創立総会による変更は、会社法が定めた原始定款の正規の変更方法であり再認証は不要である。
3．○　こちらは、再認証を要するケースについての出題。
4．○　本問のケースも会社法37条1項に明記された原始定款の変更手続なので、公証人の再認証は不要である。

5．× 発起人全員の同意により監査役を置く旨の定款の定めを置くことができる
という規定がない。したがって、再認証を要する。なお、本問は、募集設立につ
いての出題であるから、仮に、創立総会で監査役を置く旨の定款変更をしたとす
れば、再認証は要しなかったところである。

さて、以上が原則です。
検査役の調査が必要なことが原則となります。
が、この手続は、実務上、とても面倒くさいのです。
そこで、会社法では、この原則を大幅に骨抜きにします。
ただし、骨抜きになるのは、「現物出資・財産引受けのみ」です。
発起人の報酬・特別の利益または、設立後に会社が負担する費用の規定が原始
定款にあれば、必ず、検査役の調査を要します。

③ 検査役選任の手続が不要となる場合（会社法33条10項）

以下、言葉の定義に注意しましょう。
現物出資財産等とは、現物出資及び財産引受けの財産のことです。
1．現物出資財産等の定款に記載された価額の総額が500万円を超えないとき。
　　現物出資財産等の価額について検査役の選任が不要となる。
2．現物出資財産等が「市場価格のある有価証券」であり、その価格が、会社
　法施行規則6条の算定方法による価格を超えないとき。
　　その有価証券の価額についてのみ検査役の選任が不要となる。
3．現物出資財産等の価額が相当であることにつき、弁護士・弁護士法人・公
　認会計士・監査法人・税理士・税理士法人のいずれかの証明を受けたとき（現
　物出資財産等が不動産である場合にあっては、不動産鑑定士の鑑定評価を含
　む）。
　　その証明を受けた現物出資財産等の価額についてのみ検査役の選任が不要
　となる。
　→不動産鑑定士は不動産評価の「プロ」
　→弁護士等が、発起人、設立時取締役、設立時監査役であるときは、前記の
　　証明をすることができない。

参考問題 定款に、設立に際して出資される財産である自動車の価額を650万円
とする定めがある場合において、その価額が相当であることについて税理士の証明
を受けたときは、当該税理士が設立しようとする会社の設立時会計参与であったと

しても、設立の登記の申請書に、当該税理士が作成した証明書を添付して、設立の登記の申請をすることができる。（商業登記法R5-29-オ）

....

答え ○ 設立時会計参与による証明は可。設立時会計参与は、設立手続への関与がないので調査結果の信頼性が保てる。ダメなのは、設立手続への関与者である発起人、設立時取締役、設立時監査役。なお、株式会社成立後の募集株式の発行についての会社法207条10項１号は必見である。

❖❖❖

２および３の場合には、目的財産の価額に上限がありません。

裁判所の検査役にご登場いただくよりは、近所の税理士さんに証明書を書いてもらうほうが、はるかに手間がかかりません。

したがって、こと、現物出資財産等に関しては、検査役の調査がされる例は、きわめて稀ということになるでしょう。

確認事項 検査役の調査を要しない場合の変態設立事項に関する添付書面

設立時取締役（設立しようとする株式会社が監査役設置会社である場合にあっては設立時取締役および設立時監査役）の調査報告書およびその附属書類（商業登記法47条２項３号イ）

→検査役の調査報告書等に代わる書面である。現物出資等の価額の相当性を検査役に代わり、設立時取締役等が調査をする。

→また、現物出資財産の給付があったことの調査も要する（この点が、検査役の調査の場合と相違する。実務上は、「財産引継書」なるものを附属書類として作成する）。

→したがって、現物出資、財産引受けのない「金銭出資のみ」の設立に関しては添付書面にならない。金銭の価額の相当性は誰の目にも明らかであるから。

次に、現物出資、財産引受けの内容に応じて次の書面の添付を要する。

１．現物出資等の目的財産の定款に記載された価額が500万円を超えないとき。
特段の添付書面はナイ。→定款を見れば一目瞭然だから。

２．現物出資等の目的財産が「市場価格のある有価証券」である場合。
「有価証券の市場価格を証する書面」の添付を要する。

３．現物出資等の目的財産の価額が相当であることにつき、弁護士等の証明を受けたとき。
「弁護士等の証明書及びその附属書類」の添付を要する。

ポイント整理　設立登記の添付書面

１．変態設立事項があるとき

　検査役の調査報告書等又は設立時取締役等の調査報告書等を添付する。

　→「又は」であり、双方を添付することはナイ。

２．変態設立事項がないとき

　いずれも添付を要しない。

参考｜市場価格ある有価証券についての算定方法

　現物出資の対象となる有価証券の価格について、次のうち、いずれか高い額を有価証券の価格とした場合には、検査役選任は必要がない。（会社法施行規則6条）

　いずれも、価格に客観性があり、「危険な約束」の弊害が生じないと考えられるからである。

　1．定款認証の日における最終取引価格（定款認証日に売買取引がない場合、または、その日が市場の休業日にあたる場合には、その後、最初になされた売買取引の成立価格）

　2．定款認証の日に、公開買付け等の対象となっている場合、その契約上の価格

❖❖

参考問題

1．現物出資の目的である財産について定款に記載された価額の総額が、設立に際して出資される財産の価額の総額の10分の1を超えない場合又は500万円を超えない場合には、検査役の調査報告書及びその附属書類を添付する必要はない。（商業登記法H19-29-ア）

2．現物出資の目的たる財産について定款に記載された価額の総額が資本金の額の5分の1を超えない場合には、検査役の調査報告を記載した書面及びその附属書類を添付することを要しない。（商業登記法H18-30-エ）

3．発起設立の場合において、現物出資の目的財産である甲土地について定款に記載された価額が2000万円であって、財産引受けの目的財産である乙建物について定款に記載された価額が400万円であるときは、甲土地について定款に記載された価額が相当であることについて、監査法人の証明及び不動産鑑定士の鑑定評価を受けたときであっても、発起人は、乙建物に関する定款の記載事項を調査させるため、裁判所に対し、検査役の選任の申立てをしなければならない。（商法H30-27-イ）

4．定款に現物出資や財産引受けの記載があるか否かにかかわらず、設立時取締役及び設立時監査役の調査報告を記載した書面並びにその附属書類を添付しなけれ

ばならない。（商業登記法H18-30-イ）

5．現物出資財産等が不動産である場合には、当該現物出資財産等の価額に関する弁護士の証明書の印鑑につき市区町村長の作成した印鑑証明書を添付しなければならない。（商業登記法H6-33-1）

6．現物出資財産等が市場価格のある有価証券の場合において、定款に定めた価額が当該有価証券の市場価格を超えないときには、設立時取締役の調査報告書を添付することを要しない。（商業登記法H6-33-2）

7．定款に変態設立事項の定めがない場合には、設立時取締役の調査報告書を添付することを要しない。（商業登記法H6-33-5）

8．定款に変態設立事項の定めがない場合、株式会社の設立の登記の申請書に設立時取締役及び設立時監査役の調査報告書を添付することを要しない。（商業登記法S57-35-5）

9．資本金の額を1億円とし、定款に次のアからオまでいずれかの現物出資の定めがある株式会社の設立の登記を申請する場合に、申請書に裁判所の選任する検査役の調査報告書を添付しなければならないものの組合せとして正しいものは、後記1から5までのうちどれか。ただし、各場合につき他に現物出資又は財産引受はないものとする。（商業登記法H4-36）

ア　現物出資の目的たる財産が建物と事務用機器である場合において、定款に記載した価額が建物については200万円、事務用機器については500万円であり、建物の現物出資についての価額が相当であることにつき弁護士の証明及び不動産鑑定士の鑑定評価があるとき。

イ　現物出資の目的たる財産が土地の賃借権である場合において、定款に記載した価額が2000万円であり、その価額が相当であることにつき弁護士の証明及び不動産鑑定士の鑑定評価があるとき。

ウ　現物出資の目的たる財産が建物と土地の賃借権である場合において、定款に記載した価額が、建物の賃借権については200万円、土地の賃借権については500万円であり、その価額がいずれも相当であることにつきそれぞれ弁護士の証明及び不動産鑑定士の鑑定評価があるとき。

エ　現物出資の目的たる財産が採石権である場合において、定款に記載した価額が6000万円であり、その価額が相当であることにつき弁護士の証明及び不動産鑑定士の鑑定評価があるとき。

オ　現物出資の目的たる財産がAの出資する乗用自動車とBの出資する事務用機器である場合において、定款に記載した価額がAの乗用自動車については300万円、Bの事務用機器については280万円であるとき。

1　アイ　　**2**　アオ　　**3**　イウ　　**4**　ウエ　　**5**　エオ

答え　1．×　前半がうそっぱち。　　2．×　会社法33条10項参照。

3．○

400

4．× 定款に現物出資や財産引受けの記載があるときのみ添付を必要とする可能性がある。(商登法47条2項3号)

5．× 添付の根拠条文がない。 6．× 7．○ 8．○

9．2 肢アについては、現物出資の目的たる財産の合計額が700万円であるので、検査役の調査を要する。なお、建物の価格の相当性については、検査役の調査を受けることを要しないこととなる。

❖❖❖

さて、以上で定款に関する記述は終了です。

定款の作成の後は、発起人は、引き受けた株式についての、金銭の払込みや財産の給付を行います。

金銭の払込みは、発起人の定める銀行、信用金庫、信託会社等で行います。定款の認証前の払込みもOKです。(会社法34条2項)

発起設立の場合、設立登記の申請書には発起人の払込みについて、「払込みがあったことを証する書面」を添付すれば足ります。

設立時代表取締役の証明書(原則として、発起人名義の預金通帳のコピーと合てつ)でかまいません。

要するに、いつ、誰が、いくらの支払をしたかがわかる程度のものでよいのです。

さらに、払込みをし通帳のコピーだけとれば、すぐに引き出してもかまいません。登記申請時の通帳の残高がゼロでも、設立登記が受理されることになります。

証　明　書

　当会社の設立時発行株式について、全額の払込みがあったことを証明します。

　設立時発行株式数　　何株

　払込を受けた金額　　金　何万円

令和6年10月1日

　　　　　　　　　　　　　　　山本商事株式会社

　　　　　　　　　　　　　　　設立時代表取締役　山本太郎

→一般的には、本書状に、出資金を預け入れした金融機関の預金通帳(表紙と該当ページ)のコピーを合てつする(なお、通帳のない当座預金の場合、別の方法となる)。

→預金通帳は、発起人の名義であることを要する。が、発起人から払込金受領権限の委任を受けたときは、設立時取締役(設立時代表取締役である者を含む)の名義のものであってもかまわない。

→募集設立では、この書面は使用できない。株式払込金保管証明書を要する。

「払込みがあったことを証する書面」の作成人が設立時代表取締役（指名委員会等設置会社では設立時代表執行役）である理由

　　その理由は、当該書面の作成については、設立登記の申請人が責任をもつべきであるという考え方による。

参考問題

1. 株式会社の設立の登記の申請書に当該株式会社に対する払込みを証する書面として添付すべき預金通帳の写しは、その記載された入出金の履歴から払込金額に相当する額が口座に入金された事実を確認することができるだけでは足りず、払込期日又は登記申請日においてその口座に払込金額相当額の残高があることを確認することができるものでなければならない。（商業登記法H20-34-エ）

2. 発起設立の場合において、発起人は、株式会社の成立前に、払込みの取扱いをした銀行から払込金の返還を受け、返還を受けた払込金をもって株式会社の設立の登記の登録免許税を支払うことができる。（商法H30-27-エ）

3. 株式会社の設立が発起設立であり、設立しようとする会社が監査役設置会社である場合において、出資として金銭の払込みがされたときは、設立の登記の申請書に、設立時監査役の作成に係る金銭の払込みがあったことを証する書面を添付して、設立の登記の申請をすることができる。（商業登記法H29-28-ウ改）

4. 株式会社の設立が発起設立であり、発起人がA株式会社及びB株式会社のみである場合において、A株式会社及びB株式会社が両社の代表取締役を兼務するC名義の預金口座に出資に係る金銭を払い込んだときは、Cが設立する会社の設立時取締役でないとしても、各発起人がCに対して払込金の受領権限を委任したことを証する書面を添付して設立の登記を申請することができる。（商業登記法H30-29-イ）

答え　　1．×　「払込みがあった」（過去形！）ことを証明すればよいだけの話であり、会社設立時まで預金されている必要はない。　　2．○　　3．×　4．×　Cが設立する株式会社の設立時取締役ではないから、受領権限を認めることができない。

---

④ 設立時発行株式の株主となる権利の譲渡（会社法35条）

出資の履行により、将来株主となりうる地位を譲渡できるかという問題です。

1. 譲渡自体はできます。

2. が、それを、成立後の株式会社に対抗できません。会社に対する関係では、発起人が払込みをすべきです。

参考 ▎ 設立時募集株式の場合
　　　設立時募集株式の引受人の、将来株主となりうる地位の譲渡にも同様の
規定が存在する。（会社法63条2項）

⑤ 発起人が出資をしない場合にどうなるか（会社法36条）

　発起人は、設立時発行株式の引受け後遅滞なく、その出資に係る金銭の全額を
払込み、または、金銭以外の財産の全部を給付しなければなりません。（会社法34
条1項）

　が、この出資の履行を行わない場合には、どうなるのでしょうか。この点を以
下に説明します。

　1．発起人は、出資の履行をしない発起人に期日を定め、履行せよと通知しま
　　　す。
　2．通知を受けた発起人が期日までに履行をしなければ、株主となりうる地位
　　　を失います。

　この手続を、**失権手続**といいます。
　発起人の出資に特別の規定であり、後にお話しする設立時募集株式の引受人や、
会社成立後の募集株式の引受人が出資を履行しないときは、これらの者は**当然に
失権**します。

参考 ▎ 上記1の通知は、期日の2週間前までに通知しなければならない。

　この条文は、会社を早期に設立させるために、出資を履行しない不誠実な発起
人と設立中の会社との簡易な手切れの方法を定めたものです。
　もし、両者の関係が簡単に切れなければ、出資の履行をしない発起人に対して、
金員を支払えというような裁判を提起し、強制執行ということになるでしょうが、
それでは、いつ会社が設立できるかしれたものではありません。

判例 ▎ **大映スターズ事件**（最判昭33.10.24）
　　株式会社の発起人が、会社の代表取締役と称し、野球の試合の実施と報酬の
　支払をする契約を締結した。
　　野球の試合は実施された。しかし、報酬が支払われていないという事件。
　　判旨は以下のとおり。
　　1．本件契約は開業準備行為である。

2．発起人の権限は、会社の設立に必要な行為に限られる。

3．したがって、開業準備行為は、特殊な例外である財産引受けを除けば、発起人の権限外の行為である。

4．よって、設立後の会社に契約の効果が当然に帰属するものではない（設立後の会社に支払義務はない）。

5．この場合、発起人は、民法117条の類推適用により、無権代理人の責任を負う。したがって、発起人に、報酬の支払義務が生じる。

⑥ 発行可能株式総数の制限

会社法37条3項本文は、設立時発行株式の総数（実際の発行数）は、「発行可能株式総数の4分の1を下ることができない」と規定します。

この意味は、すでに説明したことがあります。

すなわち、資金調達の便宜のために、資本金の額は定款の記載事項とはしない、その意味では、会社は自由に新株の発行ができます。

しかし、そこに歯止めが必要という趣旨で、発行可能株式総数は実際に発行した株式数の4倍までと決めたのです。

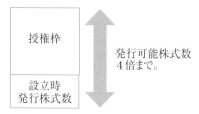

が、会社法37条3項は、この4倍までという規制は、公開会社のみに適用があると規定しています。

では、なぜ、公開会社以外の会社には、歯止めが不要なのでしょうか。

これは、会社設立後の募集株式の発行（新しい株を発行すること等）の手続に関連する問題なのですが、原則として、公開会社以外の会社では、募集株式の発行等をするためには、株主総会の決議（特別決議）を要するのです。

つまり、取締役・取締役会が、勝手に新株式を募集することができないのです。

だから歯止めが不要なのです。

> ### コラム　株式1株の払込金額
>
> 　これについては、何の制限もない。実務上は1株5万円というケースが多いが、これはただの慣行だ。1株1円でも、100万円でも、ゼロ以外であれば自由。
>
> 　（1株50銭が可能かどうかという議論はあるが、受験生とは関係がない。）

参考問題
1. 募集設立における発起人のうち出資の履行をしていない者がある場合において、当該発起人に対し、期日を定め、当該期日までに出資の履行をしなければならない旨の通知がされたときは、当該期日までに出資の履行をしなかった発起人は、株主となる権利を失う。（商法H20-28-オ）
2. 設立時発行株式と引換えに払い込む金銭の額を1株当たり5万円未満としてする設立の登記の申請は、受理されない。（商業登記法S59-37-5）

答え
1. ○　発起人の失権手続（会社法36条）についての出題。この手続は、発起設立、募集設立を問わず、設立手続全般に該当するものである。
2. ×

　本書の次の節「発起設立」を読むときに、株式会社の設立時の登記事項についての知識を要することになります。

　この点は、会社法911条3項を見れば全部書いてあります。

> **会社法911条（株式会社の設立の登記）**
> 3項　第1項の登記においては、次に掲げる事項を登記しなければならない。
> 1　目的
> 2　商号
> 3　本店及び支店の所在場所
> 4　株式会社の存続期間又は解散の事由についての定款の定めがあるときは、その定め
> 　　→定めがなければ登記を要しない。実務ではあまり見ることがない。
> 5　資本金の額
> 　　→資本金の額は定款の記載事項ではないが、登記事項である。
> 6　発行可能株式総数

7 発行する株式の内容（種類株式発行会社にあっては、発行可能種類株式総数及び発行する各種類の株式の内容）
→株式の譲渡制限規定も株式の内容の１つである。
8 単元株式数についての定款の定めがあるときは、その単元株式数
→単元株式数については後述。議決権の単位を1000株１単元というように定めるものである。
9 発行済株式の総数並びにその種類及び種類ごとの数
→設立時に現実に発行した株式の数のこと。
10 株券発行会社であるときは、その旨
→株券は発行しないことが会社法の原則。株券不発行会社ではこの点の登記はしない。
11 株主名簿管理人を置いたときは、その氏名又は名称及び住所並びに営業所
→株主名簿管理人は、たいていが信託会社がなる。株主の変動の多い上場会社等が利用する制度。
12 新株予約権を発行したときは、次に掲げる事項
イ 新株予約権の数
ロ 第236条第１項第１号から第４号まで（ハに規定する場合にあっては、第２号を除く。）に掲げる事項
ハ 第236条第３項各号に掲げる事項を定めたときは、その定め
ニ ロ及びハに掲げる事項のほか、新株予約権の行使の条件を定めたときは、その条件
ホ 第236条第１項第７号及び第238条第１項第２号に掲げる事項
→株式移転、新設分割、新設合併など組織再編がらみの設立時に登記事項になる。ゼロから会社を立ち上げるときに登記されることはない。
ヘ 第238条第１項第３号に掲げる事項を定めたときは、募集新株予約権（同項に規定する募集新株予約権をいう。以下ヘにおいて同じ。）の払込金額（同号に規定する払込金額をいう。以下ヘにおいて同じ。）（同号に掲げる事項として募集新株予約権の払込金額の算定方法を定めた場合において、登記の申請の時までに募集新株予約権の払込金額が確定していないときは、当該算定方法）
12の２ 第325条の２の規定による電子提供措置をとる旨の定款の定めがあるときは、その定め
13 取締役（監査等委員会設置会社の取締役を除く。）の氏名
→監査等委員会設置会社の取締役の氏名については22号イに規定がある。（取）取締役と（監）取締役の氏名を別々に登記する。
14 代表取締役の氏名及び住所（第23号に規定する場合を除く。）
15 取締役会設置会社であるときは、その旨

16　会計参与設置会社であるときは、その旨並びに会計参与の氏名又は名称及び第378条第1項の場所
　　　→第378条第1項の場所とは、計算書類等の備置き場所。
17　監査役設置会社（監査役の監査の範囲を会計に関するものに限定する旨の定款の定めがある株式会社を含む。）であるときは、その旨及び次に掲げる事項
　イ　監査役の監査の範囲を会計に関するものに限定する旨の定款の定めがある株式会社であるときは、その旨
　ロ　監査役の氏名
18　監査役会設置会社であるときは、その旨及び監査役のうち社外監査役であるものについて社外監査役である旨
19　会計監査人設置会社であるときは、その旨及び会計監査人の氏名又は名称
20　第346条第4項の規定により選任された一時会計監査人の職務を行うべき者を置いたときはその氏名又は名称
21　第373条第1項の規定による特別取締役による議決の定めがあるときは、次に掲げる事項
　イ　第373条第1項の規定による特別取締役による議決の定めがある旨
　ロ　特別取締役の氏名
　ハ　取締役のうち社外取締役であるものについて、社外取締役である旨
22　監査等委員会設置会社であるときは、その旨及び次に掲げる事項
　イ　監査等委員である取締役及びそれ以外の取締役の氏名
　ロ　取締役のうち社外取締役であるものについて、社外取締役である旨
　ハ　第399条の13第6項の規定による重要な業務執行の決定の取締役への委任についての定款の定めがあるときは、その旨
23　指名委員会等設置会社であるときは、その旨及び次に掲げる事項
　イ　取締役のうち社外取締役であるものについて、社外取締役である旨
　ロ　各委員会の委員及び執行役の氏名
　ハ　代表執行役の氏名及び住所
24　第426条第1項の規定による取締役、会計参与、監査役、執行役又は会計監査人の責任の免除についての定款の定めがあるときは、その定め
25　第427条第1項の規定による非業務執行取締役等が負う責任の限度に関する契約の締結についての定款の定めがあるときは、その定め
26　第440条第3項の規定による措置をとることとするときは、同条第1項に規定する貸借対照表の内容である情報について不特定多数の者がその提供を受けるために必要な事項であって法務省令で定めるもの
　　　→貸借対照表の公示にかかるURLのことである。
27　第939条第1項の規定による公告方法についての定款の定めがあるときは、その定め

　　　　　→会社が公告をする方法。
　28　前号の定款の定めが電子公告を公告方法とする旨のものであるときは、
　　次に掲げる事項
　　イ　電子公告により公告すべき内容である情報について不特定多数の者が
　　　その提供を受けるために必要な事項であって法務省令で定めるもの
　　ロ　第939条第3項後段の規定による定款の定めがあるときは、その定め
　29　第27号の定款の定めがないときは、第939条第4項の規定により官報に掲
　　載する方法を公告方法とする旨

　会社設立時の登記申請においては、以上の登記事項が、会社法所定のルールに
従って生じたことを証する書面の添付を要することになると思えばよいのです。

2 発起設立

　さて、これまでに述べた事情（定款作成から発起人の出資の履行）は、株式会
社の設立の通則です。
　どの会社でも、たどるべき道です。
　ところが、ここから、会社の設立は二手に分かれます。

1．発起設立
　　発起人が設立時発行株式の全部を引き受ける方法。（会社法25条1項1号に定
　義アリ）
2．募集設立
　　発起人が設立時発行株式を引き受けるほか、設立時発行株式を引き受ける者
　の募集をする方法。（会社法25条1項2号に定義アリ）

◀ポイント▶　上記定義条文を見比べれば、次のことがわかる。
　　以下の条文は、発起設立、募集設立に共通の手続を定めている。
　　　第1節　総則　会社法25条2項（発起人による設立時発行株式の引受け）
　　　第2節　定款の作成　会社法26条〜31条（定款の作成、記載事項、認証等）
　　　第3節　出資　会社法32条〜37条（発起人への設立時発行株式の割当てか
　　　　ら出資に関する事項）会社法39条
　　　第6節　設立時代表取締役の選定等　会社法47条、48条（設立しようとす
　　　　る会社が取締役会設置会社（指名委員会等設置会社を除く）である
　　　　場合における設立時取締役による設立時代表取締役の選定、設立し
　　　　ようとする会社が指名委員会等設置会社である場合における設立時

取締役による設立時委員、設立時執行役、設立時代表執行役の選定）
第7節　株式会社の成立　会社法49条～51条
第8節　発起人等の責任　会社法52条～56条

【急所】第3節

　　上記のうち、第3節が**急所**である。まさに出題の重点。必ず、各自で一読は
しておこう（発起人全員の同意のことなどが書いてある）。

　　第3節は、発起設立・募集設立に共通の規定です。

発起設立の場合には、会社成立時の株主は、元発起人のみです。
だから、手続が簡単になっています。
その最大の相違は、創立総会という会社設立前の設立時株主による総会の有無です。
発起設立には、これが存在しません。発起人以外の設立時発行株式の引受人が
存在しないから、そういう大それた会議を開く必要がないのです。

❖❖❖

参考問題

1．募集設立においては、現物出資について調査をした検査役の報告により現物出
　資に関する事項が変更された場合、設立登記の申請書には、変更に関する裁判の
　謄本を添付することを要しない。（商業登記法H13-31-ウ）
2．株式会社の設立の登記に関し、発起設立、募集設立いずれの場合も、検査役の
　報告に関する裁判があったときは、その謄本を添付しなければならない。（商業
　登記法H9-28-エ）
3．株式会社の設立の登記に関し、発起設立、募集設立いずれの場合も、発起人に
　よる出資の履行が完了していることについて、検査役の調査報告書を添付しなけ
　ればならない。（商業登記法H9-28-イ）
4．株式会社の設立の登記に関し、発起設立、募集設立いずれの場合も、会社の設
　立に際して、成立後の株式会社の資本金及び資本準備金の額に関する事項を定款
　で定めていない場合において、発起人がこれを定めたときは発起人がこれを定め
　たことを証する書面を添付しなければならない。（商業登記法H9-28-ウ）
5．募集設立の場合において、成立後の株式会社の資本金及び資本準備金の額に関
　する事項が定款に記載されていないときは、それらの額を定めた創立総会の議事
　録を添付しなければならない。（商業登記法H17-30-ウ）

··

答え　　1．×　検査役の報告に対する裁判の規定は、会社法33条7項にあり、
　設立手続の通則である。

2．○　上に同じ。
3．×　会社法にそういう規定はない。検査役の調査は、変態設立事項の相当性の判断に限られる。
4．○　会社法32条1項3号は、設立手続の通則。なお、「資本金の額」は設立登記の登記事項であり、したがって、商業登記法47条3項を根拠に、発起人全員の同意書の添付を要することになる。
5．×　上に同じ。募集設立でも「発起人全員の同意書」を添付すべきである。

❖❖

　この節では、以下、発起設立について述べます。

　発起人は、**出資の履行後**、遅滞なく設立時取締役を選任します。（会社法38条1項。なお、監査等委員会設置会社を設立するときは、設立時（取）取締役と設立時（監）取締役を区別して選任する。）
　さらに、以下の者を選任します。（会社法38条3項）
　（創立総会がないので、発起人が選任する以外に方法がありません。）
　1．会計参与設置会社であれば、設立時会計参与。
　2．監査役設置会社であれば、設立時監査役（監査役の権限が会計監査権のみの場合を含む）。
　3．会計監査人設置会社であれば、設立時会計監査人。

　ただし、実務上は、上記メンバーは、原始定款において、付則として指名するケースがほとんどです。この場合には、**出資の履行時**に、選任されたものとみなされます。（会社法38条4項）

【会社法の基本思想】設立時役員等の選任
　なぜ、会社法は、かくも「出資の履行」にこだわるのか。
　それは、役員等の選任は会社の支配権に係る問題であり、**資本主義の原理**（たくさんカネを出した者が偉い）を貫徹することを要するためである。

　上記、選任手続の議決方法は、基本的に、各発起人の引受け株式数の1株につき1議決権です。（会社法40条2項）
　その議決権の過半数で、決議します。（会社法40条1項）
　この規定は、発起人組合の業務執行は、そのアタマ数の過半数で決するという原則を修正するものです。

《**注1**》 取締役等の選任につき議決権のない種類の株式を引き受けた発起人には議決権がない。(会社法40条3項)
《**注2**》 取締役の選任につき種類株式を発行する会社はその規定に従う。(会社法41条1項)

コラム 定款の認証の前の出資

　各発起人の払込額を定めた定款作成日または発起人同意書の作成日以降に払込があった場合、設立登記の申請を受理することができる。つまり、定款の認証の前の出資も有効である。また、設立に際しての出資であることが認められれば、定款や発起人同意書の作成日より前の払込も有効である。

確認事項1 発起人の議決権の過半数の一致を証する書面

　役員等の氏名等は登記事項だから商業登記法47条3項を根拠に、ある発起人の一致を証する書面として上記の書面の添付を要する。

確認事項2 設立時役員等の就任承諾書

　設立時取締役、設立時監査役、設立時代表取締役、(指名委員会等設置会社では、設立時取締役、設立時委員、設立時執行役、設立時代表執行役)、設立時会計参与、設立時会計監査人について就任承諾書の添付を要する。(商業登記法47条2項10号・11号イ)

　なお、設立時会計参与、設立時会計監査人については、これらの者が法人であれば登記事項証明書を原則として添付(または、これに代わる会社法人等番号を記載)、法人でないときは税理士(設立時会計参与の場合)または公認会計士であることを証する書面の添付を要することは会社成立後の役員変更のケースと同様である。(商業登記法47条2項11号ロ・ハ)

参考 設立時役員等の解任(会社法42条、43条)

　発起人は、株式会社成立までの間、役員等の解任ができる(原始定款で定められた役員等を含む)。

　その議決方法は、大筋、選任の場合と同様だが、設立時監査役および設立時(監)取締役の解任のみ、発起人の議決権の3分の2以上の賛成を要する点に注意。

【会社法の基本思想】選任と解任

　解任とは、選任行為の撤回を意味する。だから、ある者を選任した機関がこ

れを解任する。これが、**当たり前のルール**である。その例外は、ごくわずか(例 裁判所による解任)しかない。

　また、種類株式発行会社において、選任した機関以外の機関による解任の事案がある。**楽しみ**にしていよう。

　以上のように設立時役員等は、発起設立の場合には、発起人の議決権の過半数で決することを原則としています。

　しかし、実務においては、原始定款においてこれを定めるケースが多いため、これを追認するカタチで以下の立法がなされています。

> **会社法38条（設立時役員等の選任）**
> 4項　定款で設立時取締役（設立しようとする株式会社が監査等委員会設置会社である場合にあっては、設立時監査等委員である設立時取締役又はそれ以外の設立時取締役。以下、この項において同じ。）、設立時会計参与、設立時監査役又は設立時会計監査人として定められた者は、出資の履行が完了した時に、それぞれ設立時取締役、設立時会計参与、設立時監査役又は設立時会計監査人に選任されたものとみなす。

　上記、「出資の履行が完了した時に……選任されたものとみなす。」にご注意ください。

　会社法は、あくまでも、設立時役員等の選任は、発起人の出資履行後にすべきとしつつ、定款は発起人全員で作成すべき文書であるから、これを、出資の履行がされることを条件としての上記選任を証する書面として扱うという意味になります。

　なお、この場合、設立時役員等の選任を証する書面を定款が兼ねることになります。

　また、発起人が設立時役員等を兼ねるのであれば、定款を設立時役員等の就任承諾書として援用することもできます。

　（ただし、取締役会を設置しない会社で、設立時取締役の就任承諾書として援用するためには、その者の実印が定款に押印されていることを要することになります。→後述する。この点の考え方は取締役の変更登記の場合と同様。）

❖•❖

参考問題

1．発起設立の場合、設立時取締役の解任は、発起人全員の同意によってしなければならない。（商法H23-27-ウ）
2．発起設立の場合、設立時取締役を定款で定めていないときは、その選任は、発起人の議決権の過半数をもって決する（R4-27-ア改）。

3．発起設立の場合には、発起人は、会社の成立の時までの間、その議決権の３分の２以上に当たる多数をもって、その選任した設立時監査役を解任することができる。（商法H25-27-ウ）
4．発起設立の方法により設立しようとする株式会社が監査役設置会社である場合において、公証人による定款の認証を受ける前に設立時発行株式の引受け並びに設立時取締役及び設立時監査役の選任が行われているときは、その後に定款の認証がされたとしても、設立の登記の申請は受理されない。（商業登記法H28-29-オ）
5．発起設立の方法によって株式会社を設立する場合において、定款で設立時取締役を定めたときは、当該設立時取締役として定められた者は、当該定款につき公証人の認証を受けた時に、設立時取締役に選任されたものとみなされる。（商法H29-27-イ）

答え 1．× 発起人の議決権の過半数で解任する。（会社法43条１項）
2．○
3．○ 会社法43条１項カッコ書
4．× 定款の認証の前でも出資の履行ができる。そして、出資の履行後であれば、設立時取締役及び設立時監査役の選任をすることができる。（会社法38条１項）
5．× 出資の履行が完了した時に選任されたものとみなされる。（会社法38条４項）

① 設立時取締役等による調査

設立時取締役（監査役設置会社では設立時監査役を含む）は、選任後遅滞なく次に掲げる事項の調査をしなければなりません。（会社法46条１項）

《注》設立時取締役等全員の調査が必要である。

1．現物出資、財産引受けの価額が相当であるか（現物出資財産等の価額の総額が500万円以下、または、市場価格のある有価証券の場合。要するに裁判所の検査役の登場しないケース）。
2．現物出資財産等についての、弁護士等の証明が相当であるか。
3．出資の履行が完了していること。
4．その他、会社の設立手続が、法令または定款に違反していないかどうか。

参考 現物出資財産の給付があったことを証する書面
株式会社の設立登記の申請書に「現物出資財産の給付があったことを証する書面」を添付せよとの規定はない。
しかし、設立時取締役等の調査報告書とその附属書類が添付書面となる

ときは、その給付があったこと（前記の調査事項の３）が登記官の審査の
　　対象となる。
　　　検査役の調査報告書とその附属書類が添付書面となるときは、登記官は、
　　現物出資財産の給付があったことを審査しない。

　もし、前記の事項に法令もしくは定款に違反し、または不当な事項があること
を発見した場合には、設立時取締役は、発起人に通知しなければなりません。（会
社法46条２項）
　→発見しなければ通知を要しない。

《注》　通知を受けた発起人の義務を定めた条文が存在しない。通知を、発起人か
　　ら無視されれば、それまでということらしい。

　指名委員会等設置会社では、調査を完了した旨または法令・定款違反や不当な
事項の内容等を設立時代表執行役にも通知します。（会社法46条３項）

【用語解説】 → 設立時取締役等
　　設立時取締役とは、会社成立時に取締役となる者のことである。まだ取締役
　ではない（ヒヨコでしかない）。
　　会社が設立されるまでは、まだ取締役ではない（ヒヨコでしかない）ので、
　特に会社法が「これこれのことができる」と規定したこと（会社法46条がその
　一例）しかすることができないと解釈される。
　　したがって、それ以外の、会社の設立に関する行為は、すべて発起人の権限
　とされる。
　　なお、設立時取締役の権限として法定された事項は以下のとおり。
　　会社法46条→設立時取締役の調査報告（発起設立のケース）
　　会社法47条→取締役会設置会社（指名委員会等設置会社を除く）を設立する
　　　　　　　　際の設立時代表取締役の選定、解職
　　会社法48条→指名委員会等設置会社を設立する際の設立時委員の選定・解職、
　　　　　　　　設立時執行役の選任・解任および設立時代表執行役の選定・解
　　　　　　　　職
　　会社法93条→設立時取締役の調査報告（募集設立のケース）

参考　特別取締役の選定など
　　　設立しようとする会社に、特別取締役による議決の定めがある場合の、
　　特別取締役の選定を、設立時取締役が行うことができるという条文がない。

そこで、この点は、原則どおり発起人の権限とされている。

また、特別取締役による議決の定めがあるということの決定も、定款または発起人の過半数の同意で行う。

確認事項 特別取締役の選定に係る書面

定款で定めた場合は「定款」、発起人の過半数で決定した場合には、「発起人の過半数の一致があったことを証する書面」である。

なお、このほか、就任承諾書の添付も要する。（商業登記法47条２項12号）

参考問題

1．発起設立の場合において、設立に際して発行する株式の数を定款に定めなかったときは、これを定める発起人全員の同意を証する書面を添付しなければならない。（商業登記法H19-29-イ）

2．定款に本店の具体的な所在場所を定めなかった場合には、その所在場所を定める設立時取締役の過半数による一致があったことを証する書面を添付しなければならない。（商業登記法H19-29-ウ）

3．設立しようとする会社の定款に株主名簿管理人を置く旨の定めがあるものの、株主名簿管理人の決定については定款に別段の定めがない場合は、当該設立の登記の申請書には、株主名簿管理人の決定について発起人の過半数の一致があったことを証する書面及び当該株主名簿管理人との契約を証する書面を添付しなければならない。（商業登記法H31-28-ウ）

4．発起設立によって株式会社を設立する場合、定款に本店の所在地として最少行政区画である市区町村までを記載し、又は記録しているときは、申請書には、当該定款のほか、本店の所在場所を定めるにつき発起人全員の同意があったことを証する書面を添付しなければならない。（商業登記法H24-28-ウ改）

5．発起設立の場合には、定款に別段の定めがないときは、設立時取締役の選任につき発起人の議決権の過半数の一致があったことを証する書面を添付しなければならない。（商業登記法H18-30-ウ）

6．発起設立によって株式会社を設立する場合、設立しようとする会社が監査役設置会社であるときは、申請書には、設立時監査役の選任につき発起人全員の同意があったことを証する書面を添付しなければならない。（商業登記法H24-28-オ改）

7．発起設立の場合において、設立時取締役を定款で定めたときは、別途取締役の選任に関する書面を添付することを要しない。（商業登記法H17-30-ア）

8．発起人会で設立時取締役及び設立時監査役を選任した場合には、発起人の全員が同意した旨が記載された選任書を添付しなければならない。（商業登記法H6-33-4）

9．発起設立の方法により設立される株式会社の設立の登記に関し、当該株式会社

の定款に株主名簿管理人を置く旨の定めはあるものの、株主名簿管理人の決定については定款に別段の定めがない場合、当該設立の登記の申請書には、株主名簿管理人の決定を設立時取締役の過半数をもってしたことを証する書面及び株主名簿管理人との契約を証する書面を添付しなければならない。（商業登記法H21-28-ア改）

10. A、B及びCが発起設立の方法によってD株式会社（以下「D社」という。）の設立を企図している場合に関する次の1から5までの記述のうち、正しいものはどれか。（商法H21-27）

　1　D社の定款について公証人の認証を受けた後、Bから金銭の出資に代えてBの所有する不動産を出資したい旨の要請があったときは、D社の発起人全員の同意をもって当該定款を変更し、Bの出資に係る財産を当該不動産に変更することができる。

　2　D社が会社法上の公開会社でない場合には、公証人の認証を受けたD社の定款に発行可能株式総数の定めがないときであっても、D社の成立の時までに当該定款を変更して発行可能株式総数の定めを設ける必要はない。

　3　D社が種類株式発行会社でなく、かつ、単元株式数を定款で定めていない場合において、AがD社の出資の履行がされた設立時発行株式100株のうち60株を有するときは、Aは、単独で、設立時取締役の選任及び解任を行うことができる。

　4　D社が成立した時において、Cが現物出資した不動産の価額が定款に記載された価額に著しく不足するときは、D社の発起人であるA、B及びCは、いずれも、その職務を行うことについて注意を怠らなかったことを証明しなければ、総株主の同意がない限り、D社に対し、連帯して、当該不足額を支払う義務を負う。

　5　Aが合同会社である場合には、D社の発起人となることができない。

....

答え

1．○　発起人への設立時発行株式の割当ては発起人全員の同意によることになる（会社法32条1項1号　設立手続の通則）。発起設立においては設立時発行株式の全部を発起人が引き受けるため、この割当てを証する書面が、そのまま登記事項である「発行済株式の総数」を証明する文書になる。

2．×　本店の所在場所の決定は発起人の権限である。アタマ数の過半数で決定する。本店の所在場所は設立時の登記事項だから、この点に関する発起人の決定書を添付書面とする。

3．○　株主名簿管理人の選任も発起人の権限である。また、株主名簿管理人の登記をするときはその者との契約書も要する（商業登記法47条2項6号）。

4．×　発起人の過半数の一致を証する書面で足りる。　　5．○

6．×　原則として、発起人の議決権の過半数の一致を証する書面で足りる。

7．○　　8．×

9．×　株主名簿管理人の決定は、設立時取締役の権限として法定されていない。このため、発起人の権限であるとされる。

10. 3　発起設立に関する総合問題である。

　1　×　現物出資などの変態設立事項は原始定款にその旨の記載がない限り、効力が生じることはない。(会社法28条)

　2　×　株式会社の成立の時までに、発起人全員の同意によって、定めなければならない。(会社法37条1項)

　3　○　そのとおり。(会社法40条、43条1項)

　4　×　検査役の調査を経た場合には、発起人が責任を負うことはない。(会社法52条2項1号)

　　→この点は、後述する。

　5　×　そういう制限はない。

3 募集設立

　募集設立の場合には、発起人以外に設立時の株式の引受人が存在します。

　そこで、発起設立よりも厳格な手続が要求されます。

　仲間内の設立手続というわけではなく、一般の投資家を巻き込む可能性が生じるからです。

　なお、はじめは発起設立のつもりだったが、途中から、募集設立に舵を切ることもできます。

　以下、発起設立との対比で、簡単に記述します。

① 募集 (会社法57条)

　発起人が、設立時発行株式を引き受ける者を募集します。募集には発起人全員の同意が必要です。

② 募集事項の決定 (会社法58条)

1. 設立時募集株式の数、払込金額 (金銭の額)、払込期日または期間等の基本事項。

2. 一定の日までに会社の設立登記がされない場合に、引受けの取消しができる旨を定めるときは、その日時。

＊上記、いずれも、発起人全員の同意によります (カネがらみ)。

＊必ず、払込金額(設立時募集株式一株と引換えに払い込む金銭の額)を定める。したがって、設立時募集株式の引受人は現物出資をすることができない。

確認事項 募集事項の決定に係る発起人全員の同意書

　募集設立の場合の設立登記の添付書面となる。

　設立時の発行済株式の総数を証明する文書の一部である。

参考問題　設立時発行株式を引き受ける者の募集をする場合において、定款に設立時募集株式の数、設立時募集株式1株と引換えに払い込む金銭の額及び設立時募集株式と引換えにする金銭の払込みの期日に関する事項の定めがないときは、設立の登記の申請書には、当該事項を決定した発起人全員の同意があったことを証する書面を添付しなければならない。（商業登記法R4-28-ウ）

答え　○

---

③　申込み（会社法59条3項）

　発起人から、定款の記載事項、発起人が出資した財産の価額、払込金融機関等の定めを、引受けの申込みをしようとする者に通知します。

→なお、発起人のうち出資の履行をしていない者がある場合には、会社法36条による失権手続で定められた期日以降でなければ、上記の通知をすることができない。

　これは、発起人による出資の履行の手続が完了していなければ、設立時募集株式の募集の手続を進めることができないというルールである。

　その後に、引受けの申込みをしようとする者が、以下の事項を記載した書面（または電磁的記録）で、申し込みます。

1. 申込みをする者の氏名または名称および住所。
2. 引き受けようとする設立時募集株式の数。

《注意》　通知→申込みの段取りになっている。

　通知事項の1つに、発起人が出資「した」財産の価額、とあるので、発起人の出資履行後でなければ、この通知が出せない。

　発起人たるもの、自らの義務は果たしたうえで、株式の申込みを受けよという趣旨である。（会社法59条2項）

④　割当て（会社法60条）

　申込み後に、発起人が、各申込人への割当数を定めます。

申込みが募集した株式数を上回ったらどうするのでしょうか。

申込人が、引き受けたいという株式数から、その数を減らして割り当てればよいのです。

どういう割当ての方法をするかは、発起人の自由です。

また、割当ては、発起人代表が適宜にこれを行えばよく、発起人の過半数の同意は要しません。

→設立時募集株式の割当てに関する添付書面は不要である。

参考｜ 設立時募集株式の総数の引受け契約

設立時募集株式を引き受けようとする者が、その総数の引受けをする契約をする場合、通知→申込み→割当ての段取りを踏む必要はない。

確認事項 設立時募集株式の引受けの申込みまたは総数引受契約を証する書面
募集設立の場合の設立登記の添付書面となる。（商業登記法47条2項2号）

参考問題 発起人は、設立時募集株式を、申込者が引き受けようとする設立時募集株式の数に応じて、均等に割り当てなければならない。（商法H28-27-イ）

答え × そういうルールはない。いかようにに割り当ててもよい（割当て自由の原則）。

⑤ 引受け（会社法62条）

割当てによって、株式申込者は株式引受人に変身します。

ここで、契約成立であり、引受人に出資の履行義務が生じます。

以上を簡単に説明すると以下の段取りとなります。
1．発起人全員の同意による募集事項の決定
→添付書面 発起人全員の同意書
2．申込みをしようとする者への通知（こういう株式を発行しますよとパンフレットを配っているようなもの）であるため、通知をしたことを証する書面を添付することを要しない。
3．引受けの申込み（民法でいうところの契約の申込み）
→添付書面 設立時募集株式の引受けの申込みまたは総数引受契約を証する書面
4．発起人による割当て（民法でいうところの契約の承諾）

5．払込みにより、募集株式の引受人が設立時発行株式の株主となる権利を得る。

参考問題 設立時募集株式の引受人は、その払込みをした時に株主となる。（商法R4-27-イ）

....

答 え × 払込みにより株主となる権利を得る。現実に株主となるのは、会社成立の時である（会社法102条2項）。会社が成立する前に株主（会社の所有者）が存在するわけがない。

確認事項 割当てを証する書面

　株式の引受けは、「引受けの申し込み」→「割当て」により行う。

　「割当て」は引受契約の要素であり、パズルの部品である。

　このため、割当てを証する書面が、設立登記の添付書面になるようにも思われるが、現実には不要である。

　その理由は、「割当て」の方法を定めた条文が会社法に存在せず、たとえば「発起人の一人がその一存で割当てをしたことを証する書面」などナンセンスだからである。

《注意》

　設立時募集株式の引受人が、指定の期日または期間に払込みをしない場合には、その権利を失う（当然に失権する。この場合、定款に定める設立に際して出資される財産の最低額が設立のための出資の下限となる。会社法63条3項）。なお、発起人を失権させるためには2週間前の通知を要した（会社法36条2項）が、設立時募集株式の引受人は、即刻、失権する。

　この場合、全体の出資価額が、定款に定めた「設立に際して出資される財産の最低額」を超えているのであれば、失権した者を無視して、再募集をせずともそのまま登記を申請できる。

確認事項 募集設立の添付書面

　募集設立の場合、設立時発行株式の引受けは2本立てになる。

1．発起人による引受け

・方式は発起設立の場合と同じ。（会社法32条1項1号・2号）

・募集設立の場合も、定款または発起人全員の同意書が添付書面となる。

2. 設立時募集株式の引受け

- 発起人全員の同意により決定された募集事項の通知に対し、引受けの申込み→割当て→払込みの手順を踏むカタチ。

上記の、2ルートの証明のために、添付書類は、1のルートに関する「定款」または「発起人への割当て及び引受けに関する発起人全員の同意書」のほか、「設立時募集株式の募集事項の決定に係る発起人全員の同意書」「設立時募集株式の引受けの申込み又は総数引受契約を証する書面」の添付を要することになる。

参考問題 発起設立の場合も、募集設立の場合も、定款に発起人が割当てを受ける設立時発行株式の数に関する記載がないときは、発起人全員の同意によりこれを定めたことを証する書面を添付しなければならない。（商業登記法H17-30-イ）

答え ○ 1ルートの証明である。発起人の全員の同意を要することを定めた会社法32条1項は、「第3節」の冒頭にある。

払込みは、発起人が通知した払込金融機関において行われます。

この場合、発起人は、発起人および設立時募集株式の引受人からの払込みの取扱いをした銀行等に対し、払い込まれた金額の金銭の保管に関する証明書の交付を請求することができます。（会社法64条1項）

この株式払込金保管証明書は設立登記に必須の添付書面となりますから、募集設立の場合には、設立時募集株式の引受けに係る払込みについて設立時代表取締役による払込があったことの証明ではなく、金融機関の保管に関する証明を要します。

この証明をした金融機関は、その記載事項が事実と異なることまたは金銭の返還に制限があることを、成立後の会社に対抗できません。（会社法64条2項）

参考問題 発起設立の方法によって株式会社を設立する場合において、発起人が引き受けた設立時発行株式につきその出資に係る金銭の払込みを受けた銀行は、当該株式会社の成立前に発起人に払込金の返還をしても、当該払込金の返還をもって成立後の株式会社に対抗することができない。（商法H29-27-ア）

答え × 発起設立にはかかる規制がない。

確認事項1   「払込取扱機関の払込金の保管に関する証明書」
　　募集設立の場合に添付書面になる。（商業登記法47条２項５号カッコ書）
　　したがって、この交付を受けなければ会社の設立はできない。

確認事項2   銀行での払込み
　　出資の履行を銀行等においてせよとの会社法34条２項は、「第３節」にある。
すなわち、これは、設立手続の通則である。募集設立に特有なのは、株式払込
金保管証明書を要することであり（払込みがあったことを証する書面では足り
ない）、これがないと設立登記ができない。
　　なお、持分会社の設立では、出資の履行を銀行等で行えという規定がない。
そこで、社員となろうとする者が、社員となろうとする者に領収書を出せば出
資は完了である。社員が一人なら、自分が自分に領収書を出せばよい。

──

参考問題　　発起人は、発起設立の場合も、募集設立の場合も、払込取扱機関に対
し、払い込まれた金額に相当する金銭の保管に関する証明書の交付を請求すること
ができる。（商法R5-27-エ改）
．．．
答え　　×　募集設立の場合のみ請求することができる。

──

参考判例 ▌（最判昭37.3.2）
　　出資金の払込取扱銀行は、払込金保管証明書を発行した場合、払込金を会社
成立前に取締役に返還しても、これを会社に対抗することができない（銀行は
会社設立までは出資金の保管義務があるという趣旨）。

──

参考問題　　払込金のうち発起人の出資の履行部分については、金銭の保管に関す
る証明書に代えて、払込取扱金融機関における預金口座に入金の記録のある預金通
帳の写しを合てつした設立時代表取締役の作成に係る払込取扱金融機関に払い込ま
れた金銭を証明する書面を添付して、募集設立の方法による株式会社の設立の登記
を申請することができる。（商業登記法R4-28-エ改）
．．．
答え　　×　発起人の出資部分を含めて金融機関の払込金保管証明書を要する。

（株式払込金保管証明書）

（別紙）

	使　用 区　分 （○印）　会社用・登記用

株式払込金保管証明書

保　管　金　額	
払込期間・払込期日	払込期間　令和　　年　　月　　日 　　　　　　～令和　　年　　月　　日 払込期日　令和　　年　　月　　日
株式の発行会社名	
払　込　株　数	
１株の払込金額	円
摘　　　　　要	

　当行は、株式払込取扱場所として株式の払込事務を取扱い、上記のとおり、その払込金を保管していることを証明します。
　　　　　　令和　　年　　月　　日
　　　　　　　　所　在　地
　　　　　証明者　銀行名・店名　　　　　　　　　　　　　　印
　　　　　　　　代　表　者
注　１．この証明書は、払込期日または払込期間末日以後（当日を含む）の日を
　　　　もって２通（会社用・登記用）作成し、発行会社に交付する。
　　２．保管金額はチェック・ライター等により記入する。
　　３．「募集設立」の旨摘要欄に記載する。

●━●

参考問題

1. 募集設立において、引受未了の設立時募集株式がある場合でも、設立の登記を申請することができる。（商業登記法H13-31-ア）

2. 発起設立の場合には、設立時発行株式の引受けの申込みを証する書面を添付しなければならない。（商業登記法H6-33-3）

3. 甲株式会社の募集設立に際し、設立時募集株式の引受けの申込者となった取締役会設置会社である乙株式会社の代表取締役と甲株式会社の発起人とが同一人である場合には、甲株式会社の設立の登記の申請書に会社法第356条に規定する承認をした旨の乙株式会社の取締役会議事録を添付することを要する。（商業登記法H3-37-1）

4. 募集設立の方法による株式会社の設立の登記の申請書に添付する払込金の保管に関する証明書は、信用金庫作成のものでも差し支えない。（商業登記法S59-39-3）

5. 発起設立の方法による株式会社の設立の登記の申請書には、払込みを取り扱った銀行等の払込金の保管に関する証明書を添付しなければならない。（商業登記法S60-40-3）

6. 発起人は、払込みの取扱いをした銀行、信託会社その他これに準ずるものとして法務省令に定めるものに対し、発起設立の場合には、払い込まれた金額に相当する金銭の保管に関する証明書の交付を請求することができないが、募集設立の場合には、当該証明書の交付を請求することができる。（商法H22-27-イ）

....

答え 1. ○ 定款で定めた「設立に際して出資される財産の最低額」以上の出資額に達していれば、差し支えない。

2. × 発起人による設立時発行株式の引受けの場合には、引受けの申込みの段階を経ないで、いきなり定款または発起人全員の同意で「割当て」を行う。発起人が設立時発行株式を1株以上引き受けなければならないことは会社法25条2項が規定しており、引受けの申込みという段階が観念できないのである。

3. × 取締役会議事録の添付を要する場合は商業登記法46条2項が規定している。その要件は「登記すべき事項につき取締役会の決議を要するとき」である。本事例では、引受けの申込み自体は「登記すべき事項」ではないし、また、そもそも、上記の「取締役会の決議を要するとき」とは、「登記の申請をする会社の取締役会の決議を要するとき」という意味である。

4. ○ 会社法34条2項の「銀行等」に信用金庫が含まれる。（会社法施行規則7条5号）

5. × 発起設立の場合は、設立時代表取締役が作成した「払込みがあったことを証する書面」を添付すればよい。（商業登記法47条2項5号）

6. ○

参考問題　次の対話は、株式会社（指名委員会等設置会社を除く。）の設立の登記の申請書に添付すべき書面のうち、出資の履行に関する書面（以下「出資履行書面」という。）に関する司法書士と補助者との間の対話である。司法書士の質問に対する次のアからオまでの補助者の解答のうち、適切でないものの組合せは、後記１から５までのうち、どれか。（商業登記法H25-29改）

司法書士：　払込取扱機関における預金口座に入金の記録のある預金通帳の写しを合てつした設立時代表取締役の作成に係る払込取扱金融機関に払い込まれた金銭を証明する書面（以下「合てつ書面」という。）は、発起設立と募集設立のいずれの場合でも、出資履行書面とすることができますか。

補助者：ア　発起設立の場合には、合てつ書面を出資履行書面とすることができますが、募集設立の場合には、合てつ書面を出資履行書面とすることはできません。

司法書士：　それでは、合てつ書面における預金通帳の写しに記録されている預金口座への入金の日付が、定款の作成日後、その認証日より前のものである場合には、当該合てつ書面は、出資履行書面とすることができますか。

補助者：イ　定款は公証人の認証を受けなければ効力が生じませんので、当該預金口座への入金の日付が定款の認証日より前のものである場合には、当該合てつ書面は、出資履行書面とすることができません。

司法書士：　合てつ書面における預金通帳の写しに係る預金口座が設立時代表取締役名義のものであっても、当該合てつ書面は、出資履行書面とすることができますか。

補助者：ウ　合てつ書面における預金通帳の写しに係る預金口座は、設立中の会社を代表する発起人の名義のものでなければならず、当該設立時代表取締役が発起人でない場合には、当該設立時代表取締役の名義の預金通帳の写しに係る当該合てつ書面は、出資履行書面とすることができません。

司法書士：　次に、払込金額が1,000万円とされている場合について考えてみましょう。合てつ書面における預金通帳の写しには、預金口座の現在残高としては1,000万円の記録があるものの、預金通帳の繰越しがされ、入金の記録を合算しても、900万円分しかないとします。このような場合には、当該合てつ書面は、出資履行書面とすることができますか。

補助者：エ　合てつ書面における預金通帳の写しは、当該預金口座に1,000万円が払い込まれた事実が明らかとなるものでなければなりませんので、当該写しにおいて1,000万円に相当する金額の入金の記録の一部が欠落している場合には、当該合てつ書面は、出資履行書面とすることができません。

司法書士：　それでは、合てつ書面における預金通帳の写しには、払込金額である1,000万円に相当する金額の入金の記録はあるものの、設立の登記の申請の前日に100万円の出金記録があるため、当該預金口座の現在残高とし

ては900万円の記録しかないとします。このような場合には、当該合て
つ書面は、出資履行書面とすることができますか。
補助者：オ　合てつ書面における預金通帳の写しは、払込金額である1,000万円に相
当する金額の入金の記録があるものであれば、引き出しの記録があるた
めに当該預金口座の残高としては1,000万円に満たない記録しかないもの
であっても、当該合てつ書面は、出資履行書面とすることができます。

1　アウ　　2　アエ　　3　イウ　　4　イオ　　5　エオ

答え　3

ア．○　募集設立では金融機関の株式払込金保管証明書を要する（商業登記法47
条2項5号）。

イ．×　定款認証前に払込みをしてもかまわない。定款の作成日より前の払込み
であっても、発起人などの口座に払い込まれているなど、それが設立に際して
出資されたものと認められるならば、有効な出資となる。

ウ．×　そういうルールはない。発起人の委任があれば、設立時代表取締役の口
座に入金してもかまわない。

エ．○　1,000万円の払込みがあったことを証明できないからである。

オ．○　引き出しの記録があっても、1,000万円の払込みがあった（過去形でよい）
ことを証明できる。

① 創立総会

発起人が招集します。

株式引受人の払込期日または期間の末日後に、遅滞なく招集しなければなりま
せん。（会社法65条1項）

募集設立では、この段階まで、設立時役員等が出現していません。

（なぜなら彼らは、創立総会が選任するからです。）

したがって、設立時取締役は招集ができません。

会社法88条（設立時取締役等の選任）
第57条第1項の募集（著者注　設立時募集株式の募集のこと）をする場合には、
設立時取締役、設立時会計参与、設立時監査役又は設立時会計監査人の選任は、
創立総会の決議によって行わなければならない。

→定款による設立時取締役等の決定も可能であるという解釈も示されている。
設立時募集株式の引受人が創立総会で定款変更をする可能性が残されている
からである。

しかし、発起人が設立時取締役等を定めるという定款の定めは無効であるとさ

れる。

確認事項1　会社法の基本思想

　ここにも会社法の基本思想が表れている。募集設立では、発起人以外の設立時株主がいる。だから、全員の出資の履行が終わった後に、創立総会で、資本主義の原理に基づいて設立時役員等を選任する。

確認事項2　創立総会議事録

　募集設立の場合の代表的な添付書面である。

　これを添付しなければ、役員の氏名等の申請ができない。

　なお、商業登記法47条4項の書面が、創立総会議事録に代わることもある。

　招集手続は、株主総会の場合とほぼ同様です。（会社法67条、68条、69条、70条、71条参照のこと。設立後の株式会社が公開会社か、非公開の取締役会設置会社か、非取締役会設置会社かにより、設立後の株主総会の招集期間に右に倣えの規定がある。）

　議決権は、1株1議決権が原則です。（会社法72条1項）
　議決権の行使についての種類株式については、各々その規定に従います。（会社法72条2項）

　決議要件は、以下のとおりです。（会社法73条1項）
　「当該創立総会において議決権を行使することができる設立時株主の議決権の過半数であって、出席した当該設立時株主の議決権の3分の2以上」
　上記は、通常の株主総会の特別決議よりは厳格な決議要件です。

　また、みなし株主総会に準じた、みなし創立総会（創立総会の決議の省略）の仕組みもあります。
　すなわち、発起人の提案事項について設立時株主（その事項について議決権を有する者）の全員が、書面（または電磁的記録）により同意したときは、その提案を可決する創立総会決議があったものとみなされます。（会社法82条）

参考問題

1．募集設立により公開会社を設立する場合において、設立時募集株式の引換えにする金銭の払込みの期日又はその期間の末日と創立総会の日付との間に2週間の

期間がないときは、発起人全員の同意を証する書面を添付しなければならない。（商業登記法H17-30-エ）

2．議決権を行使することができる設立時株主の議決権の過半数を有する設立時株主が出席し、出席した当該設立時株主の議決権の過半数により決議された旨の記載のある創立総会の議事録を添付して設立の登記を申請しても、その申請は受理されない。（商業登記法S59-37-2）

3．当該設立が募集設立である場合において、定款に設立時役員の定めがないときは、設立の登記の申請書には、議決権を行使することができる設立時株主の議決権の過半数を有する設立時株主が出席し、出席した当該設立時株主の議決権の3分の2以上の賛成により設立時役員が選任された旨の記載がある創立総会の議事録を添付しなければならない。（商業登記法H29-28-ア）

4．株式会社の設立が募集設立である場合において、議決権を行使することができる設立時株主の議決権の3分の2を有する設立時株主が出席し、出席した当該設立時株主の議決権の3分の2に当たる多数をもって商号を変更する旨の定款変更の創立総会の決議をしたときは、設立の登記の申請書に、当該創立総会の議事録を添付して、変更後の商号による設立の登記の申請をすることができる。（商業登記法R5-29-ウ改）

5．発起人が創立総会の目的である設立時取締役の選任について提案をした場合において、当該提案につき議決権を行使することができる設立時株主の全員が書面により同意の意思表示をしたときは、提案を可決する旨の決議があったものとみなされた事項を内容とする創立総会の議事録を添付して、設立の登記を申請することができる。（商業登記法R4-28-ア）

答え　1．×　設立時株主全員の同意で招集手続は省略できる。本肢は、招集期間の短縮に関する同意書についての出題であるが、この場合、添付すべきは設立時株主全員の同意書であり、発起人全員の同意書は意味をなさない。

2．○　会社法73条1項。
3．×　前問の焼き直し。
4．×　これまた前問の焼き直し。
5．○　会社法82条1項。

② 創立総会の決議事項（会社法73条4項）

創立総会の決議事項は以下のとおりです。

1．創立総会の目的である事項（招集権者である発起人が定めた目的）
2．定款変更
3．株式会社の設立の廃止

（注）創立総会の招集をするときは、**必ず、目的である事項を定める**。この点は、
株主総会の招集手続きに相違する。

　創立総会においては、その会議の目的に定められていない場合でも、定款変更
ができることになります。
　また、設立の廃止もできます。

参考 ▌**株式会社の設立の廃止**
　　設立の廃止とは、設立を取りやめるということだ。この場合、種類株式
発行会社における**議決権制限株式を保有する設立時株主**も、廃止の決議に
対して、議決権を行使することができる（会社法72条3項）。設立の廃止は、
創立総会における最も重大な議案といえるからである。

参考 ▌**創立総会の目的である事項**
　　創立総会では、発起人が定めた目的事項以外の事項を決議することがで
きない。
　　ただし、設立の廃止と定款変更は、たとえ目的事項とされていない場合
にも決議をすることができる。（会社法73条4項）
　　募集設立の場合、会社設立時に、設立時株主全員によるある程度自由な
発想で、会社の根本規則（定款）を定める機会があってもよかろう。
　　また、創立総会の目的として、自らが作成した定款の「変更」や「設立
の廃止」なる議案を発起人が総会の目的とすることはありえないだろう。
　　だから、設立の廃止についても、目的外事項の決議の特例が設けられて
いる。

コラム **募集設立における原始定款の変更**
　設立時募集株式の払込期日または払込期間の初日のうち最も早い日以後は、
会社法33条9項（変態設立事項に関する定款の定めの廃止）並びに会社法
37条1項・2項（発行可能株式総数の定め等）の規定にかかわらず、発起人
が定款の変更をすることができなくなる。（会社法95条）
　これは、発起人以外の設立時株主が登場した段階では、定款変更は創立総
会において決議すべきという趣旨の規定である。

発展　原始定款に設立時取締役等を定めることの可否

　募集設立において、原始定款に設立時取締役等を定めることは、元来、資本主義の原理に反する。しかし、前記のように創立総会でその定款の条項を変更することが可能であり、発起人以外の設立時株主の意向を入れるチャンスがある。このため、原始定款に設立時取締役等を定めた募集設立の設立登記も受理されている。

参考問題

1．募集設立の場合、創立総会の決議によって、全部の株式の内容として譲渡による当該株式の取得について当該株式会社の承認を要する旨の定めを設ける定款の変更をすることはできない。（商法H23-27-オ）

2．募集設立の場合において、設立時募集株式と引換えにする金銭の払込みの期日又はその期間の初日のうち最も早い日以後に、定款で定められた発行可能株式総数についての定款の変更をするときは、発起人及び設立時募集株式の引受人の全員の同意によらなければならない。（商法H30-27-ウ）

3．発行可能株式総数を定款で定めていない場合において、設立時募集株式と引換えにする金銭の払込みの期日以後に発行可能株式総数を定めたときは、募集設立の方法による株式会社の設立の登記の申請書には、発行可能株式総数の定めを設ける旨の定款変更の決議をした創立総会の議事録を添付しなければならない。（商業登記法R4-28-オ改）

答え　　1．✕　一般論として、創立総会で、定款変更決議をすることができる。なお、決議要件は、特殊決議Ⅰとなる。（会社法73条2項）

2．✕　創立総会の決議によらなければならない。

3．○　こちらが正しい。

---

③ 創立総会における説明義務

　設立後の株主総会では、説明義務があるのは、取締役、会計参与、監査役および執行役です。

　しかし、創立総会では、発起人が説明義務を負います。

　なぜなら、たとえば「取締役何名選任の件」という議案の説明は、設立時取締役には不可能なのです（まだ選任される前だからです）。

④ 設立時取締役の選任および解任

募集設立の場合には、設立時取締役、設立時会計参与、設立時監査役、設立時会計監査人の選任は、創立総会において行います。（会社法88条）

（発起人だけで選任することはできません。）

設立時取締役の選任については、定款に別段の定めがなければ、設立時株主は、累積投票による旨の請求をすることができます。（会社法89条）

会社法では、株式の種類が広汎に認められます。

ということは、会社設立時にも、多数派・少数派という株主間の衝突はありえるという立法者の判断があります。

> **参考**　設立時取締役、設立時会計参与、設立時監査役、設立時会計監査人は、いずれも、会社成立時までの間、創立総会で解任することができる。（会社法91条）
>
> が、設立時監査役及び設立時（監）取締役の解任に関する特則は存在しない。
>
> それは、なぜか？
>
> もともと、創立総会の決議要件は、株主総会の特別決議の要件よりも厳しく定められているからである。

参考問題
1. 累積投票によって設立時取締役を選任した旨の記載のある創立総会の議事録を添付して設立の登記を申請しても、その申請は受理されない。（商業登記法S59-37-3）
2. 設立時取締役は、発起設立の場合には、発起人の全員の同意によって選任されるが、募集設立の場合には、創立総会の決議によって選任される。（商法H22-27-エ）

答え　1．× 会社法89条。
2．× 前半が誤り。（会社法40条1項）

⑤ 設立時取締役等による調査

設立時取締役等（監査役設置会社では設立時監査役を含む）は、選任後、遅滞なく、次に掲げる事項の調査をしなければなりません。（会社法93条）

創立総会で選任後、すぐに、その場で調査です。かなり忙しい話です。

調査事項は以下のとおり。
1．現物出資、財産引受けの目的財産の価額が相当であるか（現物出資財産等の価額の総額が500万円以下、または、市場価格のある有価証券の場合。要するに裁判所の検査役の登場しないケース）。
2．現物出資財産等についての、弁護士等の証明が相当であるか。
3．出資の履行が完了していることおよび設立時募集株式の払込みが完了したこと。
4．その他、会社の設立手続が、法令または定款に違反していないかどうか。

参考 ▌ **調査の実際について**
　　創立総会で選任される予定の設立時取締役等が事前に調査を行っておくことが望ましいとされている。

参考 ▌ **設立時取締役等の全部または一部が発起人である場合**
　　このケースには、調査の実効性を確保するため、創立総会は、その決議によって、前に述べた事項の調査をする者を選任することができる。（会社法94条1項）

　設立時取締役は、調査結果を創立総会に報告しなければなりません。（会社法93条2項）
　設立時株主から、調査に関する事項について説明を求められた場合、設立時取締役は必要な説明をしなければなりません。（会社法93条3項）

〈取締役の調査〉

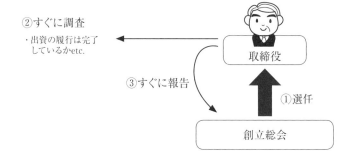

②すぐに調査
・出資の履行は完了しているかetc.

③すぐに報告

取締役

①選任

創立総会

◆ポイント◆ 設立時取締役等による調査
　　１．発起設立の場合
　　　→発起人に通知
　　　→法令・定款違反や不当な事項があると認めるときだけ通知を要する。
　　２．募集設立の場合
　　　→創立総会に報告
　　　→必ず、報告を要する。

確認事項 設立時取締役等の調査報告を記載した書面およびその附属書類

　設立時取締役等の調査報告を記載した書面およびその附属書類は、原始定款に変態設立事項についての定めがあり、かつ、検査役の調査を要しないケースでのみ、設立登記の添付書面となる。（商業登記法47条２項３号イ）

　発起設立でも募集設立でも、実体法の問題としては、変態設立事項の有無にかかわらず、株式会社の設立に設立時取締役等の調査は必須の手続である。

　しかし、設立登記の添付書面としては、原始定款に変態設立事項についての定めがあり、かつ、検査役の調査を要しないときという特殊なケースでのみ添付書類となることに注意しよう。

　　→原始定款に変態設立事項についての定めがあり、かつ、検査役の調査を要するときは、検査役の調査報告を記載した書面およびその附属書類が、設立登記の添付書面となる。

発展 設立時取締役の権限

　設立時取締役は、会社成立後の取締役とは別物だという意味合いで命名された。その権限は、会社法および商業登記法に規定された場合に限られる（この点はP414参照のこと）。

　設立時取締役は、まだ取締役ではない（ヒヨコでしかない）から、会社成立後の取締役の権限がない。

　でくの坊のようなものだ。

　たとえば、会社成立前に取締役会なるものを開催しても、それは無効である。その結果、以下のような会社設立時の事務は発起人が行うことになる。

　１．本店の具体的な所在場所の決定
　２．株主名簿管理人の決定
　３．変態設立事項について裁判所への検査役の選任申立て

さて、創立総会では、定款変更の決議をすることができます。

ここで重要なのは、次の2点です。

1．変態設立事項の変更があった場合

募集設立の場合には、裁判所による変態設立事項の変更の他に、創立総会による変態設立事項の変更決議の可能性が生じます。

この場合にも、この定款変更に不服の設立時株主が、設立時発行株式の引受けの意思表示を取り消すことができます。（会社法97条）

2．発行可能株式総数の定め

発行可能株式総数は、原始定款に規定がなければ、会社成立時までに発起人全員の同意で決めるのが原則です。（会社法37条1項）

が、募集設立の場合には、創立総会で発行可能株式総数を設定することもできます。（原始定款に発行可能株式総数の定めがなく、発起人全員の同意によりこれを定めてもいない場合は、創立総会が定めなければならない。会社法98条）

コラム　　全員の同意がいるケース

創立総会での定款変更に、設立時株主全員の同意を要するケースがある。

1．発行する株式の全部につき、会社が一定の事由が生じたことを条件としてこれを取得することができるとする定めをする場合（取得条項付株式）。

→設立時株主全員の同意を要する。

（会社法73条3項　ひとたび、事が起きたら全株主が株主たる地位を失う重大決議だから）

2．ある種類の株式の全部につき、会社が一定の事由が生じたことを条件としてこれを取得することができるとする定めをする場合。

→その種類の設立時株主全員の同意を要する。（会社法99条1項1号）

> 3．種類株式発行会社が一定の行為（株式の分割、株式の併合、合併）をするときに、ある種類の株主に損害を及ぼすおそれがあるときは、原則としてその種類の株主の総会決議を要するところ、これを不要とする定款の設定をする決議。
>   →その種類の設立時株主全員の同意を要する。（会社法99条１項２号）

参考問題

1．本店の所在地又はこれに隣接する地以外の地において開催された創立総会の議事録を添付してした設立の登記の申請は、受理されない。（商業登記法S58-31-3）

2．設立時取締役及び設立時監査役の全員が発起人中より選任されているときは、創立総会において選任された者が調査の結果を報告した書面を添付しなければ、募集設立による設立の登記の申請は、受理されない。（商業登記法S58-31-4）

3．設立の登記の申請書に添付された定款に本店の所在場所の記載がないときは、創立総会議事録に本店の所在場所を番地まで特定して決定した旨の記載がされていても、その設立の登記は申請することができない。（商業登記法H3-37-5）

4．募集設立における設立時取締役は、その選任後、会社の設立の手続を調査した結果、その手続が法令又は定款に違反していないものと認める場合であっても、その調査結果を創立総会に報告しなければならない。（商法H20-28-ア）

5．募集設立の方法により設立しようとする株式会社が監査役設置会社である場合において、設立の登記の申請書に設立時取締役及び設立時監査役による調査報告を記載した書面の添付を要するときは、創立総会に出席した設立時取締役及び設立時監査役のみが作成したものを添付すればよい。（商業登記法H28-29-ア）

6．募集設立における発起人は、創立総会終了後において定款に発行可能株式総数の定めが設けられていない場合には、会社の成立の時までに、その全員の同意によって、定款を変更してその定めを設けなければならない。（商法H20-28-ウ）

7．募集設立により設立しようとする会社が、その発行する全部の株式の内容として譲渡による当該株式の取得について当該会社の承認を要する旨の定款の定めを設ける定款の変更を行うには、設立時株主全員の同意を得なければならない。（商法H20-28-エ）

8．株式会社の設立の登記に関して、定款に記載された出資の目的物である金銭以外の財産の価額の総額が500万円とされている場合には、申請書には、設立時取締役（設立しようとする株式会社が監査役設置会社である場合にあっては、設立時取締役及び設立時監査役）の調査報告を記載した書面及びその附属書類の添付を要しない。（商業登記法H23-29-ウ改）

9．発起設立によって株式会社を設立する場合、定款にいわゆる変態設立事項の記載又は記録がないときは、申請書には、設立時取締役の調査報告を記載した書面

及びその附属書類を添付することを要しない。（商業登記法H24-28-エ改）

答 え 　1．× 　創立総会の場合も招集地の制限はない。
2．× 　添付を要するという根拠条文がない。
3．× 　申請できる。先例（昭40.5.24-1062）がある。
4．○ 　報告は義務である。（会社法93条2項）
5．× 　調査は、設立時取締役及び設立時監査役の全員でしなければならない。
6．× 　再度創立総会を開催し、発行可能株式総数を定める定款変更をすべきである。（会社法95条、98条）
7．× 　会社法73条2項の決議を要するが、設立時株主全員の同意までを要するものではない。
8．× 　本問の事案は、原始定款に変態設立事項についての定めがあり、かつ、検査役の調査を要しないときにあたる。
9．○ 　定款に変態設立事項の記載又は記録がないときは、申請書に、設立時取締役の調査報告を記載した書面及びその附属書類を添付することを要する場合はない。

⑥ 設立手続の特則

以下は、会社の保護のための規定です。

会社財産の充実・維持が目的といっていいでしょう。

設立時募集株式の引受けの申込み、割当てには民法93条1項ただし書、民法94条1項の規定を適用しません。（会社法102条5項）

1．民法93条1項ただし書の不適用
例）たとえ、申込人の申込みの意思が心裡留保であり、そのことを発起人が知りまたは知ることができても契約は有効。
2．民法94条1項の不適用
例）申込人、発起人間に通謀虚偽表示があっても契約は有効。

設立時募集株式の引受人は、株式会社の**成立後**または創立総会もしくは種類創立総会においてその議決権を行使した後は、錯誤、詐欺または強迫を理由として設立時発行株式の引受けの取消しをすることができません。（会社法102条6項）

《注》　上記の規定と同様の規定が、発起人による株式の引受けについても存在する。各自で確認しておこう。→会社法51条

【比較学習】会社成立後の話し

ここで、会社法211条を確認するとよい。2項に「1年」とあるのが急所である。

参考問題

1．設立時募集株式の引受人は、創立総会においてその議決権を行使した後であっても、株式会社の成立前であれば、詐欺又は強迫を理由として設立時発行株式の引受けの取消しをすることができる。（商法R3-27-イ）

2．株式会社の設立に関する次のアからオまでの記述のうち、発起設立には当てはまるが、募集設立には当てはまらないものの組合せは、後記1から5までのうちどれか。（商法H18-32）

ア　すべての発起人は、それぞれ設立時発行株式を1株以上引き受けなければならない。

イ　会社が発行可能株式総数を定款で定めていないときは、会社の成立の時までに、発起人全員の同意によって、定款を変更して、これを定めなければならない。

ウ　成立後の会社の資本金及び資本準備金の額に関する事項について、定款で定めていないときは、発起人全員の同意によって、これを定めなければならない。

エ　設立時発行株式についての出資に係る金銭の払込みは、発起人が定めた銀行その他の払込みの取扱いの場所においてする必要はない。

オ　設立時取締役は、その調査により、現物出資財産について定款に記載された価額が相当でないと認めたときは、発起人にその旨を通知しなければならない。

1　アイ　　2　アウ　　3　イオ　　4　ウエ　　5　エオ

答え　1．✕　会社法102条6項。

2．3

ア　双方にあてはまる。（会社法25条2項　この条文は設立手続の総則である。）

イ　発起設立にのみあてはまる。募集設立では創立総会で決定する場合もある。（会社法37条1項、98条）

ウ　双方にあてはまる。（会社法32条1項　この条文の存在する第3節は双方の手続に共通する。会社法25条1項参照）

エ　双方にあてはまらない。いずれも銀行等での払込みを要する（会社法34条2項、63条1項）。つまり、発起人が現金で受け取るわけにはいかない。

オ　発起設立にのみあてはまる（会社法46条2項）。募集設立では創立総会に報告である。（会社法93条2項）

4 その他会社設立に関する事項

この章の最後に、発起設立、募集設立に共通の論点に立ち戻ります。

設立に関して、まだ、登場していない機関があります。

その立ち上げの手順から説明します。

① 取締役会設置会社における設立時代表取締役の選定

「取締役会設置会社である旨」については、その前提として定款に規定があるはずです。

> **参考** | **機関設計と定款の記載事項**
>
> **会社法326条2項** 株式会社は、定款の定めによって、取締役会、会計参与、監査役、監査役会、会計監査人、監査等委員会又は指名委員会等を置くことができる。
> → 「置く」ということそのものが、すべて登記事項。もちろん、取締役、会計参与、監査役、会計監査人、指名委員会等設置会社の各委員、監査等委員会設置会社の監査等委員である取締役とそれ以外の取締役、執行役の氏名等も、登記事項。

取締役会設置会社では、設立時取締役（3人以上必要）の過半数の議決で、代表取締役を選定しなければなりません。(会社法47条1項・3項 解職も可。2項)
→ 設立しようとする会社が指名委員会等設置会社のときは、設立時代表取締役の選定を要しない。
→ 設立しようとする会社が監査等委員会設置会社のときは、設立時（取)取締役の中から設立時代表取締役を選定する。

代表取締役は1人に限られません。

場合によっては、取締役全員を代表取締役に選定することも可能です。

参考 | **設立時代表取締役の選定方法**

以下の方式が可能であることが法務省より発表されている。

	非取締役会設置会社	取締役会設置会社
定款に選定方法の定めなし	発起人による選定(ただし、設立時発行株式を引き受ける者を募集することとするときは、その選定の効力が失われる)	設立時取締役による互選（※1）
定款に選定方法の定めあり	1　定款で設立時代表取締役を選定する。 2　以下のいずれかの方法を定款上定め、その選定方法により設立時代表取締役を選定する。 ①発起人による選定 ②創立総会による選定（募集設立に限る） ③設立時取締役による互選	
上記の方法による選定がされない場合	設立時取締役全員が設立時代表取締役となる。(※2)	

(参考) ※1 会社法47条1項・3項

※2 会社法349条1項

＊設立時代表取締役を選定した場合、選定の過程を明らかにする添付書面の添付を要する。

＊設立時代表取締役としての就任承諾書の要否については、議論があるが、おおむね、会社成立後のケースに準じて考えればよい。

❖❖❖

参考問題

1．定款に法令の規定と異なる別段の定めがないときは、設立しようとする会社が取締役会設置会社（指名委員会等設置会社を除く。）である場合には、設立時取締役は、その過半数をもって設立時代表取締役を選定しなければならない。（商法H23-27-エ改）

2．株式会社の設立の登記の申請書には、設立時取締役が設立時代表取締役を選定したときは、これに関する書面を添付しなければならない。（商業登記法S57-38-3）

3．発起設立の方法により設立される株式会社の設立の登記に関し、取締役会設置会社でない当該株式会社の定款に取締役の互選により代表取締役1名を選定する旨の定めはあるものの、設立時代表取締役の選定に関する定めがない場合、当該

設立の登記の申請書には、設立時代表取締役の選定について設立時取締役の過半数をもって決定したことを証する書面を添付しなければならない。（商業登記法H21-28-オ）

4．設立しようとする会社が取締役会設置会社でない会社の場合において、定款に取締役の互選により代表取締役１名を選定する旨の定めがあるときは、設立時取締役の互選により設立時代表取締役を選定したことを証する書面を添付して、設立の登記を申請することができる。（商業登記法R3-28-イ）

....

答え　　１．○　会社法47条１項・３項。

２．○　添付の根拠は、商業登記法47条２項７号。

３．×　設立時代表取締役の選定に関する定めがないのだから、取締役会を設置しない会社では、各自代表が原則となる。なお、設立時取締役の過半数をもって代表取締役を決定するためには、その旨の定款の規定を要する。

→会社成立後に、取締役の互選により代表取締役１名を選定する旨の定めがあっても、設立の段階における設立時代表取締役の選定方法とは無関係の規定であると考えてよい。

→会社法は、「**分析的**」なのであり、設立時取締役と取締役は**ベツモノ**なのである。

４．×　前問の焼き直し。

❖❖❖

② 指名委員会等設置会社の委員の選定等

設立しようとする会社が指名委員会等設置会社のときは、設立時取締役が、以下の者を選定または選任します。（会社法48条１項）

１．指名委員会の委員となる者

２．監査委員会の委員となる者

３．報酬委員会の委員となる者

４．執行役となる者

５．代表執行役となる者（設立時執行役が１人であればその者が設立時代表執行役に選定されたものとする）

選定の議決要件は、設立時取締役の過半数です。（会社法48条３項　解職も可。２項）

確認事項

設立時執行役の選任並びに設立時委員および設立時代表執行役の選定に関する書面が設立登記の添付書面となる。（商業登記法47条２項８号）

③ 発起人等の責任

　会社法52条１項は、現物出資、財産引受けの財産の会社成立時の価額が、定款に記載した価額に**著しく**不足するときは、発起人と設立時取締役が、会社に対し連帯して不足額を支払う義務があると規定します。

　これは、株主間の公平を図るための制度です。

　たとえば、500万円の絵画（これだけであれば検査役不要）を現物出資したが、実は100万円の価値しかありませんでしたという場合です（著しく不足といえる）。

　この場合、現物出資者だけでなく、発起人と設立時取締役全員が400万円のてん補について連帯責任を負います。

> **参考**　弁護士・公認会計士・税理士等が現物出資等の価額が相当であることの証明をした場合、これらの者も連帯してその責任を負う（会社法52条３項 ただし、過失責任である）。

　なお、会社法52条１項が、「著しく不足」という要件を加えるのは、少々の不足であれば大目に見るという意味です。

　定款作成時と会社成立時には時間の経過があります。

　だから、少々の価額変動はやむを得ないという考え方です。

発展　資本金の額

　設立時の資本金の額を計上する際の現物出資財産の価額は、その「給付」のときの価額である。定款作成時→給付のとき→会社成立時と現物出資財産の価額（例　市場価格ある有価証券の価額）は変動することが当たり前なのである。

　ところで、この会社法52条１項の責任には、抜け穴があります。

　１．現物出資財産等につき検査役の調査を受けたとき。

　２．発起人、設立時取締役が職務を行うにつき、注意を怠らなかったことを証明したとき。

　１は、検査役の調査まで受け、最大限の努力をしたのだから大目に見るという意味です。

　２は、過失責任主義をとることを明示した規定です。

　挙証責任は転換されるものの、注意を怠らなかったことを証明することのできた発起人または設立時取締役は、責任を免れます。

　ただし、現物出資等を行った張本人である発起人等は、上記１および２のケー

スのいずれの場合においても責任を免れることはできません（会社法52条2項カッコ書）。現物出資等により設立会社の株式を取得しているので、相当の対価を支払うべき立場にあるからです。

　張本人の責任の免除は、総株主の同意による他、手立てがありません。（会社法55条）

発展　募集設立の特則

　募集設立の場合には、一般投資家の存在が考えられる。であれば、株主間の公平を図る必要性が、より高くなる。

　そこで、会社法103条1項は、重要なことを規定した。

　前記2の抜け穴をふさいだのだ。

　すなわち、募集設立の場合には、検査役の調査を受けた場合には救いがあるが、そうでなければ、発起人および設立時取締役は自己が注意を怠らなかったことの証明（無過失の立証）をしても、不足額のてん補責任を免れない。

　会社法は、一般に、役員等の責任を過失責任とするところ、試験対策上、非常に重要な例外である。

◀ポイント▶　張本人以外の免責

　次の場合、発起人と設立時取締役が免責される。

　1．発起設立
　・検査役の調査を受けたとき
　・注意を怠らなかったことを証明したとき
　2．募集設立
　・検査役の調査を受けたとき

　この他、払込みまたは給付を仮装した発起人は、その払込みや給付（会社が給付に代わる金銭の払込みを請求したときは、その払込み）をしなければなりません。（会社法52条の2第1項）

　これは、仮装に係る株式が発行されてしまうことへの落とし前と思えばよいです。

　なお、仮装に関与した発起人や設立時取締役も連帯して同様の債務を負います。（同条2項・3項）

　ただし、仮装をした発起人（張本人のコト）を除く発起人や設立時取締役は、その職務を行うについて注意を怠らなかったことを証明したときは責任を免れます。

　→無過失責任ではない。

　→仮装により発行された株式に係る株主権の行使の可否については、会社法52

条の２第４項・５項に規定がある。

参考問題　　1．募集設立の場合には、株式会社の成立の時における現物出資財産の価額が当該現物出資財産について定款に記載された価額に著しく不足するときであっても、当該現物出資財産の給付を行った発起人以外の発起人は、その職務を行うについて注意を怠らなかったことを証明したときは、当該株式会社に対し、当該不足額を支払う義務を負わない。(商法R2-27-ア)

2．株式会社の成立の時における現物出資財産の価額が当該現物出資財産について定款に記載された価額に著しく不足する場合には、定款に記載された価額が相当であることについて証明をした弁護士は、当該証明をするについて注意を怠らなかったことを証明したときを除き、当該不足額を支払う義務を負う。(商法R2-27-イ)

3．発起人がその引き受けた設立時発行株式につきその出資に係る金銭の払込みを仮装した場合において、当該発起人が株式会社に対し払込みを仮装した当該金銭の全額の支払をする義務は、総株主の同意がなければ、免除することができない。(商法R2-27-ウ)

4．発起人がその引き受けた設立時発行株式につきその出資に係る金銭の払込みを仮装した場合には、当該発起人以外の発起人であってその出資の履行を仮装することに関与した者は、その職務を行うについて注意を怠らなかったことを証明したときであっても、株式会社に対し、払込みが仮装された当該金銭の全額の支払をする義務を負う。(商法R2-27-エ)

5．設立時募集株式の引受人がその払込金額の全額の払込みを仮装した場合において、払込みを仮装することに関与した発起人が当該払込金額の全額を支払ったときは、当該発起人は、払込みを仮装した設立時発行株式について、設立時株主及び株主の権利を行使することができる。(商法H28-27-エ)

答え　　1．×　募集設立における設問の発起人の責任は、無過失責任となる。(会社法103条１項)

2．○　弁護士等の責任は、過失責任である。(会社法52条３項ただし書)

3．○　責任の免除には、株式会社所有者である株主全員の同意を要する。(会社法55条)

4．×　仮装に関与した発起人の責任も過失責任である。(会社法52条の２第２項ただし書)

5．×　ひっかけ問題である。仮装払込みによって株主となったのは、設立時募集株式の引受人だから、株主権を行使できるのは、その引受人である。要するに、発起人の払込みは第三者弁済にすぎない。

次に、会社法53条１項は、発起人、設立時取締役、設立時監査役が、株式会社の成立についてその任務を怠ったことによる責任を規定します。

これは、会社設立後の役員等の責任と同様の規定です。

任務を怠っていなければ、会社にいくら多額の損害が生じても１円も損害賠償をする必要がありません。

つづいて、会社法53条２項は、発起人、設立時取締役、設立時監査役の第三者に対する責任を規定します。その要件は、「職務を行うについての悪意または重過失」であり、これも、会社設立後の場合と同様です。

会社法54条は、前条のケースで責任が生じる場合には、発起人、設立時取締役、設立時監査役の連帯責任となるということを規定します。

問 設立時会計参与、設立時会計監査人には、なぜ、任務懈怠責任が生じないのか。

答 両者の権限を定めた規定が会社法にないからである。権限がなければ責任が生じないのがモノの道理だ。

次に重要な規定があります。

会社法55条は、現物出資財産の価額が著しく不足する場合のてん補責任（会社法52条１項）、出資の履行の仮装に係る責任（会社法52条の２第１項）、任務懈怠により会社に負う責任（会社法53条１項）は、いずれも、総株主の同意がなければ免除できない旨を規定します。

会社成立後のような、責任の一部免除（報酬の４年分とかのオマケ）の規定はありません。

なお、第三者に対する責任（会社法53条２項）を、総株主が免除できるわけがないことは、理の当然といえましょう。

最後に、会社成立に至らなかった場合には、責任の落ち着き先は発起人しかありえません。（会社法56条）

発起人は、連帯して、株式会社の設立に関してした行為についてその責任を負い、株式会社の設立に関して支出した費用を負担します。

❖❖

参考問題

１．募集設立における発起人は、会社の成立の時における現物出資財産等の価額が

定款に記載された価額に著しく不足する場合であっても、当該発起人がその職務を行うについて注意を怠らなかったことを証明すれば、不足額を支払う義務を免れる。(商法H20-28-イ)

2．検査役の調査を経た場合を除き、現物出資の目的財産の価額が定款に記載された価額に著しく不足しているときに発起人が会社に対して当該不足額を支払う義務は、発起設立の場合には、当該発起人がその職務を行うについて注意を怠らなかったことを証明すれば、当該発起人が現物出資をした者でない限り、免れることができるが、募集設立の場合には、当該発起人がその職務を行うについて注意を怠らなかったことを証明したとしても、免れることができない。(商法H22-27-オ)

答え 1．× 会社法103条1項。 2．○ 会社法52条2項2号、103条1項。

コラム 設立無効の訴え

管轄 会社の本店の所在地を管轄する地方裁判所
提訴期間 会社の成立の日（登記）から2年間
提訴権者 株主、取締役、清算人、監査役（会計監査権限のみの監査役は含まない）、執行役
遡及効 なし

最後の点について述べよう。

会社の組織に関する訴えは、原則として、同一の原理で行われる。

本書では、決議取消しの訴えの項目で、詳細に記載した。

たとえば、判決の第三者効、弁論の必要的併合等である。

が、最後の遡及効については、少々追加説明が必要だろう。民法121条は、取り消された行為は、初めから無効であったものとみなす、と規定している。これが取消しの遡及効だ。遡及とは「さかのぼる」という意味である。

また、無効なものはもともと無だ。もともと何も存在しない。

が、会社法には特則がある。会社の組織に関する訴えの請求認容判決について、無効・取り消された行為は将来に向かってその効力を失うとしているのだ。(会社法839条) たとえば、会社の設立が無効であるという判決が確定したとしよう。

この場合に、民法の原則どおりであれば、設立行為のすべてがもともと無であったことになる。定款の作成も、出資の履行も、何もかもだ。

が、会社の設立には多くの人が関与することがあるだろう。

その場合に、もともと無だというのでは、余計に法律関係がややこしくなる。

だから、設立手続は一応存在したことにして、それを、将来に向かって解消することにしたのだ。

　しかし、例外的に、会社の組織に関する訴えであっても遡及効の存在するものがある。それが、株主総会決議取消しの訴えだ（そのほか各種不存在確認の訴え、たとえば、株式の発行が存在しないことの確認の訴えおよび会社の解散の訴えにも、無効の将来効を規定する会社法839条の適用はない。が、これは、理の当然であるから覚える必要はない）。

　みなさんは、株主総会決議取消しの訴えの項で、計算書類の承認決議が取り消されると、その決議はさかのぼって存在しないことになる云々という判例があったことを覚えているかな。

　これは、株主総会の決議取消しの効果が遡及することを意味しているのだ。

【用語解説】→ 会社の組織に関する訴え
　　株式の発行の無効・組織変更の無効・合併無効・分割無効・解散の訴えなど数多い。
　　が、役員等の責任追及の訴え（いわゆる株主代表訴訟）、役員の解任の訴えは、「組織」に関するものではないから、上記の範疇に属さない。

❖•❖

参考問題
１．株式会社の設立を無効とする判決が確定したときは、将来に向かって設立の効力が失われ、その株式会社について清算が開始される。（商法R3-27-オ）
２．吸収合併を無効とする判決が確定した場合には、吸収合併の効力発生後当該判決の確定前に吸収合併存続会社がした剰余金の配当も、無効となる。（商法H24-34-オ）
３．募集設立の場合において、株式会社の成立後、定款に記載された設立に際して出資される財産の最低額に相当する出資がなかったことを原因として当該株式会社の設立の無効の訴えに係る請求を認容する判決が確定したときは、発起人は、設立時募集株式の引受人に対し、連帯して、払込金を返還する責任を負う。（商法H30-27-ア）

⋯⋯⋯⋯⋯⋯⋯⋯⋯⋯⋯⋯⋯⋯⋯⋯⋯⋯⋯⋯⋯⋯⋯⋯⋯⋯⋯⋯⋯⋯⋯⋯⋯⋯

答え　　１．○　設立無効の訴えの請求認容判決の効力は遡及しない。
２．×　合併無効の訴えの請求が認容されたときは、無効となった行為（吸収合併）は将来に向かってその効力を失う（会社法839条、834条7号）。つまり、遡及効はナイのだからそれまでにした剰余金の配当は有効である。
３．×　設立無効の訴えの請求認容判決の効力も将来効である。したがって、設立

時募集株式の引受人の払込みが無効となることもなく、発起人に責任が生じることもない。

‥‥

◀ポイント▶　無効の主張と出訴期間

　民法では、無効は、いつでも誰でも主張できる。とくに、「いつでも」という部分には例外がない。しかし、会社法にはある。

　では、無効の主張に出訴期間の定めがあることは何を意味するのか。

　答えは、「その期間が経過すると、無効なものが有効になっちゃう」ということである。

　会社は、多くの取引先を巻き込んで活動する。そこで、無効原因なんか目をつぶっちゃえという一見乱暴な（民法は決して採用しない）仕組みを導入しているのである。

　なお、会社がらみの行為の無効原因についても、会社法が特別の規定（例　設立無効の訴え）を置かないときは、民法がそのまま適用となる。

　すなわち、いつでも誰でも訴訟外でも無効の主張ができる。たとえば、事業譲渡の無効がその代表例である。

> ## コラム　会社の組織に関する訴えの共通点（補足）
>
> 　1．株主または会社債権者が、訴えを提起する場合、被告（会社）の申立てにより、裁判所は、相当の担保提供を命じることができる。
>
> 　　ただし、その株主が取締役・監査役・執行役・清算人であれば上記を適用しない。（会社法836条）
>
> 　2．原告敗訴の場合、原告に悪意・重過失があれば、原告は、会社に対し連帯して損害賠償責任を負う。（会社法846条）
>
> 以上は、会社の組織に関する訴えを利用した悪質な会社荒らしに備えての条文である。
>
> 　世の中には、会社にいちゃもんをつけて、金品を巻き上げようという不逞の輩がいる。
>
> 　その場合の彼らの負担が上記の条文に規定されている。

発展　会社の組織に関する訴えの整理法1（提訴期間）

　効力発生から6か月というのが圧倒的に多いといえる。

　1．株主総会決議取消し（決議の日から3か月）

　2．設立無効（会社成立の日から2年）

というのは、例外に属す。

例外だけを記憶することをお勧めする。

では、効力発生から6か月のものを列挙する。

1．株式の発行の無効（他に、自己株式の処分、新株予約権発行の無効も）

2．組織変更の無効

3．資本金の額の減少無効

4．合併無効

5．分割無効

6．株式交換無効

7．株式移転無効

8．株式交付無効

《注》　上記の1に掲げた「株式の発行の無効」「自己株式の処分の無効」「新株予約権発行の無効」（要するに株がらみの訴え）については、公開会社でない株式会社では、それぞれの効力が生じた日から「1年以内」に提訴期間が延長される。

発展　会社の組織に関する訴えの整理法2（提訴権者）

　株主・取締役・清算人・監査役（会計監査権限のみの者は除く）・執行役が基本的な登場人物である。

　他に、破産管財人・会社債権者が登場するケースがある。

　ポイントは、会社債権者である。

　会社債権者に不利になりうる場合（債権者の異議手続を要するケース）についてのみ提訴権がある（資本金の額の減少無効・組織変更無効・合併無効・分割無効・株式交換無効・株式移転無効・株式交付無効）。

　資本金の額の減少が、なぜ会社債権者を害するかについては、すでに記載した。これにより、配当可能な剰余金が増えるからである。

　なお、破産管財人は、債権者の登場とセットになっているので、各自、ご確認のこと。

　債権者を害する組織再編→会社の破産→破産管財人が組織再編の効力を否定というスジ書である。

◀ポイント▶　債権者・破産管財人

　両者が提訴権者となるのは、債権者の異議手続を要する行為（例　資本金の額の減少）の無効に係る訴えに限定される。

参考問題

1. 株式会社の設立の無効は、株式会社の成立後６か月以内に訴えをもってのみ主張することができる。（商法H18-34-ア）

2. 持分会社の設立の取消しを認容する確定判決には遡及効がないが、株主総会の決議の取消しを認容する判決には遡及効がある。（商法H18-34-ウ）

答 え 1．× 2．○

商業登記法　VER2

1 株式会社の設立登記

　株式会社の設立登記の申請書においても、その「登記すべき事項」が、「登記簿の下書き」になるという事情は変わらない。

　ただし、いままでに学習した変更登記の申請書とは少々異なる点がある。
それは、「株式会社は、その本店の所在地において設立の登記をすることによって成立する」結果として、「登記すべき事項」に、日付が一切入らないことになるのである。

　つまり、登記すべき事項は「設立」であり、「年月日設立」ではない。
　登記申請の受理までは、会社は設立されていないから、司法書士が申請書に「年月日設立」とは書けないのである。

参考問題　株式会社の定款に記載し、又は記録する本店の所在地は日本国内にあることを要するが、当該定款に記載し、又は記録する発起人の住所は日本国内にあることを要しない。（商法H29-27-オ）

答え　○　本店の所在地が日本国内になければ、その本店所在地での登記が不可能だから設立ができない。これに対し、発起人は将来の株主にすぎないので、その住所が外国でもかまわない（外国人投資家が存在するのは当たり前のハナシ）。

　では、その他、登記法に特有の問題点を書いていこう。

事例1

　株式会社Xの設立時代表取締役である甲は、いつまでに設立の登記を申請すればよいのか。
1　発起設立の場合
2　募集設立の場合

1について

　基本的には、設立時取締役等の調査が終了した日から2週間以内である。（会社法911条1項1号）

　　→指名委員会等設置会社の設立では、設立時取締役が調査の終了等を設立時代表執行役に通知をした時から2週間以内である。

　　→登記申請をするのは設立時代表執行役だから、彼が知った時から登記期間を起算する。

　ただし、発起人が定めた日が別にあれば、上記の起算点か、その発起人が定めた日のいずれか遅い日から2週間以内となる。

2について

　基本的には、創立総会の終結の日から2週間以内である。（会社法911条2項1号）

　　→ただし、会社法911条2項2号から5号の日がこれより遅ければその日から2週間以内となる。

<hr>

参考問題　会社の登記の期間は、原則として登記すべき事項の効力が発生した日を基準として計算するが、株式会社の設立の登記は、それ自体が会社の成立要件とされており、その期間は、設立に必要な手続が終了した日を基準として計算する。（商業登記法H12-28-エ）

答え　○　会社法911条1項・2項。

<hr>

---**事例2**---

　取締役3名（甲乙丙）、代表取締役1名（甲）として、株式会社の設立の登記を申請したい。

　設立の登記を受託した司法書士は、誰の印鑑証明書の準備を依頼すべきか。

1　設立しようとする会社が取締役会設置会社である場合

2　設立しようとする会社が取締役会を設置しない会社である場合

1について

　1通である。代表取締役甲の印鑑証明書の手配を要する。

2について

　3通である。取締役甲乙丙の印鑑証明書の手配を要する。

では、上記の結論の根拠条文を挙げておく（該当部分のみ）。

商業登記規則61条（添付書面）(一部省略)

4項　設立（合併及び組織変更による設立を除く。）の登記の申請書には、設立
　　時取締役が就任を承諾したこと（成年後見人又は保佐人が本人に代わって
　　承諾する場合にあっては、当該成年後見人又は保佐人が本人に代わって就
　　任を承諾したこと。以下この項において同じ。）を証する書面に押印した印
　　鑑につき市町村長の作成した証明書を添付しなければならない。

5項　取締役会設置会社における前項の規定の適用については、同項中「設立
　　時取締役」とあるのは「設立時代表取締役又は設立時代表執行役」…とする。

◀ポイント▶　61条4項のカッコ書に要注意。

参考問題　株式会社の設立の登記に関し、当該株式会社の定款に取締役会設置会
社である旨の定めはなく、かつ監査役を置く旨の定めがある場合、当該設立の登記
の申請書には、設立時取締役及び設立時監査役が就任を承諾したことを証する書面
の印鑑について市区町村長の作成した証明書を添付しなければならない。（商業登
記法H21-28-イ改）

答え　×　設立時監査役については、印鑑証明書は不要である。

　また、設立時取締役のうち上記の印鑑証明書を添付しない者と設立時監査役は、
その就任承諾書の住所と氏名についての本人確認証明書の添付を要します。
　以下、就任承諾書を書面で作成するものとして、事例を挙げて解説します。

事例1　取締役会設置会社を設立するとき
役員構成（設立時の役員）
取締役A、同B、同C、代表取締役A、監査役D

　このケースでは、それぞれ、以下の文書を設立登記の申請書に添付します。

取締役A　印鑑証明書（規61-4）
取締役B　本人確認証明書（規61-7）
取締役C　本人確認証明書（規61-7）
監査役D　本人確認証明書（規61-7）

就任承諾書	就任承諾書	就任承諾書	就任承諾書	就任承諾書
設立時 取締役	設立時 取締役	設立時 取締役	設立時 監査役	設立時 代表取締役
住所A ㊞	**住所B** ㊞	**住所C** ㊞	**住所D** ㊞	住所A ㊞

上記の太字で記載した住所氏名について、本人確認証明書を添付します。

事例2　取締役会を設置しない会社を設立するとき
　役員構成（設立時の役員）
　取締役A、同B、同C、代表取締役A、監査役D

このケースでは、それぞれ、以下の文書を設立登記の申請書に添付します。

取締役A　印鑑証明書（規61-4）
取締役B　印鑑証明書（規61-4）
取締役C　印鑑証明書（規61-4）
監査役D　本人確認証明書（規61-7）

就任承諾書	就任承諾書	就任承諾書	就任承諾書
設立時取締役	設立時取締役	設立時取締役	設立時監査役
住所A ㊞	住所B ㊞	住所C ㊞	**住所D** ㊞

前記の太字で記載した住所氏名について、本人確認証明書を添付します。

以下は、前記の取扱いの根拠条文です。
設立登記に係る部分のみを取り出し、一部変形して引用します。

商業登記規則61条（添付書面　変更登記に係る部分のみを抜粋）
　7項　設立の登記の申請書には、設立時取締役、設立時監査役、設立時執行役（以
　　　下この項及び第103条において「取締役等」という。）が就任を承諾したこ
　　　と（成年後見人又は保佐人が本人に代わって承諾する場合にあっては、当

該成年後見人又は保佐人が本人に代わって就任を承諾したこと）を証する
書面に記載した取締役等の氏名及び住所と同一の氏名及び住所が記載され
ている市町村長その他の公務員が職務上作成した証明書（当該取締役等（そ
の者の成年後見人又は保佐人が本人に代わって就任を承諾した場合にあっ
ては、当該成年後見人又は保佐人）が原本と相違がない旨を記載した謄本
を含む。）を添付しなければならない。ただし、登記の申請書に第４項（第
５項において読み替えて適用される場合を含む。）の規定により当該設立時
取締役等の印鑑につき市町村長の作成した証明書を添付する場合は、この
限りでない。

　では、以下の登記簿の記載例（H18.4.26民商第1110号依命通知改）をもとに、
設立登記の申請書を作成してみよう。

　以下の記載例は、株式会社の設立登記における、ほとんど最小限度の登記事項
である（株券発行と、存続期間の定めが異例である）。

　とりあえず、添付書面の数は最小限度で申請書を作成することとする。

　なお、**発起設立**であり、取締役による調査は令和６年９月25日に終了していた
ものとしよう（登記の申請に関し、発起人が定めた日は存在しない）。

　変態設立事項はない。

設立の登記
取締役会を設置していない場合

会社法人等番号	0000-00-000000
商　　号	第一電器株式会社
本　　店	東京都中央区京橋一丁目１番１号
公告をする方法	官報に掲載してする。
会社成立の年月日	令和６年10月１日
目　　的	1　家庭電器用品の製造及び販売 2　家具、什器類の製造及び販売 3　光学機械の販売 4　前各号に附帯する一切の事業
発行可能株式総数	400株
発行済株式の総数 並びに種類及び数	発行済株式の総数 　200株

株券を発行する旨の定め	当会社の株式については、株券を発行する。
資本金の額	金300万円
株式の譲渡制限に関する規定	当会社の株式を譲渡により取得するには、当会社の承認を要する。
役員に関する事項	取締役　甲野太郎
	東京都大田区東蒲田二丁目３番１号 代表取締役　甲野太郎
存続期間	会社成立の日から満50年
登記記録に関する事項	設立 　　　　　　　　　　　　　令和６年10月１日登記

では、以下に申請書を作成する。

株式会社設立登記申請書

商　号　（フリガナ　ダイイチデンキ）　第一電器株式会社
本店　　　東京都中央区京橋一丁目１番１号
登記の事由　　令和６年９月25日発起設立の手続終了
登記すべき事項　　別紙のとおり
課税標準金額　　金300万円
登録免許税　　金15万円
添付書類　　定款　　　　　　　　　　　　　１通
　　　　　　設立時取締役の就任承諾書は定款の記載を援用する
　　　　　　印鑑証明書　　　　　　　　　　１通
　　　　　　払込みがあったことを証する書面　１通
　　　　　　委任状　　　　　　　　　　　　１通
上記のとおり登記の申請をします。
令和６年10月１日
　　　　　　　　　東京都中央区京橋一丁目１番１号
　　　　　　　　　　申請人　第一電器株式会社
　　　　　　　　　東京都大田区東蒲田二丁目３番１号
　　　　　　　　　　代表取締役　甲野太郎
　　　　　　　　　横浜市中区中一丁目１番地
　　　　　　　　　　上記代理人　司法書士　山本太郎　㊞
東京法務局御中

別紙の内容

「商号」第一電器株式会社
「本店」東京都中央区京橋一丁目1番1号
「公告をする方法」官報に掲載してする。
「目的」
　1　家庭電器用品の製造及び販売
　2　家具、什器類の製造及び販売
　3　光学機械の販売
　4　前各号に附帯する一切の事業
「発行可能株式総数」400株
「発行済株式の総数」200株
「株券を発行する旨の定め」
当会社の株式については、株券を発行する。
「資本金の額」金300万円
「株式の譲渡制限に関する規定」
当会社の株式を譲渡により取得するには、当会社の承認を要する。
「役員に関する事項」
「資格」取締役
「氏名」甲野太郎
「役員に関する事項」
「資格」代表取締役
「住所」東京都大田区東蒲田二丁目3番1号
「氏名」甲野太郎
「存続期間」会社成立の日から満50年
「登記記録に関する事項」設立

　では、簡単に説明しよう。
　登記の事由に、「令和6年9月25日発起設立の手続終了」とある。
　これは、「令和6年9月25日発起設立の手続が終了し、その日から2週間以内に登記を申請しましたよ」という意味である。
　登記期間の起算日を示す日付であり、この日付は登記簿には記載されない。すなわち「登記すべき事項」ではない。
　受験者は、「登記すべき事項」に日付を書かない場合には、「登記の事由」に日付を書くものと単純に考えればよい（ただし、双方に日付を要しない事例もある）。

　登記すべき事項については、特にいうことはない。
　要するに、登記簿の記載を「こうしてくれ」というコトを、相手に意味が伝わるように書けばいいのである。

　次に登録免許税である。
　設立の登記は、資本金の額が課税標準金額となる（1000円未満切り捨て）。
　この額に1000分の７を掛けた数字（100円未満切捨て）が、登録免許税額となるが、この額が15万円に満たない場合は、15万円とされる。
　そのため、この会社の設立登記は、こんなに「高くつく」のである。

　さて、最後に添付書面である。
　基本的に、添付書面は、登記すべき事項がいかに会社法のルールに従って決定されたかを裏付ける書面を添付していけばいいだけのハナシである。
　単純な発想でよいのである。
　さきの申請書の添付書面は、実務でよく見る申請書の例に比すれば、実に数が少ない。
　しかし、登記事項を定款でこと細かに規定しておけば、この少なさが可能である。
　では、個別に見ていこう。

「商号」第一電器株式会社
商号は、定款の絶対的記載事項である。→定款の添付で足りる

「本店」東京都中央区京橋一丁目１番１号
本店の所在場所が定款に具体的に記載されている場合→定款の添付で足りる
上記以外の場合→発起人の過半数の同意を証する書面

「公告をする方法」官報に掲載してする。
定款の記載事項→定款の添付で足りる（定款に何も書いてなくてもよい。会社法939条４項、911条３項29号）

「目的」
１　家庭電器用品の製造及び販売
２　家具、什器類の製造及び販売
３　光学機械の販売
４　前各号に附帯する一切の事業
定款の絶対的記載事項→定款の添付で足りる

「発行可能株式総数」400株
定款に記載のある場合→定款の添付で足りる
定款に記載のない場合→発起人全員の同意書

「発行済株式の総数」200株
定款に発起人が割当てを受ける設立時発行株式の数の記載がある場合→定款の
添付で足りる
定款に記載のない場合→発起人全員の同意書

「株券を発行する旨の定め」
当会社の株式については、株券を発行する。
定款の記載事項→定款の添付で足りる

「資本金の額」金300万円
定款に成立後の株式会社の資本金の額の記載がある場合→定款の添付で足りる
定款に記載のない場合→発起人全員の同意書

「株式の譲渡制限に関する規定」
当会社の株式を譲渡により取得するには、当会社の承認を要する。
定款の記載事項→定款の添付で足りる

「役員に関する事項」
「資格」取締役
「氏名」甲野太郎
「役員に関する事項」
「資格」代表取締役
「住所」東京都大田区東蒲田二丁目３番１号
「氏名」甲野太郎
選任または選定を証する書面
定款に記載がある場合→定款の添付で足りる
定款に記載がない場合→発起人の議決権の過半数の一致を証する書面

設立時取締役の就任承諾書
甲野太郎が発起人であり定款に実印を押印しているケース→定款の記載を援用
できる。発起人が、自らを設立時取締役と定める行為は、その就任承諾を当た

り前の前提としているためである。
その他の場合→就任承諾書を添付する（発起人の議決権の過半数の一致を証する書面に発起人である設立時取締役甲野太郎が就任を承諾した旨の記載があり、当該書面に甲野太郎の実印が押されていれば援用することもできる）。

設立時代表取締役の就任承諾書
２階建ての選定方式であれば不要と解される。

「存続期間」会社成立の日から満50年
定款の記載事項→定款の添付で足りる

「登記記録に関する事項」設立
添付書面不要。

以上である。
このように、添付書面の問題は、登記事項から逆算して考えればよい。

　では、株式会社の設立時に要する添付書面で、本書においてまだ紹介していないものを簡単に紹介する。
１．株主名簿管理人の氏名または名称および住所並びに営業所が登記事項となる場合。
　・選任に係る発起人の過半数の一致があったことを証する書面（商業登記法47条３項）
　　→定款で選任した場合は定款でよい。
　・株主名簿管理人との契約を証する書面（商業登記法47条２項６号）
２．登記すべき事項につき種類創立総会決議を要する場合。
　・種類創立総会議事録（商業登記法47条２項９号　なお、47条４項参照）
３．設立につき官庁の許可を要するとき。
　・許可書またはその認証がある謄本（商業登記法19条）

　では、オマケで、第一電器株式会社の設立の方法が、募集設立であった場合の登記申請書を、変態設立事項はないものとしてごく少数の添付書面を用いて作成してみる。

登記の事由	令和６年９月25日募集設立の手続終了
登記すべき事項	別紙の通り
課税標準金額	金300万円

登録免許税	金15万円		
添付書類	定款	1通	
	創立総会議事録	1通	
	設立時取締役の就任承諾書は創立総会議事録の記載を援用する		
	発起人全員の同意書	1通	＊1
	設立時募集株式の引受けの申込みを証する書面	1通	＊2
	払込金保管証明書	1通	
	印鑑証明書	1通	
	委任状	1通	

＊1　設立時募集株式の募集事項の決定をしている。
＊2　設立時募集株式の総数引受契約を証する書面でもよい。

❖❖❖

参考問題

1．取締役会設置会社でない株式会社を設立する場合において、定款の定めに基づき設立時取締役の互選により設立時代表取締役を選定したときは、設立の登記の申請書には、設立時取締役による互選を証する書面に押された設立時取締役の印鑑につき市区町村長が作成した印鑑証明書を添付しなければならない。（商業登記法H19-32-ア）

2．取締役会設置会社（指名委員会等設置会社を除く。）を設立する場合には、設立の登記の申請書には、設立時代表取締役の就任承諾書に押印された印鑑につき市区町村長の作成した印鑑証明書を添付する必要はない。（商業登記法H19-32-イ）

3．株式会社の設立の登記の登録免許税の課税標準は、資本金の額である。（商業登記法 S 63-40-1）

4．株式会社の設立の登記の申請に関して、当該設立が募集設立である場合において、その発起人が株式申込人である他の株式会社の代表取締役と同一人であるときであっても、申請書には、当該他の株式会社において利益相反取引の承認を受けたことを証する書面の添付を要しない。（商業登記法H23-29-イ改）

5．株式会社の設立の登記の申請に関して、定款に非業務執行取締役が負う責任の限度に関する契約の締結についての定めがあるときは、申請書には、取締役のうち一人以上が非業務執行取締役であることを証する書面を添付しなければならない。（商業登記法H23-29-エ改）

6．株式会社の設立の登記の申請書には、当該設立が発起設立である場合にあっては設立時発行株式の引受けの申込みを証する書面を、当該設立が募集設立である場合にあっては設立時募集株式の引受けの申込みを証する書面を、それぞれ添付しなければならない。（商業登記法H23-29-オ改）

7．資本金の額が1億円の株式会社の募集設立に当たって支店を設ける場合に本店

の所在地においてする設立の登記の登録免許税の額は、76万円である。（商業登記法H23-35-イ改）

8．株式会社の設立が発起設立であり、設立時取締役を定款で定めた場合は、その者が発起人以外の者であっても、当該設立の登記の申請書には、当該設立時取締役が就任を承諾したことを証する書面を添付することを要しない。（商業登記法H31-28-イ改）

9．発起設立の場合も、募集設立の場合も、株主名簿管理人をおいた場合には、定款でその氏名及び住所並びに営業所を定めた場合であっても、当該株主名簿管理人との契約を証する書面を添付しなければならない。（商業登記法H17-30-オ）

答え　1．×　商業登記規則61条6項は、設立登記に関する規定ではない。

2．×　商業登記規則61条5項・4項前段。　　3．○

4．○　商業登記法には、設立登記の申請書に、設立する会社以外の議事録を添付しろという規定は存在しない。

5．×　設立時に非業務執行取締役が存在しなくてもかまわない。また、仮に非業務執行取締役がいたとしても、取締役が業務を執行しないことについての証明文書を要するという規定は、商業登記法に存在しない。この点は、変更登記も設立登記も同様である。

6．×　発起人には「引受けの申込み」という行為はない。発起人は、設立時株式を単に「引き受ける」のであり（会社法25条2項）、「引受け」は、定款または発起人全員の同意で決する（この点の添付書面は、定款または発起人全員の同意書）。

　　なお、後半についても、「引受けの申込みを証する書面」ではなく、総数引受契約書を添付することもあるので、正しいとはいえない。（商業登記法47条2項2号）

7．×　株式会社の設立登記の登録免許税は、資本金の額の7/1000（この額が金15万円に満たないときは、金15万円）である。したがって、本問の登録免許税は金70万円である。別途、支店設置分の登録免許税（金6万円）を納める必要はない。

8．×　発起人以外の者が設立時取締役の場合、定款の記載を就任承諾書に援用することはできない。

9．○　商業登記法47条2項6号。

第6章

責任追及等に関する訴え

　株主による発起人等の責任追及等に関する訴え（いわゆる株主代表訴訟）について整理しましょう。（会社法847条）

【用語解説】→　発起人等
　　発起人等とは、発起人、設立時取締役、設立時監査役、取締役、会計参与、監査役、執行役、会計監査人、清算人の総称である。（会社法847条1項、423条1項）

提訴権者　　6か月前から（1株以上の）株式を有する株主（公開会社以外では6か月の要件は不要）。

内容　①　発起人・設立時取締役・設立時監査役・取締役・会計参与・執行役・監査役・会計監査人・清算人の責任を追及する。

　②　出資の履行を仮装した設立時募集株式・募集株式の引受人にその支払い（または給付）を求める。

　③　新株予約権の行使や募集新株予約権に係る払込み等を仮装した新株予約権者にその支払い（または給付）を求める。

　④　株主の権利行使に関し供与された利益の返還を求める。

　⑤　「取締役（または執行役）と通じて著しく不公正な払込金額で募集株式を引き受けた者」および「募集株式の引受人が株主となった時におけるその給付した現物出資財産の価額が募集事項決定時における価額に著しく不足した場合の募集株式の引受人」の責任追及。

　⑥　「取締役（または執行役）と通じて著しく不公正な条件で募集新株予約権の無償発行を引き受けた者」および「取締役（または執行役）と通じて著しく不公正な払込金額で募集新株予約権を引き受けた者」ならびに「新株予約権者が株主となった時におけるその給付した現物出資財産の価額が新株予約権の内容として定められた価額に著しく不足した場合」に、それぞれ新株予約権を行使した新株予約権者の責任追及。

　　→上記の①～⑥を総称して責任追及等の訴えという。

およその筋道

1．提訴権者が、会社に対し提訴を請求する（本来は会社が責任追及をすべきなのです）。

2. が、会社が、**60日**経過しても責任追及等の訴えを提起しない（会社と取締役はお仲間だ）。
　→会社が訴えを提起しない場合、訴えの請求をした株主等の請求があれば、会社はその理由書の交付等の方法により通知しなければならない。

3. そこで、株主が会社のために、発起人等の責任を追及するためなどの訴訟を提起する。原告は、株主である。

4. 株主は会社に**訴訟告知**をする。
　＊提訴権者の請求があれば、会社は、訴訟を提起しないことの**理由書**を提訴権者に交付しなければならない。
　＊60日間の経過により会社に回復することのできない損害が生ずるおそれがある場合、株主は**直ちに**責任追及等の訴えを提起できる。

この訴えが、経営陣から恐れられていることは、大和銀行事件の項で述べました。
が、場合によっては、この制度は、会社荒らしに利用されることがありえます。
そこで、会社法は、訴えの目的が、その株主または第三者の不正な利益を図ること、会社に損害を加えることを目的とする場合、株主は提訴請求ができないと規定しています。（会社法847条1項ただし書）

また、担保提供に関する規定も存在します。
1. 裁判所は、被告である役員等の申立てにより、原告株主に対し、相当の担保提供を命じることができる。
2. 上記の場合、被告である役員等は、訴えの提起が悪意によることを疎明しなければならない。

【用語解説】 → 疎明
　裁判官に、証明には至らないが一応確からしいという程度の心証を得させるための当事者の訴訟行為。これから裁判をする段階なのだから、証明まで要求するのは無理なのだ。

コラム 訴 額

　株主代表訴訟は、何百億の請求をすることもある。が、そうすると、訴状に貼る印紙代が巨額（何千万単位）になりはすまいか？
　この点につき、会社法847条の4第1項は、株主代表訴訟の訴額を、財産権上の訴えではないとみなすとしている。
　地裁レベルの、ほぼ最低額（タダみたいなもの）でよいということだ。

これは、株主代表訴訟を提起しやすくするための配慮である。

もともと、株主は、自分に何百億をよこせといっているのではない。会社によこせといっている。だから、訴額をオマケしてあげたのだ。

管轄　株式会社または株式交換等完全子会社の本店の所在地を管轄する地方裁判所（会社法848条）

参考 ┃ 訴訟参加

株主、株式会社は、当事者の、片方（どちらか）の補助のため、訴訟参加をすることができる。（会社法849条1項）

驚くべきは、会社が取締役など被告の側に訴訟参加ができることである。（もともと、会社が提起すべき訴訟を株主が提起しているのに、その会社が被告である取締役側に参加することがありえる。）

このケース、つまり、株式会社が被告である取締役側に参加する場合には、監査役設置会社においては各監査役、監査等委員会設置会社においては各監査等委員、指名委員会等設置会社においては各監査委員の同意を要する。（会社法849条3項）

ここに、各監査役、各監査等委員、各監査委員というのは、その全員の同意を要するという意味である。

参考 ┃ 費用等の請求

責任追及等の訴えの原告が勝訴した場合、その訴訟追行に要した費用（訴訟費用を除く）を支出したときまたは弁護士への報酬を支払うべきときには、会社に対し、その費用の額の範囲内または報酬額の範囲内で相当と認められる額の支払を請求できる。（会社法852条1項）

また、株主が敗訴した場合も、悪意の場合を除き、株主は会社に対し損害賠償責任を負わない。（会社法852条2項）

上記は、いずれも、責任追及の訴えを提起しやすくするための規定である。

参考 ┃ 弁護士の報酬

勝訴しても相手方に請求ができないことが原則。原告・被告、勝っても負けても、弁護士報酬は自分もちである。会社法852条1項は、これに対する会社法上の特則である。ただし、**請求先は株式会社**であり、被告そのもの（取締役等）ではない。

参考問題

1. 執行役の責任を追及する訴えは、株主代表訴訟として提起することができない。
（商法H23-31-ウ）
2. 会計参与は、株式会社の役員の解任の訴えの対象となる。（商法H24-31-エ）

答 え 　1. ✕　会社法847条1項、423条1項。　　2. ○　会社法854条1項。

1 株主でなくなった者の訴訟追行

大和銀行事件は意外な結末になりました。

8百数十億という、判決の後に、わずか2億5千万円で和解したのです。

その理由は、大和銀行が持株会社（大和銀HD）を作ったため、原告の訴えが却下される破目になりそうだったためです。

株式移転により、大和銀行の株主は、自動的に大和銀HDの株主になります。

となると、大和銀行の株主ではなくなるので、株主代表訴訟の前提を欠きます。原告適格に問題ありということで、門前払い判決を食らいそうになったのです。そこで、株主側は、泣く泣く少額の和解に応じたのです。

会社法では、この前例を踏まえ、たとえ訴訟提起後に被告である役員等の会社の株主ではなくなったとしても、株式移転・株式交換によりその完全親会社の株式を取得した場合には、訴訟の追行ができると明記しました。（会社法851条1項1号）

また、被告である役員等の会社が、吸収合併されて、株主が、存続会社等の株式を取得した場合も同様です。（会社法851条1項2号）

2 旧株主による責任追及等の訴え

前節の記述は、訴訟を提起したときには株主であった者が、その訴訟の係属中に株主の地位を失ったときの話です。

しかし、本節の内容は、これと相違して、すでに株主ではない者（旧株主）が責任追及等の訴えを提起することができるという話です。

次の場合に、旧株主が責任追及等の訴えを提起することができます。（会社法847条の2第1項）

1．ある時点で甲株式会社に取締役等の責任や義務の**原因となった事実**が生じていた。
2．旧株主（X）は、その時点で甲株式会社の株式（1株でもよい）を保有していた。
3．その後、株式移転または株式交換によりXは甲株式会社の完全親株式会社(丙社)の株主となった
 →もしくは、吸収合併により存続する株式会社（乙社）の完全親株式会社（丙社）の株主となった。
 →なお、公開会社では、上記の株式移転、株式交換、合併の効力が生ずる日の6か月前から株式（1株でもよい）を保有していたことを要する。
 →上記の訴えを提起することができる旧株主を、会社法は、**適格旧株主**と命名している（会社法847条の2第9項）。

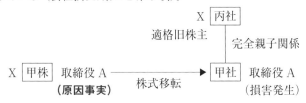

Xは取締役Aの責任追及の訴えを提起することができる

　以上の場合に、Xは、甲株式会社を代表して、甲株式会社の発起人等の責任を追及する訴えなどを提起することができます。

　訴えの提起の方式（原則として、まず、甲株式会社に訴えの提起を請求すべきこと）などは、株主による責任追及等の訴えの場合とほぼ同様の仕組みになっています（会社法847条の2第3項～9項を一瞥するとよい）。

コラム　吸収合併により存続する株式会社の完全親株式会社とは

　会社法は、旧株主（X）が吸収合併により存続する株式会社（乙社）の完全親株式会社（丙社）の株主となったときに、甲社（合併消滅会社）の旧株主として責任追及等の訴えを提起できると規定している。これは、下図の三角合併を想定した規定である。

　　　　　　　　　　　　　　　　　　　　　　X　丙社
　　　　　　　　　　適格旧株主　　　　　　　　　　完全親子関係

　　X　甲社　　　　→　取締役A ────────→　乙社　取締役A
　合併により消滅　　　（原因事実）　　合併　　　　　　　　（損害発生）

　　　　　Xは取締役Aの責任追及の訴えを提起することができる

　では、旧株主（X）が乙社の株主となったときはどうか。

　会社法には規定がないが、この場合、旧株主（X）が責任追及等の訴えを提起できるのは当たり前の話である（当たり前だから規定がない）。

　甲社が乙社に合併したときは、甲社の権利（これを裏から見れば、甲社の発起人等の責任など）が乙社に包括承継されるのだから、Xは乙社の株主として、その責任を追及すればよいのである。

3 最終完全親会社等の株主による特定責任追及の訴え（多重代表訴訟）

　甲ホールディングス社（甲HD）が、甲社の完全親株式会社の場合、従来は、甲社の株主は甲HDだけであり、甲HDと甲社はお友達だから、甲HDの経営者が、甲社の取締役などの失敗を大目にみることがありました。

　そこで、会社法改正により、甲HDの株主が、甲HDに代位して、甲社の発起人等の特定責任を追及する訴えを提起することができるものとしたのです。

　ここに発起人等とは、発起人、設立時取締役、設立時監査役、役員等（取締役、会計参与、監査役、執行役または会計監査人）、もしくは清算人のことをいいます。（会社法847条1項、423条1項）

　ここも訴えの提起の方式などは、株主による責任追及等の訴えの場合とほぼ同

様の仕組みになっています。(会社法847条の3第1項・6項〜10項)

　では、どういう場合に特定責任追及の訴え（いわゆる多重代表訴訟）を提起できるかを解説します。

　1．少数株主権となっている。
　　甲HDの株主のうち、次の者が訴えを提起できます。
　　1．総株主（完全無議決権株式の株主を除く）の議決権の100分の1以上を有する株主
　　2．発行済株式（自己株式を除く）の100分の1以上の数の株式を有する株主
　　　→定款で、100分の1を下回る割合を定めることができる。
　　　→公開会社では6か月以上の保有を要する。

　2．甲HDは、提訴のときに甲社の最終完全親会社でなければならない。
　　最終完全親会社とは、甲社の完全親会社であってその完全親会社等のないものです。
　　　　→上記に「完全親会社等のないもの」という場合の親会社等は、株式会社を意味するが、持分会社や自然人は意味しない。（会社法847条の2第1項カッコ書）
　　つまり、仮に㈱甲HDの株式の全部を有する持分会社や、自然人が存在しても、㈱甲HDは、㈱甲の最終完全親会社である。

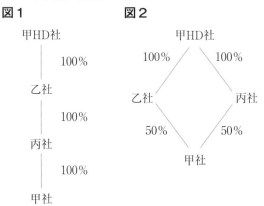

図1　　　　　　　　　図2

　図1では、甲HDに完全親会社等がなければ、甲HDは甲社の最終完全親会社です。このため、甲HDの株主は、甲社の発起人等の特定責任を追及する訴えを提起する

ことができます。

これに対して、乙社は、甲社の完全親会社ですが、甲HDが存在するので甲社の最終完全親会社ではありません。

このため、乙社の株主（甲HD）は、甲社の発起人等の特定責任を追及する訴えを提起することができません。

なお、丙社は、甲社の株主ですから、ごく普通に株主として甲社の発起人等の責任を追及する訴えなどを提起できます。

なお、訴えの提起の対象となる完全子会社は、最終の子会社であることを要しませんから、甲HDの株主は、丙社の発起人等の特定責任を追及する訴えを提起することもできます。

図2でも、甲HDに完全親会社等がなければ、甲HDは甲社の最終完全親会社であり、甲HDの株主は、甲社の発起人等の特定責任を追及する訴えを提起することができます。

その完全子会社である乙社と丙社を介して間接的に甲社の全株式を有するときも甲HDは甲社の最終完全親会社となります。

１．特定責任とは

最終完全親会社等の株主が訴えを提起できるのは甲社の発起人等の特定責任を追及するときに限ります。

特定責任とは、デカイ子会社の発起人等に生じた責任のことです。

次の場合にデカイといえます。

　発起人等の責任の**原因となった事実**が生じた日において、甲社の株式の帳簿価額が甲HDの総資産額の５分の１を超えるとき

これを、逆にいうと、最終完全親会社等の株主は、ちっぽけな完全子会社の発起人等の責任を追及する訴えを提起することはできません。
→ちっぽけな子会社では、甲HDの従業員クラスが取締役などになっているはずであり、特定責任追及の訴えはそういう小物を相手にする制度ではないのである。

このほか、特定責任追及の訴えがその株主や第三者の不正な利益を図り、その株式会社や最終完全親会社等に損害を加えることを目的とするときも訴えを提起

することができません。

　また、特定責任の原因となった事実によって、甲HDに損害が生じていないときも、甲HDの株主は、特定責任追及の訴えを提起することができません。この場合、甲HDの株主としての地位は安泰であり、訴えの利益を欠くからです。

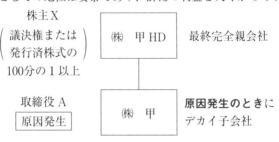

　Xが原告となって取締役Aの責任を追及できる

第７章

株　　式

1 株主の権利

　株主は次の権利を有します。（会社法105条１項）
1．剰余金の配当を受ける権利
2．残余財産の分配を受ける権利
3．株主総会の議決権

　１および２の権利の全部を与えない定款規定には効力がありません。（会社法105条２項）

《注》　議決権の全部がない株式の発行は可能。
《注》　剰余金の配当を受けることができないが残余財産の分配を受けることができる株式、剰余金の配当を受けることができるが残余財産の分配を受けることができない株式の発行は、いずれも可能。

コラム　自己株式

　自己株式の株主権は凍結状態にある。すなわち、Ａ社が、Ａ社の株式を有するとき、Ａ社は剰余金の配当、残余財産の分配を受けることができず、その議決権を有しない。（会社法453条カッコ書、504条３項カッコ書、308条２項）

　株式が２人以上の共有に属するときは、次の規定に従います。（会社法106条）
＊たとえば、１株の株主が死亡し相続人が複数いれば、株式が共有状態になります。
1．共有者は、権利行使者（たとえば、誰が議決権を行使するかということ）を１人定め、会社に通知する。
2．それにより、株主としての権利行使が可能になる。
　　（通知しなければ、権利行使はできない。が、会社の同意があればこの限りではない。）

❷ 株式の内容についての特別の定め（会社法107条）

　株式会社は、その発行する株式の全部の内容として、次の事項を定めることができます。

　1．譲渡制限株式（株式の取得につき株式会社の承認を要する）
　2．取得請求権付株式（株主が会社に株式を取得しろと請求できる→株主の権利）
　3．取得条項付株式（一定の事由が生じたときに会社が株主の株式を取得できる→会社の権利）

確認事項　発行する株式の「内容」は登記事項である。（会社法911条3項7号）

　以上は、株式の全部についての株式の内容の定めであり、種類株式の規定ではありません。

　上記は、すべて定款の記載事項ですが、取得条項付株式についての定款規定を設け、または変更（廃止を除く）する場合には、株主全員の同意を要します（種類株式発行会社を除く）。

　将来的に、株主の地位を、強制的に奪われかねない、重大な決議だからです。（会社法110条）

確認事項
発行する株式の全部の内容として株式の譲渡制限を設定する際の決議要件（単一株式発行会社）
→株主総会の特殊決議Ⅰ（会社法309条3項1号）
発行する株式の全部の内容として取得請求権付株式の定めを設定・変更する際の決議要件
→株主総会の特別決議（会社法309条2項11号　単なる定款変更）
＊取得請求権付株式の定めは株主に有利な決議である（株主のままでいてもいいし、請求権を行使して対価をもらってもよい。つまり、選択肢が増える）。したがって、格別に厳格な仕組みは用意されていない。

　なお、取得請求権付株式および取得条項付株式における株式取得の対価は、社債、新株予約権、新株予約権付社債、その他の財産です。（会社法107条2項2号・3号）
　この場合、従来の株主は、社債権者、新株予約権者等となります。
　会社が取得した株式は自己株式となります。
　なお、株式取得の財源は、分配可能額の範囲に限られます。（会社法166条1項

ただし書、170条5項）

- -

参考問題　1．会社が全部の株式の内容として、当該株式について、当該会社が
一定の事由が生じたことを条件としてこれを取得することができることを定めた
場合においては、一定の事由が生じた日に当該株式を会社に取得される株主は、
その対価として当該会社の他の株式の交付を受けることはできない。（商法 H 20-
30-ア）

2．取得請求権付株式を発行している会社が、当該株式の取得と引換えに当該会社
の新株予約権を交付する旨を定めている場合において、当該株式の株主からの請
求を受け、当該株式を取得するのと引換えに新株予約権を発行し交付したときは、
取得請求権付株式の取得と引換えにする新株予約権の発行による変更の登記の申
請書には、当該請求の日において当該新株予約権の帳簿価額以上の分配可能額が
当該会社に存在することを証する書面を添付しなければならない。（商業登記法
H31-29-ア）

. . . .

答　え　1．○　設問の会社は一種類の株式しか発行していない。だから、会社
が株式を取得して、その対価を株式とすることは無意味であるため、かかる制度
は存在しない。

2．○　財源規制をクリアしていることの証明を要する（商業登記規則61条10項）。

- -

■ コラム ■　財源規制の理由

　A社がA社の株を持つ場合、これを、自己株式という。俗に金庫株という。
金庫に株を保管するイメージである。

　自己株式の取得は、可能だが、もともと、ちょっと変なところがある。

　なぜなら、株というのは、本来、株式会社の資金調達の手段である。

　投資家の資金を集めることが目的であるはずである。

　であれば、自分で自分の株を買ってどうするのだ、と、ここが変なのである。

　そこで、会社法は、自己株式の取得は、基本的に自由としつつ、そこに財
源規制の網をかぶせる。

　要するに株主の配当などに回せる分配可能額の範囲でのみ、取得を認める
のである。

　会社が自己株式を取得するケースは、上記に紹介した事例だけではない。

　が、原則として財源規制がかかることは同様である。

登記簿の記載例（H18.4.26民商第1110号依命通知改）

① 会社法第107条第1項第2号の規定に基づき、取得請求権付株式に関する定め を定款に定めた場合

発行する株式の内容	株主は、いつでも当会社に対して当会社の株式を時価で取得することを請求することができる。 「時価」とは、当該取得請求日に先立つ45取引日目に始まる30取引日の株式会社東京証券取引所における毎日の終値の平均値をいう。 <div align="right">令和6年10月1日変更　令和6年10月8日登記</div>

　前記は、株式会社が発行する全部の株式の内容を取得請求権付株式とした場合 の記録例です。

　この登記がなされた際の登記申請書は以下のとおりです。

登記の事由	会社が発行する株式の内容の変更
登記すべき事項	令和6年10月1日次のとおり変更 会社が発行する株式の内容 株主は、いつでも会社に対して当会社の株式を時価で取得することを請求することができる。 「時価」とは、当該取得請求日に先立つ45取引日目に始まる30取引日の株式会社東京証券取引所における毎日の終値の平均値をいう。
登録免許税	金30000円（ツ）
添付書類	株主総会議事録　　1通 株主リスト　　　　1通 委任状　　　　　　1通

＊株式の内容は定款の記載事項である。（会社法107条2項）
　したがって、株主総会の決議要件は特別決議である。

② 会社法第107条第1項第3号の規定に基づき、取得条項付株式に関する定めを 定款に定めた場合

発行する株式の内容	当会社は、当会社が別に定める日が到来したときに、当会社の株式を時価で取得することができる。 「時価」とは、当該取得請求日に先立つ45取引日目に始まる30取引日の株式会社東京証券取引所における毎日の終値の平均値をいう。 <div align="right">令和6年10月1日変更　令和6年10月8日登記</div>

　上記は、株式会社が発行する全部の株式の内容を取得条項付株式とした場合の記載例です。

　この登記がなされた際の登記申請書は以下のとおりです。

登記の事由	会社が発行する株式の内容の変更
登記すべき事項	令和6年10月1日次のとおり変更 会社が発行する株式の内容 当会社は、当会社が別に定めた日が到来したときに、当会社の株式を時価で取得することができる。 「時価」とは、当該取得請求日に先立つ45取引日目に始まる30取引日の株式会社東京証券取引所における毎日の終値の平均値をいう。
登録免許税	金30000円（ツ）
添付書類	株主総会議事録　　　　　　　　　　　　1通 株主全員の同意があったことを証する書面　1通 株主リスト　　　　　　　　　　　　　　2通 委任状　　　　　　　　　　　　　　　　1通

＊取得条項付株式の定めの設定をする場合には、株主全員の同意を要する。（会社法110条）
＊登記すべき事項につき株主全員の同意を要するときは、申請書にその同意があったことを証する書面を添付しなければならない。（商業登記法46条1項）
＊株主リストは、商業登記規則61条2項および3項に基づき、各1通計2通を添付する。

❖❖❖

参考問題　　ある種類の株式について株式の内容を取得条項付株式とする定款変更による株式の内容の変更の登記を申請するときは、当該登記の申請書には、当該種類株主全員の同意があったことを証する書面を添付しなければならない。（商業登記法R4-29-オ）

....

答え ○

❖❖

コラム　会社が取得をした場合

　取得請求権付株式においては株主の請求により、取得条項付株式において
は一定の事由が生じたことにより、会社は自己株式（会社が有する自己の株
式をいう）を取得することになる。

　この場合、このこと自体は登記事項とはならない。

　自己株式の取得は、当該株式の株主が当該株式会社に代わっただけであり、
株主が誰であるかは登記事項ではないからである。

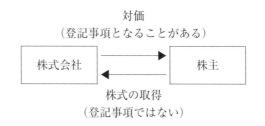

しかし、取得の対価が、新株予約権または新株予約権付社債であり、会社
が対価としての新株予約権等を発行した場合（つまり自己新株予約権の交付
をした場合ではないとき）には、新株予約権等の発行により登記事項が生じる。

　新株予約権の個数等は登記事項であるからだ。（会社法911条3項12号）

　この場合の、登記の申請の期間の規定がおもしろい。

　取得条項付株式の取得の場合には、「一定の事由」が生じた日から2週間
でよいが（会社法915条1項　変更登記の登記期間の一般則）、取得請求権
付株式の取得の場合には、会社法915条3項2号に特則があり、毎月末日現
在で1か月分の登記を申請すればよいことになっている。

　これは、取得請求権付株式の場合、取得の請求は、請求をする株主ごとに、
いわば、五月雨式にやってくるので、この場合にいちいち請求ごとに登記期
間を起算すると手間が煩雑で仕方がなくなるために設けられた特則である。

　なお、取得請求権付「種類」株式の取得の登記期間も、同様に毎月末日か
ら起算する。

3 異なる種類の株式（会社法108条1項）

以下の事項につき内容の異なる2以上の種類の株式の発行が可能です。（会社法108条2項　定款においてその内容を規定する。）

1．剰余金の配当　例）優先株・劣後株

> 甲種類株式は、毎決算期において、普通株式に先立ち1株につき年50円の剰余金の配当を受けるものとする。

2．残余財産の分配

> 当会社が残余財産を分配するときは、甲種類株式の株主に対し、乙種類株式の株主に先立ち1株につき金100万円の優先分配金を支払う。

3．株主総会において議決権を行使することができる事項　例）議決権制限株式

> A種類株式には、取締役及び監査役の選任又は解任に関する議決権がない。

4．譲渡による当該種類の株式の取得について当該株式会社の承認を要すること　例）譲渡制限種類株式

> 当会社の普通株式を譲渡により取得するには、当会社の承認を要する。

5．当該種類の株式について、株主が当該株式会社に対してその取得を請求することができること　例）取得請求権付種類株式

> 甲種類株式の株主は、いつでも当会社に対して甲種類株式を時価で取得すること
> を請求することができる。

　→取得請求権付種類株式の発行の際には、取得対価が具体的に定まっている。
　６．当該種類の株式について、当該株式会社が一定の事由が生じたことを条件
　　としてこれを取得することができること　例）取得条項付種類株式

> １．当会社は、当会社が定める日が到来したときにＡ種類株式を取得すること
> 　　ができる。
> ２．当会社は１により当該株式１株を取得するのと引き換えに、対価としてＢ種
> 　　類株式２株を交付する。

　→取得条項付種類株式の発行の際には、取得対価が具体的に定まっている。
　７．当該種類の株式について、当該株式会社が株主総会の決議によってその全
　　部を取得すること　例）全部取得条項付種類株式

> １．当会社は、株主総会の決議によってＢ種類株式の全部を取得することができ
> 　　る。
> ２．前項の取得対価は、その決議のときの当会社の財産の状況に基づき決定する。

　→全部取得条項付種類株式の発行の際には、取得対価を定めないことに注目し
　　よう。
　８．株主総会（取締役会設置会社にあっては株主総会または取締役会、清算人
　　会設置会社にあっては株主総会または清算人会）において決議すべき事項の
　　うち、当該決議のほか、当該種類の株式の種類株主を構成員とする種類株主
　　総会の決議があることを必要とするもの　例）拒否権付種類株式

> 当会社の代表取締役の選定及び解職について、取締役会の決議の他、甲種類株式
> の株主による種類株主総会の決議を要する。

　→この条項により、甲種類株主が承認しなければ、代表取締役を選解任できな
　　いこととなる。つまり、甲種類株主は代表取締役の選解任に拒否権を有して
　　いる。
　９．当該種類の株式の種類株主を構成員とする種類株主総会の決議において取
　　締役（監査等委員会設置会社にあっては、（取）取締役または（監）取締役）
　　または監査役を選任すること

> 甲種類株式の株主を構成員とする種類株主総会において、当会社の取締役を２名
> 選任し、乙種類株式の株主を構成員とする種類株主総会において、当会社の取締
> 役を１名選任する。

参考問題　内容の異なる二以上の種類の株式を発行する株式会社は、一の種類の株式を取得条項付株式とし、その内容として、当該種類の株式一株を取得するのと引換えに他の種類の株式を交付することを定めることができる。（商法R5-29-エ）

答え　○　「A種株式１株の取得と引換えにB種株式２株を交付する」といった内容の定めを置くことができる。

【学習の急所】　種類株式の内容

　会社法108条１項の定めは限定列挙である。すなわち、ここに挙げた９つのいずれにも当たらない内容の種類株式を発行することはできない。

参考問題

1．現にA種類株式及びB種類株式を発行している会社法上の公開会社が、株主総会及びA種類株式を有する株主を構成員とする種類株主総会において、発行する各種類の株式の内容として、株主総会において行使することができる議決権の個数をA種類株式１株につき１個、B種類株式１株につき２個とする旨を追加する定款の変更の決議をした場合は、発行可能種類株式総数及び発行する各種類の株式の内容の変更の登記を申請することができる。（商業登記法H31-29-ウ）
2．会社法上の公開会社は、ある種類の株式の株主が一株につき複数個の議決権を有することを内容とする種類の株式を発行することができる。（商法R5-29-ア）

答え

1．×　そういう内容の株式を発行できるという規定がない。
2．×　前問に同じ。なお、非公開会社でも本問の種類株式の発行は不可だが、それとは別のハナシとして、後述する「株主ごとの異なる取り扱い」において、「株主Aは１株３議決権」といった定めをすることができる（いわゆる人的種類株式）。

確認事項　会社法108条の「内容の異なる２以上の種類の株式の内容」は定款の記載事項であり、かつ登記事項である。

```
会社法911条（株式会社の設立の登記）3項
 7　発行する株式の内容（種類株式発行会社にあっては、発行可能種類株式
   総数及び発行する各種類の株式の内容）
→発行する株式の内容は、種類株式発行会社の登記事項ではないことに注目
 しよう。その意味は、この後すぐに記載する。
```

確認事項　前記のうち、４～６は、単一株式発行会社が、全部の株式の内容と
することもできる。その他のものは、種類株式としてのみ発行することができる。

登記簿の記載例（H18.4.26民商第1110号依命通知改）

発行可能種類株式総数及び発行する各種類の株式の内容	甲種類株式　　9万株 乙種類株式　　3万株 甲種類株式　株主は、いつでも当会社に対して甲種類株式を 　　　　　　時価で取得することを請求することができる。 乙種類株式　当会社は、当会社が定める日が到来したときに 　　　　　　乙種類株式を時価で取得することができる。 「時価」とは、当該取得請求日に先立つ45取引日目に始まる30 取引日の株式会社東京証券取引所における毎日の終値の平均 値をいう。 　　　　　　　　令和6年10月1日変更　令和6年10月8日登記

［注］　種類株式発行会社となった場合において、発行可能種類株式総数及び発行
　　する各種類の株式の内容の登記をしたときは、発行する株式の内容の登記を
　　抹消する記号を記録しなければならない。（商登規69条1項）

＊甲種類株式が、取得請求権付種類株式。
＊乙種類株式が、取得条項付種類株式。

参考問題　発行する全部の株式の内容として株主が当該株式会社に対してその取
得を請求することができる旨の登記がされている場合において、新たに別の種類の
株式の内容を定める旨の定款の変更をしたときは、新たに定めた別の種類の株式の
内容の設定に係る登記を申請すれば足りる。（商業登記法H20-35-イ）

....

答え　×　「新たに別の種類の株式の内容を定める旨の定款の変更をした」こと
により設問の会社は種類株式発行会社となった。したがって、会社法911条3項7
号が規定する「発行可能種類株式総数及び発行する各種類の株式の内容」を登記す

べきである。
　以下、この場合の登記記録（一例である）を再現する。

発行する株式の内容	株主は、いつでも当会社に対して当会社の株式を時価で取得することを請求することができる。 令和６年10月8日登記
発行可能種類株式総数及び発行する各種類の株式の内容	甲種類株式　何万株 乙種類株式　何万株 甲種類株式の株主は、いつでも当会社に対して当会社の株式を時価で取得することを請求することができる。 令和６年10月1日変更　令和６年10月8日登記

→上記の、発行する株式の内容の部分のアンダーライン（抹消符号）は、登記官の職権登記である。
→従前の株式を甲種類株式としたときの記載例である。

　さて、以上の中から要点を述べましょう。
　まず４です。一部の種類の株式のみについて譲渡制限規定を設けることができます。

確認事項

ある種類の株式の内容として株式の譲渡制限を設定する際の決議要件
→株主総会の特別決議（会社法309条２項11号　全体総会は単なる定款変更）
→その種類の種類株主総会の特殊決議Ⅰ（会社法324条３項１号）
＊このほか、会社法111条２項２号・３号の種類株主総会の特殊決議を要する場合がある。
＊なお、種類株主総会の特殊決議は議決権を行使できる種類株主が存在しなければ不要である。

　次に６です。この規定を設ける定款変更決議には、その対象となる種類の株式を有する株主全員の同意が必要です。（会社法111条１項）
　将来的に、株主の地位を、強制的に奪われかねない、重大な決議だからです。

確認事項

ある種類の株式の内容として取得条項を設定する際の決議要件
→株主総会の特別決議（会社法309条２項11号　全体総会は単なる定款変更）
→当該種類の株式を有する株主全員の同意（会社法111条１項）

　6と7の違いは、会社が株式を取得するための要件が、「一定の事由」であるか「株主総会」の決議であるかの相違です。

　7を全部取得条項付種類株式といいます。

【確認事項】

　ある種類の株式の内容として全部取得条項を設定する際の決議要件

→株主総会の特別決議（会社法309条2項11号　単なる定款変更）

→その種類の種類株主総会の特別決議（会社法324条2項1号　種類株主総会も特別決議でよいことが注意点）

＊このほか、会社法111条2項2号・3号の種類株主総会の特別決議を要する場合がある。

＊なお、種類株主総会の特別決議は議決権を行使できる種類株主が存在しなければ不要である。

　なお、ある種類の株式の内容として全部取得条項を設定した後、現実に、取得を決定する際にも株主総会決議（特別決議）を要する。（会社法171条）

　しかし、この時点では、その種類の株式の株主による種類株主総会の決議は要しない。

　設定の際に十分な手続保障をしたはずだからである。

【全部取得条項付種類株式（イメージ図）】

A 種株式に全部取得条項付
種類株式の定めを設定　　　　　　　　　　現実の取得

```
┌──────────────┐          ┌────┐      ┌──────────────┐          ┌────┐
│  株主総会    │ ・株式買取請求 │反対株主│      │  株主総会    │ ・価格の決定の申立て │反対株主│
└──────────────┘          └────┘      └──────────────┘          └────┘

┌──────────────┐                        ┌──────────────┐
│A 種株式の株主に│                        │A 種株式の株主に│
│よる種類株主総会│                        │よる種類株主総会│（×）
└──────────────┘                        └──────────────┘
      要                                        不要（×）
```

参考

会社法111条２項２号・３号の種類株主総会とは

　やや高度なハナシであるが、一応説明をしておく。

　これは、ある種類の株式に、譲渡制限規定あるいは全部取得条項を設定する場合のハナシである。

　たとえば、A種類株式に譲渡制限の定めを設定する場合、次の種類株主総会を要する。

　１．A種類株式を取得対価とするB種類取得条項付種類株主総会

　２．A種類株式を取得対価とするC種類取得請求権付種類株主総会

　上記、BおよびC種類株主は、将来、A種類株主に変身の可能性があるため利害関係が深いのである。

【A 種類株式に譲渡制限の定めを設けるとき（イメージ図）】

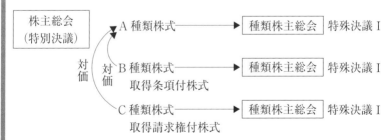

```
┌──────────────┐
│  株主総会    │────→ A 種類株式 ────→ ┌──────────┐ 特殊決議Ⅰ
│ (特別決議)   │                        │種類株主総会│
└──────────────┘  対    B 種類株式 ────→ ┌──────────┐ 特殊決議Ⅰ
          対      価    取得条項付株式    │種類株主総会│
          価
                       C 種類株式 ────→ ┌──────────┐ 特殊決議Ⅰ
                       取得請求権付株式  │種類株主総会│
```

　なお、次の種類株主総会はなぜ不要とされているかについても付言しよう。

　「A種類株式を取得対価とするD種類全部取得条項付種類株主総会」

前記の種類株主総会を不要とする理由は、取得条項付種類株式、取得請求権付種類株式は、これを発行するとする定款変更の時点で具体的な取得対価が決まっているところ、全部取得条項付種類株式においてはこれを発行するとする定款変更の時点では具体的な取得対価を決定することを要せず（対価の価額の決定方法のみ決まっている）、具体的に対価をどうするか（株式にするのか社債にするのか、金銭等にするのかそれとも無償か）は、通常のケースでは、後日（たとえば定款変更から１年後とか……）株主総会で現実に取得を決定するとき（これも特別決議）に決まると考えられるためである。

参考｜取得条項付株式と全部取得条項付種類株式

取得条項付株式
　　１．発行する全部の株式について定めることができる。
　　２．ある種類の株式について定めることができる。
全部取得条項付種類株式
　　１．ある種類の株式について定めることができる。

【会社法の基本思想】会社法は分析的

　会社法は分析的なのである。
　だから、種類株式発行会社では、少数株主の保護を種類ごとに図る。
　たとえば、完全無議決権株式（株主総会での議決権がない）であるA種株式に譲渡制限を設定するとしよう（他に、普通株式がある）。
　この場合、株主総会は特別決議でよい。こちらは、普通株式の株主だけで決議できる。
　しかし、その定款の変更は、A種株式の株主による種類株主総会(特殊決議Ⅰ)の承認がないと効力を生じないのである。

コラム　会社が取得をした場合

　取得請求権付種類株式においては株主の請求により、取得条項付種類株式においては一定の事由が生じたことにより、全部取得条項付種類株式においては株主総会の決議により、会社は自己株式を取得することになる。
　この場合、このこと自体は登記事項とはならない。
　自己株式の取得は、株主が当該株式会社に代わっただけであり、株主が誰であるかは登記事項ではないからである。
　しかし、次の場合に登記事項が発生する。

1．取得の対価が他の種類の株式である場合。

　　当該他の種類株式を発行したとき（つまり、自己株式の交付をした場合ではないとき）に、発行済株式の総数と、発行済各種の株式の数が変動する。

　　「発行済株式の総数並びにその種類及び種類ごとの数」は登記事項であるからだ。（会社法911条３項９号）

2．取得の対価が、新株予約権または新株予約権付社債であり、会社が対価としての新株予約権等を発行した場合（つまり、自己新株予約権の交付をした場合ではないとき）には、新株予約権等の発行により登記事項が生じる。

　　新株予約権の個数等は登記事項であるからだ。（会社法911条３項12号）

登記簿の記録例（H18.4.26民商第1110号依命通知改）
　「発行済株式の総数並びにその種類及び種類ごとの数」について

発行済株式の総数並びに種類及び数	発行済株式の総数 　　７万株 各種の株式の数 　　普通株式　５万株 　　優先株式　２万株	令和６年10月１日変更
		令和６年10月８日登記

→これは、現実に発行している株式の数の話である。

登記簿の記録例（H18.4.26民商第1110号依命通知改）
　「取得請求権株式の取得の対価が新株予約権である場合」
（参考）　取得請求権株式又は取得条項付株式に関する定めがある場合において、取得と引換えに新株予約権を交付する定めがある場合

発行可能種類株式総数及び発行する各種類の株式の内容	普通株式　　　　　12000株 第一種優先株式　　1000株 第二種優先株式　　2000株 １．第一種優先株式についての株主の取得請求権に関する定め 　　第一種優先株式の株主は、会社に対し、第一種優先株式の取得を請求することができる。 　　会社は、第一種優先株式の取得と引換えに、10個の第１回新株予約権を交付する。 　　取得を請求することのできる期間は、令和６年10月１

	日から令和12年3月31日までとする。ただし、株主総会において権利を行使すべき株主を確定するため一定の日（以下「基準日」という。）を定めたときは、その翌日から当該基準日の対象となる株主総会の終結の日までの期間を除く。 　　　　　令和6年10月1日変更　　令和6年10月8日登記

［注］　取得請求権付株式の取得と引換えに交付する新株予約権の内容については、定款記載のすべての内容を登記する必要はなく、その名称を登記すれば足りる。

［注］　取得請求権付株式又は取得条項付株式を取得するのと引換えに社債又は新株予約権付社債を交付する旨の定めがある場合においても、同様に、社債又は新株予約権付社債の名称（当該社債又は当該新株予約権付社債を特定するもの）を登記すれば足りる。

「会社法の施行に伴う商業登記記録例について」の一部改正について（依命通知）
〔平成20年3月27日付法務省民商第1074号〕

参考

　種類株式の内容として、剰余金の配当、残余財産の分配、株主総会において議決権を行使できる事項、取得請求権付株式、取得条項付株式、種類株主総会の決議を要する事項及び、取締役又は監査役の選任に関する定めを定款に定めた場合

発行可能種類株式総数及び発行する各種類の株式の内容	普通株式　　　　　12000株 第一種優先株式　　1000株 第二種優先株式　　2000株 第三種優先株式　　2000株 １．剰余金の配当 　剰余金については、第一種から第三種までの優先株式を有する株主（以下「優先株主」という。）に対し、普通株式を有する株主（以下「普通株主」という。）に先立ち、1株につき2万円の剰余金を支払う。 １．残余財産の分配 　残余財産の分配については、第一種から第三種までの優先株主に対し、普通株主に先立ち、それぞれ次に定める額の金銭を支払う。 　　第一種優先株式　1株につき300万円 　　第二種優先株式　1株につき200万円 　　第三種優先株式　1株につき200万円

486

1．取締役の選任

　普通株主は、種類株主総会において、定款所定の定数全ての取締役を選任することができる。

　第一種から第三種までの優先株主は、種類株主総会において、取締役を選任することができない。

1．議決権

　第一種から第三種までの優先株主は、株主総会において議決権を有しない。ただし、剰余金の優先配当に係る議案が定時株主総会に提出されないときはその総会より、その議案が定時株主総会において否決されたときはその総会の終結の時より、優先配当を受ける旨の決議のある時までは、議決権を有する。

1．種類株主総会の議決を要する事項に関する定め

　新たに配当優先株式を発行しようとする場合においては、第一種から第三種までの優先株主の種類株主総会の決議を経なければならない。

1．第一種優先株式についての株主の取得請求権に関する定め

　第一種優先株主は、会社に対し、第一種優先株式の取得を請求することができる。

会社は、第一種優先株式の取得と引換えに、次の算定方法により算出される数の普通株式を交付する。

　　a．引換えに交付すべき普通株式の数

$$\text{引換えにより交付すべき普通株式の数} = \text{第一種優先株主が取得を請求した第一種優先株式の数} \times \text{転換比率}$$

　　b．転換比率

　転換比率　転換比率は3.000とする。

　ただし、第一種優先株式の発行後、時価を下回る払込金額をもって普通株式を発行する場合には、転換比率は、その払込期日の翌日以後においては、下記算式により計算される転換比率に調整される。調整後転換比率は、小数第4位まで算出し、その小数第4位を四捨五入する。

$$\text{調整後転換比率} = \text{調整前転換比率} \times \frac{\text{既発行普通株式数} + \text{新規発行普通株式数}}{\text{既発行普通株式数} + \dfrac{\text{新規発行普通株式数} \times \text{1株当たり払込金額}}{\text{1株当たり時価}}}$$

ｃ．取得を請求することのできる期間
　　　　令和 6 年10月 1 日から令和12年 3 月31日までとする。
　　　ただし、株主総会において権利を行使すべき株主を確
　　　定するため一定の日（以下「基準日」という。）を定
　　　めたときは、その翌日から当該基準日の対象となる株
　　　主総会終結の日までの期間を除く。
１．第三種優先株式についての取得条項に関する定め
　　　第三種優先株式については、普通株式が東京証券取引
　所に上場されることが決定した場合に、上場日前 1 か月
　間で取締役会が定める日に、当会社が取得することがで
　きる。
　　　会社は、第三種優先株式の取得と引換えに、次の算定
　方法により算出される数の普通株式を交付する。
　　　ａ．引換えに交付すべき普通株式の数

引換えにより
交付すべき　　＝　第三種優先株主が取得を請求　×　転換比率
普通株式の数　　　した第三種優先株式の数

　　　ｂ．転換比率
　　　　転換比率　転換比率は3.000とする。
　　　　ただし、第三種優先株式の発行後、時価を下回る払
　　　込金額をもって普通株式を発行する場合には、転換比
　　　率は、その払込期日の翌日以後においては、下記算式
　　　により計算される転換比率に調整される。調整後転換
　　　比率は、小数第 4 位まで算出し、その小数第 4 位を四
　　　捨五入する。

$$\text{調整後転換比率} = \text{調整前転換比率} \times \dfrac{\text{既発行普通株式数} + \text{新規発行普通株式数}}{\text{既発行普通株式数} + \dfrac{\text{新規発行普通株式数} \times \text{1株当たり払込金額}}{\text{1株当たり時価}}}$$

　　　　　　　令和 6 年10月 1 日変更　　令和 6 年10月 8 日登記

発展　　議決権制限株式
　　会社法108条 1 項 3 号は、「株主総会において議決権を行使することができる
事項」に関する種類株式の規定である。
　　したがって、この部分で、たとえある種類株式を完全無議決権株式と定めても、
この種類株主の種類株主総会での議決権行使を封じることはできない。

　会社法において、株主総会と種類株主総会は別の概念であるためである。
　仮に、株式会社が、彼らの種類株主総会における口封じもしたいのであれば、その旨の別段の定款規定を要する。（例　会社法322条２項の定款規定）
　　→会社法322条の趣旨は、種類株式発行会社が株主総会（全体総会）で、ある種類の株主に損害を及ぼすおそれのある決議をする場合、その種類株主総会で承認決議を得なければ当該事項の効力が生じないとする、少数派種類株主保護のための規定である。
　　→各自、条文は見ておこう。

　定款の記載例　Ａ種類株式について株主総会、種類株主総会双方の口を封じる場合
　定款第○条　当会社が発行する株式の種類とそれぞれの発行可能株式総数及び内容は次のとおりとする。
　　１　普通株式　　○株
　　２　Ａ種類株式　○株
　　①　株主総会においてすべての事項につき議決権はないものとする。
　　②　会社法第322条第１項の規定によるＡ種類株式の種類株主総会の決議は要しない。
　上記の「発行可能種類株式総数及び発行する各種類の株式の内容」は、そのまま登記事項となる。

確認事項　会社法は分析的
　株主総会と種類株主総会はベツモノである。

参考問題　株主総会において決議をすることができる事項の全部につき議決権を行使することができない種類の株式の株主であっても、当該種類の株式の種類株主を構成員とする種類株主総会においては議決権を行使することができる。（商法R5-29-イ）

....

答え　○　株主総会での議決権が全くない種類株式（完全無議決権株式）を発行することはできる。しかし、これによって、種類株主総会での議決権が制限されることはない。

参考問題　株主総会又は種類株主総会において議決権を行使することができる事項について制限のある種類の株式を議決権制限株式という。（商法H29-28-ア改）

....

答 え ×　「又は種類株主総会において」という部分が蛇足である。

次に8です。これは、種類株主の拒否権といいます。

たとえば、合併について、ある種類の株主総会の決議を要すると定めた場合、全体総会で合併を承認しても、その種類株主総会で議案が否決されれば、合併をすることができなくなります。

なお、拒否権は、取締役会の決議についても発動が可能です。

たとえば、取締役会設置会社では、株式の分割は取締役会に決定権限がありますが、これについて、拒否権付種類株主総会の決議を要するとすることも可能です。

次に9です。

この定めは、要するに、甲種類株主総会で3名、乙種類株主総会で1名の取締役を選任するという規定です。

取締役・監査役の選任についてだけの規定です（会計参与その他は入っていない）。

なお、監査等委員会設置会社では、この場合も（取）取締役と（監）取締役を区別して株式の内容を定めます。

たとえば、甲種類株主総会で（取）取締役2名、乙種類株主総会で（取）取締役1名といった具合です。

試験としての急所は、この9の規定**「だけ」**が、公開会社・指名委員会等設置会社においては、不可能であるという点です。（会社法108条1項ただし書）

その理由は以下のとおりです。
1．公開会社　会社の内部の利害対立が顕在化している。株式の公開にふさわしくない。
2．指名委員会等設置会社　取締役の選任および解任に関する議案の内容は指名委員会が決定する。種類株主総会による取締役の選任はその制度に適合しない（ちなみに、監査役はいないから無関係）。

なお、この取締役・監査役の選任についての種類株式の定款規定は、次の場合には、廃止されたものとみなされます。（会社法112条1項・2項）

「この法律又は定款で定めた取締役、監査役の員数を欠いた場合において、そのために当該員数に足りる数の取締役を選任することができないとき」

たとえば、取締役会設置会社では、取締役の員数は3名以上と法定されるところ、

A種類株主総会で取締役2名選任、B種類株主総会で取締役1名選任と定めて3名の取締役がいたところ、B種類株主総会で選任された取締役1名が死亡し、その時点でB種類株式の全部が会社の自己株式となっているため、B種類株主総会を開催できない場合などが考えられるでしょう。

A種類株主総会で2名（甲、乙）B種類株主総会で1名（丙）の取締役を選任した例（取締役会設置会社）

取締役　　甲
同　　　　乙
同　　　　丙　　　　　　×
　　　　　　　　　　　　死亡

死亡のときに議決権を行使できるB種株式の株主がいない場合

取締役選任権付種類株式に係る定款の定めが廃止みなしとなる

参考問題　　取締役の員数について定款に会社法の規定と異なる別段の定めのある会社において、会社法第112条第1項の規定により、ある種類の株式の種類株主を構成員とする種類株主総会において取締役を選任する旨の定款の定めが廃止されたものとみなされたときにする当該定款の定めの廃止による変更の登記の申請書には、定款を添付しなければならない。（商業登記法R5-31-エ）

....

答え　　○　　添付の根拠は、商業登記規則61条1項。取締役の数が定款の定めた員数を欠いたことによるみなし廃止の事案である。会社法の規定だけからはみなし廃止の事実を導き出せないため定款の添付を要する。

発展　種類株主総会において取締役等を選任する定めのある会社が公開会社となるケース
　当該種類株式に関する定款規定を廃止しない限り、公開会社となる登記（株式の譲渡制限規定の廃止）はできないものと解されている。

コラム 種類株主総会における取締役、監査役の
選任、解任（会社法347条）

　種類株主総会における取締役、監査役の選任→種類株主総会においてする
（株主総会においては選任することができない）。

　種類株主総会における取締役、監査役の解任→種類株主総会においてする
（ただし、定款に別段の定めがある場合、または、選任された取締役、監査
役の任期満了前に当該種類株主総会において議決権を行使することができる
株主が存在しなくなった場合は、株主総会で解任することができる）。

　　→種類株主総会で選任された取締役、監査役は、当該種類株主総会で解任
　　　すべきところ、その種類株主総会において議決権を行使できる株主が存
　　　在しなくなれば「解任が不可能となる」ため、全体総会での解任を可能
　　　としたのである。

　　→これが、選任をした機関（種類株主総会）と解任をする機関（株主総会）
　　　が異なる事案のひとつである。選任した者が解任するという、会社法の
　　　基本ルールの例外にあたる。

　　→種類株主総会において議決権を行使できる株主が存在しなくなる事例と
　　　しては、その種類株式の全部を会社が取得して自己株式になった場合等
　　　が考えられる。

参考問題

1．取締役の一部を種類株主総会において選任し、残りの取締役を株主総会におい
　て選任することを内容とする種類の株式を発行することができる。（商法H29-28-
　エ改）

2．種類株主総会で取締役を選任した場合において、当該種類の種類株主総会の議
　決権を有する者がなお存するときは、定款に株主総会で解任することができる旨
　の特段の定めがない限り、株主総会による当該取締役の解任による変更の登記を
　申請することはできない。（商業登記法H16-32-イ）

3．指名委員会等設置会社においては、定款に種類株主総会の権限に関する特別の
　定めがあっても、種類株主総会において選任された取締役の就任による変更の登
　記を申請することはできない。（商業登記法H16-32-ウ）

4．当該種類の株式の種類株主を構成員とする種類株主総会において取締役1名を
　選任することを内容とする種類の株式を発行する取締役会設置会社において、当
　該種類株主総会の決議によって取締役1名が解任されたときは、当該取締役の解
　任による変更の登記の申請書には、当該取締役の選任及び解任に係る各種類株主
　総会の議事録を添付しなければならない。（商業登記法H21-30-エ）

5．会社法上の公開会社において、取締役会において決議すべき事項の一部について、当該決議のほか、種類株主総会の決議があることを必要とすることを内容とする種類の株式を発行することができる。（商法H29-28-オ改）
6．現にA種種類株式及びB種種類株式を発行し、B種種類株式につき譲渡により取得するためには会社の承認を要する旨の定款の定めを設けている会社が、新たな種類の株式として、当該種類の株式の種類株主を構成員とする種類株主総会において取締役を選任することができる種類株式についての定款の定めを設けた場合には、発行可能種類株式総数及び発行する各種類の株式の内容の変更の登記の申請をしなければならない。（商業登記法H30-31-オ）

答 え　1．✕　取締役選任権付の種類株式発行会社では、株主総会が取締役を選任することができない。　2．○　3．○　会社法108条1項ただし書。
4．○　そのとおり。たとえば、A種類株主総会において取締役甲を解任した場合、甲の選任と解任に係るA種類株主総会議事録各1通の添付を要する。これは、取締役甲はA種類株主総会において選任されたのであり、だからこそ、A種類株主総会で解任できるのだということの証明を要するためである。
5．○　公開会社も拒否権条項付種類株式を発行することができる。
6．✕　設問の会社は公開会社である。公開会社は、取締役選任権付種類株式を発行することができないから、そもそもこれを設定する旨の変更登記を申請することができない。

参考　**株主総会における取締役の選任の決議に関する種類株式**

　　会社法108条1項9号は、種類株主総会における取締役、監査役の選任の問題を規定している。
　　この場合、公開会社はこうした定款規定を置くことができないことは本文中で述べたとおりである。
　　しかし、公開会社であっても、会社法108条1項3号の議決権制限株式は発行できる。
　　たとえば、A種類株式については株主総会における取締役選任の議決権があるがB種類株式についてはないと定めることは可能である。
　　3号の種類株式は「株主総会」での議決権を問題にしており、9号の「種類株主総会」における取締役（または監査役）の選任の問題とはハナシが違うのである。

確認事項　**公開会社**
1．取締役選任権付種類株式

発行できない
２．議決権制限株式（取締役の選任の議決権を制限）
　　発行できる→もともと、公開会社が完全無議決権株式を発行することだっ
　　　　　　　てできる。

発展　人的種類株式

　公開会社でない株式会社は、以下の事項について、株主ごとに異なる取扱い
を行う旨を定款で定めることができる。（会社法109条２項）
１．剰余金の配当を受ける権利
２．残余財産の分配を受ける権利
３．株主総会における議決権
　この定めは、株主平等原則に真っ向から反するため、会社法309条４項の特
殊決議Ⅱというきわめて厳格な決議を要することはすでに株主総会の項で述べた。
　ところで、この会社法109条２項の定めは、種類株式の問題ではない。
　あくまでも、株主という「人物」についての属性である。
　たとえば、次の状況を考えてみよう。
　ある会社に、株主Ａ（100株）、株主Ｂ（100株）、株主Ｃ（100株）がいたと
する。
　この場合に、株主Ａが甲種類株式（議決権アリ）、株主ＢＣが乙種類株式（完

全無議決権株式）を保有していたとする。甲種類株式は１株１議決権である。

　この場合、現状では、株主総会で議決権を行使できるのは株主Ａのみである。

　しかし、株主Ａが、持ち株のうち、30株ずつをＢおよびＣに譲渡すれば、もちろんＢおよびＣはそれぞれ30個の議決権を確保する。

　この場合、議決権は甲種類株式という「株式の属性」である。

　では、会社法109条２項の定めがある場合はどうか。

　株主Ａは議決権アリ、ＢおよびＣはナシという定款規定である。

　この場合、株式には種類はない。みんな同じ株である。

　そのため、株主Ａが持ち株のうち30株ずつをＢおよびＣに譲渡しても、あいかわらず議決権を行使できるのは、株主Ａのみとなるのである。

　なぜなら、議決権行使は、定款により株主Ａという「人の属性」と規定されているからである。

　なお、種類株式の内容は登記事項である（会社法911条３項７号）が、「株主ごとの異なる取扱い」は株式の内容ではない。

　→先にも述べたが、株式の内容ではなく人の属性である。

　したがって、「株主ごとの異なる取扱い」の内容は、当該会社の定款を閲覧しない限りはわからないという仕組みとなっている。

　つまり、みなさんが譲渡制限会社の株主になる場合には、事前に定款を見せてもらってからにしたほうが無難であるといえる。

参考　会社法309条４項の特殊決議Ⅱの決議要件
　１．総株主の半数以上
　２．総株主の議決権の４分の３以上
　（定款規定により上記の要件を加重することができる。）
　　→会社法109条２項の定めは「株主平等の原則」に反するので決議要件がとても厳しい。

確認事項　会社法109条２項の「株主ごとの異なる取扱い」は登記はされない。

以下、株主ごとの異なる取扱いについて、定款の記載例を挙げる。

定款

第何条（株主の権利の内容）

会社法109条2項に基づき、各株主の権利の内容を次のように定める。

⑴　剰余金の配当

　　1．株主山本太郎は、剰余金の配当額の3分の2を受ける。

　　2．その残額は、他の株主がその頭数に応じて分配を受ける。

⑵　残余財産の分配

　　株主山本太郎のみが残余財産の分配を受ける。

⑶　議決権

　　1．株主山本太郎は、株主総会の決議において1株につき3議決権を有する。

　　2．株主田中花子及び山田一郎は、株主総会の決議において1株につき1議決権を有する。

　　3．その他の株主は、株主総会の決議において議決権を有しない。

参考問題

1．公開会社である甲株式会社は、その定款において、A種類株式とB種類株式の2種類の種類株式を発行する旨定めている。この場合、A種類株式についてのみ、その種類株主が株主総会における議決権を有しないものとすることはできない。（商法H18-30-イ改）

2．甲株式会社は、その定款において、A種類株式とB種類株式の2種類の種類株式を発行する旨定めている。この場合、A種類株式及びB種類株式について、それぞれ株式の内容として株主総会において議決権を行使することができる事項につき定款で定めない限り、株主総会における議決権の行使につき株主ごとに異なる扱いをすることはできない。（商法H18-30-ウ改）

3．甲株式会社は、その定款において、A種類株式とB種類株式の2種類の種類株式を発行する旨定めている。この場合、譲渡制限株式ではないA種類株式を譲渡制限株式にするための定款変更をするには、株主総会の特殊決議（原則として、株主総会において議決権を行使することができる株主の半数以上であって、当該株主の議決権の3分の2以上にあたる多数をもってする決議）を要する。（商法H18-30-オ改）

4．株式会社が取得条項付株式を取得した場合、取得対価が当該株式会社の株式以外の財産であれば、発行済株式総数は減少する。（商法H19-29-ウ）

5．会社が異なる2以上の種類の株式を発行する場合において、1の種類の株式の種類株主について剰余金の配当を受ける権利を与えない旨の定款の定めを設けることはできない。（商法H20-30-ウ）

6．会社法上の公開会社は、ある種類の株式の種類株主を構成員とする種類株主総会において取締役を選任することを内容とする種類株式を発行することができな

い。（商法 H20-30-エ）

7．会社法上の公開会社でない株式会社が株主総会の議決権について株主ごとに異なる取扱いを行う旨を定款で定めた場合には、各株主が有している株式の内容を登記しなければならない。（商法 H20-30-オ）

8．会社法上の公開会社でない会社が定款を変更して、「株主Aは、他の株主に交付する1株当たりの剰余金の配当額につき15％を付加した額にその有する株式の数に乗じて得た額の配当を受ける。」旨を定めたときは、発行可能種類株式総数及び発行する各種類の株式の内容の設定による変更の登記の申請をしなければならない。（商業登記法 H30-31-ア）

答 え　1．×　会社法108条1項3号。

2．×　甲株式会社が公開会社でなければ、会社法109条2項の株主ごとの異なる定めをすることができる。

3．×　種類株式発行会社だから、全体総会は特別決議でいい。

4．×　取得により当該株式は会社の自己株式になる。したがって、株式の数に変化はない。

5．×　会社法108条1項1号。　　6．○　会社法108条1項ただし書。

7．×　いわゆる「人的種類株式」は、人の属性であり、株式の内容そのものではないため、登記事項ではない。

8．×　これも人的種類株式の一種であり登記事項ではない。

参考┃**株式の内容の要綱**

　種類株式の内容は、種類株式を発行するという定款変更の時に決定することが原則である。しかし、例外的に、内容の要綱のみを定款で定め（この時点で1回登記）、その後、現実にその種類の株式を発行する時までに、株主総会（取締役会設置会社においては株主総会または取締役会、清算人会設置会社においては株主総会または清算人会）の決議によって定める旨を定款で定める（この定款の定めに基づき、現実にその要綱を具体化した時点でまた登記）ことができる。（会社法108条3項）

　その例外に該当する種類株式の内容（要綱だけを定めることができる事項）は会社法施行規則20条に規定されている（覚える必要ナシ）。

登記簿の記録例（H18.4.26民商第1110号依命通知改）

発行可能種類株式総数及び発行する各種類の株式の内容	普通株式　　　10万株
	優先株式　　　　5万株
	優先株式は、毎決算期において、普通株式に先立ち1株につき年300円を限度として優先株式発行に際し取締役会の決議で定める額の剰余金の配当を受けるものとする
	普通株式　　　10万株 優先株式　　　　5万株 　優先株式は、毎決算期において、普通株式に先立ち1株につき年300円の剰余金の配当を受けるものとする 　　　　　令和6年10月1日変更　令和6年10月8日登記

＊上記、上段が要綱の登記、下段が要綱を取締役会で具体化した内容の登記である。

参考問題

1．種類株式の内容の要綱を登記した場合には、当該種類の株式を初めて発行する時までに当該株式の内容を定め、発行する各種類の株式の内容の変更の登記を申請しなければならない。（商業登記法H18-33-オ）

2．定款に剰余金の配当について内容の異なる種類の株式を発行する旨の定めのある種類株式発行会社において、定款に当該種類の株式の種類株主が配当を受けることができる額の上限の定めとともに、当該優先配当額の具体額については当該種類の株式を初めて発行する時までに株主総会の決議によって定める旨の定めがある場合においては、当該優先配当額の具体額を決定して当該種類の株式を発行するまでは、当該種類の株式の内容に係る登記の申請をすることはできない。（商業登記法H20-35-エ）

答え　1．○　会社法108条3項。
2．×　要綱の登記を申請することができる。

---

4 発行可能株式総数の定め

　株式会社は、発行可能株式総数の定めを廃止することができません（会社法113条1項　歯止めの完全撤廃はできない）。

　発行可能株式総数を減少する場合に、その変更後の数が、定款変更の効力発生時における発行済株式の総数を下回ることはできません。（会社法113条2項）
　これは、当然のことです。現実の発行数より、将来の発行可能株式総数が少ないのは、ありえない事態です。

　発行可能株式総数を増加する場合、その数は、定款変更の効力発生時における発行済株式の総数の4倍を超えることができません。（会社法113条3項1号）
　ただし、公開会社以外では、この制限がありません。

　世の中の会社のうち、99％の会社の株式に譲渡制限は付いています。
　だから、ほとんどの会社では、発行済株式の総数200株、発行可能株式総数100万株といった規定が可能です。

　4倍規制は、定款変更の効力発生のときに生じます。
　定款変更の決議のときに4倍を超えるのはかまいません。
　たとえば、発行可能株式総数が800株、発行済株式の総数が200株の公開会社が、次の日程を組むことができます。

　10月1日　株主総会　定款変更決議　「11月1日付で発行可能株式総数を2000株とする。」
　11月1日　募集株式の発行の払込期日　新株を300株発行

　この他、公開会社でない株式会社が定款を変更して公開会社となるときも、定款の変更後の発行可能株式総数は、その定款の変更の効力が生じたときにおける発行済株式の総数の4倍を超えることができないこととなります。（会社法113条3項2号）
　→この他、公開会社の発行可能株式総数を規制する規定として会社法180条3項がある。

❦❦

参考問題　株式の譲渡制限に関する定めの廃止による変更の登記の申請をする場合において、登記簿上、発行可能株式総数が発行済株式の総数の4倍を超えているときは、当該申請と併せて、発行可能株式総数が発行済株式の総数の4倍を超えない範囲とする発行可能株式総数又は発行済株式の総数を変更する登記の申請をしなければならない。（商業登記法R4-29-ア）

コラム 公開会社の授権枠

　公開会社は、必然的に取締役会設置会社である。

　公開会社が、株式を募集する場合には、取締役会の決議で発行ができる。

　だから、4倍までという歯止めが必要となる。

　古来、この4倍の枠を「授権枠」という。

　これは、株主総会が、取締役会に、新しい株式の発行（これによる増資）の権限を授けるという意味だ。

　そのココロは、資金調達の機動性である。

　公開会社の株主は、能力に不安があるから、今がビジネスチャンスというときに、いちいち、株主に説明してから資金調達をするのでは好機を逸する。

　だから、株主総会が一定の枠を事前に設定し、その枠の中では、取締役会決議で株式の募集ができる仕組みを作った。

　が、公開会社以外では、株式の募集は、株主総会の統制下にある（たとえそれが取締役会設置会社であったとしてもである）。

　だから、公開会社以外は、4倍の枠にこだわる必要はない。

コラム 発行可能種類株式総数

　種類株式発行会社では、発行可能株式総数のほか発行可能種類株式総数を定款で定めることを要する。

　この場合も、定款を変更してある種類の株式の発行可能種類株式総数を減少するときは、変更後の当該種類の発行可能種類株式総数は、当該定款の変更が効力を生じた時における当該種類の発行済株式の総数を下ることができない。（会社法114条1項）

　なお、発行可能株式総数と発行可能種類株式総数は別の概念であり、発行可能種類株式総数の和が発行可能株式総数と一致することは要しない。

　たとえば、次の状況はいずれもありうる。

ケース1

　発行可能株式総数　10000株

　発行可能種類株式総数　A種類株式　3000株

　　　　　　　　　　　　B種類株式　6000株

```
ケース2
  発行可能株式総数　10000株
  発行可能種類株式総数　A種類株式　3000株
                       B種類株式　8000株

┌─────────┐
│ 確認事項 │  会社法は分析的
└─────────┘
  発行可能株式総数と発行可能種類株式総数はベツモノである。
```

商業登記に関連して、会社法113条4項が重要条文です。
では、以下に引用しましょう。

会社法113条（発行可能株式総数）
4項　新株予約権（第236条第1項第4号の期間の初日が到来していないものを
　　除く。）の新株予約権者が第282条第1項の規定により取得することとなる
　　株式の数は、発行可能株式総数から発行済株式（自己株式（株式会社が有
　　する自己の株式をいう。以下同じ。）を除く。）の総数を控除して得た数を
　　超えてはならない。

---

* 「第236条第1項第4号の期間の初日」とは、新株予約権の行使期間の初日の
　こと。

新株予約権とは、予約権を行使することにより株主になりうる権利のことです。
では、その新株予約権の行使期間の初日が**到来している**ものとして、以下の事
例を考えてみましょう。

事例1
　甲株式会社は、100個（1個当たり10株）の新株予約権を発行している。
　この会社の発行可能株式総数が2000株、発行済株式の総数が500株であるとき、
この会社は、あと何株の株式の発行をすることができるか。
1　自己株式がゼロの場合。
2　自己株式が300株存在する場合。

1について
　会社法113条4項中の、「新株予約権者が……取得することとなる株式の数」は、
10株×100＝1000株です。
　したがって、答えは、2000－500－1000＝500株です。

この会社はあと500株の株式を発行することができます。

2について

　自己株式が300株あるということは、新株予約権が行使された場合の1000株のうち300株は株式を発行せずに自己株式を交付してもよいということになります。

　そこで、計算式は次のようになります。

2000 − (500 − 300) − 1000 = 800株

　この会社はあと800株の株式を発行することができます。

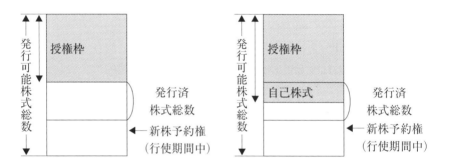

　以上の原理を把握しておいてください。

　なお、発行可能種類株式総数については会社法114条に規定があります。

　やや複雑ですが、一応、見ておいてください。

　このほか、発行済株式の総数に関して、次の規定があります。

会社法115条（議決権制限株式の発行数）

種類株式発行会社が公開会社である場合において、株主総会において議決権を行使することができる事項について制限のある種類の株式（以下この条において「議決権制限株式」という。）の数が発行済株式の総数の2分の1を超えるに至ったときは、株式会社は、直ちに、議決権制限株式の数を発行済株式の総数の2分の1以下にするための必要な措置をとらなければならない。

　上記の規定のポイントを記します。

1．会社法115条は、公開会社だけの規定である。

　　非公開会社では、議決権制限株式の数に制限がありません。

2．発行済株式の総数の2分の1を超える議決権制限株式の発行が直ちに無効となるわけではない。

　　発行済株式の総数の2分の1を超える議決権制限株式を発行することはできます。

　　会社法115条は、この場合に、「直ちに、議決権制限株式の数を発行済株式の総数の2分の1以下にするための必要な措置」を取ることを要請しているにすぎません。

　　その方法は、次の3つがあります。

1．議決権に制限のない株式の発行
　　たとえば、議決権制限のない株式について募集株式の発行をします。
2．議決権制限株式の消却
　　議決権制限株式を株式会社が取得し、これを消却します。
3．1および2の方法の併用
　　議決権の制限のない株式の発行に伴い、議決権制限株式を消却します。

参考問題
1．新株予約権を発行している会社が新株予約権の行使期間の初日の到来前に募集株式を発行した場合には、当該募集株式の発行後の発行済株式総数に新株予約権の目的である株式の数を加えた数が当該会社の発行可能株式総数を超えるときであっても、当該募集株式の発行による変更登記を申請することができる。（商業登記法H18-33-ア）
2．新株予約権を発行している株式会社が、新株予約権の行使期間中に募集株式を発行した場合において、当該募集株式の発行後の発行済株式総数から自己株式を除いた数に新株予約権者が取得することとなる株式の数を加えた数が発行可能株式総数を超えるときは、当該募集株式の発行による変更登記の申請は、することができない。（商業登記法H2-39-1）
3．会社法上の公開会社においては、議決権制限株式の数が発行済株式の総数の2分の1を超えるに至ったときは、発行済株式の総数の2分の1を超えて発行された議決権制限株式は、無効となる。（商法H29-28-イ改）

答え　1．○　　2．○　　いずれも、会社法113条4項について出題されている。
3．×　無効ではない。直ちに、議決権制限株式を発行済株式の総数の2分の1以下とするために必要な措置を取らなければならないというだけのハナシである。（会社法115条）

登記簿の記録例（H18.4.26民商第1110号依命通知改）

発行可能株式総数に関する登記

会社が発行可能株式総数を変更した場合（単一株式発行会社及び種類株式発行会社ともに共通）

発行可能株式総数	<u>6万株</u>	
	12万株	令和6年10月1日変更
		令和6年10月8日登記

＊説明文に（単一株式発行会社及び種類株式発行会社ともに共通）とあるのは、発行可能種類株式総数は、登記簿の「発行可能種類株式総数及び発行する各種類の株式の内容」の欄に記録されるため、単一株式発行会社でも種類株式発行会社でも「発行可能株式総数の欄の記載事項に相違はない」という意味である。

上記の登記に関する申請書の記載例を挙げます（単一株式発行会社の例）。

登記の事由	発行可能株式総数の変更
登記すべき事項	令和6年10月1日次のとおり変更
	発行可能株式総数　12万株
登録免許税	金30000円（ツ）
添付書類	株主総会議事録　1通
	株主リスト　1通
	委任状　1通

＊発行可能株式総数は定款の記載事項であるから、株主総会の特別決議を要する。

❖❖❖

参考問題

1．会社法上の公開会社においては、発行済株式総数は、発行可能株式総数の4分の1を下回ってはならない。（商法H19-29-ア）

2．甲株式会社は、その定款において、A種類株式とB種類株式の2種類の種類株式を発行する旨を定めている。この場合、現にA種類株式を4万株発行している場合において、A種類株式の発行可能種類株式総数を6万株から3万株に減少させる旨の定款変更をすることはできない。（商法H18-30-ア）

....

答え

1．✕　会社法113条3項1号の4倍規制は、公開会社が発行可能株式の総数を増加する場合にのみ該当する規定である。たとえば、公開会社が株式の消却により

　発行済株式総数が減少する結果、発行済株式総数が、発行可能株式総数の4分の
　1を下回ることには会社法上の規制がない。
2．○　会社法114条1項。

❖❖❖

5 反対株主の株式買取請求

　株主総会で、一定の重要な決議がされた場合に、これに反対の株主が会社に対
して株式買取請求をすることができます。
　その価額は、「公正な価格」と規定されています。（会社法116条）

参考 ▎ 公正な価格とは

　「公正な価格」は具体的にはどのように定められるのか？
　これは会社非訟事件として裁判所において決定されることになるのである。
　市場価格のない株式の評価方法は非常に複雑である。
　会社法が、反対株主の株式買取請求権という制度を置く趣旨は、多数派
に破れてしまい株式会社が不本意な方向に行ってしまうハメに陥った少数
派株主に対して、会社を脱退する機会を与え、その場合における株式の買
取価格について裁判所の審判を仰ぐ機会をも与えることにある。

　次のような決議をした場合に、反対株主は、株式の買取請求ができます。つまり、
「もう、こんな会社の株主はやめる。だから、株式を買え」と会社に請求できる、
というわけです。

【会社法の基本思想】バランス感覚

　会社法においてもバランス感覚は重要である。
　原則として、会社法は資本主義の原理により、多数派が会社を思いのままに
することを許容する。しかし、少数派の保護も忘れない。反対株主の株式買取
請求権もその現れであり、これは多数派に敗れ去った少数派の救済の手段なの
である。

　以下に、重要なものをピックアップします。

1．その発行する全部の株式の内容として株式の譲渡制限の定めを設ける定款
　変更（会社法116条1項1号）
　→全部の株式について株式買取請求ができる。

2．種類株式の内容として株式の譲渡制限の定めを設ける定款変更（会社法116条1項2号）
→会社法111条2項各号の株式について株式買取請求ができる。
3．全部取得条項付種類株式の定めを設ける定款変更（会社法116条1項2号）
→会社法111条2項各号の株式について株式買取請求ができる。
4．「株式の併合」（会社法182条の4）
→その有する株式のうち1株に満たない端数となるものの全部の株式買取請求ができる。
→「株式の併合」の意味はP569のコラム参照。
5．事業譲渡（会社法469条）
6．吸収合併（会社法785条、797条）
7．新設合併（会社法806条）
8．吸収分割（会社法785条、797条）
9．新設分割（会社法806条）
10．株式交換（会社法785条、797条）
11．株式移転（会社法806条）
12．株式交付（会社法816条の6）

参考 このほか、会社法116条1項3号において、会社法322条2項の定款規定がある場合の種類株主の救済措置として株式の買取請求権が認められている。

以下の点にご注意ください。
1．事業の全部の譲渡と同時に解散の決議がされた場合には、反対株主の株式買取請求権は発生しない（解散により会社は清算手続に入る。株式買取請求をしなくとも残余財産が分配される。会社法469条1項1号）。
2．資本金の額の減少の場合に反対株主の株式買取請求権が存在しない（配当を出しやすくしているだけで単に計算上の問題にすぎない。株主を害さない）。
3．前記の5、6、8〜10、12の事案が簡易事業譲渡および簡易組織再編に当たるときは、反対株主が株式買取請求をすることができない。
→以下、事業譲渡および組織再編を組織再編等と表記する。

〈株式の買取請求権〉

発展　取得条項付株式と株式買取請求

　　取得条項付株式の定めを設ける場合に反対株主が株式買取請求をすることが
できるという規定は存在しない。

（理由）

　　上記の規定を設ける場合には、総株主の同意がいるからである。（会社法110条）
反対株主が１人でもいれば、そもそも、こうした規定を設けることができない。

補足　会社法116条１項２号の場合

　　１．ある種類の株式についてのみ譲渡制限規定を定める

　　２．ある種類の株式について全部取得条項を定める

　　以上のケースで買取請求をすることができる反対株主は原則として当該種類
の株主である。なお、正確には、会社法116条１項２号、111条２項各号参照。

参考　**イヤな株主の排除法**

　　　　会社法ではイヤな少数派株主の排除法が増えた。

　　　　方法はいくらでもあるが、種類株式を利用する方法もある。

　　　　既存の株式が一種類の株式であっても、株主総会でこれと異なる内容の
　　　株式を発行する定款変更を行えば種類株式発行会社となる。

　　　　その異なる種類の株式を現実に発行する必要などない。

　　　　異なる種類の株式を発行する旨の定款の定めがあれば、その株式会社は
　　　種類株式発行会社である。

　　　　そして、既存の株式を全部取得条項付種類株式とする定款変更をすれば
　　　よい。

　　　　その後、現実にその種類株式の全部を取得し、その対価を当該会社の株
　　　式以外のものとすればよい。

　　　　以上、株主総会の特別決議を成立させることができる多数派であれば実
　　　行可能だ。

> イヤな株主もろとも全部卒業である。
> 　それと並行して、多数派だけが引受人となる募集株式の発行の手続を組み込んでおけばよいのだ。
> 　この方法は合法的であり、反対株主の株式買取請求権という制度は、こうした多数派の動きに対して「公正価格」による株式の買取りの機会を少数派に与える仕組みなのである。

　反対株主が株式買取請求をすることができる行為をしようとする株式会社は、その効力発生日の20日前までに、株式買取請求をすることができる株主に対し、その行為をすることを通知しなければならないものとされています。(会社法116条3項　なお、通知は公告に代えることもできる。同条4項)

　この通知または公告は、反対株主に株式買取請求の機会が生じていることをお知らせする趣旨です。
　しかし、登記の申請のレベルでは、この「通知または公告をしたことを証する書面」の添付は要しないものとされています。

6 株式買取請求の要件

　効力発生日の20日前の日から効力発生日の前日までの間に、株式買取請求に係る株式の種類・数を明らかにして請求をします。(会社法116条5項、182条の4第4項、469条5項、785条5項、797条5項、816条の6第5項)

参考　会社法806条5項(新設合併等の場合)　買取請求の期間は、会社がする通知または公告の日から20日以内。

　買取請求をすることのできる反対株主は以下のとおりです。(概略を記載→正確には、会社法116条2項、182条の4第2項、469条2項、785条2項、797条2項、806条2項、816条の6第2項)

1．株主総会決議による場合
①　議決権ある者
　1．株主総会決議(種類株主総会決議を含む)に先立って反対の旨を会社に通知。
　2．株主総会(種類株主総会を含む)で反対をしたこと。
　(以上を行った株主が株式買取請求をすることができる。)

　　　→株式買取請求をするために、株主総会での現実の反対を要する。このため、
　　　その株主総会は険悪、修羅場になりやすい（以上は、実務のウラ話）。
　② 議決権のない者
　　　誰でも株式買取請求できる。

２．株主総会決議によらない場合

　誰でも株式買取請求できる。

> **解説**　株式の譲渡制限の規定の設定が株主総会の決議以外でなされることはあ
> りえない。しかし、合併、分割、株式交換、株式交付の場合は、株主総会決議
> によらないことがある。
> 　なお、簡易組織再編等をする場合には、そもそも反対株主に株式買取請求権
> が生じない。
> 　また、略式組織再編等をする場合には、特別支配株主は株式買取請求をする
> ことができないが（理由　特別支配株主は、保護を要する少数派ではない。）、
> それ以外の反対株主が株式買取請求をすることができる。

コラム　株式の買取請求の撤回

　株式の買取請求をした株主は、株式会社の承諾を得た場合に限り、その株
式の買取請求を撤回することができる。（会社法116条７項など）
　この規定は、株式の買取請求がされるという事態は、会社と株主の深刻な
対立関係を意味するところ、会社側には株式買取請求に応じることによりそ
の株主を株主の地位から卒業させることができるという利益がある。
　そこで、自由な撤回を許さないのである。
→なお、例外として、効力発生日から一定の期間内に、裁判所への価格の決
　定の申立てがなかったときは、株主が、いつでも、株式買取請求を撤回す
　ることができる場合がある。（会社法117条３項参照）
→株券が発行されている株式の買取請求をするときは、株主（株券喪失登録
　をした者を除く）は株券を提出しなければならない（会社法116条６項な
　ど）。これは、株式買取請求をした後に、その株券を譲渡すること（これ
　による実質的な株式買取請求の撤回）を防止するための措置である。

参考｜**価格の決定**

　　株式買取請求がされた場合の買取価格は、会社と株主との協議により定
　めるが、協議が調わないときは、各当事者が裁判所に対して、価格の決定

の申立てをすることができる。

→詳しくは、会社法117条参照（細かすぎるので、本書には書かないが、30日＋30日で60日という数字が、制度のキーになっている。）。

なお、株式会社は、株式の価格の決定があるまでは、株主に対し、その株式会社が公正な価格と認める額を支払うことができる。（会社法117条5項、182条の5第5項、470条5項、786条5項、798条5項、807条5項、816条の7第5項）

→支払が遅れると株式会社に遅延損害金が発生するので、これは裁判所の価格決定前に株式会社が早期に支払うことを許容する規定である。

→たとえば、最終的に裁判所が定めた公正な価格が金100万円である場合、株式会社がこの仕組みを使って事前に金60万円を支払っていたときは、残額40万円とこれに対する法定利率による利息を加えた額の支払いで足りることとなる。

発展 買取りの効力発生日

反対株主の株式買取請求があったときは、その買取りの効力は、買取りの原因となった行為の効力発生日に生じる。（会社法117条6項、182条の5第6項、470条6項、786条6項、798条6項、816条の7第6項）

→たとえば、株式の譲渡制限の定めの設定を原因とする株式買取請求のときは、譲渡制限の定めの設定の効力の発生日に（それが価格決定の前でも）買取りの効力が生じる。

→なお、設立型の組織再編のときの買取請求のケースは、設立会社の成立の日（要するにこれも効力発生日の一種だが、設立型の組織再編では株式会社はその効力発生日を定めないので、条文の表現が異なる）に買取りの効力が生じる。（会社法807条6項）

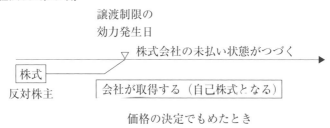

参考問題 吸収合併存続株式会社に対してされた株式買取請求に係る株式の買取りは、効力発生日に、その効力を生ずる。（商法H31-34-エ）

......

答え ○　会社法786条6項。

❖❖❖

> **コラム**　新株予約権の買取請求
>
> 　そういう制度がある。従来の商法では、新株予約権の行使期間中に、株式の譲渡制限の定めをすることはできなかった（もともと、譲渡制限のない株式についての予約権であったものが、いつのまにか、譲渡制限株式の予約権者に成り下がるのは不当という趣旨）。
>
> 　が、会社法では、新株予約権の行使期間中にも、株式の譲渡制限の定めをすることはできる。（会社法118条1項1号・2号）
>
> 　会社法は、このケース、当該譲渡制限株式を目的とする新株予約権の新株予約権者は新株予約権の買取請求ができるという形で解決を図った。

参考｜**新株予約権買取請求**

　ある種類の株式を、全部取得条項付種類株式とする定款の定めを設ける場合に、その種類の株式を目的とする新株予約権者が、買取請求をすることもできる。（会社法118条1項2号）

❖❖❖

参考問題

1．株式買取請求をすることができる期間は、会社法上、14日間の場合と20日間の場合とがある。（商法H20-31-ア）
2．株式の内容として譲渡制限の定めを設ける定款の変更をする際の株式買取請求に係る株式の価格の決定について、当該定款の変更の効力発生日から30日以内に株主と会社との間に協議が調わない場合において、当該効力発生日から60日以内に裁判所に対する価格の決定の申立てがないときは、その期間の満了後は、当該株主は、いつでも、当該株式買取請求を撤回することができる。（商法H20-31-エ）
3．種類株式発行会社が消滅会社となる吸収合併をする場合において、種類株主総会の決議を必要とするときは、株主総会と種類株主総会の双方で議決権を行使することができる株主は、株式買取請求をするためには、そのいずれか一方で反対の議決権を行使すれば足りる。（商法H20-31-イ）
4．株式会社がある種類の株式の内容として譲渡による取得について当該株式会社の承認を要することについての定款の定めを設ける定款の変更をする場合、当該種類の株式を目的とする新株予約権の新株予約権者は、当該株式会社に対し、その新株予約権を公正な価格で買い取ることを請求することができる。（商法H22-33-ア）

5．株式会社が事業の全部の譲渡をする場合、当該株式会社の新株予約権の新株予約権者は、当該株式会社に対し、その新株予約権を公正な価格で買い取ることを請求することができる。（商法 H22-33-イ）

答え

1．× 14日間の場合は存在しない。

2．○ このケースは。会社の承諾がなくても、株式買取請求の撤回をすることができる。（会社法117条3項）

3．× 会社法785条2項1号イ。

4．○ 会社法118条1項2号参照。なお、株式会社が全部の株式の内容として譲渡による取得について当該株式会社の承認を要することについての定款の定めを設ける定款の変更をする場合には、全部の新株予約権の新株予約権者が買取請求をすることができる。（会社法118条1項1号）

5．× 事業譲渡に関して新株予約権買取請求の仕組みはない。事業譲渡等をするときに反対株主が株式買取請求をすることができること（会社法469条）と対比のこと。一般論として、新株予約権買取請求ができる場面は、株式買取請求のそれよりも狭い。

7 株主名簿

株式会社は株主名簿を作成し、次の事項を記載または記録しなければなりません。（会社法121条）

1．株主の氏名または名称および住所

2．1の株主の有する株式の数（種類株式発行会社にあっては、株式の種類および種類ごとの数）。

3．1の株主が株式を取得した日。

4．株式会社が株券発行会社である場合には、2の株式（株券が発行されているものに限る）に係る株券の番号。

会社は、株主名簿管理人を置く旨を定款に規定することができます。（会社法123条）

株主名簿管理人は、通常は信託銀行です。

上場会社などが、この制度を利用しています。

> 定款
> 第何条（株主名簿管理人）
> １．当会社は、株主名簿及び新株予約権原簿（以下「株主名簿等」という。）の作成、
> 　　備置きその他株主名簿等に関する事務を取り扱わせるため、株主名簿管理人を
> 　　置く。
> ２．株主名簿等は、株主名簿管理人の営業所に備え置く。

　会社は、株主名簿を、その本店に置かなければなりません。（会社法125条１項）
＊株主名簿管理人を置く場合はその営業所に置けば足りる。この場合、会社の
本店には株主名簿がナイ。

　株主・債権者は、会社の営業時間内は、いつでも、株主名簿の閲覧謄写請求を
することができます。（会社法125条２項）
　株主名簿管理人を置く場合の手続は以下のようになります（試験において一般
的な手順を示す。実務では契約が先で、その発効日を将来日付で「何月何日から」
と決めるケースが多い）。

　１．第○条「当会社は株主名簿管理人を置く」という定款規定を設定する（株
　　　主総会特別決議）。
　２．取締役の過半数の一致または株主総会（取締役会設置会社では取締役会）
　　　の決議により株主名簿管理人の氏名または名称、住所、営業所を決定する。
　　　　例）東京都何区何町何番地　東京信託銀行　本店営業部
　３．当該株主名簿管理人（東京信託銀行）と株式会社が契約をする。

以上で、手続完了です。
上記において、登記すべき設置の日付は、契約の効力が発生する日です。
登記事項は次のとおりです。

会社法911条３項
　　11　株主名簿管理人を置いたときは、その氏名又は名称及び住所並びに営業所

では、以下に、株主名簿管理人を置いたときの登記申請書の記載例を挙げます（取
締役会を設置しない会社の例）。

登記の事由	株主名簿管理人の設置
登記すべき事項	年月日株主名簿管理人の設置
	株主名簿管理人の氏名又は名称及び住所並びに営業所
	東京都何区何町何番地
	東京信託銀行株式会社　本店営業部
登録免許税	金30000円（ツ）
添付書類	定款　　　1通
	株主名簿管理人との契約書　　1通
	取締役の過半数の一致を証する書面　　1通
	委任状　　　1通

＊「株主名簿管理人を置く」ということは登記事項ではないから、株主総会議事録は添付不要。

＊定款および契約書を添付する根拠条文は以下のとおり。

商業登記法64条（株主名簿管理人の設置による変更の登記）
株主名簿管理人を置いたことによる変更の登記の申請書には、定款及びその者との契約を証する書面を添付しなければならない。

＊取締役の過半数の一致を証する書面を添付する根拠条文は商業登記法46条1項。

＊定款において、株式名簿管理人の氏名または名称および住所ならびに営業所を決定することもできる。この場合、取締役の過半数の一致を証する書面は不要。

参考 ▎**株主名簿管理人の職務**
　　株主名簿の作成や管理などの他、新株予約権を発行する株式会社では、**新株予約権原簿の作成や管理**なども行う。（会社法251条）

参考問題　株主名簿管理人の設置による変更の登記の申請書には、定款及びその者との契約を証する書面を添付しなければならない。（商業登記法H25-30-ア）

答え　○

コラム 株主名簿管理人を、変更、廃止する場合の
登記の申請書の記載例、添付書面（取締役会設置会社）

1. 株主名簿管理人を変更する場合（東京信託銀行→神奈川信託銀行に変更
するケース）

登記の事由	株主名簿管理人の変更
登記すべき事項	年月日株主名簿管理人東京信託銀行株式会社を変更
	株主名簿管理人の氏名又は名称及び住所並びに営業所
	神奈川県何市何町何番地
	神奈川信託銀行株式会社　本店営業部
登録免許税	金30000円（ツ）
添付書類	定款　　　　　　　　　　　1通
	株主名簿管理人との契約書　1通
	取締役会議事録　　　　　　1通
	委任状　　　　　　　　　　1通

→この場合も、「株主名簿管理人を置いたことによる変更の登記」に該当
するため「定款」の添付を要する。

2. 株主名簿管理人Ａが住所を移転（東京信託銀行の本店移転のケース）

登記の事由	株主名簿管理人の住所の変更
登記すべき事項	年月日株主名簿管理人東京信託銀行株式会社の本店移転
	株主名簿管理人の氏名又は名称及び住所並びに営業所
	東京都何区何町何番地
	東京信託銀行株式会社　本店営業部
登録免許税	金30000円（ツ）
添付書類	委任状　1通

→変更を証する書面は不要。この点、取締役の住所変更等のケースと同じ
である。

3．株主名簿管理人を廃止

登記の事由	株主名簿管理人の廃止
登記すべき事項	年月日株主名簿管理人東京信託銀行株式会社の廃止
登録免許税	金30000円（ツ）
添付書類	取締役会議事録　1通
	委任状　　　　　1通

→廃止の場合、定款は不要。（商業登記法64条は、株主名簿管理人を「置いた」ことによる変更についての規定である。）

→この申請書は、取締役会が、株主名簿管理人との契約を解除する旨の決議を行ったことを想定している。

4．株主名簿管理人を置く旨の定款の定めを廃止

登記の事由	株主名簿管理人の廃止
登記すべき事項	年月日株主名簿管理人東京信託銀行株式会社の廃止
登録免許税	金30000円（ツ）
添付書類	株主総会議事録　1通
	株主リスト　　　1通
	委任状　　　　　1通

→株主総会において「当会社は株主名簿管理人を置く」との定款の定めを削除した場合の申請書である。

コラム　株　券

株券は過去の遺物になりつつある。古典的な商法の世界では、株式の譲渡は株券の交付によらなければ効力がなかった（株券を持っている人が株主という原始的な世界）。

この場合の第三者対抗要件は株券の占有、株式会社への対抗要件は株主名簿の名義の書換えである。

株券を発行しない会社など、ありえなかった（実際には多数存在した。が、それはすべて非合法）。

しかし、会社法では、株券不発行が原則となった。株券を発行したければ、その旨の定款規定を要する。（会社法214条）

株券不発行会社においては、株式の譲渡は、株主名簿の名義の書換えが株式会社その他の第三者に対する対抗要件である。

その申請は、譲渡人・譲受人の共同申請が原則だ。
株主名簿に載っている人が株主という時代になりつつある。

8 株券廃止の手続

株券を廃止する手続について説明しましょう。
要は、次の登記をいかに実現するかということです。

登記簿の記載例（H18.4.26民商第1110号依命通知改）

株券を発行する旨の定めを廃止した場合（会社法第218条）

株券を発行する旨 の定め	当会社の株式については、株券を発行する
	令和 5 年10月 1 日設定　令和 5 年10月 8 日登記
	令和 6 年 4 月 1 日廃止　令和 6 年 4 月 8 日登記

株券を発行することは定款の記載事項です。

> **会社法214条（株券を発行する旨の定款の定め）**
> 株式会社は、その株式（種類株式発行会社にあっては、全部の種類の株式）に
> 係る株券を発行する旨を定款で定めることができる。

→種類株式発行会社が一部の種類の株式についてだけ株券を発行することはで
　きないと解されている。
→会社法は、株券を発行しないことを原則としている。だから、登記事項は「株
　券発行会社である旨」である。（会社法911条 3 項10号）

参考問題　内容の異なる二以上の種類の株式を発行する株式会社は、一の種類の
株式については株券を発行し、他の種類の株式については株券を発行しない旨を定
款で定めることができる。（商法R5-29-オ）

答え　×

したがって、株主総会の特別決議において、定款○条「当会社の株式については、
株券を発行する」という規定を定款から削除する決議をすればよいのです。

しかし、このほかにも手続の必要性が生じます。

というのは、株券発行の定めを廃止するということは、各株主の手元の株券が無効（紙くず）になることを意味するからです。

そこで、このことを、株主に知らしめる必要があります。

たしかに、株券を発行している場合でも、株主名簿への記載は株主が会社に株主であることを対抗する要件ではあります。

しかし、会社に知れていない株主も、株主であることに違いはありません。

株券発行会社では、株券を所持している人が株主なのです。

そこで、次の手続を経る必要があります。
1．公告（会社が公告をする方法として定められた方式によるコト）、かつ、
2．株主および登録株式質権者に通知

→公告等の内容は「いついつ株券を廃止します。その日に株券は無効になるからよろしく」という感じ。（会社法218条1項各号）

以上の手続を、株券廃止の定款変更の効力が生ずる日の2週間前までに行うことを要します。
→株主総会の後に行ってもよいし、前に行ってもよい。株主総会の2週間前までに公告かつ通知をしていれば、株主総会の決議の日を株券廃止の効力発生日とすることも可能である。

コラム　公告かつ通知

会社法では、「公告かつ通知」を要する手続と「通知または公告」でよいケースがある。

もちろん、「公告かつ通知」のほうが厳格な手続である。

この場合の両者の意味は以下のとおりと考えればよい。
1．公告　会社に知れていない者への呼びかけ
　　→株券廃止公告は、まさに、株券を所持してはいるが会社が知らない株主への連絡である。
2．通知　会社に知れている者へ確実にお知らせを届ける（公告だけでは株主等が見落とす可能性がある。→たとえば、官報公告や新聞の片すみをみなさんは毎日チェックしていますか）。

　　→会社からの郵便物であれば、連絡に確実性がある。
　以上、両者の手段を併用するのが、「公告かつ通知」である。
　なお、「通知または公告」の意味は以下のように考えればよい（条文の構成は、原則は通知だが公告をもってこれに代えることができるというカタチが多い。例　会社法201条3項・4項）。
　　1．会社に知れている者に通知をすればそれでよい（株主名簿の名義の書換えの請求をしていない株主を草の根分けても探すには及ばない）。
　　2．また、株主の数が多い場合には、郵送費より公告代のほうが安いこともあろう。それなら公告でもかまわない（その結果、公告を見落とす株主がいるだろうが、それはそれでかまわない）。

【商業登記の学習の指針】公告をしたことを証する書面
　商業登記の申請書の添付書面に次の区分けがある。これは**定理**である。
　　1．公告かつ通知の場合
　　必ず、公告をしたことを証する書面が添付書類となる。
　　（ただし、株券の廃止や提出公告は、株券を発行していないことを証する書面がこれに代わることがある。また、清算会社に例外がある。）
　　2．公告または通知の場合
　　公告をしたことを証する書面が添付書類となることは、断じてナイ。
　　つまり、「公告かつ通知」の公告は登記事項の発生のパズルの部品である。「公告または通知」の公告は部品ではない。

では、さきの、登記記載例に係る申請書の記載を紹介しましょう。

登記の事由	株券を発行する旨の定めの廃止	
登記すべき事項	年月日株券を発行する旨の定め廃止	
登録免許税	金30000円（ツ）	
添付書類	株主総会議事録	1通
	株主リスト	1通
	株券廃止公告をしたことを証する書面	1通
	委任状	1通

＊株券廃止公告をしたことを証する書面の添付を要する根拠条文

商業登記法63条（株券を発行する旨の定款の定めの廃止による変更の登記）
株券を発行する旨の定款の定めの廃止による変更の登記の申請書には、会社法第218条第1項の規定による公告をしたことを証する書面又は株式の全部について株券を発行していないことを証する書面を添付しなければならない。

→株券を発行していない株券発行会社では、「株式の全部について株券を発行していないことを証する書面」を添付する。

参考問題　株式の全部について現に株券を発行していない株券発行会社が、株主総会において、株券を発行する旨の定款の定めを廃止する決議をした場合は、当該定款の定めの廃止による変更の登記の申請書には、株主及び登録株式質権者に対し、当該定款の定めを廃止する旨及びその効力が生ずる日並びに当該日において当該株式会社の株券は無効となる旨を通知したことを証する書面を添付しなければならない。（商業登記法H31-29-オ）

答え　×　たしかに株主及び登録株式質権者への通知は要するのだが、登記の申請において、これを証する書面を添付せよとの規定はない。

株券廃止公告

当社は年月日付で株券を
発行する旨の定款の定め
を廃止することにいたし
ましたので、公告します。
当社の株券は、同日をも
って無効となります。

年月日

何県何市何町何番地
　　　株式会社山本商事
　　　代表取締役　山本太郎

※株券廃止公告の一例

コラム　「株式の全部について株券を発行していないことを証する書面」とは

　株券発行会社であるにもかかわらず、現実には株券を発行していない株式会社が多数ある。

　ここに、株券発行会社とは、定款に株券を発行する旨の定めがある会社という意味でしかないからである（会社法施行前の株式会社は、商法の規定により原則として株券発行会社とされたにもかかわらず、株券を発行していないことが多かった。大多数の中小企業が株券を刷る経費をケチった結果である。中小企業でも10万円くらいはかかったらしい）。

　この場合、現実には株券を発行していないのに、杓子定規に、株券廃止公告をせよというのは、形式的にすぎるため、会社法は、株主または登録株式質権者へ株券廃止の旨の「通知または公告」（会社法218条3項・4項）をすれば足りるとしている。

　このケースにおいて、登記の添付書面としては、「株式の全部について株券を発行していないことを証する書面」を添付することになる。

　具体的には、株主全員につき株券不発行の旨の記載のある株主名簿がこれに該当する。

　株券発行会社は、原則として、株式を発行した日以後遅滞なく、当該株式に係る株券を発行しなければならない（会社法215条1項）。しかし、これには例外がある。

　以下に、会社法において、合法的に「株券を発行していない」株券発行会社の類型を挙げる。

　1．公開会社でない会社において株主から株券発行の請求がないとき。（会社法215条4項）
　2．株主全員が株券不所持の申出（会社法217条）をしている場合（公開会社でもこれにあたることがある）。

参考｜株券不所持の申出の趣旨

　株券は有価証券であり、これを所持している者が株主である。

　有価証券の存在意義は「譲渡をしやすくする」ことにある（手形、小切手が典型例）。

　とにかく、持っている者が権利者だから、取引の決済が楽だ。

　しかし、譲渡をするつもりがなければ、有価証券には紛失→第三者の善意取得の危険が伴う。株券を第三者に善意取得されるということは、原権利者が株主の地位を失うことを意味する。

　そこで、こうした危険を防止することが「株券不所持の申出」の制度の趣旨である。

参考問題　会社法上の公開会社である株券発行会社の株主は、当該株券発行会社に対し、当該株主の有する株式に係る株券の所持を希望しない旨を申し出ることができない。（商法R4-28-オ）

答え　×

株主名簿に記載した事項の書面の交付

株券にかわり導入された制度です。(会社法122条1項)

株主は会社に対し「株主名簿記載事項証明書」の交付請求ができます。

(この規定は、もちろん株券発行会社には適用がない。株券がまさに証明書だからである。)

余談　株券廃止の実務

公告代がかかるから、株券廃止公告はなるべくやりたくない。

そこで、株主の協力が得られるのであれば、先に、全部の株主に株券不所持の申出をしてもらうのである。

これであれば、公告ナシに株主総会決議の一発で株券の廃止ができる。

そういう**入れ知恵**をするのも司法書士の仕事のうちである。

その手続の詳細は会社法217条にある(マイナー論点だが、出題可能性がないとまでは言わない。ポイントは6項、株券の二重発行の費用は、株主持ちである)。

9 基準日

会社は、一定の日(基準日)を定め、その日において株主名簿に記載された株主を権利行使者と定めることができます。(会社法124条1項)

その権利は、基準日から**3か月以内**に行使できるものに限ります。

(権利の内容は、配当金の交付、株式分割を受ける権利、株主優待券をもらえるなど種々あります。)

たとえば、株主総会の議決権ある株主を決める場合、

1. 基準日　　　○年3月31日
2. 株主総会日　○年6月30日

であれば、オッケーです。

会社法では、上記の議決権の基準日についてのみ、基準日後に株主になった株主を権利行使者とすることができるという特例を置きました(会社法124条4項)。実務界の要請にこたえてのものです。

(基準日から株主総会までの3か月の間に株式の募集がやりにくかったので不便であった。←議決権がないのではメリットがないと大口の投資家に相手にしてもらえなかった。)

《参考条文》

> **会社法124条（基準日）**
> 4項　基準日株主が行使することができる権利が株主総会又は種類株主総会における議決権である場合には、株式会社は、当該基準日後に株式を取得した者の全部又は一部を当該権利を行使することができる者と定めることができる。ただし、当該株式の基準日株主の権利を害することができない。

　上記の条文のただし書は、たとえば、基準日以後に証券市場で株式を買った者について、議決権の行使をすることができる者と定めることはできないということを意味します。

　この場合には、当該株式の基準日株主（すなわち株を売った人）の権利（議決権）を害するからです。

　これに対して、募集株式の割当て（新株または金庫株の割当て）により株主になった者や、合併新株を取得した者に対しては、議決権の行使をすることができる者と定めることができます。この場合には、基準日株主の権利を害することはないからです（新株であれば基準日株主は存在しない。金庫株（自己株式）の場合には会社自身の議決権はもともと認められていない）。

コラム　基準日の制度趣旨

　毎日のように株式が取引される上場会社にとって、特に必要な制度である。

　たとえば、配当を出すといっても、いつの時点の株主に交付するのか。

　毎日株主の顔ぶれが入れ替わっている以上、その基準が必要なのだ。

　そういう趣旨だから、基準日がいつかということは、事前（2週間前まで）に公告しなければならない。

　でなければ、株主にとって不意打ちになってしまう（あと1日株を売るのを我慢すれば、配当をもらえたのに、1日の違いでもらえなくなるのは、誰でも悔しかろう）。

　ただし、定款に基準日の規定があれば、公告は要しない。

　株主であれば、会社の営業時間内、いつでも定款の閲覧ができるからだ。

　なお、基準日の制度は、まだ、株主名簿の名義の書換えの請求をしていない株主に、これを促す意味合いもある。

　株主の会社に対する対抗要件は、株主名簿の名義の書換えである。

　株式を取得しても、基準日に株主名簿に記載されていなければ、配当金は、株の売主のほうへいってしまう。

　会社に対し株主としての権利を主張するためには株主名簿の名義の書換えが必要だ。

なお、前記の「株主名簿の名義の書換えを促す」という基準日公告の制度の趣旨から、基準日を定めた場合には、その日の2週間前までに、基準日と基準日株主に与えられる権利の内容を「公告」しなければならない。(会社法124条3項本文)

ただし、定款に基準日を定めた場合は、公告を要しない。たとえば、「定時株主総会の議決権は、毎年事業年度終了時に株主名簿に記載された株主とする」などと定款に規定した場合である。

参考 ▌基準日公告

基準日公告をしたことを証する書面が登記の添付書面となることはナイ。これは、何かをするときの前提行為であって、パズルの部品にはならない。

参考 ▌定款の備置き場所

会社の本店および支店(会社法31条)。株主のほか会社債権者も、会社の営業時間内、いつでも定款の閲覧ができる。

❖•❖

参考問題

1．株主名簿には、株式の発行年月日を記載しなければならない。

2．会社債権者は、会社の営業時間内であれば、いつでも株主名簿(書面で作成された場合)の閲覧請求ができる。

3．会社が基準日を定め、その日において株主名簿に記載された株主に対して剰余金の配当を行うと決めたときでも、基準日後に株主になった株主を権利行使者とすることができる。

4．定款に株主に株式の割当てを受ける権利を与えるにつき基準日の定めがない会社が、当該基準日を定めて募集株式を発行した場合は、募集株式の発行による変更の登記の申請書には、当該基準日の2週間前までに、当該基準日及び基準日株主が株式の割当てを受ける権利を有する旨を公告したことを証する書面を添付しなければならない。(商業登記法H31-30-ア)

5．株式会社の債権者は、当該株式会社の定款の閲覧の請求をする場合には、当該請求の理由を明らかにしてしなければならない。(商法R5-28-オ)

答え 1．✕ なお、株主が株式を取得した日を記載することを要する。(会社法121条3号)

2．○ 会社法125条2項1号。　 3．✕ 会社法124条4項本文。

4．× 基準日公告をしたことを証する書面が登記の添付書面となることはナイ。
5．× 営業時間内はいつでも閲覧を請求できる。理由はいらない。株主のする閲覧請求についても同様である。

10 株主に対する通知

　株式会社が株主に対してする通知または催告は、株主名簿に記載された住所にすれば足ります。（会社法126条1項）
　上記の通知または催告は、通常、到達すべきであった時に、到達したものとみなされます。（会社法126条2項）

　要するに、実際には株主に到達しなくても、通知の効力が発生します（発信主義意思表示の到達主義を定めた民法97条の例外）。
　これは、会社の便宜のための制度です。
　株主は、住所変更を会社に届け出る程度の手間はおしむべきでなく、また、仮に通知が到達していないということになれば、株主総会の招集手続に法令違反ありということで、「決議取消し」の問題を生じかねません。
　だから、実際には株主に到達しなくても、通知の効力が発生するとしました。

コラム　通知の省略

　会社から株主への通知にみなし到達の考え方が採用されるとしても、「宛てどころにたずね当たりません」と返送される通知を毎年送るのでは、あまりに形式的だし無駄でもあろう。
　そこで、会社法196条1項は、通知が5年以上継続して到達しない場合、会社は通知をすることを要しないと定めた。
　だが、このままでは、所在が不明であるというだけで、その株主が株主であることに違いはない。
　株主総会の度に、永遠に定足数に数え続けるのも面倒だ。
　そこで、会社法197条は、さらに突っ込んで、不在株主の株式を会社が売却する制度を設けた（会社が買い取ることも可能）。
　この手を使えば、不在株主とは、縁を切ることができる（条文によれば、売却代金は不在株主に交付することになっている。が、これは、事実上不可能であろう）。

11 株式の譲渡

　株主は、その有する株式を譲渡することができます。（会社法127条）
　株券発行会社では、株式の譲渡は株券の交付をしなければ、効力が生じません（買主がカネを払っても、それだけでは、株主になれない）。（会社法128条 1 項本文）

　しかし、株券を発行しない一般の会社では、譲渡は、民法の一般原則どおり、**意思表示のみ**により行うことができます。

　しかし、取引だけでは、第三者対抗要件は、まだ備わっていません。
　（株券があれば、その占有が対抗要件になるところなのですが……）
　株式の譲渡は、その株式を取得した者の氏名または名称および住所を株主名簿に記載（記録）しなければ、株式会社その他の第三者に対抗できません。（会社法130条 1 項）

　以上の点を整理すると、以下のようになります。

1．株券を発行しない会社
　株式の譲渡　意思表示により行う
　⑴　会社に対しての対抗要件　株主名簿の名義の書換え
　⑵　第三者対抗要件　　　　　　株主名簿の名義の書換え
2．株券発行会社
　株式の譲渡　株券の交付により行う
　⑴　会社に対しての対抗要件　株主名簿の名義の書換え
　⑵　第三者対抗要件　　　　　　株券の占有

　以上、いずれの場合も、株主が、会社に対して株主であることを主張するためには、株主名簿に記載されることを要することになります。
　逆に、会社は、株主名簿に載っている人物を株主として取り扱えばよいことになります。

コラム　株券発行会社がする自己株式の処分

　自己株式の処分による株式の譲渡は、株券を交付せずともその効力を生じる。この場合は、処分の後に、会社に株券の交付義務が生じるカタチとなる。（会社法128条 1 項ただし書）
　→要するに、株式を発行したときと同じカタチにしているのである。

参考 ┃ **振替株式**

　　振替株式とは、データ化された株式のことである。

　　この場合、意思表示だけでは譲渡の効力が生じない。データの書換えが効力の発生要件となる。

　　また、データの書換えは、第三者対抗要件にもなる。データの書換えが、株券の交付にあたるとイメージすると一発で理解できる。

　　しかし、そのことを株式会社に通知するなどして、株主名簿の名義の書換えをしなければ、株式会社に対して株主となったことを対抗することはできない。

【急所】会社への対抗要件

　　株式の譲渡の株式会社への対抗要件は、**常に「株主名簿の名義の書換え」**である。

　　これを逆に言うと、株式会社は、株主名簿上の株主を株主として扱えば足りることを意味する。そうでなければ、たとえば、株主総会の招集通知の出しどころに困るのである。

❖◦❖

参考問題

1．株券発行会社の株式の譲渡は、その株式を取得した者の氏名又は名称及び住所を株主名簿に記載し、又は記録しなければ、当該株券発行会社その他の第三者に対抗することができない。（商法R4-28-イ）

2．株式の譲渡等に関する次のアからオまでの記述のうち、正しいものの組合せは、後記1から5までのうちどれか。（商法H22-28）

　ア　株券発行会社の株式の譲渡は、その株式を取得した者の氏名又は名称及び住所を株主名簿に記載し、又は記録しなければ、株式会社に対抗することができない。

　イ　株券発行会社の株式の相続による移転は、当該株式に係る株券を交付しなければ、その効力を生じない。

　ウ　振替株式の譲渡は、振替の申請により、譲受人が自己の口座の保有欄（機関口座にあっては、銘柄ごとの数を記載し、又は記録する欄）に増加の記載又は記録を受けなければ、その効力を生じない。

　エ　振替株式の譲渡は、その株式を取得した者の氏名又は名称及び住所を株主名簿に記載し、又は記録しなければ、株式会社その他の第三者に対抗することができない。

　オ　株券発行会社以外の株式会社の株式であって、振替株式でないものの譲渡は、その株式を取得した者の氏名又は名称及び住所を株主名簿に記載し、又は記録しなければ、その効力を生じない。

1 アイ **2** アウ **3** イオ **4** ウエ **5** エオ

....

答 え

1．× 「その他の第三者」の部分が誤り。株券の占有が、株式の譲渡の第三者対
抗要件である。

2．2

ア ○ 会社法130条2項。

イ × 相続は、株式の譲渡にあたらないから株式の交付は不要。相続の効力は、
被相続人死亡の時に法律上当然に生じる。

ウ ○ 口座の記録が、譲渡の効力発生要件になる。

エ × 第三者への対抗要件は、口座の記載又は記録で足りる。

オ × 譲渡の効力は、その旨の意思表示のみで生じる。

❖❖

12 株式の譲渡に係る承認手続

譲渡制限株式は、譲渡が制限されるだけです。譲渡ができないわけではありま
せん。

→会社法では、株式の譲渡禁止の定款規定は認められていない。会社による株
主権の過度の侵害と考えられるからである。

では、どうすれば、譲渡制限株式を売ることができるのでしょうか？

譲渡制限株式を売りたいという話は実務でもよくありますが、この場合、問題は、
まず買い手を見つけることです。

買い手を見つければ、以下の手順で何とか売ることができますが、そこが困難
である場合が多いのです。

では、買い手が見つかったとしましょう。

まず、最初に、株式会社に、譲渡の承認の請求をします。（会社法136条）

《注》 株式取得者からの承認請求も可能である。（会社法137条 この場合は、原
則として譲渡人との共同申請）

❖❖

参考問題 株券が発行されている譲渡制限株式を取得した者は、株式会社に対し、
当該株券を提示して、当該譲渡制限株式を取得したことについて承認するか否かを

決定することを単独で請求することができる。（商法H30-28-ウ）

答 え　○　株券の提示があるときは、株式取得者から単独での請求ができる。（会社法137条1項・2項、会社法施行規則24条2項1号）株式取得者は、原則として譲渡人と共同で譲渡承認の請求をすべきことの例外にあたる。

この場合、次の事項を明らかにしなければなりません。
1．譲渡する株式の数（種類株式発行会社では、種類・数）
2．譲受人の氏名または名称
3．会社が承認しない場合に、会社に買え、または指定買取人の指定をしろと請求するときは、その旨

参考　3の請求の意味は？

　3の請求をしておかないと、「譲渡の承認はできません」と、会社に回答されると、話は、それで立ち消えになる。
　そこで、粘り強く、承認しないなら会社が買え、それができないなら買取人を指定しろ、と迫るのが、3の請求の意味である。

譲渡等の承認を決定する機関（会社法139条1項）
1．原則　　　　　　　　　　株主総会
2．取締役会設置会社の場合　取締役会
　→ただし、定款で、別段の定めが可能。

たとえば、次のような定款規定です。

1．株主が当会社の株式を譲渡により取得する場合においては当会社が承認したものとみなす。
2．特定の者（たとえば田中さん）への譲渡は、代表取締役が承認する。
3．株式の譲渡に関する承認は、株主総会で行う（取締役会設置会社の場合でも株主総会を承認機関とすることができる）。

　株主側が、会社が承認しない場合に、会社に買え、または指定買取人の指定をしろと粘り強い態度に出た場合、譲渡を承認しないのであれば、会社はこれを買い取らねばなりません。（会社法140条1項）

コラム **会社が株主からの請求に対し返答をしないとどうなるか**

> 承認請求から２週間以内に承認をするか否かを返答しなければ、会社は承認したとみなされる。
>
> つまり、会社には、回答義務がある（会社法145条１号）。なお、２週間という期間は定款で短縮することができる。

ただし、自分で買うのではなく、指定買取人の指定をすることもできます。（会社法140条４項）

上記、いずれの場合にも、その決定は、株主総会の特別決議を要します。（会社法309条２項１号）

→なお、譲渡等承認請求をした株主は、原則としてその会社の買取りに係る決議を行う株主総会で議決権を行使できない。

→取締役会設置会社では、指定買取人の指定を株主総会ではなく取締役会において行う。

なお、定款で、あらかじめ指定買取人の指定をすることも可能です。（会社法140条５項）

さて、この株主総会決議がなされたとしましょう。

この後の問題は、値段の折り合いがつくかどうかです。

譲渡の承認を請求した株主は、カネが欲しいという動機に違いなく（老後の資金にしたいというパターンが多い。退職金代わりの感覚。）、この後、問題が価格交渉に発展するのは明らかです。

以下、会社が買い取る場合の説明をします。指定買取人のケースも基本的な流れは一緒です。

1. 会社が、１株当たりの純資産額に買取の株式数をかけた金額を本店所在地の供託所に供託する（たとえば、会社の純資産（資産－負債）が１億円で、発行済株式の総数が2000株、買取株式数が100株のケースでは、１億÷2000×100＝500万円）。
2. 会社は、会社が買い取る旨等を株式の譲渡等承認請求者に通知する。その際には、供託を証する書面を交付する。
   →会社がこの通知をしなければ、会社は譲渡を承認したものとみなされる（会社には通知義務がある）。

　3．株式の譲渡等承認請求者は、株券を供託する（株券発行会社に限る）。
　　→供託をしなければ、会社は当該株式の売買契約を解除することができる。
　　→カネと株券の供託合戦になる。いずれも供託義務があり、供託しないと、
　　　その者に不利な結論が待っている。会社は譲渡承認みなし、株主は解除を
　　　食らう。
　4．売買価格は、会社と、株式の譲渡等承認請求者との間の協議で決定する。
　5．協議がまとまらなければ、裁判所に、売買価格決定の申立てをする（会社側、
　　　譲渡等承認請求者双方の申立てが可能）。
　　→この申立てがなければ、売買価格は会社が供託した額に決定する。

以上の流れです。
　会社側は500万円、譲渡等承認請求者は600万円で、折り合いがつかなければ、
最後は裁判所のご厄介になります。

参考 ❙ １株当たり純資産額
　　上記の１株当たり純資産額の計算方法は、会社法施行規則25条に規定さ
　れている。

参考 ❙ 株価
　　会社の総資産から負債を引き算したものが純資産である。
　　これを発行済株式の総数で割ると１株あたりの価格が出る。
　　これが株価の基準とはいえる。しかし、世の中は複雑で、カネに代えら
　れない価値を会社が有している場合もある。そこで、この金額では満足し
　ない株主が、裁判所の門をたたくのである。

参考問題
　1．譲渡を承認しなかった場合の指定買取人を定款で定めたときは、その定めを内
　　容とする登記を申請することができる。（商業登記法H23-30-イ）
　2．株式会社が、譲渡制限株式の取得について承認をしない旨の決定をした場合に
　　おいて、当該譲渡制限株式を買い取る旨及び当該株式会社が買い取る当該譲渡制
　　限株式の数を決定したときは、当該株式会社は、譲渡等承認請求者に対し、これ
　　らの事項を通知した上で、当該譲渡等承認請求者と当該譲渡制限株式の売買価格
　　についての協議が調わないときは、１株当たり純資産額に当該株式会社が買い取
　　る当該譲渡制限株式の数を乗じて得た額を供託所に供託しなければならない。（商
　　法H30-28-オ）
　3．譲渡制限株式を取得した者からの譲渡の承認の請求に対して、株式会社が譲渡

を承認せず対象株式を買い取る旨の通知をしようとするときの供託は、その株式会社の本店の所在地の供託所にしなければならない。(供託法R3-9-ア)

....

答え 　1．× 　指定買取人は登記事項ではない。

2．× 　売買価格についての協議が調わないときにすべきことは、裁判所に、価格決定の申立てをすることである。

3．○

❖❖

13 株式の譲渡制限に関する登記手続

　まず、公開会社(種類株式発行会社ではない)が、その発行する全部の株式の内容として譲渡制限規定を設定する場合について考えましょう。

登記簿の記載例(H18.4.26民商第1110号依命通知改)
取締役会設置会社が株式の譲渡制限に関する規定を設定した場合(会社法第139条、第466条)

株式の譲渡制限に関する規定	当会社の株式を譲渡により取得するには、取締役会の決議を要する
	令和6年10月1日設定　令和6年10月8日登記

[注] 　株主総会や会社を定款上承認機関として定めている場合には、「当会社の株式を譲渡により取得するには、株主総会の決議を要する」、「当会社の株式を譲渡により取得するには、当会社の承認を要する」等と記録する。

　前記のように、登記事項そのものは単純なハナシであり、登記の申請書も、もう、みなさんは、書こうとおもえば書けるでしょう。

　登録免許税も(ツ)で金30000円と何の変哲もありません。

　問題は、登記の添付書面だけです。

　株式の譲渡制限規定も「株式の内容」の1つですから、株主総会での定款変更決議を要します。

　この決議要件が、特殊決議Ⅰです。(会社法309条3項1号)

　もちろん、株主総会議事録は添付書面となりますが、この「決議要件」にご注意ください。

> **会社法309条（株主総会の決議）**
> 3項　前2項の規定にかかわらず、次に掲げる株主総会（種類株式発行会社の株主総会を除く。）の決議は、当該株主総会において議決権を行使することができる株主の半数以上（これを上回る割合を定款で定めた場合にあっては、その割合以上）であって、当該株主の議決権の3分の2（これを上回る割合を定款で定めた場合にあっては、その割合）以上に当たる多数をもって行わなければならない。
> 1　その発行する全部の株式の内容として譲渡による当該株式の取得について当該株式会社の承認を要する旨の定款の定めを設ける定款の変更を行う株主総会

　まず、上記の条文は、出席株主の数や議決権を問題にしていません。

　あくまでも、議決権を行使することができる株主が決議要件を計算するベースとなります。

　次に、議決権を行使することができる株主の意味です。議決権のないものとして、アタマ数から以下の株主を排除するものと考えればいいでしょう。
1．自己株式を持つ会社自身（会社法308条2項）
2．いわゆる相互保有株式を保有する株主（会社法308条1項カッコ書、会社法施行規則67条）
3．単元未満株式のみを保有する株主

　以上において排除されなかった株主の議決権の数をベースに「当該株主の議決権の3分の2以上」を計算すればよいのです。

参考 ▎ **議決権制限株式の問題**

　　本事案においては、議決権制限株式についての配慮は不要である。議決権制限株式は種類株式としてのみ発行することができるのであり、これを発行する会社は、会社法309条3項冒頭の「株主総会（種類株式発行会社の株主総会を除く。）」のカッコ書に該当するから、譲渡制限規定を設定する株主総会の決議要件は特別決議でよいことになる。

　　たとえば、A種類株式とB種類株式を現実に発行する株式会社（B種類株式は株主総会での議決権のない種類株式）が、B種類株式の内容として新たに譲渡制限の規定を設定する手続を考えてみよう。この場合、定款変更のための株主総会決議は、単なる特別決議で成立する。もちろんこの決議においては、B種類株主は議決権を行使できない。しかし、その後、会社法111条2項1号を根拠にしたB種類株主総会の承認（特殊決議）を要

することが原則であり、この承認決議がなければ定款変更の効力は生じないという仕組みになっている。

→種類株式発行会社では特殊決議Ⅰは、種類株主総会における決議の要件となる。（会社法324条3項1号）

さて、次に、株券発行会社においては、原則として、株券提出公告等（会社法219条1項）を要することになります。

これは、株券廃止公告に類似しますが、次の2点が異なります。

1．「株券を提出せよ」と公告する。

→株券廃止公告等の場合、株主は株券を会社に提出することを要しない。単にタンスの中の株券が無効になるだけである。

2．株券提出公告等の手続は、効力発生日の1か月前までに公告し、**かつ**、株主および登録株式質権者に通知を要する。

→株券廃止公告は効力発生日の2週間前まででよい。

参考先例 ▌（昭41.12.23-772）

株式の譲渡制限の設定のための株券提出公告の期間が1か月に満たないときは、改めて1か月を下らない期間の公告をし直さなければ登記の申請をすることができない。

参考先例 ▌（昭44.8.15-733）

株式の譲渡制限の設定のための株券提出公告において、商号を「クイン商事株式会社」とすべきところ、「タイン商事株式会社」と誤って公告をし、後日その訂正公告をした場合、その訂正公告の後1か月を経過して登記申請があれば、これを受理することができる。

→申請人である会社の作成した官報公告用の原稿に間違いがあった場合のハナシ。

参考先例 ▌（平14.7.30-1831）

官報公告に誤りがあったが、その公告から合理的な期間内にその公告が訂正されたときは、当初から正しい公告があったものとして取り扱うことができる。

→原稿に誤りはなく、官報所の印刷ミスのケース。

→合理的な期間とは、関係者が直ちに訂正の申し入れを行い、官報に正誤表が掲載されるのに必要な期間をいう。

参考 ▌ 株券提出公告も株主総会に先立ってすることができる。株主総会の1か月前までに公告かつ通知をしていれば効力発生日を決議日とすることもできる。

では、株券を「提出」させる意味は何でしょうか。

これは、旧株券を回収し、新株券と差し替えるためなのです。

では、株券の記載事項を見てみましょう。

会社法216条（株券の記載事項）

株券には、次に掲げる事項及びその番号を記載し、株券発行会社の代表取締役（指名委員会等設置会社にあっては、代表執行役）がこれに署名し、又は記名押印しなければならない。

　　1　株券発行会社の商号

　　2　当該株券に係る株式の数

　　3　譲渡による当該株券に係る株式の取得について株式会社の承認を要することを定めたときは、その旨

　　4　種類株式発行会社にあっては、当該株券に係る株式の種類及びその内容

以上です。

　株券の記載事項は、非常に少ないです。種類株式発行会社を除けば、たったのこれだけです（公開会社の場合）。

　株券番号　何番

　商　号　株式会社山本商事

　○株券

　代表取締役　山本太郎　㊞

しかし、譲渡制限会社では、以下の事項がこれに加わります。

「譲渡による当該株券に係る株式の取得については当株式会社の承認を要する。」

そのため、旧株券を回収し、新しい株券を交付する必要が生じます。

これが、株券提出公告の意味です。

「提出」させる意味は、旧株券が、新しい株券の交付を受けるための**「引換証」**の意味を果たすのです。

　株券発行会社では、株券の所持人が株主です（株主名簿に載っているとは限らない）。

だから、新株券の引換証は、旧株券しかありえないわけです。

　さて、引換後の株券は次のとおりとなります。

```
┌─────────────────────────────────────────┐
│ 株券番号　何番                            │
│ 商号　　　株式会社山本商事                │
│ ○株券                                    │
│ 譲渡による本株券に係る株式の取得には、    │
│ 当会社の承認を要する                      │
│ 代表取締役　山本太郎　㊞                  │
└─────────────────────────────────────────┘
```

【急所】株券提出公告の意味

　　株券提出公告は、新たな株券や合併対価などの引換証の意味を有する。なお、無対価合併の場合でも株券提出公告を要するが、これは無効となった株券の回収のためと思えばよい。

では、株券発行会社が、その発行する株式の全部の内容として譲渡制限の規定を設定した場合の、さきの法務省作成の登記記録例に係る申請書を以下に掲げます。

```
┌─────────────────────────────────────────────────────────────┐
│ 登記の事由　　　株式の譲渡制限に関する規定の設定              │
│ 登記すべき事項　令和6年10月1日設定                           │
│ 　　　　　　　　株式の譲渡制限に関する規定                    │
│ 　　　　　　　　当会社の株式を譲渡により取得するには、取締役会の決議を│
│ 　　　　　　　　要する。                                      │
│ 登録免許税　　　金30000円（ツ）                              │
│ 添付書類　　　　株主総会議事録　　　　　　　1通              │
│ 　　　　　　　　株主リスト　　　　　　　　　1通              │
│ 　　　　　　　　株券提出公告をしたことを証する書面　1通      │
│ 　　　　　　　　委任状　　　　　　　　　　　1通              │
└─────────────────────────────────────────────────────────────┘
```

＊株券を発行していない株券発行会社では、株券提出公告をしたことを証する書面に代わり、「株式の全部について株券が発行されていないことを証する書面」でよい。

　　→根拠条文は、商業登記法62条、59条1項2号。

＊株券を発行する旨の定めのない株式会社では、添付書類は、株主総会議事録と株主リスト、代理人による場合の委任状のみである。

・:*:・゜゜・*:.。..。.:*・゜゜・*:.。..。.:*・゜゜・*:.。..。.:*・゜゜・*:.。..。.:*・゜

　参考問題　　1．株券発行会社であっても、譲渡承認機関を取締役会から株主総会に変更したことを内容とする登記の申請をする場合には、当該登記の申請書には、株券の提出に関する公告をしたことを証する書面の添付を要しない。（商業登記

法H23-30-ウ）
2．株券発行会社において、譲渡による株式の取得について当該株券発行会社の承
認を要することを定めた場合には、株券にその旨を記載しなければならない。（商
法R4-28-ア）

‥‥‥‥‥‥‥‥‥‥‥‥‥‥‥‥‥‥‥‥‥‥‥‥‥‥‥‥‥‥‥‥‥‥‥‥‥

答え　1．○　株券提出公告を要するのは、株式譲渡制限規定を「設定」した
ときだけであり、変更の場合は要しない。（会社法219条１項１号）
→株券の記載事項は、「譲渡による当該株券に係る株式の取得について株式会社の
承認を要する旨」であり、本問の場合は、そもそも株券の記載事項を変更するこ
とを要しないともいえる。
2．○

❖❖❖❖❖❖❖❖❖❖❖❖❖❖❖❖❖❖❖❖❖❖❖❖❖❖❖❖❖❖❖❖❖❖❖❖❖

> ## コラム　その他の手続
>
> 　登記申請の添付書面には現れないが、新株予約権を発行している会社では、
> 会社法118条の新株予約権買取請求の機会を与えるため、新株予約権者への、
> 株式の譲渡制限規定を設定する旨の「通知又は公告」（詳細は、会社法118条
> ３項・４項）の手続を要する。
> 　また、反対株主への「通知又は公告」も要する（詳細は、会社法116条３
> 項・４項）。

　では、次に、普通株式とA種類株式を発行している公開会社が、A種類株式に
譲渡制限規定を設定する手続を考えてみましょう。
　なお、A種類株式の株主は全員が種類株主総会において議決権を行使できるも
のとします。

手続をする前の、登記簿の記載は、以下のようになっているとしましょう。

発行済株式の総数並びに種類及び数	発行済株式の総数 　1500株 各種の株式の数 　普通株式　　　　　1000株 　A種類株式　　　　 500株
発行可能種類株式総数及び発行する各種類の株式の内容	普通株式　　　　　3000株 A種類株式　　　　1500株 １．A種類株式は、株主総会においてすべての事項につき議決権はないものとする。 ２．会社法322条第１項の規定によるA種類株式の種類株主総会は要しないものとする。

この場合、A種類株式に譲渡制限規定を設定するためには、以下の手続を要します。

１．株主総会で定款変更

以下の規定の設定の承認決議を要します。

定款第○条　当会社のA種類株式を譲渡により取得するには、当会社の承認を要する。

・決議要件は「特別決議」→特殊決議ではない。（会社法309条３項カッコ書）
・株主総会で、A種類株主は議決権を行使できない（完全無議決権株主ゆえ）。

２．A種類株主による種類株主総会

A種類株主による種類株主総会の承認決議を要します。

A種類株式は完全無議決権株式ですが、これは、株主総会での議決権のハナシであり、株主総会と種類株主総会は、会社法においては別物と整理されています。

だから、A種類株主には種類株主総会での議決権があります。

なお、「会社法第322条第１項の規定によるA種類株式の種類株主総会は要しないものとする。」というA種類株式の内容の定めは、この際、関係ありません。

このケースのA種類株主総会は、会社法111条２項１号を根拠に開催されます。その決議要件は、特殊決議Ⅰです。（会社法324条３項１号）

参考 ┃ 普通株式が取得請求権付株式、取得条項付株式の場合

　　上記のケースで、仮に、普通株式が取得請求権付株式、取得条項付株式の場合であり、その取得の対価がA種類株式と定められていれば、普通株式の株主による種類株主総会（特殊決議Ⅰ）をも要することになる。

　　なお、普通株式とは、通常、会社法の原則どおりの株主権を有する株式の俗称として用いられる。

　　ある会社が、普通株式を発行している場合にも、他の種類株式が存在すれば、その株式との対比で普通株式も種類株式の一種となり、普通株主による種類株主総会が存在しうることになる。

【学習の指針】 普通株式も種類株式

　　普通株式は、会社法上の用語ではない。が、実務では、会社法の原則どおりの何の変哲もない株式をこう呼ぶことが多い。

　　ところで、種類株式とは、相対的な概念である。

　　だから、他の種類株式（例　A種類株式）があれば、普通株式も種類株式である。

　　もちろん、普通株式の株主による種類株主総会を開催すべき場合もある。

　　また、種類株式の命名は会社の自由だから、全く普通じゃない内容の株式を「普通株式」としてもよい。登記できる。ちょうど、素直じゃない子に「直（すなお）」と命名してもいっこうに構わないことと同じである。

会社法111条

2項　種類株式発行会社がある種類の株式の内容として第108条第1項第4号又は第7号に掲げる事項についての定款の定めを設ける場合には、当該定款の変更は、次に掲げる種類株主を構成員とする種類株主総会（当該種類株主に係る株式の種類が2以上ある場合にあっては、当該2以上の株式の種類別に区分された種類株主を構成員とする各種類株主総会。以下この条において同じ。）の決議がなければ、その効力を生じない。ただし、当該種類株主総会において議決権を行使することができる種類株主が存しない場合は、この限りでない。

1　当該種類の株式の種類株主

2　第108条第2項第5号ロの他の株式を当該種類の株式とする定めがある取得請求権付株式の種類株主

3　第108条第2項第6号ロの他の株式を当該種類の株式とする定めがある取得条項付株式の種類株主

３．株券発行会社の場合には、株券提出公告

　株券発行会社では、原則として、株券を提出すべき旨の公告かつ通知を要します。その対象は、Ａ種類株主のみです。（会社法219条１項１号カッコ書）

　「引換証」としての株券の提出は、Ａ種類株主についてのみ必要が生じるからです。

　では、株券発行会社が、Ａ種類株式の内容として譲渡制限の規定を設定した場合の申請書の記載例を以下に掲げます。

登記の事由	株式の譲渡制限に関する規定の設定
登記すべき事項	年月日設定
	株式の譲渡制限に関する規定
	当会社のＡ種類株式を譲渡により取得するには、当会社の承認を要する。
登録免許税	金30000円（ツ）
添付書類	株主総会議事録　　　　　　　　　　　　　１通
	種類株主総会議事録　　　　　　　　　　　１通
	株主リスト　　　　　　　　　　　　　　　２通
	株券提出公告をしたことを証する書面　　　１通
	委任状　　　　　　　　　　　　　　　　　１通

＊株式の全部について株券を発行していない株券発行会社では、株券提出公告をしたことを証する書面に代わり、「株式の全部について株券が発行されていないことを証する書面」でよい。

　→根拠条文は、商業登記法62条、59条１項２号。

＊株券を発行する旨の定めのない株式会社では、添付書類は、株主総会議事録と、種類株主総会議事録、株主リスト、代理人による場合の委任状のみである。

　次に、株式の譲渡制限規定の変更について考えましょう。

登記簿の記載例（H18.4.26民商第1110号依命通知改）
株式の譲渡制限に関する規定を変更した場合

株式の譲渡制限に関する規定	当会社の株式を譲渡するには、取締役会の決議を要する
	当会社の株式を株主以外の者に譲渡するには、株主総会の決議を要する
	令和６年10月１日変更　　令和６年10月８日登記

　上記は、譲渡承認の機関を変更した例です。
　たとえば、取締役会の廃止をした場合に、このような登記を要することになります。

　この場合の手順は次のとおりです。
1．株主総会決議
　　特別決議である（特殊決議Ⅰは、譲渡制限規定の「設定」の場合のみのハナシ）。

2．株券提出公告
　　不要（株券提出公告は譲渡制限規定の「設定」の場合のみのハナシ）。
　　そもそも、株券の記載事項は、「譲渡による当該株券に係る株式の取得について株式会社の承認を要することを定めたときは、その旨」（会社法216条1項3号）であって、譲渡承認の機関が何であるか、譲渡承認を要する範囲は必要的記載事項ではない。

　では、上記、記載例に係る申請書を紹介しましょう。

登記の事由	株式の譲渡制限に関する規定の変更
登記すべき事項	令和6年10月1日次のとおり変更
	株式の譲渡制限に関する規定
	当会社の株式を株主以外の者に譲渡するには、株主総会の決議を要する。
登録免許税	金30000円（ツ）
添付書類	株主総会議事録　　1通
	株主リスト　　　　1通
	委任状　　　　　　1通

　コラム　譲渡制限規制の強化

　上記の事例は、一般的な譲渡制限規定を、株主間の譲渡は自由であるという方向に変更している。譲渡制限規制は緩やかになった。
　この逆の場合、つまり、譲渡制限規制の強化の場合には、実質的に新たな譲渡制限規定の設定として、株主総会の特殊決議Ⅰを要するのではないかという疑問が生じる。

しかし、これも、変更登記であるから、会社法309条3項の条文を文言どおりに解釈し、やはり特殊決議Iを要するケースにはあたらず、株主総会の特別決議で決定することができるとされている。

また、株券発行会社でも、株券提出公告を要することはない。

参考 ┃ **やってはいけない譲渡制限規定**

以下の定款規定は可か不可か？

「当会社の株式を外国人に譲渡するには、当会社の承認を要する。」

→設定可能である。

「当会社の外国人である株主が株式を譲渡するには、当会社の承認を要する。」

→設定不可である。株主平等原則（会社法109条1項）に反する。

次に、株式の譲渡制限規定の廃止について考えましょう。

登記簿の記載例（H18.4.26民商第1110号依命通知改）

株式の譲渡制限に関する規定を廃止した場合

株式の譲渡制限に関する規定	当会社の株式を譲渡するには、取締役会の決議を要する
	令和5年10月1日設定　令和5年10月8日登記
	令和6年4月1日廃止　令和6年4月8日登記

上記は、株式の譲渡制限に関する規定を廃止した例です。

この手続により、当該会社は公開会社になります。

この場合の手順は次のとおりです。

1. 株主総会決議

特別決議である（特殊決議Iは、譲渡制限規定の「設定」の場合のみのハナシ）。

2. 株券提出公告

不要（株券提出公告は、譲渡制限規定の「設定」の場合のみのハナシ）。

「譲渡による当該株券に係る株式の取得について株式会社の承認を要することを定めたときは、その旨」（会社法216条1項3号）は、株券の記載事項でありますが、この場合は、余事記載として不問に付します。

　譲渡制限株式の株券にその旨の記載がないのは取引の安全上、問題だが、その逆は目くじら立てずともよいという趣旨でしょう。

では、上記、記載例に係る申請書を紹介しましょう。

登記の事由	株式の譲渡制限に関する規定の廃止
登記すべき事項	令和6年4月1日株式の譲渡制限に関する規定を廃止
登録免許税	金30000円（ツ）
添付書類	株主総会議事録　　1通
	株主リスト　　　　1通
	委任状　　　　　　1通

> **コラム　登記懈怠、申請の却下**
>
> 　前記の申請書を提出すると、監査等委員会設置会社および指名委員会等設置会社を除く株式会社において、登記懈怠または選任懈怠の問題を生じる。
>
> 　なぜなら、当該会社が公開会社になったことにより役員の任期が満了するが、その登記と再任、就任の手続をやっていないからである。
>
> 　また、当該申請会社が、公開会社に要求される機関設計の要件を満たしていない場合、または、取締役、監査役を種類株主総会で選任できる種類の株式を発行している場合には当該申請が却下されることになると解される。

❖❖

参考問題

1．定款にその発行する株式の全部の内容として譲渡による当該株式の取得について株式会社の承認を要する旨の定めを設けている株式会社において、定款に当該株式会社が承認しなかった場合における指定買取人の定めを設けたときであっても、当該指定買取人の定めについて登記の申請をすることはできない。（商業登記法H20-35-オ）

2．譲渡制限株式の定めについて「当会社の株式を譲渡により取得するには、当会社の承認を要する。」との登記をしている株券発行会社である取締役会設置会社が取締役会設置会社の定めの廃止をした場合には、株券提供公告をしたことを証する書面を添付して当該譲渡制限株式の定めについての変更の登記をしなければならない。（商業登記法H21-29-ウ）

3．株式の譲渡制限に関する規定の登記に関する次のアからオまでの記述のうち、正しいものの組合せは、後記1から5までのうちどれか。（商業登記法H19-30）

　ア　株式の譲渡制限に関する規定の設定の登記の申請書には、定款に別段の定めがある場合を除き、議決権を行使することができる株主の半数以上であって、

当該株主の議決権の4分の3以上に当たる多数で決議した株主総会の議事録を添付しなければならない。

イ　株券発行会社がする株式の譲渡制限に関する規定の設定の登記の申請書には、株式の全部について株券の不所持申出がされている場合であっても、株券提供公告をしたことを証する書面を添付しなければならない。

ウ　株式の譲渡制限に関する規定の設定の登記の申請は、株券提供公告の期間満了の日の翌日から2週間以内にしなければならない。

エ　取締役会設置会社であっても、譲渡による株式の取得について株主総会の承認を要する旨の株式の譲渡制限に関する規定の設定の登記の申請をすることができる。

オ　特例有限会社は、株式の譲渡制限に関する規定の廃止の登記の申請をすることができない。

1　アイ　　**2**　アエ　　**3**　イウ　　**4**　ウオ　　**5**　エオ

....

答え　1．○　指定買取人は登記事項ではない。

2．×　取締役会を廃止しても、「当会社の承認を要する。」との登記事項に変更はないから、設問のケースは何ら変更登記をすることを要しない。

3．5

ア　×　議決権の数字が違う。（会社法309条3項）

イ　×　添付不要。株主の全部について株券を発行していないことを証する書面を添付する。（商業登記法62条、59条1項2号）

ウ　×　譲渡制限規定の設定の効力が発生した時から2週間以内である。

エ　○　定款で「別段の定め」が可能。（会社法139条1項ただし書）

オ　○　特例有限会社は本書では初見だが、特例有限会社は基本的に閉鎖会社の性質があり、これを変じることが禁じられている。（整備法9条2項）

....

14 株式の質入れ

株式を質入れすることができます。

株主が、株式を担保にカネを借りることができるという意味です。

株券を発行しない会社であれば、質権の設定は、当事者間の意思表示のみで可能です（というか、その他に方法がない。会社法146条）。

が、そのことを会社および第三者に対抗するには、質権者の氏名（名称）および住所を、株主名簿に記載（または記録）することを要します。（会社法147条1項）

上記記載（または記録）があれば、質権者は、会社から剰余金の配当・株式分割により発行される株式等の交付を受けることができます。

→株主名簿に記載（または記録）された質権者を「登録株式質権者」という。（会社法149条1項）

《注》　株式分割とは、たとえば、1株を3株に分割すること（後述する）。この場合、質権者は2株の交付を受けることができる。

参考　株券発行会社の場合

質権は株券の交付がなければ、その効力が発生しない。
また、会社その他の第三者に対する対抗要件は、株券の占有である。

参考問題

1．株券発行会社の株式の質入れは、当該株式に係る株券を交付しなくても、当事者間の合意によりその効力を生ずる。（商法R4-29-ア）
2．株式の質権者は、株式会社に対し、質権に関する所定の事項を株主名簿に記載又は記録することを請求することができる。（商法R4-29-ウ）
3．株券発行会社の株式の質権者は、継続して当該株式に係る株券を占有しなければ、その質権をもって第三者に対抗することができない。（商法R4-29-エ）

答え

1．×　株券の交付により効力を生じる。
2．×　その請求は、質権設定者が行う。株主名簿への質権の記載は、質権設定者に不利である。その不利となる行為を、自ら行う場合に請求の真実味が認められるのである。
3．○　第三者対抗要件は株券の占有。

15 株式会社による自己株式の取得

会社が自己株式を取得できるケースは以下のとおりです。（会社法155条）
1．取得条項付株式の取得（会社の権利の行使）
2．譲渡制限株式の譲渡を承認せずに会社が買い取るケース
3．株主総会決議による有償取得
4．取得請求権付株式の取得請求に応じるケース（株主の権利の行使）
5．全部取得条項付種類株式を株主総会決議に基づき取得するケース

6．譲渡制限株式の相続人等への売渡請求をするケース

7．単元未満株式の買取請求に応じるケース

8．所在不明株主の株式売却制度で会社が買い取るケース

9．端株数の処理として会社が買い取るケース

10．他の会社（外国会社を含む。）の事業の全部を譲り受ける場合にその会社が保有する当該会社の株式を取得するケース

11．合併後の消滅会社から当該会社の株式を承継するケース（合併の相手方がたまたま自己の株式を持っていたケース）

12．吸収分割をする会社から当該会社の株式を承継するケース（会社分割の相手方がたまたま自己の株式を持っていたケース）

13．他に法務省令で定める場合

参考 ｜ 法務省令で定める場合とは？

会社法155条13号の法務省令で定める場合は、会社法施行規則27条に規定されている。

以下の場合に、会社は、自己株式を取得することができる。

1．無償で取得する場合(対価を伴わない取得だから濫用のおそれがない)
→無償取得は株主総会決議を要しない。

2．会社が、他の法人等の、剰余金の配当や残余財産の分配により自己株式を取得するケース（会社法では、現物配当が可能になったので、他社が配当として自社の株を交付することがありえる）

3．会社が有する他社の株式について、他社が次の行為を行う結果として、自己株式を取得する場合（いずれも、会社法が規定する対価の柔軟化により起こりうる事態である）

　　①　組織の変更

　　②　合併

　　③　株式交換

　　④　取得条項付株式の取得

　　⑤　全部取得条項付種類株式の取得

4．会社が有する他社の新株予約権等を、他社が取得しその対価として自己株式の交付を受ける場合

5．反対株主の買取請求に応じて自己株式を取得する場合

6．合併後消滅する法人等（会社を除く）から、自己株式を承継する場合（合併する相手がたまたま、自己株式を持っていたケース）

7．他の法人等（会社と外国会社を除く）から事業の全部の譲渡を受ける場合に、自己株式を譲り受ける場合

8．その権利の実行にあたり目的を達成するために当該株式会社の株式を取得することが必要かつ不可欠である場合

コラム　　財源規制

　自己株式の取得に、剰余金の分配可能額までという財源規制がかかるのは、前記の9号までである（7号を除く）。

　10号以下は、事業譲渡、合併、分割に伴い「会社の意思に基づかないで」やむを得ず取得するケース（他の会社と合併したら、たまたま相手会社が自分の会社の株を持っていた）だから、財源規制の対象にならない。

参考問題　　単元未満株式の買取りの請求に応じて行う株式会社の当該単元未満株式の買取りにより株主に対して交付する金銭の額は、当該買取りがその効力を生ずる日における分配可能額を超えてはならない。（商法H28-29-イ）

答え　　✕　前記のコラム中の「7号を除く」を出題したもの。

◀ポイント▶　自己株式の取得と登記

　自己株式の取得自体は登記事項ではない。株主構成に変動があっただけだからである。

　ただし、取得請求権付株式、取得条項付株式、全部取得条項付種類株式の取得の際には、交付する対価の内容により登記事項が発生する場合がある。

〔会社法の基本思想〕取引の発想

　会社法は取引の発想をする。たとえば、自己株式を取得しその対価を交付する、これは取引の発想がもとになっている。取引の発想は、合併等の組織再編についても明確に表れる。たとえば、「合併対価」などという言葉が多用されることともなる。

コラム　　子会社による親会社株式の取得の禁止

　会社の自己株式の保有（金庫株）は解禁された。

　しかし、子会社による親会社株式の取得は依然として原則は禁止である。(会社法135条1項)

　せっかく、親会社の自己株式の取得に財源規制を設けても、子会社が買え

るのであれば、財源規制の脱法行為になりかねないからだ。

　が、次のようなケースは例外だ。

　たとえば、子会社が他の会社を吸収合併するときに、その会社がたまたま親会社の株式を持っているようなケースだ。

　合併をすれば、イヤでも、子会社は親会社の株を取得してしまう。

　こういうやむを得ない事情による取得は禁止されていない。

　が、この株は、金庫に入れてはいけない。

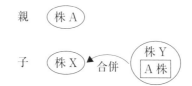

　相当の時期に処分をする（売却等）ことが義務付けられている。（会社法135条3項）

《注》　いわゆる三角合併のケースに例外アリ。（会社法800条）←実務上、重要。試験としては、ちと、細かいか。

参考問題　会社が取得条項付株式を取得する場合において、一定の事由が生じた日における分配可能額を超えて当該株式の取得と引換えに財産の交付をしたときは、当該財産の交付に関する職務を行った取締役又は執行役は、当該会社に対し、交付した財産の帳簿価額に相当する金銭を支払う義務を負う。（商法H20-30-イ）

答え　×　一見して、いかにも正しい肢のような感じがするが、「誤り」である。その理由は、自己株式の取得のうち、取得条項付株式の取得および取得請求権付株式の取得のケースは、財源規制に反する取得は、そもそもその「効力が生じない」とされるためである。（会社法166条1項、170条5項）

　「交付した財産の帳簿価額に相当する金銭を支払う」ことにより会社に生じた損害を取締役に賠償させる仕組みは、自己株式の取得が財源規制に反するにもかかわらず、「有効とされる場合」の穴埋め策なのである。（会社法462条）

　さて、13個も、取得のパターンがありますが、とりあえず、どういうケースかという意味だけわかっていただければ結構です。

　試験対策としては、細かい点は不要でしょう。

以下に、3と6のケースの概略を記載します（7から9の意味は後述）。

16 株主総会決議による取得

前記13個のうち、3のケースの説明です。

Ⅰ　原則的な方法

① 株式会社が株主との合意により自己株式を**有償**で取得する場合、あらかじめ株主総会で次の事項を決定します。（会社法156条1項）

1. 取得する株式の数（種類株式発行会社では、種類および種類ごとの数）
2. 取得する株式の対価として交付する金銭等（金銭に限られていない）の内容と総額
3. 株式を取得することができる期間

この段階では、取得できる総額を決めたにすぎません。

株式を取得することができる期間は1年以内です。（会社法156条1項ただし書）1年以内に取得できる額の総額を決めたことになります。

具体的な株主からの買取りは次の②の段階になります。

《注意》　1. ①の決議は普通決議でよい。
　　　　　2. 決議の時期はいつでもよい。定時株主総会に限られない。

② 株式の取得をするときは、その都度、以下の事項を決定する（①の決議の具体化。当然①で決めた総額の枠内である）。（会社法157条1項）

1. 取得する株式の数（種類株式発行会社では、種類・数）
2. 取得する株式1株の対価として交付する金銭等（金銭に限られていない）の内容および数もしくは額または算定方法
3. 取得する株式の対価として交付する金銭等の総額
4. 株式の譲渡しの申込期日

《注意》　1. 取締役会設置会社では、②の決議は取締役会で行う。（会社法157条2項）
　　　　　（取締役会を設置しない会社では取締役の過半数をもって決することができる。）
《注意》　2. 申込期日とあるのは、株主の誰もが申込みをすることができること

を意味する。株主平等原則のあらわれである。

③　会社は株主に②の決定事項を通知する。（会社法158条１項）
④　株主が申し込む。会社はこれを承諾したとみなす。仮に、申込み総数が取得する株式の数を超えれば、各株主の申込数に応じて按分する。（会社法159条２項）
　→「按分」とあるのも株主平等原則のあらわれである。

┏━ コラム ━┓　非公開会社の公開買付

　上記の方式は、非公開会社による公開買付類似の方法としての活用が見込まれている。

　公開会社がこの制度を利用することは可能だが、現行どおり金融商品取引法による公開買付を利用することになろうかといわれている。

Ⅱ　特定の株主からの取得

　株式会社は、原則的な方法の①の決議に併せて、特定の株主だけに、株式の具体的な取得事項（１株いくらか、申込日はいつかなど上記②の決定事項）を通知することを決定することができます。（会社法160条１項）

　なお、この場合には、株主総会の決議は特別決議であることを要します（会社法309条２項２号）。株主平等原則に抵触するおそれのある重要な決議だからです。

　次に、その特定株主にのみ取得事項を通知する場合、他の株主（種類株式発行会社にあっては、取得する種類の種類株主）に次の通知をする必要があります。（会社法160条２項・３項）

　すなわち、上記の特定の株主に自己を加えたものを①の株主総会議案とすることを請求することができるという旨の通知です。

　これも、株主平等原則のあらわれです。

　特定株主以外の株主にも「私の株も買い取ってください」と会社に意思表示をする機会を与えるのです。

　＊上記の特別決議においては、原則として会社法160条１項の特定の株主に議決権はない。たとえば、株主がＡＢＣの会社で、Ａが特定株主であるときは、ＢとＣの２人の株主総会で特別決議の成立を要する。
　＊Ｂが自己を加えたものを①の株主総会議案とすることを請求した場合、残るＣによる株主総会の特別決議の成立を要する。

＊なお、株主全員が特定株主であるなど、特定株主以外に議決権を行使できる
株主がいないときは、特定株主により株主総会の決議をすることができる。

【会社法の基本思想】株主平等原則

株主平等原則から問題アリの決議を、会社法は、**特別決議**で行うこととして
いる。

また、この場合、利害関係株主の議決権を認めないことも通例である。

これは、利害関係株主も議決権を行使できること（著しい不公正があったと
きに決議取消しの問題を生じるに過ぎない）の重大な例外にあたる。

発展　他の株主への通知を不要とする場合

会社法160条１項の通知をする場合に、他の株主（種類株式発行会社にあっ
ては、取得する種類の種類株主）への160条２項・３項の通知を不要とする定
款規定を設けることができる。（会社法164条１項）

が、この規定を設けるためには、当該株式を有する株主全員の同意を要する。
（会社法164条２項）

余談　譲渡制限会社の株式の買取り

前記の仕組みは公開会社でも同じである。

しかし、公開会社では、他の株主は市場で株式を売れるから深刻度はあまり
ない。

が、譲渡制限会社(株主が株を売ることが困難)では、事は重大になりやすい。

たとえば、会社が株主Ａの株を買うと言い出せば、他の株主Ｂも「じゃあ、
ちょうど老後の資金が欲しかったからオレのも買え」といいがちなのである。

前述の「特定の株主（Ａ）に自己（Ｂ）を加えた者を株主総会の議案とする
ことを請求することができる」とは、以上の状況を制度的に解決するものである。

コラム　　相続人からの取得についての特則

特定の株主からの取得（会社法160条）の規定には特則が存在する。

会社法162条は、株式会社が株主の相続人その他の一般承継人からその相
続その他の一般承継により取得した当該株式会社の株式を取得する場合には、
その他の株主への通知を要しないとしている。

つまり、他の株主は、自己の株式をも買い取れということを株主総会の議
案とすべしという主張ができない。

この規定の趣旨は以下のとおりである。

たとえば、株主Xが死亡しYがこれを相続したとしよう。

そして、Yに相続税が課された。

Yはこれを支払うために株式を会社に売ろうと考え、会社と合意に至ったとする。ようやく、相続税の支払のめどがたった。

しかし、ここで、他の株主が「自分の株も買え」という主張をしたらどうなるだろうか？

株主から株式会社が自己株式を取得する場合には原則として財源規制がある。そして、相続人等からの取得の場合にも当然にこの規制が存在する。

となると、他の株主から「自分の株も買え」という要求がなされると、財源規制の問題がひっかかり、Yによる株式の売却も不可能になりかねない。

そこで、こういう状況を踏まえて、相続税の支払に追われるYの特殊事情を勘案し、かかる場合には、株式会社は他の株主に「株主総会における自己株式の取得の議案に自分も加えろ」という請求ができない仕組みを会社法は作っているのである。

なお、以下の場合には、他の株主への通知を省略することはできない。

1．公開会社の場合
2．当該相続人その他の一般承継人が株主総会、種類株主総会で当該株式について議決権を行使した場合

【急所】上記の「公開会社の場合」は急所である。公開会社では、相続人以外の者への通知を省略できない。

Ⅲ　市場価格ある株式を特定株主から取得する場合

特定の株主からの取得のケースであっても、市場価格のある株式をその額以下で取得する場合には、特定株主以外の者への、自己を加えたものを株主総会議案とすることを請求することができるという旨の通知は不要です。（会社法161条）

会社の取得価額の適正が保証されるし、その他の株主も、売る気になれば、市場で同様の値段で売れるはずだからです。

ただし、特定の者のみから買い受けるというのは、そのこと自体が、株主平等原則の観点から問題アリなので、この場合も、特定の株主にのみ通知をするという株主総会決議は特別決議によることにかわりはありません。

＊上記の特別決議においては、原則として株式の譲渡人となる特定の株主に議決権はない。（会社法160条4項本文）

Ⅳ　市場取引による株式の取得

　株式会社が、市場で行う取引または金融商品取引法による公開買付を行う場合には、会社法156条の決議（今後1年以内に総額いくらまでで、何株取得というおおざっぱなやつ）のみでよく、その他の手続は要しません。（会社法165条1項）

　要するに、適宜、株価が安くなったときに市場で買えばよいのです。

　また、取締役会設置会社は、市場取引等により株式を取得することを、**取締役会決議で行うという定款規定**を設けることもできます。（会社法165条2項）

　こうなると、株主総会の決議も不要であり、これにより、機動的な自己株の買付が可能になります。

Ⅴ　子会社からの株式の取得

　株式会社がその子会社の有する当該株式会社の株式を取得する場合には、手続は簡略化される。取締役会設置会社にあっては取締役会の決議により取得を決定することができ、また、他の株主が自己の株式の買取りを請求することができない。（会社法163条）

参考｜会計処理

　株式会社が、自己株式を有償で取得した場合の会計処理の方法を以下に示す（自己株式100株を300万円で取得した場合の一例）。

　左が、取得の前、右が、取得の後の貸借対照表である。

資産の部	負債の部	資産の部	負債の部
・・・ ・・・ 現金　300万円 ・・・	・・・ 負債合計 500万円	・・・ ・・・ 現金　　0円 ・・・	・・・ 負債合計 500万円
	純資産の部		純資産の部
	・・・ 剰余金 500万円		・・・ 剰余金 500万円 自己株式 △300万円
	純資産合計 800万円		純資産合計 500万円

資産合計 1300万円	負債・純資産 合計　1300万円	資産合計 1000万円	負債・純資産 合計　1000万円

　自己株式は、純資産の部に控除科目（マイナスの数値）として記載する。

　これは、自己株式の有償取得が、事実上、出資の払戻しであることを考慮した措置である。

　左右を見比べれば分かるように自己株式の有償取得により、純資産の額が減少する。

　だから、財源規制がかかるのであり、一定の剰余金の額（上記では金500万円）がないときは、自己株式の有償取得をすることができないのである。

　→財源となる配当可能額は、剰余金の額を元に計算するため。

17 相続人等に対する売渡しの請求

　以下、6のケースについて説明します。

　株式会社は、相続その他の一般承継によりその会社の株式（譲渡制限株式に限る）を取得した者に対して、株式の売渡しの請求をすることができます。（会社法174条）

　この規定は、相続、合併によって、会社にとって不都合な株主が登場した際に、これを株主から排除するためのものです。

　事実上、相続その他の一般承継について、譲渡制限をしたのと同様の規定であるといわれています。

　《注意》　1．上記の売渡しの請求をすることができる旨の**定款規定**を要する。

　　　　　　2．売渡し請求の前提として、株主総会の特別決議による承認決議を要する（原則として相続人等は議決権の行使ができない）。（会社法175条）

　　　　　　3．売買価格で揉めたら、裁判所のご厄介になる。（会社法177条2項〜5項）

　　　　　→株主の一人からの株式の買い入れは、株主平等原則に反するからである。

　　　　　　4．「売渡しの請求」であるから取得の対価は金銭に限られる。

　なお、相続人等に対する売渡しの請求に関する定款の定めは、公開会社でも置くことができる場合があることに注意をしましょう。

　公開会社も種類株式として譲渡制限株式を発行することができますから、その譲渡制限種類株式について上記の定款の定めを置くことができるのです。

　この点、会社法162条の相続人その他の一般承継人からの取得の特則（P550コラム参照）は、公開会社では使用不可能であることと比較をしておくことが大事です。

> 定款
> 第何条（相続人等に対する売渡請求）
> 当会社は、相続、合併その他の一般承継によって当会社の譲渡制限株式を取得した者に対して、その株式を当会社に売り渡すことを請求することができる。

発展　キケンな定款規定？

　相続人等に対する売渡請求は、株主総会の特別決議で行う。（会社法309条2項3号）

　が、この決議においては、原則として売渡請求を受ける当該相続人等には議決権がない。（会社法175条2項）

　そこで、相続人等に対する売渡請求を可能とする定款規定がある場合には次のような事態が生じうる。

　ある株式会社（すべての株式に議決権アリ）においてAB2名の株主がいた。A800株、B200株である。

　1．Aが死亡し、Cが相続した。

　2．Bはこの会社の経営権を乗っとろうと考え、株主総会の招集をしてCに対する株式の売渡請求を議案とした。

　3．決議はBの賛成により満場一致により可決した。

　以上のように、多数派が追い出される可能性が生じる。

　したがって、この定款規定は、当初はないほうが無難であり、実際に売渡請求をしたいような事態が生じたときに定款変更をして規定を盛り込むことにしたほうがよいのではなかろうかともいわれている。

参考問題　株式会社が自己の株式を取得した場合においては、それによって資本金の額が減少することがある。（商法H19-32-ウ）

答え　×　株主が変わっただけだから資本金の額とは無関係。

18 取得条項付株式の取得

　取得条項付株式は、その内容として定めた「一定の事由」が生じたときに株式会社がこれを取得します。

　この「一定の事由」は「当会社が東京証券取引所に上場することが決定した時」というような例が代表的ですが、「会社が別に定める日」を「一定の事由」とすることもできます。

　そして、「会社が別に定める日」を「一定の事由」としたときは、その「別の日」の決定は株主総会（取締役会設置会社にあっては取締役会）の決議によって定めなければなりません。（会社法168条1項）

　→その日の2週間前までに取得の対象となる株主と登録株式質権者に、取得の日を通知（または公告）しなければならない。

　また、取得条項付株式の一部を取得するときは、その取得する取得条項付株式を決定しなければなりません。この決議をする機関も株主総会（取締役会設置会社にあっては取締役会）です。（会社法169条1項・2項）

　→その一部の株主と登録株式質権者に、取得する旨を通知（または公告）しなければならない。

参考　┃**取得条項付株式の取得の効力の発生**

　　　取得条項付株式の取得の効力は、原則として、一定の事由が生じた日に発生する（これは、カンタンなハナシ）。

　　　しかし、取得条項付株式の一部を取得するときに限っては、一定の事由が生じた日と上記の取得する旨の通知または公告の日から2週間を経過した日のいずれか遅い日に取得の効力が発生する。（会社法170条1項）

参考問題　取締役会設置会社である甲株式会社（以下「甲社」という。）は、あ

る種類の株式（その発行時においては、剰余金の配当についてのみ他の種類の株式と内容が異なっているものとする。以下「A種類株式」という。）の発行後に定款を変更し、A種類株式の内容として、甲社が別に定める日（以下「取得日」という。）が到来することをもって、甲社がA種類株式の一部を取得することができる旨の定款の定めを設けようとしている。この場合における次のアからオまでの記述のうち、正しいものの組合せは、後記1から5までのうちどれか。（商法H24-28）

　　ア　甲社は、当該定款の変更に係る甲社の株主総会の決議に加え、A種類株式を有する株主全員の同意を得なければならない。

　　イ　甲社は、当該定款の変更が効力を生ずる日の20日前までに、A種類株式の株主に対し、当該定款の変更をする旨を通知し、又は公告しなければならない。

　　ウ　甲社が会社法上の公開会社である場合において、A種類株式の数が発行済株式の総数の2分の1を超えているときは、甲社は、A種類株式の数を発行済株式の総数の2分の1以下にするための必要な措置を執らなければならない。

　　エ　甲社は、当該定款の定めを設けた場合において、取得日を定めるには、取締役会の決議によらなければならない。

　　オ　甲社は、当該定款の定めを設けた場合において、A種類株式の一部を取得しようとするときは、その取得する株式を決定し、A種類株式を有する全ての株主及びその登録株式質権者に対し、当該決定の日から2週間以内に、取得の対象となるA種類株式を特定する事項を通知し、又は公告しなければならない。

　1　アウ　　　**2**　アエ　　　**3**　イエ　　　**4**　イオ　　　**5**　ウオ

- -

答え　**2**

ア　○　そのとおり（会社法111条1項）基本知識である。

イ　×　本問の「20日前までの通知または公告」とは、反対株主に買取請求の機会を与えるための手続のことをいっている（会社法116条3項参照）。しかし、アの肢のいうようにある種類の株式を取得条項付株式とするためにはその種類の株式を有する株主全員の同意を要する（反対株主が一人でもいれば、そもそもある種類の株式を取得条項付株式とすることができない）のだから、本問のいう手続を要するわけがない。

ウ　×　公開会社でその数が制限される種類株式は「議決権制限株式」であり（会社法115条参照）、取得条項付種類株式の数に制限はない。

エ　○　会社法168条1項。

オ　×　本問の「通知または公告」は、取得の対象となる株主と登録株式質権者に対してすれば足りる。また、「通知または公告」は「直ちに」すべきと規定されており、2週間以内という規定はないのでこの点も誤りである。

- -

19 全部取得条項付種類株式の取得

①取得の方式

全部取得条項付種類株式の取得は、株主総会の決議（特別決議）で行います。

この場合には、取得の対象となる種類株主による種類株主総会の承認決議は要しません。

→この点、ある種類の株式を全部取得条項付種類株式とする定款の変更をするときは、その株式を有する株主による種類株主総会など一定の種類株主による種類株主総会の承認決議が必要であったことと比較を要する（すでに学習した会社法111条2項参照）。

また、ある種類の株式を全部取得条項付種類株式とする定款の変更をするときは、反対株主には株式買取請求権がありますが（会社法116条1項2号）、全部取得条項付種類株式の取得の際には株式買取請求の仕組みは存在しないことにも注意を要します。

→全部取得条項付種類株式を取得する際は、取得自体はすでに決定しているので「買いとれ」という請求は無意味なのである。その代わり、この場合は、株主は裁判所に「価格の決定の申立て」をすることができるという仕組みになっている。（会社法172条）

→株主による裁判所への取得の価格の決定の申立ては、取得日の20日前の日から取得日の前日までの間にすることができる。（会社法172条1項）

→この申立ての機会を与えるため、株式会社は、取得日の20日前までに、全部取得条項付種類株式の株主へ取得する旨の通知または公告をしなければならない。（同条2項・3項）

②スクイーズアウト

すでに述べましたが、全部取得条項付種類株式の仕組みは、イヤな株主の排除法としても使用できます（P507参照）。

多数派株主の協力のもとで、株主総会を開催し、既存の株式をすべて全部取得条項付種類株式とする定款の変更を行い（第1号議案）、現実に取得をする決議をする（第2号議案）こともできます（いずれも特別決議で足りる。なお、第1号議案については種類株主総会の決議も要する）。

このやり方を少数派の株主を排除する方法として用いるのです。

会社の方から見てこれをスクイーズアウト（株主を追い出すこと）といいます。

　これに対する少数派の対抗策は、すでに述べた反対株主の買取請求（定款変更の局面）と裁判所への価格の決定の申し立て（現実の取得の局面）ですが、以下のようにこの他の対抗策も整備されています。

　なお、スクイーズアウトは合併、株式交換などの組織再編や株式の併合の仕組みを利用して行うこともでき、会社法はおよそのところこれらの手続を同視するかたちで少数派の保護を図っています。

１．書面等の備置きと閲覧

　次のいずれかの日のどちらか早い日から取得日後６か月を経過するまで、株式会社は、全部取得条項付種類株式の取得対価等に関する書面（または電磁的記録）を本店に備え置かなければなりません。（会社法171条の２第１項）

　１．株主総会の２週間前の日（または、会社法319条１項の提案のあった日）
　２．取得日の20日前までにする株主への通知または公告の日
　→この他、事後の備置き（取得に関する事項についての書面等の備置き）も要する。（会社法173条の２第２項）

２．取得をやめることの請求

　全部取得条項付種類株式の取得が、法令または定款に違反する場合において、株主が不利益を受けるおそれがあるときは、株主は、株式会社にその取得をやめることを請求することができます。（会社法171条の３）

┥ コラム ┝ 株券提出公告

　以下のいずれの場合も、株券発行会社では、原則として株券提出公告を要する。（会社法219条１項３号、４号）
　１．取得条項付株式の取得
　２．全部取得条項付種類株式の取得
　この株券提出公告の意味は、対価の引換証の意味である。
　株式会社は、株券を提出した者に、それぞれの対価を交付する。
　なお、無対価の場合も、現に株券を発行していれば株券提出公告を省略できない。

---

20 株式の消却

株式会社は自己株式を消却することができます。(会社法178条)

消却とは、株式をゴミ箱に捨てることです。

発行済株式の総数が減少しますが、会社財産の実質には何の変化もありません。

なお、株式の消却ができるのは、自己株式を消却するケースのみです。

→取締役会設置会社においては、自己株式の消却は取締役会決議によらなければならない。(会社法178条2項)

→本条は、取締役会が個々の取締役に株式の消却の件を委任することができないという意味。定款で株式の消却を株主総会の権限とすることは可能である。(会社法295条2項)

コラム 取締役会を設置しない会社の場合

取締役会を設置しない場合、会社法には、株式の消却をいずれの機関が行うかの規定がない。

こういう場合には、株主総会(万能機関)、取締役の過半数の一致(業務執行の決定機関)のいずれでもよいのである。

一般論として、取締役会を設置しない株式会社では、このように株主総会と取締役の決定が競合することが多い。

なお、株主総会の決議と取締役の決定が食い違ったときは、株主総会の勝ちである。

取締役には忠実義務(会社=株主に対して忠実であれ)があるためである。

登記簿の記載例 (H18.4.26民商第1110号依命通知改)

株式の消却をした場合

発行可能株式総数	20万株	
発行済株式の総数 並びに種類及び数	発行済株式の総数 　10万株	
	発行済株式の総数 　8万株	令和6年10月1日変更
		令和6年10月8日登記
資本金の額	金5000万円	

上記の記載例は、以下の2点を示している。

1．株式の消却をしても発行可能株式総数は減少しない。
　→発行可能株式総数の減少は、株主総会の権限であり、株式の消却とは基本
　　的に無関係。
2．株式の消却をしても資本金の額は変化しない。
　→株式をゴミ箱に捨てるだけだから。

では、上記の記載例に係る申請書を挙げます（取締役会設置会社の場合）。

登記の事由	株式の消却
登記すべき事項	令和6年10月1日次のとおり変更
	発行済株式の総数　8万株
登録免許税	金30000円（ツ）
添付書類	取締役会議事録　1通
	委任状　　　　　1通

コラム　株式の消却の原因年月日

　消却の日は、やや議論が残るが、株式の失効の手続（株券台帳からの抹消、株券の破棄等）の日が、株式の消却の日であると解されている。必ずしも決議の日ではない。

❖❖

参考問題
1．現に株券を発行している株券発行会社がする株式の消却による変更の登記の申請書には、株券提供公告をしたことを証する書面を添付しなければならない。（商業登記法S57-35-3）
2．自己株式を消却した場合にあっては消却した株式の数について発行可能株式総数が減少する旨の定款の定めがある取締役会設置会社において、株式消却の取締役会決議を行ったときは、当該株式消却に係る発行可能株式総数の変更の登記の申請書には、当該取締役会決議に係る議事録のほか、発行可能株式総数の変更に係る株主総会の議事録を添付しなければならない。（商業登記法H20-35-ウ）

⋯⋯⋯⋯⋯⋯⋯⋯⋯⋯⋯⋯⋯⋯⋯⋯⋯⋯⋯⋯⋯⋯⋯⋯⋯⋯⋯⋯⋯⋯⋯⋯⋯⋯⋯⋯⋯⋯⋯

答え　1．×　自己株式を消却するだけのハナシに、会社以外の株主の株券を提出させる必要は全く存在しない。
2．×　定款の規定により当然に発行可能株式総数が減少するから株主総会の決議は不要。定款を添付すべきである。（商登規61条1項）

❖❖

21 株式の併合

①株式の併合の仕組み

株式の併合とは、発行済株式の数を一律に減少させることです。

10株を1株に併合という具合です。

この場合、株主に、次の不都合が生じる可能性があります。

1. 9株の株主の議決権がなくなる（と、いうより株主の地位そのものが失われる→0.9株に意味はないので、競売に付されてしまう。元株主の手元にはカネしか残らない。会社法235条。端株制度は廃止された）。

参考 | **0.9株をどうやって売るのか？**

　　　併合時に、1株持っていた人が他にいるだろう。それが併合により0.1株。0.9と0.1を足せば1株だ。それを売るのだ。

　　　そして、その売却代金を、元株主に9対1の割合で渡すことになる。

2. 株が売りにくくなる（従来1株50万円のものが1株500万円になる。500万円キャッシュで買う人を見つけるのは、1株50万円のものをバラ売りするより困難である）。

そこで、取締役は、株主総会において、株式の併合をすることを必要とする理由を説明しなければならないこととされています。

これは、株主に不利な決議を、なぜ強行しようとするのか、その理由を説明しろという意味です。

→後述する株式の分割は一般論として株主に有利な決議なので、取締役に説明義務は課されていないことと比較すること。

→なお、株式の併合の場合と同様に、取締役に説明義務が課されるケースとしては、他に募集株式の発行等の手続における有利募集のケースがある。（会社法199条3項参照）

また、株式の併合をするためには、株主総会の特別決議を要します（会社法309条2項4号）。これも株主にとって不利な決議を強行するケースだからです。

なお、株券発行会社は、株券提出公告を要します。（会社法219条1項2号）

「当該株券に係る株式の数」は、株券の記載事項だからです。（会社法216条2号）

株式の併合をする場合の決議事項は以下のとおりです。（会社法180条 2 項各号）
1．併合の割合
2．株式の併合がその効力を生ずる日
3．株式会社が種類株式発行会社である場合には、併合する株式の種類
　→株式の併合は株式の種類ごとに行う。
　→株式の併合をするときは、株式会社は株主及び登録株式質権者に一定の通
　　知または公告をしなければならない。（会社法181条参照）
4．効力発生日における発行可能株式総数

コラム　株式の併合と発行可能株式総数

　株式の併合をするときは、必ず、その効力発生日における発行可能株式総
数を定めなければならない。なお、公開会社にあっては、この発行可能株式
総数は、効力発生日における発行済株式の総数の 4 倍を超えることができな
い。（会社法180条 3 項）
　また、株式の併合をした株式会社は、その効力発生日に発行可能株式総数
に係る定款の変更をしたものとみなされる。（会社法182条 2 項）
　→登記の申請において、株式の併合と発行可能株式総数の変更は同一の日
　　付となる。

参考問題　種類株式発行会社でない会社が、株主総会において、株式の併合の割
合及びその効力が生ずる日を定める決議をしたが、当該日における発行可能株式
総数を定める決議をしなかった場合であっても、当該株主総会の議事録を添付し
て、株式の併合による変更の登記及び当該株式の併合の割合に応じた発行可能株
式総数の減少による変更の登記を申請することができる。（商業登記法H31-29-イ）

答え　×　効力発生日における発行可能株式総数を定めることなく株式の併合
をすることはできない。

参考　株券提出公告の意味
　株券のある会社では、株券を持っている人が株主だ。
　しかし、誰が株券を持っているかは、会社の知るところではない。
　そこで、株券提出公告をして姿の見えない株主にお知らせをする必要が
生じる（日経新聞の端っこに、各社の株券提出公告がよく載っている）。

そして、新しい株券等と交換する。

（なお、株券を発行していない会社がこの公告をするわけがないのは当然のこと。）

以下、株券提出公告を要する手続を列挙する。（会社法219条1項各号）

1．株式の譲渡制限の規定を設ける場合
2．株式の併合
3．全部取得条項付種類株式を株主総会の決議により取得する場合
4．特別支配株主による株式の売渡請求を対象会社が承認する場合
5．取得条項付株式の取得の場合
6．組織変更（株式会社を持分会社に組織変更）
7．合併（合併による消滅会社のみ）
8．株式交換
9．株式移転

上記のうち、1、2は、当該株式会社の株主の株券を新しい株券に差し換えるための株券提出公告である（2には対価の引換証の意味もある）。

3以降は、それぞれ、対価（株式、金銭等株式以外の財産）を受け取るための引換証を提出してもらう意味合いである（なお、無対価の場合も、株券提出公告は要する）。

なお、株券は、株券提出日（4の場合は取得日、その他はそれぞれの行為の効力発生日のこと）に無効となる（会社法219条3項）。会社が代金の支払いをしたときではないことに注目しよう。

また、株券の提出があるまでは、会社や特別支配株主は対価の交付を拒むことができる。（同条2項）

参考 | **株券を発行していない株券発行会社**

株券提出公告は、株券を発行していない場合にはすることを要しない。（会社法219条1項ただし書）

この規定は、株券発行会社であるにもかかわらず、株券を発行していない株式会社が存在することを前提にしている。

株券発行会社は、株式を発行した日以後遅滞なく、当該株式に係る株券を発行しなければならない。（会社法215条1項）

しかし、この規定には、以下のような例外が存在するのである。

1．譲渡制限会社においては株主の請求があるまでは発行することを要しない。（会社法215条4項）

→すべての株主が発行請求をしなければいつまでも発行しなくてもいい。

2．株主から株券不所持の申し出があれば株式会社は株券を発行することができない。（会社法217条4項）

基本的に「株券」という有価証券は、株式の譲渡をしやすくするための仕組みである。つまり、株券を所持している者が株主であるという単純な世界である。

株券提出公告というのは、株式会社が自社の株券を誰が「所持」しているかを把握することができないため、一定の株券が無効になってしまう手続や株券の記載内容を変更する場合等のケースで株券の提出を求め、もって株主を確定しようという公告である。

したがって、現実には株券を発行していなければ係る公告は不要となる。

なお、株券は、株式を譲渡する場合に必要となるのであり、株主に譲渡の意思がないのであれば、なまじ株券を持っていればこれを第三者に善意取得されかねないというような危険が生じる。

そのため、株券の発行請求をしない場合であるとか、株券不所持等の制度があるのである。

登記簿の記載例

株式を併合した場合

発行可能株式総数	20万株 10万株	
発行済株式の総数 並びに種類及び数	発行済株式の総数 　10万株	
	発行済株式の総数 　5万株	令和6年10月1日変更 令和6年10月8日登記
資本金の額	金5000万円	

上記の記載例は、以下の2点を示しています。
1．株式の併合をするときは、必ず、その効力発生日における発行可能株式総数を定めなければならない。
2．株式の併合をしても資本金の額は変化しない。
　→株式の数が減るだけだから。

では、上記の記載例に係る申請書を挙げます（株券発行会社ではない）。

登記の事由	株式の併合
	発行可能株式総数の変更
登記すべき事項	令和6年10月1日次のとおり変更
	発行済株式の総数　5万株
	発行可能株式総数　10万株
登録免許税	金30000円（ツ）
添付書類	株主総会議事録　　1通
	株主リスト　　　　1通
	委任状　　　　　　1通

＊株券発行会社では、「株券提出公告をしたことを証する書面」または「株式の全部について株券を発行していないことを証する書面」の添付を要する。

＊株式の併合の効力発生日における発行可能株式総数を従前と同じ（上記の事案では、20万株）とすることもできる（ただし、公開会社では4倍規制アリ）。この場合、発行可能株式総数の変更登記を要しない。

┏コラム┓ 種類株式会社の株式の併合

　株式会社が種類株式発行会社である場合には、併合する株式の種類を定めなければならない。

　つまり、株式の併合は、株式の種類ごとに決定するのである（会社法は「分析的」）。

　ある種類の株式（A種類株式としよう）のみを併合する場合、その種類株主の株主総会における地位の低下が避けられない。

　しかし、株式の併合が、株主総会の決議事項であることに相違はないので、この場合、原則的に以下の手続保証がA種類株主に与えられる。

1．会社法322条1項2号のA種類株主による種類株主総会（ある種類の株主に損害を及ぼすおそれがあるときの種類株主総会）の承認決議がなければ株式の併合の効力が生じない。

2．「会社法322条1項のA種類株式の種類株主総会決議を要しない」という定款規定がある場合には、会社法116条1項3号イを根拠として反対株主の株式買取請求が可能（併合による端数部分に限らない。その所有する全部の株式の買取請求ができる）。

　→この事情は、種類株式発行会社の株式の分割、単元株式数の設定についても同様。いずれも、ある種類株式について株主総会における議決権の劣化の可能性があるケースである。

【会社法の基本思想】バランス感覚

　上記の会社法322条も株主総会などにおいて多数派に敗れ去った、少数派の種類株主の保護を目的とする制度である。

申請書の記載例

　発行済株式総数1000株、発行済普通株式の数800株、発行済Ａ種類株式の数200株の株式会社がＡ種類株式を10株→１株の割合で併合する例（種類株主総会の決議を要するケース、株券を現実に発行している株券発行会社）。

　なお、株式の併合の効力発生日における発行可能株式総数は、従前の数と相違しないものとする。

登記の事由	株式の併合
登記すべき事項	年月日次のとおり変更
	発行済株式の総数　820株
	各種の株式の数
	普通株式　　800株
	Ａ種類株式　20株
登録免許税	金30000円（ツ）
添付書類	株主総会議事録　　　　　　　　　　　1通
	種類株主総会議事録　　　　　　　　　1通
	株主リスト　　　　　　　　　　　　　2通
	株券提出公告をしたことを証する書面　1通
	委任状　　　　　　　　　　　　　　　1通

＊発行済普通株式の数に変動はないが、登記すべき事項にはこの点も含めて書く。

　→登記簿の記載は、ひと枠ごとにワンセットで動くため。

＊株券提出公告の内容はＡ種類株主にあてたものである。（会社法219条１項２号カッコ書）

＊種類株主総会議事録を添付する根拠は、商業登記法46条２項。

＊添付すべきは、Ａ種類株式の株主による種類株主総会議事録である。この株式の併合は、Ａ種類株式の株主に損害を及ぼすおそれがある。

参考問題

１．現に株券を発行している株券発行会社が株式の併合による変更の登記を申請する場合、申請書には、株券提供公告をしたことを証する書面の添付を要する。（商

業登記法H5-31-ア）

2．株式の併合による変更の登記を申請するときは、定款に決議要件に関する別段
の定めがある場合を除き、当該株主総会において議決権を行使することができる
株主の議決権の過半数を有する株主が出席し、出席した当該株主の議決権の３分
の２以上に当る多数をもって決議した株主総会議事録の添付を要する。（商業登
記法H5-31-ウ）

3．株式の併合に関する株券提供公告をした後１月を経過しない場合であっても、
期間短縮についての株主全員の同意書を添付すれば、株式の併合による登記を申
請することができる。（商業登記法H4-35-3）

4．株式の併合による変更の登記の申請書には、登記すべき事項として、変更後の
資本金の額も、記載しなければならない。（商業登記法H25-31-ア）

5．現に２以上の種類の株式を発行している会社は、株式の種類ごとに異なった株
式の併合に係る併合比率でした株式の併合による変更の登記の申請をすることが
できる。（商業登記法H25-31-ウ）

6．現に２以上の種類の株式を発行している種類株式発行会社が株式の併合をする
場合には、株式の種類ごとに異なった株式の併合に係る併合比率でした株式の併
合を内容とする株式の併合による変更の登記を申請することができる。（商業登
記法R4-29-ウ）

7．株券発行会社がする株式の併合による変更の登記の申請書には、株券の提出に
関する公告をしたことを証する書面又は当該株式の全部について株券を発行して
いないことを証する書面を添付しなければならない。（商業登記法H25-31-オ）

8．現にA種種類株式及びB種種類株式を発行している会社がA種種類株式につき
株式の併合をした場合には、株式の併合による変更の登記の申請書には，登記す
べき事項である発行済株式の種類及び種類ごとの数として、その数に変更のない
B種種類株式に関する事項も記載しなければならない。（商業登記法H30-31-ウ）

答え 　1．○　商業登記法61条、59条１項２号。

2．○　商業登記法46条２項、会社法309条２項４号。

3．×　株券提供公告は、会社に知れていない株主をも対象にしている。会社に知
れていない株主がいる可能性がある以上、株主全員の同意書に登場する株主が、
本当に株主全員であることの証明ができないであろう。

4．×　株式を併合しても資本金の額は変化しない。

5．○　種類ごとに株式を併合することができる。会社法は「分析的」だから、こ
れは当たり前の話である。

6．○　前問の焼き直し。

7．○　会社法219条１項２号。

8．○　登記簿の記載は、ひと枠ごとにセットで動く。

②スクイーズアウト

　株式の併合の仕組みは、少数派の株主の排除法としても使用できます。

　たとえば、株主Aが100株、株主B〜Fの5名が各10株を有するとき、会社は株主Aの協力の下で、株主総会で100株を1株とする決議（特別決議）を成立させて、B〜Fの5名から株主の地位を奪うことができます。

　そこで、会社法は、これに対する少数派の対抗策を定めています。

　ここも、全部取得条項付種類株式の取得の場合と同様に、およそのところ合併、株式交換などの組織再編の手続と同視するかたちで少数派の保護を図っています。

　なお、以下において、「株式の併合」は会社法182条の2第1項が定義するそれを意味します。

> **コラム**　会社法182条の2第1項が定義する株式の併合
>
> 　以下、スクイーズアウトに係る条文では、「株式の併合」とは、次の意味である。
> 　1．単元株式数を定めていない会社の場合
> 　　　すべての株式の併合を意味する
> 　2．単元株式数を定めている会社の場合
> 　　　単元株式数に株式の併合割合を掛け算した数に1に満たない端数が生じるときの株式の併合を意味する。
> 　　→種類株式発行会社では、上記の「単元株式数」を「併合に係る種類の株式の単元株式数」と読み替える。
> 　　→たとえば、10株1単元の株式会社が、10株→1株に株式を併合しても、それは、スクイーズアウトに係る株式の併合ではない。従前、1単元の株式を有していた株主が、議決権は失うものの株主の地位は失わない（その所有する株式に端数が生じない）からである。
> 　　→なお、単元未満株主には、もともと手厚い保護がある。株式の併合により、単元未満株主となった者の保護は、そちらの仕組みによってするのが、会社法の制度設計である。
> 　以下、本書において「株式の併合」とは、上記の1または2の株式の併合を意味することとする。

1．反対株主の株式買取請求

　　「株式の併合」に反対の株主は、自己の有する株式のうち１株に満たない端数の全部の買取りを請求できます。（会社法182条の４第１項）

　　→先の事例では、Ｂ～Ｆの５名全員がこの請求をすることができる。

　　→端数部分の株式買取請求であることに注目しよう。

　　この請求は、効力発生日の20日前の日から効力発生日の前日までの間にする。

　　→この請求の機会を与えるため、株式会社は、効力発生日の20日前までに、株主へ株式の併合に関する事項を通知または公告しなければならない（会社法182条の４第３項、181条１項・２項　細かいハナシだが、「株式の併合」ではない株式の併合（スクイーズアウトに係らない株式の併合）の場合には、この通知は２週間前までにする）。

2．書面等の備置きと閲覧

　　次のいずれかの日のいずれか早い日から効力発生日後６か月を経過するまで、株式会社は、「株式の併合」に関する書面（または電磁的記録）を本店に備え置かなければならない。（会社法182条の２第１項）

　　１．株主総会（併合に種類株主総会を要するときはこれを含む）の２週間前の日（または、会社法319条１項の提案のあった日）

　　２．効力発生日の20日前までにする株主への通知または公告の日

　　　→この他、事後の備置きも要する。（会社法182条の６第２項）

3．「株式の併合」をやめることの請求

　　「株式の併合」が、法令または定款に違反する場合において、株主が不利益を受けるおそれがあるときは、株主は、株式会社に「株式の併合」をやめることを請求することができる。（会社法182条の３）

――――――――コラム――――　特別支配株主の売渡請求

　　総株主の議決権の90％以上を保有するなどする株主を特別支配株主という。

　　たとえば、株式会社甲において、株主Ａが90株、株主Ｂ～Ｆの５名が合計10株以下を有するとき（いずれも議決権アリ）は、株主Ａは特別支配株主であり、Ａは、「株式の併合」の手を使わずに、直接、株主Ｂ～Ｆの株式を買い取ることができる。

　　これが、特別支配株主の売渡請求であり、端的にスクイーズアウトのみを目的とした仕組みである（詳しくは、会社法179条以下）。

　この手続により登記事項は生じないので、簡略にこの場合の注意点のみを
述べておく。
1. これは、株式会社のする手続ではない。
　　この請求はあくまで株主Ａがするものである。ただ、会社も一定の関
　　与をする。
2. この請求は株主Ａ以外の株主全員にしなければならない。
　　ただし、すでに株主Ａの支配下にある法人（Ａの完全子法人）には、
　　売渡請求をしないこともできる。
　　→Ａの完全子法人の有する株式は、もともとＡが支配しているからであ
　　　る。
3. これと併せて、オマケとして新株予約権者にその有する新株予約権の
　　全部の売渡しを請求することもできる。
　　→そこで、会社法は、この仕組みを株式等売渡請求と命名している。こ
　　　こに「等」とは新株予約権のことである。
4. 手続をするために株式会社甲の承認を要する。
　　→取締役会設置会社にあっては、その承認は取締役会がする。
　　→株式等売渡請求の撤回にも、同様に、（取得日の前日までに）株式会
　　　社甲の承認を要する。
　　→なお、株式会社甲は、新株予約権売渡請求のみを承認することができ
　　　ない。新株予約権売渡請求は株式売渡請求のオマケの仕組みだからで
　　　ある。
5. 売渡しの価格で揉めたときは、Ｂ〜Ｆ（売渡株主等）は、裁判所に価
　　格の決定の申立てをすることができるという仕組みがある。
6. 現実に株券を発行する株券発行会社では、株券提出公告を要する。（会
　　社法219条1項4号の2）
7. 株主Ａは、売渡請求をするときに定めた取得日にＢ〜Ｆの株式を取得
　　する。

　　　　　　　　　　　売渡請求
　　　株主Ａ ──────▶ 株主ＢＣＤＥＦ

　　　　　　　　　　　　　　　　オマケ（新株予約権売渡請求）
　　株式会社甲　　　　　　　 ▲ 新株予約権者

　　　承認　　承認につき「株券提出公告」

　　　　◦Ａが直接ＢＣＤＥＦに「売れ」と迫る
　　　　◦オマケだけの請求は不可

なお、この手続もスクイーズアウトの一方法なので、売渡株主等（Ｂ
　　〜Ｆ）少数派の保護のため、次の仕組みがある。
　１．書面等の備置きおよび閲覧の仕組み（会社法179条の５）
　２．手続が**法令**に違反するとき等の、売渡株式等の取得をやめることの
　　請求の仕組み
　→細かいハナシだが、手続が定款に違反するときに売渡株式等の取得を
　　やめることを請求できるという規定がない。この手続は、株主Ａがそ
　　の主体であり、Ａの行為は会社の行為でないから、これが定款に違反
　　するという事態が考えられないためである。
　　この他、売渡株式等の取得の無効の訴えが新設されている。（会社法846
条の２）
　　提訴期間は、取得日から６か月以内（非公開会社では１年以内）であり、
売渡株式等の取得の無効は訴えをもってのみ主張することができる。

参考問題
　１．会社以外の法人や自然人であっても、特別支配株主として株式等売渡請求をす
　　ることができる。（商法R3-28-ア）
　２．会社は、当該会社が発行済株式の全部を保有する株式会社が有するものと併せ
　　ると、対象会社の総株主の議決権の10分の９以上を有することとなる場合には、
　　特別支配株主として株式等売渡請求をすることができる。（商法R3-28-イ）
　３．売渡株主は、株式売渡請求が法令に違反する場合には、特別支配株主に対し、
　　対象会社の株式のうち当該売渡株主が保有するものに限り、その取得をやめるこ
　　とを請求することができる。（商法R3-28-エ）
　４．特別支配株主は、株式売渡請求と併せて新株予約権売渡請求をした場合におい
　　て、新株予約権売渡請求のみを撤回することができる。（商法R3-28-オ）

答え
　１．○　自然人でもかまわない。
　２．○　その完全子会社の持株数と併せて対象会社の議決権の90％以上を有する会
　　社は、対象会社の特別支配株主である。
　３．×　取得の全部をやめることを請求できる（会社法179条の7第1項）。
　４．○　取得日の前日までに対象会社の承諾の上で撤回する。この場合、株式と新
　　株予約権の売渡請求の双方を撤回できるが、オマケ部分（新株予約権売渡請求）
　　だけを撤回することもできる。

22 株式の分割

　株式の併合の反対です。

　たとえば、1株を10株に分割します。すべての株主は、9株を無償で取得することになります。

　→会社法184条1項　株式の分割は「株式の取得」と位置づけられている。

　1．議決権を失う株主はいない。
　2．株が売りやすくなる。

　以上から、株主に有利な決議といわれます。

　発行済株式の総数以外に、会社の内容には変化はありませんから、株価は10分の1になるのが道理です。

　しかし、株式の分割は、持ち株数が増えるので、何となく心理的に嬉しいらしく、株価が上昇するケースが多いです。

　したがって、この決議は、株主総会の普通決議でオッケーです。

　また、取締役会設置会社では、取締役会決議のみで、株式の分割ができます。(会社法183条2項)

　決議事項は、以下のとおりです。(会社法183条2項各号)
　1．株式の分割により増加する株式の総数の株式の分割前の発行済株式(種類株式発行会社にあっては、第3号の種類の発行済株式)の総数に対する割合および当該株式の分割に係る基準日
　　→要するに、分割割合と基準日。
　2．株式の分割がその効力を発生する日
　3．株式会社が種類株式発行会社である場合には、分割する株式の種類
　　→種類株式発行会社では、株式の分割は種類ごとに行う。
　　→2種類以上の株式を同時に同じ分割割合で分割してもよい。これは、2つの分割決議の内容がたまたま一致したケース。

◀ポイント▶　基準日
　　基準日は、元来、定めてもよし定めずともよしの仕組みである。(会社法124条)
　　しかし、株式の分割では、必ず、定めなければならない。
　　これは、ひじょうに珍しい事案である。
　　1株を10株に分割であれば、誰に9株を発行するかは重大な問題である。

このため、基準日を必須としたのである。

　これにより、会社に知れていない株主に、株主名簿の書換え請求を促し、そして、基準日株主（基準日における株主名簿上の株主）に9株を発行する。

```
━■ コラム ■━ 株主総会によらない定款変更 ━━━
　定款変更は、会社の根本規則の変更である。
　だから、株主総会の特別決議を要する。
　しかし、株式の分割に伴い、その分割比率に応じて、発行可能株式総数の
増加をする定款変更には、株主総会決議を要しない。（会社法184条2項）
　たとえば、取締役会設置会社が、取締役会で株式分割の決議のついでに、
発行可能株式総数を増加する定款変更をすることもできる。
　が、現に2以上の種類の株式を発行している株式会社には、この特例は適
用されない。
　原則どおり、株主総会の特別決議を要することになる。
　なお、発行可能株式総数を増加する定款変更が、ある種類株主に損害を及
ぼすおそれがある場合には、会社法322条1項の種類株主総会を要する。
　この場合、たとえ、その種類株式について、「会社法322条1項の種類株
主総会を要しない」という規定があったとしても、会社法322条の種類株主
総会は、原則として「やらなければいけない」。
　→その理由は、後述するが、各自、会社法322条3項を熟読のうえ、自力
　　で考えてみてほしい。
```

◆ポイント◆　株主総会決議によらない定款変更その①
　株式分割比率に応じた発行可能株式総数の増加

参考　現に2以上の種類の株式を発行していない株式会社の手続
　　　　　以下のような会社があったとする（取締役会設置会社とする）。
　　　　　発行可能株式総数　　2000株
　　　　　発行済株式総数　　　　500株
　　　　　　各種株式の数　普通株式　500株
　　　　　発行可能種類株式総数及び発行する各種類の株式の内容
　　　　　　普通株式　　1500株
　　　　　　A種類株式　1000株
　　　　　　当会社は、株主総会の決議により、A種類株式の全部を取得するこ
　　　　　とができる。1株当たりの取得価額は時価により算定する。

　この会社が普通株式1株を10株に分割する手続は以下のようになる。
1．取締役会
　　・株式の分割決議　1株を10株に分割
　　・発行可能株式総数を2万株（以内）に増加する定款変更決議
2．株主総会
　　・普通株式の発行可能種類株式総数を増加する定款変更の特別決議
　上記のように、会社法184条2項の射程範囲は、株式の分割に伴う「発行可能株式総数」の増加についてであり、「発行可能種類株式総数」については、何も規定していない。したがって、「発行可能種類株式総数」の変更は原則どおり株主総会の特別決議によるべきである。
　　→会社法において、「発行可能株式総数」と「発行可能種類株式総数」は、
　　　別の概念である。

【用語解説】→　種類株式発行会社
　剰余金の配当その他の108条1項各号に掲げる事項について内容の異なる2以上の種類の株式を発行する株式会社をいう。（会社法2条13号）
　ここに、「2以上の種類の株式を発行する」という意味は「そういう定款規定がある」という意味である。
　定款規定があれば、現実には2以上の種類の株式を発行していなくても種類株式発行会社に該当する。
　そこで、会社法184条2項は、言葉の意味を正確にするために「現に2以上の種類の株式を発行する会社」という、多少ややこしいカタチで規定する必要があったのである。
　たとえば、ある株式会社が、普通株式とA種株式を発行する旨の定款の定めがあるが、現に発行するのは普通株式だけだとしよう。
　この株式会社も種類株式発行会社だから、たとえば、普通株式に譲渡制限の定めを設定するときは次の2つの決議を要する。
　1．株主総会の特別決議
　2．普通株式の株主による種類株主総会の特殊決議 I

・:・

参考問題　　1．当該取締役会設置会社が現に2以上の種類の株式を発行している場合において、株式の分割の効力発生と同時に当該株式の分割に係る分割比率を超えない範囲内で発行可能株式総数を増加したことによる変更の登記の申請書には、取締役会議事録を添付すれば、株主総会議事録を添付することを要しない。（商業登記法H25-30-イ）

2．現に2以上の種類の株式を発行している株式会社であっても、株式の分割をする場合には、株主総会の決議によらないで、発行可能株式総数を増加する定款の変更をすることができる。（商法H31-28-4）

3．現に2以上の種類の株式を発行している取締役会設置会社がそのうち1の種類の株式の分割をする場合には、株式の分割の効力発生と同時に当該株式の分割に係る分割比率を超えない範囲内で発行可能株式総数を増加する定款の変更の決議をした取締役会の議事録を添付して、当該発行可能株式総数の変更の登記を申請することができる。（商業登記法R4-29-エ）

....

答え 　1．× 　現に2以上の種類の株式を発行しているから、発行可能株式総数の増加をするためには株主総会の決議を要する。

2．× 　前問の焼き直し。

3．× 　これまた焼き直し。

❖◦❖

参考 ▌**株式の分割と基準日**
　　株式の分割をする場合、基準日を定めなければならない。
　　これは特殊な規定である。
　　会社法は一般論として、基準日は定めてもいいし、定めなくてもいいというスタンスである。（会社法124条）
　　しかし、株式の分割についての決議事項には基準日が含まれているから、基準日を定めずに株式の分割をすることはできない。

発展 　**種類株式発行会社の株式の分割**
　　甲種類株式の分割そのものが、乙種類株主の地盤沈下になることがありえる。これは、会社法322条の問題となる。
　　種類株式発行会社が、ある特定の行為をする場合に、ある種類の株主に損害を及ぼすおそれがあるときは、その行為は、当該種類の種類株主を構成員とする種類株主総会の決議がなければ、その効力を生じない。
　　その行為とは？
　　1．株式分割、併合
　　2．発行可能株式総数または発行可能種類株式総数の増加
　　以下略（株式の種類の追加・株式の内容の変更・合併・分割・株式移転・株式交換その他諸々あり。会社法322条参照）。
　　このように、株式分割・発行可能株式総数または発行可能種類株式総数の増加は、いずれも、損害を及ぼすおそれがある種類株主総会の決議を経なければ効力が生じない。

コラム　　会社法322条の構造

　会社法322条は、種類株式発行会社が一定の行為をする場合において、ある種類の株式の種類株主に損害を及ぼすおそれがあるときは、当該行為は、当該種類の株式の種類株主を構成員とする種類株主総会（当該種類株主に係る株式の種類が2以上ある場合にあっては、当該2以上の株式の種類別に区分された種類株主を構成員とする各種類株主総会）の決議がなければ、その効力を生じないと規定している。

　いうまでもなく、この規定は、少数派の種類株主を保護するための規定である。

　たとえば、A種類株主が少数派であれば、A種類株式の内容を不利に変更する株主総会決議（全体総会）が多数派の力で可決することがあるだろう。

　そこで、A種類株主の保護のために、会社法は322条の規定をおいたのである。なお、会社法322条の種類株主総会は以下の場合には不要とされる。

1．当該種類株主総会において議決権を行使できる種類株主が存在しない場合
2．ある種類の株式の内容として、会社法322条の規定による種類株主総会の決議を要しないとする旨を定款で定めた場合

　さて、上記2について解説しよう。

　この定款規定は、株式の内容であるから登記事項となる。（会社法911条3項7号）

　そして、係る定款規定があれば、その種類株主は自己に不利な決議が株主総会等でなされても、これを押しとどめる手段をもたないことになる。

　かなり厳しい状況となるのである。

　そこで、この規定については、以下の制限が存在する。

1．ある種類の株式の内容を変更して会社法322条の規定による種類株主総会の決議を要しないとする定款の定めを設ける場合には、その種類株主全員の同意を要する。
2．会社法322条1項所定の事項のうち、次の事項については、上記の種類株主総会の決議を要しないとする定款の定めを設定することはできない。
　・株式の種類の追加
　・株式の内容の変更（単元株式数についてのものを除く）
　・発行可能株式総数または発行可能種類株式総数の増加

　以下、会社法322条2項の定款の定めの記載例を挙げます。

定款
第何条（会社法322条１項の種類株主総会を要しない旨の定め）
甲種類株式の株主による会社法322条１項の規定に基づく種類株主総会の決議は、
これを要しないものとする。

参考問題　　株式会社が株式の分割をする場合において、株式買取請求をすること
が認められるときがある。（商法H20-31-ウ）

....

答え　　○　非常に特殊な事案であるが、たとえば、以下のケースで認められる。
1．種類株式発行会社である。
2．A種類株式を分割する。この株式分割はB種類株主に損害を及ぼすおそれがある。
3．しかし、「B種類株式に損害を及ぼすおそれがある場合であっても、会社法322
　条の種類株主総会を要しない」とする定款の規定がある。
　　　以上である。この場合に、B種類株主の最後の拠り所として株式の買取請求が
　認められる。（会社法116条１項３号イ）
　→同様の仕組みは、株式の併合（スクイーズアウトに係る「株式の併合」に限ら
　　ない）、単元株式数についての定款の変更、株式の無償割当て等についても存
　　在する。

会社法 322 条の構造

次の場合、これにより損害を及ぼす恐れのある種類株主総会の決議を要する

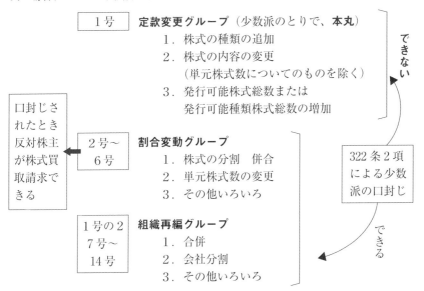

＊なお、組織再編グループは、会社法322条とは別の理由で、反対株主が株式買取請求をすることができる場合がある。

補足

　会社法111条1項または2項による種類株主全員の同意あるいは種類株主総会を要するケースにおいては、当該種類株主について会社法322条1項の規定の適用はない。

　会社法111条は種類株主を保護するための、会社法322条よりも厳格な規定だからである。

　登記申請手続を念頭に、以下において、種類株式発行会社の株式の分割を具体的に考えてみましょう。

→ただし、登記の添付書面に関係のある手続のみ挙げる。

　なお、会社法322条1項の種類株主総会を要しないとする定款規定は存在しないものとし、すべての株式に議決権があるものとします。

　また、A種類株式の分割は、普通株式の株主に損害を及ぼすおそれがあるものとします。

　以下の登記がされた株式会社が、Ａ種類株式1株を2株に分割するケース
　発行済株式の総数　1000株
　各種株式の数
　　普通株式　　800株
　　Ａ種類株式　200株
1　取締役会設置会社の場合
2　取締役会を設置しない会社の場合

1について

次の手順です。

①　取締役会決議

　　Ａ種類株式1株を2株に分割、その他必要な決議をする。

②　普通株式の株主による種類株主総会決議（特別決議　会社法324条2項4号）

2について

次の手順です。

①　株主総会決議（普通決議）

　　Ａ種類株式1株を2株に分割、その他必要な決議をする。

②　普通株式の株主による種類株主総会決議（特別決議　会社法324条2項4号）

上記2のケースにおける申請書の記載例は以下のとおりです。

登記の事由	株式の分割
登記すべき事項	年月日次のとおり変更
	発行済株式の総数　1200株
	各種の株式の数
	普通株式　　800株
	Ａ種類株式　400株
登録免許税	金30000円（ツ）
添付書類	株主総会議事録　　　　1通
	種類株主総会議事録　　1通
	株主リスト　　　　　　2通
	委任状　　　　　　　　1通

＊発行済普通株式の数に変動はないが、登記すべき事項にはこの点も含めて書く。
　→登記簿の記載は、ひと枠ごとにワンセットで動くため。

＊株券提出公告は不要。株式の分割は、株主による新しい株式の取得であり、
　従前の株券の記載内容とは抵触しない。
＊種類株主総会議事録を添付する根拠は、商業登記法46条2項。
＊変更の年月日は、株式の分割決議の際に定めた「効力発生日」。

参考問題　株式の分割による発行済株式総数の変更の登記の申請書には、当該株式の分割に係る基準日及び基準日株主が行使することができる権利の内容を公告したことを証する書面の添付を要しない。（商業登記法 H21-29-ア）

答　え　○　法令にも先例にも、添付の根拠がない。

事例3

　以下の株式会社が、株式の分割と発行可能株式総数を増加する定款の変更をする場合（定款変更に係る株主総会は行わない）。
　発行可能株式総数　　1000株
　発行済株式総数　　　 200株
　・1株を5株に分割
　・株式分割の効力の発生日における発行可能株式総数を5000株に増加する。
1　取締役会設置会社の場合
2　取締役会を設置しない会社の場合

1について
　次の手順です。
　取締役会決議
　　議案　株式分割の件
　　　　　株式1株を5株に分割、その他必要な決議をする。
　　議案　定款一部変更の件
　　　　　株式分割の効力の発生日における発行可能株式総数を次のとおり変更する。
　　　　　定款第○条　当会社の発行可能株式総数は5000株とする。

2について
　次の手順です。
　①　株主総会決議
　　　議案　株式分割の件

　　　　　　株式1株を5株に分割、その他必要な決議をする。
②　取締役の過半数による決定
　　　決定内容　定款一部変更の件
　　　　株式分割の効力の発生日における発行可能株式総数を次のとおり変更
　　する。
　　　　定款第○条　当会社の発行可能株式総数は5000株とする。

上記、2のケースについての申請書の記載例。

登記の事由	発行可能株式総数の変更	
	株式の分割	
登記すべき事項	年月日次のとおり変更	
	発行可能株式総数　5000株	
	発行済株式総数　　1000株	
登録免許税	金30000円（ツ）	
添付書類	株主総会議事録	1通
	株主リスト	1通
	取締役の過半数の一致を証する書面	1通
	委任状	1通

＊株券提出公告は不要。株式の分割は、株主による新しい株式の取得であり、
　従前の株券の記載内容とは抵触しない。
＊変更の年月日は、株式の分割決議の際に定めた「効力発生日」。上記の手続（株
　主総会決議によらない定款変更）をするためには、株式の分割の効力発生日
　と発行可能株式総数の増加の効力発生日を同一とすることを要する。

◀ポイント▶　授権枠に注意
　株式の分割の登記をする場合、発行可能株式総数の枠外発行にならないよう
注意を要する。
　なお、株式の分割にあわせて、発行可能株式総数を増加する決議をしたケー
スであっても、後者に瑕疵があれば、株式の分割のほうも枠外発行となり登記
ができない可能性が生じる。
　たとえば、次のようなケースである。
・発行可能株式総数200株、発行済株式の総数100株の株式会社が、取締役会で
　1株を3株に分割する決議をし、続いて第2号議案で発行可能株式総数を
　700株とする定款変更をした場合。
　→発行可能株式総数の増加割合が分割割合を超えた場合であるから、発行可
　　能株式総数の変更の効力が生じない。その結果、枠外発行となり株式の分

割もできない。

・発行可能株式総数200株、発行済株式総数100株（各種類株式の数　普通株式
80株　Ａ種類株式20株）の株式会社が、取締役会で普通株式およびＡ種類株
式１株を３株に分割する決議をし、続いて第２号議案で発行可能株式総数を
600株とする定款変更をした場合。

→現に２以上の種類株式を発行する場合であるから、発行可能株式総数の変
更を取締役会で行うことはできない。その結果、枠外発行となり株式の分
割もできない。

【ポイント】　公開会社はさらに注意

分割割合の枠内での発行可能株式総数の増加でも、公開会社では、４倍規
制に抵触することがある。

たとえば、発行可能株式総数が2000株、株式消却後の発行済株式総数が
400株の公開会社（会社法はこの状態を許容する）が、取締役会の決議で、
１株を10株に分割し、発行可能株式総数を２万株と決議したとしよう。

たしかに、10倍までの増加だが、４倍規制（発行可能株式総数の上限は、
4000×４＝１万6000株）に引っかかる。

このため、株式の分割を含めて登記できないこととなる。

参考問題

1. 現に株券を発行する株券発行会社がする株式の分割による変更の登記の申請書に
は、株券提供公告をしたことを証する書面を添付しなければならない。（商業
登記法S57-40-1）
2. 取締役会設置会社がする株式の分割による変更の登記の申請書には、取締役会
議事録を添付することを要するが、株式の併合による変更の登記の申請書には、
取締役会議事録を添付することを要しない。（商業登記法S58-34-1）

答え　1．×　　2．○　株主総会議事録を添付することを要する。

23 株式無償割当て

株主に無償で株式を割り当てるという制度があります。（会社法185条）
何だ、株式の分割と同じではないかと思いませんか？
ほぼ同じですが、会社の自己株式が無償割当ての対象にならない点が違いとなり
ます。

また、種類株式発行会社では、割当てを受けるある種類の株主に、他の種類の株式の割当てをすることができる点も相違します。

参考問題　株式会社が株式の分割をする場合には、株主の有する株式と異なる種類の株式を当該株主に取得させることができる。（商法H31-28-2）

....

答え　×　株式の分割においては、A種株式を分割すれば、その分割割合に応じてA種株式が増加する。他の種類の株式の数が増加することはない。

参考 | **会社法322条の問題**
　種類株式発行会社の株式無償割当て
　→損害を及ぼすおそれがある種類株主総会の決議を要する。

株式無償割当ての決議事項は以下のとおりです。（会社法186条1項）
1. 株主に割り当てる株式の数（種類株式発行会社にあっては、株式の種類および種類ごとの数）またはその算定方法
2. 当該株式無償割当てがその効力を発生する日
3. 株式会社が種類株式発行会社である場合には、当該株式無償割当てを受ける株主の有する株式の種類
→株式の無償割当ては、株式の種類ごとに行う。
＊基準日の設定は必要的ではない。
＊株式無償割当ての場合には、株主に会社の自己株式を交付することができる。この点も株式の分割との相違点である。

コラム　その他株式の分割との相違

　株式無償割当ての決議機関は、株主総会（取締役会設置会社においては取締役会）となっており、ここまでは株式の分割と同様であるが、「定款で別段の定め」が可能であると明記されている点が株式の分割と異なる。（会社法186条3項、183条2項）
　また、株式無償割当ての場合には、割当てと同時に発行可能株式総数を増加する場合であっても、発行可能株式総数の増加を株主総会決議によらないことができるとする特則が存在しない。
　したがって、原則どおり、発行可能株式総数の増加は例外なく株主総会の特別決議を要することになる。

　これは、株式の分割の場合には、分割割合は数学的にわかりやすく、すなわち１株を２株に分割すれば発行済株式総数は２倍になるところ、株式無償割当ての場合には、会社の自己株式には割当てがないし、また、株主に割当てられた株式につき会社の自己株式を割り当てることもあるため、単純な掛け算ができないことに理由があると考えられる。

事例４

　次の株式会社（取締役会設置会社）が、２株に対して１株の割合で、株式無償割当ての手続を行う。
　発行可能株式総数　　300株
　発行済株式の総数　　100株
　うち、会社の自己株式が10株。
　（株主には、新たに発行する株式を交付する。）

登記の事由	株式の無償割当て
登記すべき事項	年月日次のとおり変更
	発行済株式総数　145株
登録免許税	金30000円（ツ）
添付書類	取締役会議事録　１通
	委任状　　　　　１通

＊自己株式を除く90株に対して、45株の株式を割り当てた例。株主は全員偶数の株式数を持っていたと仮定した。
＊株式無償割当てに際して、株式に一に満たない端数が出る場合の処理方法につき会社法234条、株式の分割、併合の場合につき会社法235条が存在する。
　→いずれも、端数の合計を競売しその代金を株主に交付する。
　なお、本事例で、株主に自己株式10株を交付し、その残りを発行した場合、登記すべき事項は、次のようになります。

登記すべき事項	年月日次のとおり変更
	発行済株式総数　135株

増加する株式の数の計算式は、（100－10）／２－10＝35です。
自己株式10を２回引き算することになります。

❖❖❖

参考問題

1. 株式会社が株式無償割当てをする場合には、自己株式を有する当該株式会社に対しても株式を割り当てることができる。（商法H31-28-1）

2. 株式会社が株式無償割当てをする場合には、当該株式会社の株主に対し交付しなければならない当該株式会社の株式の数に1株に満たない端数が生ずることがある。（商法H31-28-3）

3. 株式会社が株式無償割当てをする場合には、資本金の額が増加する。（商法H31-28-5）

4. 株式無償割当てにより新たに株式を発行した場合における発行済株式の総数が増加したことによる変更の登記の申請書には、株主及び登録株式質権者に対して当該株主が割当てを受けた株式の数を通知したことを証する書面を添付しなければならない。（商業登記法H25-30-エ）

5. 株式の消却、併合及び分割並びに株式無償割当てに関する次のアからオまでの記述のうち、誤っているものの組合せは、後記1から5までのうちどれか。（商法H21-28）

　ア　取締役会設置会社が株式の消却又は併合をするときは、株主総会の決議によらなければならないが、株式の分割又は株式無償割当てをするときは、取締役会の決議によって、これを行うことができる。

　イ　A種類株式とB種類株式を発行する旨を定款で定めている種類株式発行会社は、株式無償割当てによってA種類株式を有する株主にB種類株式の割当てをすることはできるが、株式の分割によってA種類株式を有する株主にB種類株式を取得させることはできない。

　ウ　株式の分割は自己株式についてすることができるが、株式無償割当ては自己株式についてすることができない。

　エ　株式の併合又は分割をする場合には、効力を生ずる日の2週間前までに、株主及び登録株式質権者に対し、株式の併合又は分割をするに当たり定めた事項を通知し、又は公告をしなければならない。

　オ　種類株式発行会社が株式の分割をする場合には、分割する株式の種類ごとに分割する割合を異なるものとすることができる。

　1　アイ　　**2**　アエ　　**3**　イウ　　**4**　ウオ　　**5**　エオ

∴∴

答え　　1．×　会社法186条2項。

2．○　たとえば、2株に対して1株を割り当てる場合、奇数株を有する株主への割り当てについて端数が生じる。なお、この場合、端数はかき集められて競売に付される（会社法234条1項3号）。

3．×　出資がないので資本金の額が増加することはない。　4．×

5．2

586

ア　×　株式の消却は、取締役会の決議事項である。（会社法178条 2 項）

イ　○　そのとおり。

ウ　○　株式無償割当てにつき、会社法186条 2 項。

エ　×　設問の手続は、株式の併合のときだけ行うことを要する（会社法181条 1 項・ 2 項）。株式の分割のときに必要となる手続は基準日公告である。

オ　○　会社法183条 2 項 3 号。

24 単元株制度

　株式会社は、その発行する株式について一定の数の株式をもって、株主が株主総会または種類株主総会において 1 個の議決権を行使できる一単元の株式とする旨を定款で定めることができます。（会社法188条 1 項）

　種類株式発行会社では、一単元の株式の数は、株式の種類ごとに定めます。（会社法188条 3 項）

　なお、一単元の株式の数は、1000および発行済株式の総数の200分の 1 に当たる数を超えることができません。（会社法188条 2 項、会社法施行規則34条）

　たとえば、新聞の株式市場欄に、A社の株価が、250円と書いてあったとしましょう。
　みなさんは、この株を250円で買うことはできません。
　多分、 2 万5000円を必要とします。
　この株は、100株を一単元としているはずです。
　買うのであれば、100株単位で買うのがルールです。

　単元株というのは、昔の額面株式（今やこれも死語ですが）の名残ともいえます。
　かつて、50円または500円額面の株を発行した会社が、100株一単元とするケースがほとんどです。

《注》　1000株一単元、10株一単元、15株一単元、50株一単元等の規定はいずれも可能です。が、実務上は、100株一単元（額面株式500円時代の名残）が多いです。

参考問題　発行済株式の総数が10万株である場合において、単元株式数を1,000株とする単元株式数の設定による変更の登記の申請は、することができない。（商業登記法H25-30-オ）

答え　○　500株（10万/200）が単元株式数の上限である。

単元株制度の趣旨は、会社の利益の擁護にあります。

決して、株主の利益にはなりません。

なぜなら、1000株一単元の制度の導入は、999株を所有する株主の議決権を奪うからです。

（単元株制度は、基本的に議決権の有無の問題です。0.9株の場合と違い、株主の地位が奪われることはありません。単元未満株式は、単元に達しないながらも、れっきとした株式ではあるからです。→単元未満株主の権利については、会社法189条2項参照）

参考問題　単元株式数が登記されている場合において、株式の併合による変更の登記の申請があったときは、単元株式数の登記を抹消する記号が記録される。（商業登記法H5-31-オ）

答え　×　単元株の制度と株式の併合は別次元の問題である。

参考　**単元未満株主から奪うことのできない権利**

定款規定をもって、単元未満株主から奪うことのできない権利につき、下記の条文を参照。

会社法189条2項

会社法施行規則35条

参考問題　株式会社は、単元未満株主が単元未満株式について残余財産の分配を受ける権利を行使することができない旨を定款で定めることができる。（商法H28-29-エ）

答え　×　上記の「参考」にある単元未満株主から奪うことのできない権利の一つである（会社法189条2項5号）。この他、単元未満株式の買取請求権を奪うことができないことに注目するとよいだろう。

会社の利益の擁護という意味は、単元株制度の目的は会社が株主を管理する費

用の軽減であるということにあります。

　要するに、50円しか出資していない株主に、84円切手を貼って、株主総会の招集通知は出してはいられない。だから、1000株持っている株主にしか招集通知を出さないという意味です。

　1000株で1個の議決権、2000株で2個の議決権です。

参考問題　単元未満株式のみを有する株主に対しては、株主総会の招集の通知を発する必要がない。（商法H28-29-ウ）

……………………………………………………………………………………………

答え　○　会社法299条1項、298条2項カッコ書

ですから、単元株制度の導入は、株主にとって不利な定款変更にあたります。

　したがって、原則どおり、株主総会の特別決議を要します。

　が、単元株制度を廃止する、あるいは、従来1000株一単元の規定であったものを100株一単元に変更する場合はどうでしょうか。

　これは、会社側の、切手代をケチるなどという姑息なことはやめ、今後は、株主のみなさんに奉仕しますという意思表示です。

　だから、株主の利益を侵害する可能性がゼロです。

　そこで、この場合には、株主総会の決議なく、その旨の定款変更ができます。（会社法195条1項）

◀ポイント▶　株主総会決議によらない定款変更その②
**　　　　単元株式数の廃止、減少**

参考問題　1．株式会社が定款を変更して単元株式数を減少するには、株主総会の決議によらなければならない。（商法H28-29-ア）

　2．単元株式数を定款で定めている取締役会設置会社が、取締役会において、単元株式数についての定款の定めを廃止する決議をした場合は、当該取締役会の議事録を添付して、単元株式数の定めの廃止による変更の登記を申請することができる。（商業登記法H31-29-エ）

……………………………………………………………………………………………

答え　1．×　2．○

コラム 株式の分割＋単元株の設定・増加

　たとえば、1株を100株に分割し、それと「同時」に、100株一単元とする定款変更を行うとしよう。

　この場合、この手続により、議決権を失う株主の出る可能性はゼロだ。

　したがって、このケースも、単元株式数を設定する定款変更が株主総会の決議を要せずにすることができる。（会社法191条）

　1株を100株に分割し、それと同時に50株一単元とするようなケースも同様と考えてよい。

　が、1株を100株に分割し、それと同時に200株一単元であれば、株主総会の特別決議による単元株式数設定の定款変更決議を要する。

◀ポイント▶ 株主総会決議によらない定款変更その③
　　株式の分割＋単元株式数の設定、増加（議決権の減少しない場合）

コラム 種類株式発行会社の場合

　種類株式発行会社においては、単元株式数は、株式の種類ごとに定めなければならない。（会社法188条3項）

　たとえば、「A種類株式につき100株1単元、B種類株式につき1株1単元」という具合である。ただし、このケースは、A種類株式についてのみ100株一単元との定款の定めをすることができ、登記実務においても、このケースでA種類株式の単元株式数のみを登記することが認められている。

　なお、従前は単元株式数を設定していなかった会社が、「A種類株式につき100株1単元、B種類株式につき1株1単元」という定款変更を行えば、株主総会におけるA種類株主の発言権が100分の1に縮小することが明らかであるから、原則として会社法322条のA種類株主総会の決議を要することが通常となるであろう。

　なお、単元株式数の変更は、会社法322条1項1号ロの「株式の内容」に含まれている。

　しかし、会社法322条3項が、そのカッコ書で、単元株式数の変更につき、ある種類の株式の内容として会社法322条1項の種類株主総会決議を要しない旨を定めることができるとしている。

　これは、単元株式数の変更は、その機能において、種類株式発行会社における株式の分割、併合と同様の種類株主間の株主総会（全体総会）における議決権割合の問題であるため、株式の分割、併合のケースと同じ扱いにしたものである（**割合変動グループ**に含まれる）。

> →会社法116条１項３号の反対株主の買取請求の問題を生じうる点も同じ。

登記簿の記載例（H18.4.26民商第1110号依命通知改）

　会社が数種の株式を発行し、株式の種類ごとに異なる一単元の株式の数を設定した場合（会社法第188条第３項）

単元株式数	普通株式　1000株	令和６年10月１日設定
	優先株式　　500株	令和６年10月８日登記

　以下、簡単に、登記申請書の記載例を挙げることにします。

事例５

　株式会社(種類株式発行会社ではない)が、一単元100株の定めを設定したケース。

```
登記の事由　　　単元株式数の設定
登記すべき事項　年月日次のとおり設定
　　　　　　　　単元株式数　100株
登録免許税　　　金30000円（ツ）
添付書類　　　　株主総会議事録　１通
　　　　　　　　株主リスト　　　１通
　　　　　　　　委任状　　　　　１通
```

＊株主総会の決議要件は特別決議。
＊変更の年月日は決議の効力発生の時。

事例６

　株式会社（種類株式発行会社ではない取締役会設置会社）が、一単元100株の定めを一単元10株に変更したケース。

```
登記の事由　　　単元株式数の変更
登記すべき事項　年月日次のとおり変更
　　　　　　　　単元株式数　10株
登録免許税　　　金30000円（ツ）
添付書類　　　　取締役会議事録　１通
　　　　　　　　委任状　　　　　１通
```

＊会社法195条１項により、取締役会決議において、単元株式数減少の定款変更
をすることができる。

＊変更の年月日は決議の効力発生の時。

<hr>

事例７

　株式会社（種類株式発行会社ではない取締役会を設置しない会社）が、一単
元100株の定めを廃止したケース。

<hr>

登記の事由	単元株式数の定めの廃止
登記すべき事項	年月日単元株式数の定めを廃止
登録免許税	金30000円（ツ）
添付書類	取締役の過半数の一致を証する書面　１通
	委任状　　　　　　　　　　　　　　１通

＊会社法195条１項により、取締役の決定において、単元株式数廃止の定款変更
をすることができる。

＊変更の年月日は取締役の決定の効力発生の時。

<hr>

事例８

　以下の登記がされた株式会社(種類株式発行会社ではない取締役会設置会社)が、
株式の分割（１株を10株に分割）と同時に一単元10株という単元株式数の定め
を設定した場合。

　　発行可能株式総数　　１万株
　　発行済株式総数　　　1000株

<hr>

登記の事由	単元株式数の設定
	株式の分割
登記すべき事項	年月日次のとおり設定
	単元株式数　10株
	同日次のとおり変更
	発行済株式の総数　１万株
登録免許税	金30000円（ツ）
添付書類	取締役会議事録　１通
	委任状　　　　　１通

＊会社法191条により、取締役会決議において、単元株式数増加または設定の定
款変更をすることができる。

＊変更の年月日は決議の効力発生の時。
＊なお、取締役会を設置しない会社が、会社法191条の特則により単元株式数を設定（または増加）するときは、株式の分割は株主総会決議（普通決議）、単元株式数の設定（または増加）は取締役の決定によることになる。

25 単元未満株式の買取請求

単元未満株式の株主は、株式会社に対し、自己の有する単元未満株式を買い取ることを請求することができます。（会社法192条１項）

単元未満株式は、議決権のない中途半端な株式だから、会社に対し「買え」という権利を株主に与えた規定です。

たとえば、単元株式を設定する定款変更決議により、議決権を失った株主は、会社に対して、「もうこんな会社の株主は辞めたい。だから株を買え」といえるのです。

◀ポイント▶　単元未満株式の買取請求権
これは、単元未満株主の保護の仕組みの本丸である。以下の２点が重要。
１．定款で制限できない。
２．買取りに財源規制もない。

コラム　単元未満株式の売渡請求

買取請求の逆ヴァージョンがある。たとえば、１単元1000株という規定のある株式会社において、999株の株主が会社に１株売れと迫る権利だ。会社が売れば、1000株となり、晴れて一議決権を獲得できる。（会社法194条１項）

が、こちらは、「単元未満株主は、会社に対し売渡請求ができる」という定款規定がある場合にのみ発生する権利だ。

買取請求はどの株式会社でも可能な制度であるが、売渡請求はそれができるという定款規定がある株式会社だけの制度だ。

また、定款規定があっても、株式会社が自己株式を有しないときは、売渡請求をすることができない。

要するに、こちらは本丸とはいえない代物である。

参考問題
１．株式の無償割当てをする場合には、当該無償割当ての対象となる株式の価額の２分の１に相当する額の資本金を増加させなければならない。（商法H18-28-エ）

2．A種類株式を株式分割の対象とせず、B種類株式のみを1対2の割合で分割することも可能である。（商法H18-30-エ）

3．単元未満株式の数と併せて単元株式数となる数の株式を単元未満株主に売り渡すことを請求することができる旨の定款の定めがない場合には、単元未満株主は、株式会社に対して、当該請求をすることができない。（商法H28-29-オ）

....

答え

1．× 株式無償割当てでは株主の払込みがないから資本金の額は変化しない。（会社法445条1項、会社計算規則16条1項参照）

2．○　3．○

❀❀

本書の締めくくりとして、株主総会の決議要件に関しての総合問題をご紹介します。

当時の受験生の正解率は、あまりよくありませんでしたが、ちゃんと考えれば、間違えることはないはずの問題です。

❀❀

参考問題　種類株式発行会社でない甲株式会社において、株主Aが200株、株主Bが180株、株主Cが100株、株主Dが40株、株主Eが20株をそれぞれ保有し、その他に株主が存しない場合における株主総会の決議に関する次のアからオまでの記述のうち、当該決議が可決されるものの組合せは、後記1から5までのうちどれか。（商法H23-30）

なお、いずれの株主総会の決議においても、議決権を行使することができる株主の全員が出席し、かつ、議決権の不統一行使はされていないものとする。

ア　全部の株式の内容として譲渡による当該株式の取得について当該株式会社の承認を要する旨の定款の定めを設ける定款の変更を行う株主総会の決議において、A及びBのみが賛成する場合

イ　準備金の額の減少に関する事項を定める株主総会の決議において、B及びCのみが賛成する場合

ウ　株主との合意による自己の株式の有償取得に関する事項の決定に併せて、取得価格等の通知をBのみに対して行う旨を定める株主総会の決議において、A及びDのみが賛成する場合

エ　甲株式会社が会社法上の公開会社でない場合に、残余財産の分配を受ける権利に関する事項につき株主ごとに異なる取扱いを行う旨の定款の定めを設ける定款の変更を行う株主総会の決議において、A、B及びEのみが賛成するとき

オ　監査役を解任する株主総会の決議において、A及びCのみが賛成する場合

1　アイ　　2　アオ　　3　イウ　　4　ウエ　　5　エオ

答　え　3

ア　否決

必要となる決議要件は、特殊決議Ⅰである。（会社法309条3項1号）

しかし、議決権を行使することができる株主5名のうち、半数以上の賛成はないので、否決である。

イ　可決

必要となる決議要件は、普通決議である。（会社法309条1項）

出席した、議決権を行使することができる株主の議決権（540個）の過半数（280個）の賛成があるので、可決する。

ウ　可決

必要となる決議要件は、特別決議である（会社法309条2項2号）。利害関係株主のBには議決権がないことを見落としてはいけない。（会社法160条4項本文）

出席した、議決権を行使することができる株主の議決権（360個）の3分の2以上（240個）が賛成しているので、可決である。

エ　否決

必要となる決議要件は、特殊決議Ⅱである。（会社法309条4項）

しかし、議決権を行使することができる株主の議決権（540個）の4分の3（405個）以上の賛成はないので、否決である。

オ　否決

必要となる決議要件は、特別決議である。（会社法309条2項7号）

出席した、議決権を行使することができる株主の議決権（540個）の3分の2以上（360個）が賛成していないので、否決である。

事項索引

条文索引

商業登記規則

商業登記法

司法書士

山本浩司のオートマシステム　6　会社法・商法・商業登記法Ⅰ
〈第11版〉

2012年 5 月10日　初　版　第 1 刷発行
2024年 2 月25日　第11版　第 1 刷発行

著　　者　山　本　浩　司
発 行 者　猪　野　　　樹
発 行 所　株式会社　早稲田経営出版
　　　　　〒101-0061 東京都千代田区神田三崎町3-1-5
　　　　　　　　　　神田三崎町ビル
　　　　　電話 03(5276)9492(営業)
　　　　　FAX 03(5276)9027
印　　刷　株式会社　ワ　コ　ー
製　　本　株式会社　常　川　製　本

© Kōji Yamamoto 2024　　Printed in Japan　　ISBN 978-4-8471-5131-6
N.D.C. 327

書籍の正誤に関するご確認とお問合せについて

書籍の記載内容に誤りではないかと思われる箇所がございましたら、以下の手順にてご確認とお問合せをしてくださいますよう、お願い申し上げます。

なお、正誤のお問合せ以外の**書籍内容に関する解説および受験指導などは、一切行っておりません。**
そのようなお問合せにつきましては、お答えいたしかねますので、あらかじめご了承ください。

1 「Cyber Book Store」にて正誤表を確認する

早稲田経営出版刊行書籍の販売代行を行っている
TAC出版書籍販売サイト「Cyber Book Store」の
トップページ内「正誤表」コーナーにて、正誤表をご確認ください。

CYBER TAC出版書籍販売サイト
BOOK STORE

URL:https://bookstore.tac-school.co.jp/

2 1の正誤表がない、あるいは正誤表に該当箇所の記載がない ⇒下記①、②のどちらかの方法で文書にて問合せをする

★ご注意ください★

お電話でのお問合せは、お受けいたしません。
①、②のどちらの方法でも、お問合せの際には、「お名前」とともに、
「対象の書籍名（○級・第○回対策も含む）およびその版数（第○版・○○年度版など）」
「お問合せ該当箇所の頁数と行数」
「誤りと思われる記載」
「正しいとお考えになる記載とその根拠」
を明記してください。
なお、回答までに1週間前後を要する場合もございます。あらかじめご了承ください。

① ウェブページ「Cyber Book Store」内の「お問合せフォーム」より問合せをする

【お問合せフォームアドレス】

https://bookstore.tac-school.co.jp/inquiry/

② メールにより問合せをする

【メール宛先　早稲田経営出版】

sbook@wasedakeiei.co.jp

※土日祝日はお問合せ対応をおこなっておりません。
※正誤のお問合せ対応は、該当書籍の改訂版刊行月末日までといたします。

乱丁・落丁による交換は、該当書籍の改訂版刊行月末日までといたします。なお、書籍の在庫状況等により、お受けできない場合もございます。
また、各種本試験の実施の延期、中止を理由とした本書の返品はお受けいたしません。返金もいたしかねますので、あらかじめご了承くださいますようお願い申し上げます。

(2022年7月現在)